新编21世纪心理学系列教材

教育心理学

原理与应用

第2版

刘儒德 编著

Educational Psychology
Principles and Applications

中国人民大学出版社
·北京·

内容简介

《教育心理学：原理与应用》是一部介绍教育心理学核心概念与关键原理及其在教育教学中的应用的教材，涵盖学生心理、学习心理、教学心理和教师心理四个方面。内容包括教师与教育心理学、学生心理发展、学生个体差异、行为学习、认知过程、知识建构与全人教育、学习动机、技能的形成、品德的培养、有效教学、课堂管理与教学评定，中间穿插自我测查、自我反思、应用举例、课堂讨论、学者生平、追根溯源、行动指南、逸闻趣事、延伸阅读、活动体验等丰富多彩的栏目，以及关键术语的界定。

本书第2版参照新时代教育部马工程重点教材的要求，根据相关文件规定，进行了系统而精细的修订，以达到立德树人、铸魂育人的目的。本书可用作心理学和教育学的专业教材、继续教育的培训教材以及教师资格证和研究生考试的参考资料。

作者简介

刘儒德 北京师范大学心理学部教授。研究领域主要包括学习动机、学习策略、学习方式与教学模式以及信息技术与课程整合等。目前从事的研究具体涉及自我调节学习、数学学习投入、数学思维灵活性、青少年手机使用行为以及学生品德行为等。出版了多部教材和专著，包括《当代教育心理学》《教育心理学》《学习心理学》《探究学习与课堂教学》《教育中的心理效应》《班主任工作中的心理效应》等。

第2版序言

教育心理学是有关学生、学习、教学和教师的研究。作为一本教育心理学教材，本书内容涉及学生心理、学习心理、教学心理和教师心理四个方面。学生心理包括学生发展与个体差异；学习心理涵盖学生的行为学习、基本认知过程、复杂认知过程（诸如概念获得、问题解决、学习迁移、创造性思维、批判性思维与自我调节学习）、知识建构、学习动机、技能形成以及品德培养；教学心理涉及教学设计、课堂管理与教学评定；教师心理涉及教师的作用、专业素养、心理健康和专业成长。为了兼顾没有学习过普通心理学的学习者的需求，本书在基本认知部分介绍了感知、注意和记忆等基本认知过程方面的知识。

本书重在介绍教育心理学的原理及其应用，力求以简练的语言，介绍教育心理学的核心概念和重要理论的基本内涵，并通过生动的、具体的、与教学相关的例子以及自我测查、活动体验、自我反思等栏目，让学习者体会这些概念和理论的要义，引导对概念和理论在教育教学实践中的应用方向和实际操作。例如，格式塔理论中的知觉组织原则是有关知觉这一基本认知过程的非常重要的基础知识。本书不仅简要介绍了这些原则，还列举了这些原则在教学中的一些应用，如教学信息呈现、阅读材料编撰、数据图表制作、板报与学习园地的布局安排等。

本书第2版参照新时代教育部马工程重点教材的要求，根据《习近平新时代中国特色社会主义思想进课程教材指南》和《普通高等学校本科专业类教学质量国家标准》的最新要求，进行了系统而精细的修订。本书不仅增加了一些前沿的研究议题，还对有些知识进行了改写，尽量做到言简意赅、逻辑自洽，更为重要的是，将国家思想政治教育的目标和内容、我国当前的教育政策方针和教育实践热点等有机地融合到相关主题之中，以达到立德树人、铸魂育人的目的，为教育强国建设贡献教育心理学的力量，同时也有助于读者将教育心理学的原理置于宏大的国家战略和强烈的社会需求的背景下加以理解和应用。

为了促进读者的学习，本书在形式上做了一些编排。在每章开头设有本章提要，在正文的相关位置对关键术语进行界定，穿插学者生平、延伸阅读、自我测查、拓展反思、行动指南等栏目，在每章末尾列出概念术语，提供复习思考题，并推荐了一些拓展学习的阅读材料。

本书可以用作高等师范学校心理学和教育学的专业教材、继续教育的培训教材，以及教师资格证和研究生考试的参考资料。希望广大读者提出宝贵意见。

刘儒德

2024年10月

第1版序言

本书名为《教育心理学：原理与应用》，重在介绍教育心理学的核心概念与关键原理以及它们在教育教学中的应用领域与方法。

教育心理学是有关学生、学习和教学的学科，其原理涉及学生心理、学习心理和教学心理三个方面。学生心理包括学生发展与个体差异；学习心理涵盖学生的行为学习、基本认知过程、复杂认知过程（诸如概念获得、问题解决、学习迁移、创造性思维、批判性思维与自我调节学习）、知识建构、学习动机、技能形成以及品德培养；教学心理涉及教学设计、课堂管理与教学评定。为了兼顾没有学习过普通心理学的学习者的需求，本书在基本认知部分介绍了感知、注意和记忆等基本认知过程方面的知识。

知识的意义存在于对知识的应用之中，这是建构主义对本书编撰的最大启示之一。学习者学习教育心理学的原理，不仅要知道知识的逻辑意义，更重要的是要感受到知识的实践价值。一本教育心理学的教科书往往容易流于讲述冗长的理论、罗列大量的研究、辨析理论的演变和逻辑关系；与教育实际和学校生态存在着长长的心理距离，让人感受不到鲜活的课堂气息、师生声音和时代变化；面向的对象似乎是本领域中十分专业的人士。学习者的第一反应是：这些理论确实是科学的、有道理的。但内心不禁产生这样的疑问：我为什么要知道这些？它们对我的教育教学工作与我作为一名教师的生存和成长有什么意义？无怪乎人本主义心理学家卡尔·罗杰斯极力倡导意义学习（significant learning）。学习内容要与学习者的个人经验相关联，对学习者个人的生存和发展有价值，学习者才有真正的内在动力去积极主动地学习。一本教育心理学教科书的价值不仅仅是一点成就价值，诸如让学习者在资格证、研究生考试中考一个高分，在继续教育的知识考核中得个A，或者能被复制到教师的科研文章和项目申报中，更在于内在价值（诸如让学习者对其产生兴趣）与效用价值（诸如指导学习者进行有效的教学以及解决学生实际问题等）。

本书正是以知识建构与意义学习为指导原则，始终面向本领域初学者的需求，试图采用非常简练的语言，陈述教育心理学的核心概念和重要理论的基本内涵，让学习者体会这些概念和理论的要义，引导概念和理论在教育教学实践中的应用方向和实际操作。在撰写本书的过程中，我们在介绍每一个概念或理论的时候，都会反射性地回答这样一个问题：这个概念或理论对老师们的教育、教学有什么意义？为此，我们从自己阅读、经历、观摩与交流到的课堂现象中搜索相关的主题、行为和问题，在理论与实践之间架起或近或远的联结之桥，使学习者感受到学习这个知识的必要性，从而学得明白、有方向，做得有理、有实效。例如，格式塔理论中的认知组织原则是有关知觉这一内容非常重要的基础知识。但凡学过一点心理学的人都不可能不知道这些原则。但作为一名教师，理解并记住这些原则对教学有什么价值呢？我们在书中提示了这些原则在教学中的一些应用领域，如教学信息呈现、阅读材料编撰、数据图表制作、板报与学习园地布局安排等。试想一下，一个初学这些原则的人，完全靠自己去摸索、琢磨它们在教学中的应用，可能要花费一些时间。荀子曰："吾尝终日而思矣，不如须臾之所学。"本书愿意在理论与实践的结合方面多下点功夫，给学习者提示一点方向，示例一个做法，让学习者从拿来主义中走走捷径，直接去尝试、反思，从而创造出自己的活用模式。从我自己的观察和体会来说，我发自内心地感到，一个心理学的原理或效应，其应用的范围是没有边界的，但对学习者来说，在应用上的引入、启示和示例是至关重要的。有时候，一则典型、贴切的事例，一个简明、有力的实验，一幅生动有趣的插图，胜过千言万语的理论叙述。

当代的情境性学习理论家们猛烈批判学校教育导致了课堂知识与实际情境的脱节。一方面，学生头脑中装了大量的课堂学业知识，但不知道实际生活中哪些地方可以加以应用；另一方面，他们在实际生活中凭直觉自发地解决问题，不知道可以应用哪些课堂知识。学生的这两个知识世界是不相干的。将这种现象迁移到教育心理学的学习上来就是：一方面学习者头脑中装有大量的原理（如格式塔理论），却不知可以用在什么地方；另一方面他们在实际工作（如呈现信息）中自发、偶尔地用到一星半点的原理却不自知（好的实践其实都暗合了一些原理）。结果是：这些原理成了学习者头脑中表面的、死的、惰性的知识！这正是本书所极力避免的问题。本书旨在追求这样的愿景：学习者不仅知道、理解教育心理学的概念和理论，更重要的是能够自觉、系统地运用这些知识，来改造自己的教育教学实践。

为了促进读者的学习，本书在形式上做了一些编排。在正文之前设有本章提要，在正文的相关位置专列关键术语的界定，穿插学者生平、延伸阅读、自我测查、活动体验、行动指南等栏目，在正文之后列出关键术语，提供复习思考题，并推荐了一些拓展阅读材料。

本书的编撰前后经历十年时间，我的往届博士、硕士研究生牟书、徐娟、张俊、沈彩霞、高钦、王佳、刘颖、甄瑞、郭明佳、江荣焕、蒋舒阳、洪伟、金芳凯、孙燕、付馨晨、吴家义和杨一等参加了部分章节的撰写、内容的讨论、文献的查找、图表的制作以及资料核实与文字校对等工作。

本书可以用作心理学和教育学的专业教材、继续教育的培训教材以及教师资格证和研究生考试的参考资料。希望广大读者提出宝贵意见。

刘儒德

2019 年 6 月

目录

第五章　学习：基本认知过程

第六章　学习：复杂认知过程（上）

第七章　学习：复杂认知过程（下）

第八章　知识建构与全人教育

第九章　学习动机

第十章　技能的形成

第十一章　品德的培养

第一章

教师与教育心理学

【本章提要】

学习、教学和教育心理学
- ✧ 教育心理学的主题范围
- ✧ 教育心理学的实践作用
- ✧ 教育心理学的研究范式

教师心理
- ✧ 教师的角色和地位
- ✧ 教师的专业素质
- ✧ 教师的情感与个性品质

教师成长
- ✧ 教师的成长历程
- ✧ 新手教师与专家教师
- ✧ 教师的成长途径

随着社会的发展、教育的改革、国家对教师要求的提高以及学生多样性的增强，教师的专业化程度也越来越高。专业化教师不仅需要具有较高的智力、文化修养、道德信念、学科知识水平，还需要具备有关学生发展、学习规律、教学策略乃至教师自身心理的知识，使自己的教育教学实践建立在科学研究的基础上。这些主题都是教育心理学的研究范畴。本章将介绍什么是教育心理学、教师为什么要学习教育心理学以及教师与教育心理学有什么关系。

第一节　学习、教学和教育心理学

请你在 60 秒之内，记住下面由 18 个数字组成的数列。现在开始。

412303128527246060

现在，请将这串数字遮盖起来，在 30 秒之内，将这些数字按照顺序写出来。

你回答得如何？你觉得有多难？实际上，大部分人都无法完成这项任务。我们有没有方法简化这项任务呢？请你再仔细观察这串数字，发现了什么？

4，12，30，31，28，52，7，24，60，60

经过分解，你可能恍然大悟，原来这些数字与时间有关。

1 年有 4 季，12 个月；1 个月有 30 天、31 天或 28 天；1 年有 52 周；1 周有 7 天；1 天有 24 小时，1 小时有 60 分钟，1 分钟有 60 秒。

现在，再请你将这些数字遮盖起来，将这些数字按照顺序写出来。

你表现如何？是不是比上一次好得多？这一次，你将新的信息与原有的知识经验联系起来，解释了新信息，并赋予了新信息意义。这个活动旨在让你体验到学习需要主动参与、联系新旧知识经验，也是让你熟悉一下本书的写作风格：科学严谨而轻松有趣，理论联系实践。希望你能够积极参与本书各栏目中的各种互动，主动联系自己的知识经验，建构起自己对教育心理学的理解。

在开始学习教育心理学时，你可能会问这样两个问题：“教育心理学研究什么？”“我为什么学习教育心理学？”对这两个问题的回答比较复杂，相互之间也有一定的关联，本节只是解释的开始，在某种程度上，本书自始至终都在试图帮助你回答这两个问题。

一、教育心理学的主题范围

也许你已经是一名教师，或者准备要做教师，你可能知道，课堂教学需要成功完成众多不同类型的任务。教师既需要负责教授知识、技能、问题解决方法、人际交往技巧乃至态度，还需要与学生以及他们生活中的其他人和谐地相处。

当今社会学生的差异性与课堂的多样性，使教师的工作变得更加复杂。比如，我国存在东西部地区差异、城乡差异。学生中存在处境不利儿童（如留守儿童、流动儿童），还有一些无法执行某些行为、任务或技能的困难儿童（如有学习困难、多动症的儿童）。课堂是一种特殊而复杂的环境，课堂中的人各自具有不同的目标、爱好和能力，虽然他们在共同的课堂中利用相同的学习资源，但他们对教师的要求是各不相同的。此外，教师还面临一些技术和社会的挑战，如一些学生持有手机、网络辅助学习工具流行、家长建有微信群、课外补习班普遍存在，学区入学政策在一定程度上增大了校内、班内的个体差异。

教师需要在如此复杂多样的环境中做出决策。备课时，教师需要决定教什么、怎么教、怎么评价学生的学习。上课时，需要判断学生的动机是否被激发、学生是否在学、是否需要改变教学计划；为了有效管理课堂，需要决定如何应对每一个学生的独特问题及行为。上完课，可能还要思考如何改进以后的教学。还有一些决策则与学校、社区及政府机构所要求的管理活动（如培训、考评、教研、科研等）有关。

在决策过程中，教师的部分工作是选择最适合某一特定情境的理论。这就需要教师掌握一些以科学实证研究为基础的理论。教育心理学就是一门能够支持教师做出科学有效的决策的学科。教育心理学将心理科学与教育实践相结合，对学生的发展和差异性、学习的过程和条件、教学和评价的复杂性进行了大量的科学实证研究，以加深教师对学习和教学的理解，支持教师的课堂决策。

自我反思

当你记忆一组单词或者背诵一篇课文的时候，你采用的是什么记忆方法呢？是重复一遍又一遍，直到熟练背诵所有内容，还是采用下面的方法：初读几遍之后，尝试回忆一下，看看自己记住了哪些部分，然后重读那些没记住的部分，再尝试背诵，如此反复，直到背诵全部材料为止？

提示

前面的记忆方法叫作重复学习，后面的方法叫作自我测试或尝试背诵。传统的认知心理学和教育心理学只是将测试作为考查学习者学习或记忆效果的手段，但就像尺子只能测量而不能改变物体的长度一样，测试只能检核记忆效果，它本身并不能改变学习和记忆的效果。然而，有研究者发现，与单纯的重复学习相比，在学习过程中有目的地加入测试能更加有效地帮助学习者巩固已学知识并提高其长时记忆的效果，研究者将这种现象命名为测试效应（testing effect）。后来有研究者进一步考察了自我测试的直接作用和间接作用。在直接作用方面，自我测试本身就能提高长时记忆的效果。在间接作用方面，自我测试可以让学习者了解自己对不同学习内容的掌握程度，以便他们调整下一步的学习计划，将更多的时间和精力放在不会的内容上，从而提高学习效果。测试效应的发现引起了大量研究者的关注，研究者采用不同的学习材料（如单词、配对词组、短文、视觉空间信息等）对其进行了广泛的验证。有人统计了国外近百年来有关测试效应的研究，发现150多篇文章中的300多项实验均证实了测试效应的存在。

然而，令人不解的是，学习者在实验条件下和真实的学习情境中都倾向于选择重复学习策略。国内一项研究表明，高中生被试中有半数以上的人知道自我测试的长时记忆效果优于重复学习，但在他们自身的英语单词记忆中，选择重复学习类策略的比例仍然较高，而选择自我测试类策略的仅有约1/3。这说明，在学生中间存在对学习策略知而不用的现象，可能是部分学生懒得用心，因为重复学习比自我测试所需付出的心理努力要小一些。如果你是一位老师，而且知道也经常采用自我测试的方法来记忆学习材料，但不敢确信自己的经验是否具有科学性，也不知道自己的学生是否知道、是否采用这一策略，而现在了解到心理学对此的大量实证研究证据后，就会对学生的记忆方法大致心中有数，然后做出一系列明确的决策：有目的地调查了解学生的记忆方法，然后有底气地指导学生采用经过科学证明的行之有效的记忆方法。

资料来源：张俊，2012，第3～9页.

> **教育心理学**　一门通过科学方法研究学习与教学相互作用过程的基本规律的科学。

从上述专栏中你或许能感受到，**教育心理学**（educational psychology）是一门通过科学方法研究学习与教学相互作用过程的基本规律的科学。它是应用心理学的一个分支，包括学生心理、学习心理、教学心理和教师心理四大部分内容：学生心理涉及学生的认知、情感和社会性发展，以及学生在知识经验、智力、动机和学习风格等方面的差异；学习心理涉及学习实质、学习动机、学习过程以及学习条件等；教学心理涉及教学设计、教学策略、师生沟通、课堂管理以及教学评价；教师心理涉及教师的信念、能力和品格以及教师的成长。

有研究者在美国《教育心理学家》上发表了一篇文章，分析了60年来数千项有关中小学生学习的研究，特别分析了其中有关学习效果的研究。他们发现，在学生个人和社会情境两个方面共有11个因素影响了中小学生的学习成绩（见表1-1；Lee & Shute，2010）。

表1-1　影响中小学生学习成绩的个人和社会情境因素

个人因素		社会情境因素	
学生投入		学校氛围	
行为投入	上课，遵守规则，参与学校活动	学业重视	学校对学生的期望，学校和社区的积极反应
认知-动机投入	爱好挑战，内在动机驱动，在学习上投入时间和精力，学生自我信念（如自我效能感）	教师变量	集体效能感，教师授权，教师归属感
情感投入	兴趣，好奇心，归属感，情感状态（如降低焦虑）或感受（如提高愉悦感）	校长领导力	教师参与学校管理，唤起高昂的士气，清晰传递目标
学习策略		社会-家庭影响	
认知策略	促进内部信息加工（如总结、推导、应用和论证）的知识和技能	父母投入	父母对孩子教养的态度、行为和风格
元认知策略	认识、监控和评价自己的认知过程，了解自己作为学习者的优势和不足；知道在学习中何时、何处、为何以及如何使用特定策略	同伴影响	同伴支持，规范，态度和学业行为
行为策略	管理、监控和评价自己的学习行为、动机、情感和环境，如有效管理时间，考前备考和考中发挥最佳水平，善于寻求帮助，高效完成家庭作业，上课会做笔记		

这11个影响因素，除了校长领导力以外，都是教育心理学研究的主题和范围，教育心理学研究者们在这些主题上积累了丰富的实证资料。有关这些主题的科学实证研究给教师提供了大量的理论知识，支持教师的教育教学决策。本书后面的相关章节将对这些主题的研究及其应用进行不同详略程度的介绍。

二、教育心理学的实践作用

教师以教育心理学的理论和研究来指导实践，可以避免想当然地使用一些常识性的教学方法，而是经过理性的思考，有效地解决所面临的问题。

教育心理学的理论可帮助教师有效地处理课堂问题。假如在小学低年级课堂上，有一个学生经常离开他的座位。常识性的做法是温婉地让他回到座位上坐好。但是，这种做法反而有可能加剧他的离座行为。如果你学会教育心理学的理论，你就知道，你需要分析他离座行为的原因，将离座行为看作系列事件的一部分，而不是一个孤立的事件，并逐步确认引发他离座的各种因素。你也许会注意到，这个学生的离座行为只是发生在某种情境下，如自己的课吸引力不够、学生没有被关注、与其他学生在一起说话等。这时，教师可以改进自己的课堂活动，如经常点学生发言、将他离座说话的对象调离到前排。如果学生只是单纯想吸引你的注意，你可以采取忽视的方法，表扬那些坐在自己座位上的学生。一旦这个学生归座，就表扬他，使他认识到，只有坐在座位上认真参与课堂活动的学生才能受到老师的关注。事实上，这种忽视与表扬相结合的方法被证明是行之有效的，能够延长学生坐在自己座位上的时间（Madsen，Becker，Thomas，Koser，& Plager，1968）。

教育心理学的科学研究可帮助教师以科学的方法分析学生在学习上存在的问题，并为学生提供相应的指导。请看下面这个实例。小明在化学考试中考得不好。他看上去很聪明，学习动机也不弱，但不愿意参加班内讨论，也不愿参加小组内的实验。任课教师与他交流，发现他对化学概念的理解处在非常基础的水平，难以说清他所知道的一切。他说，他很难跟上教材和课堂讨论。任课教师与其他教师做了交流，他们都说，小明的阅读能力很差。教师设想，如果能够改进他对教材和课堂讨论的理解，他在考试中也许会做得更好一些。于是，教师跟他沟通，建议他尝试一种叫作思维导图的阅读理解策略。教师开始教他怎样做思维导图，然后要求他对每一份作业都为其中的概念做一份思维导图，并提供一定的反馈。经过一段时间的指导和练习，小明的测验成绩有了一定的提升，并逐渐参与到课堂问答和讨论之中。

教育心理学的理论可以帮助教师采用有效的教学方式方法。请看下面这个教学实例。在小学社会课中，有一篇文章《郑和下西洋》，讲郑和第一次下西洋就带了 27 800 人，最大的海船长 130 多米，宽 50 多米。对于这些抽象的数字概念，小学生不太好理解。教师具体解释为：我们学校有 500 多人，郑和带的 27 800 人是多少呢？相当于我们学校人数总和的 50 多倍，如果每辆汽车运 50 人，要 500 多辆汽车才能把这么多人运走。船长 130 多米，宽 50 多米，相当于我们学校 3 个操场那么大。这样的讲解就是以直观的方式，采用形象的人群和场地来描述抽象的数字，使学生容易理解。

自我测查

请你在每一对选项中选择最接近你学习情况的一项。

A. 我听别人描述和解释知识	B. 我与别人就知识进行讨论和对话
A. 别人告诉我事物的原理	B. 我自己探索事物的原理
A. 我观察别人的演示	B. 我自己尝试演示
A. 学习内容很多、很详细	B. 学习内容得到简化并具有一定意义
A. 呈现给我的材料是按照其内容的逻辑顺序组织的	B. 呈现给我的材料是以适合我学习方式的顺序组织的
A. 我在正式的指导下学习	B. 我在非正式的探讨中学习
A. 我参加长期的学习课程	B. 我参加短期的学习课程
A. 我为单位而研究问题	B. 我为自己而研究问题

请你统计一下你的选择是 A 多还是 B 多。

☛提示

一般而言，多数人选择的 B 多于 A。耐人寻味的是，虽然一些教师选 B 多于选 A，但当你观察他们的教学过程时，他们又大多按照 A 去做。人们在自己学习的时候与教别人学习的时候的做法是不一致的，这一矛盾是值得我们深思的。教育心理学是有关学习和教学的学科，当本书在介绍教育心理学的理论和原理时，请你好好联系自己的切身经验，体会它们是什么意思，看看它们是否有理、有效。教师在学习教育心理学的时候，首先要对照相关理论反省自己的学习，然后将自己的理解和做法延伸到对学生学习的指导之中。

资料来源：哈罗德，吉普斯，2016，第8～9页.

三、教育心理学的研究范式

教育心理学旨在发展理论、解释现象并预测行为。理论和研究相互促进，理论来源于研究，研究证实并发展理论。教育心理学的研究一般存在下面几种研究范式。

（一）描述研究

描述研究 旨在如实准确地描述相关领域现状的研究。

相关研究 旨在考察两个变量之间的关系的研究。

实验研究 旨在建立自变量与因变量之间的因果关系的研究。

描述研究（descriptive research）是旨在如实准确地描述相关领域现状的研究。例如，学生在区域教育测量监测中的合格率、患有注意缺陷多动障碍（ADHD）学龄儿童的百分率、学生完成家庭作业的模式或者学生在校午休期间的行为。

在描述研究中，有两种研究可以提供更为深入的视角。一种是案例研究（case study），考察单一个体，对其心理功能建立起丰富的认识。例如，研究者观察一个孤独症儿童在家庭和学校的行为，对其父母和教师进行访谈，查看其学习成绩、学校记录以及其他信息源。另一种是种志学研究（ethnographic study），通过直接参与特定群体内部的活动来细致地考察该群体。例如，研究者参与班主任教师的生活，通过广泛的现场观察来捕捉这一群体独特的价值观念和所面临的工作挑战。

（二）相关研究

相关研究（correlational research）不是简单地描述行为，而是考察两个变量之间的关系，描述一个变量随另一个（或一些）变量变化的程度。例如，学生的阅读成绩在多大程度上与其社会经济地位相关，学生在科学测试中的得分在多大程度上与其父母对科学的兴趣相关。相关研究允许研究者做出预测，却不能确定因果关系，不能说一个变量的变化引起了另一个变量的变化。虽然我们发现学习时间与考试分数之间呈正相关，但是增加学习时间并不一定能够提高考试分数。两者的正相关可能提示存在以下几种可能性：（1）较多的学习时间导致较高的分数；（2）较高的分数导致个体喜欢学习从而学得更多；（3）其他一些变量，诸如父母投入，同时导致了较多学习时间和较高分数。

（三）实验研究

实验研究（experimental research）旨在建立自变量与因变量之间的因果关系。自变量是研究者感兴趣的变量，被假定会影响因变量。研究者需要将被研究者，即被试（subjects）随机分为实验组和控制组，然后操纵（处理或者干预）自变量在两组间的差异，观察这一变化带来的预期的因变量的变化。例如，随机安排学生进入精读训练组与一般阅读组，然后比较两组学生阅读测验的分数。此时，通常需要通过统计手段来分析组间差异是否显著。如果差异达到统计显著性，则表明这一差异并非偶然出现，也就意味着自变量的变化确实导致了因变量的变化。

（四）准实验研究

但是，在大多数的教育情境下，研究者无法随机将被试分配到不同的组，或者操纵自变量存在困难，因而不能进行严格的实验研究，这时可采用**准实验研究**（quasi-experimental research）来推断变量之间的因果关系。例如，研究者利用同一所学校三年级的两个班作为精读训练的实验组和控制组。此时，研究者无法确定实验结果只是由自变量引起的。

> **准实验研究**　不能随机分配被试或严格操纵自变量时推断变量之间因果关系的研究。
>
> **单一被试实验研究**　通过对一个个体进行系统干预来观察干预效果的研究。

研究者不能将学生随机分配到离异和非离异家庭、虐童或非虐童家庭、男生组和女生组、社会经济地位高低不同的家庭。在有些情况下，研究者的行动还受限于学区规则、时间和经费，不可能对实验组和控制组进行操纵。研究者因此不能在自变量和因变量之间建立直接的因果关系，研究结果可能是由研究者不能控制的其他变量导致的。例如，研究者比较学校里的一个电脑班与一个无电脑班的学生的学习成绩，电脑班学生学习成绩的变化可能不只是由电脑导致的，也受到研究者不能控制的其他变量的影响，如电脑班学生的阅读水平较高、问题行为较少、教师更有经验等。研究者不可能解释和控制所有其他可能影响实验组和控制组的变量，但这些变量的存在以及不能随机分组确实是研究的局限性因素。

准实验研究尽管存在这些不足，却能让研究者考察群体之间的差异（横向研究）或者跨时间的变化（纵向研究）。横向研究考察不同年龄群体的行为差异。例如，研究者考察初中生是否比高中生有更长或更短时间的家庭作业。纵向研究是在一段时间里反复考察同一群人，了解他们的行为是如何随时间而变化的，或者前期事件是如何与后期事件关联的。例如，一项纵向研究可能追踪儿童一段时间，来确定在小学阶段父母离异的儿童在青春期是否比非离异家庭儿童有更多的学业困难。

（五）单一被试实验研究

单一被试实验研究（single-subject experimental research）通过对一个个体进行系统干预来观察干预效果。一般做法是：首先观察个体行为的基线水平（A）；然后尝试对个体进行一段时间的干预，并记录干预期间个体的行为变化（B）；接着撤销干预处理，再观察这段时间的行为水平（A）；最后重复进行干预，观察再次干预期间的行为变化（B）。这种单一被试实验设计形式被称为 ABAB 实验。例如，有人运用 ABAB 实验探索了集体游戏对矫正幼儿社交退缩问题的效果。研究记录了一名 5 岁男孩在 16 天内每天上午 11：00—11：30 的幼儿园集体活动中与他人交往的时间（见图 1－1；叶平枝，2003）。

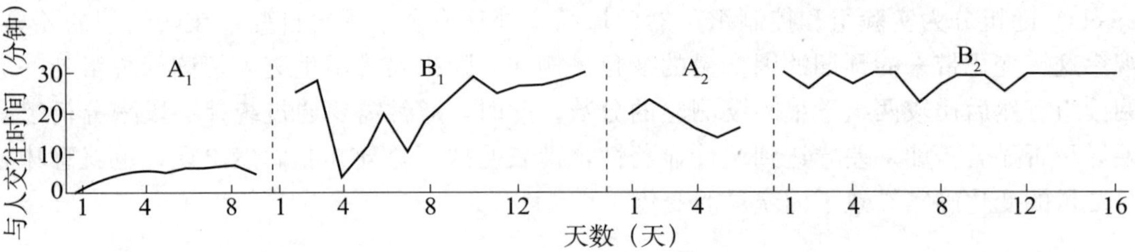

图 1-1　幼儿社交退缩在不同处理条件下的变化

A_1 是被试基线期，B_1 是干预期（包括角色游戏、音乐游戏和体育游戏，侧重于角色的扮演、交往和合作），A_2 为干预撤销期，B_2 为再次干预期。

（六）行动研究

研究并非专业研究工作者的专利，实际上教师每天都在自己的课堂中从事研究。当教师在评价某些新观点、新方法、新教材的有效性时，在尝试不同的方法帮助学生掌握教学内容时，他们就在从事着某种形式的研究。

行动研究　由教师发起的旨在解决实践问题的校本研究。

教师参与课堂与校本研究是改进自身教学和促进学校发展的一条重要途径。教师开展正式研究的一种设计范式是**行动研究**（action study），即由教师发起的旨在解决实践问题的校本研究（Gay & Airasian，2000；Woolfolk，2018）。在行动研究中，教师将观察、干预、收集数据、分析等研究方法运用到课堂中，以解决所面临的实际问题。例如，怎么让学生轻松记住英语单词？怎么鼓励学生在课堂上积极发言？用什么方法批改学生的作文才能促进学生的写作？在什么条件下课堂合作学习更有效？等等。行动研究的特点是，教师为了行动、在行动中、对行动进行研究。

教师的行动研究一般由计划、行动、观察和反思四个环节构成，周而复始，螺旋上升。

应用举例

某初中英语教师注意到学生英语词汇量不够，影响了学生听说读写能力的发展，因而进行了一项旨在提高学生单词记忆效率的行动研究。

环节一：计划

采用问卷调查学生单词量不够的原因，结果发现90%的学生缺乏学习和记忆英语词汇的策略。据此制订如下计划：

- 课上规划一定时间讲授并练习词汇学习及记忆的策略，如：学习单词结构（词根、前缀和后缀）；根据上下文猜词汇意思；运用同义词和语义关联扩大词汇量，增强对词汇的理解。
- 每周对学生进行词汇小测试，强化学生对词汇的记忆。
- 扩大阅读量，选择一些难度适中、学生感兴趣的话题文章，增加词汇的重复频次。
- 引导学生建立词汇库，利用零散时间记忆词汇，随时随地拿出来复习。

环节二：行动

1. 前测

前测包括50个单词，共100分。

2. 具体行动

设置了为期 8 周的行动进步表。第 1 周教授词根、词缀记忆策略，第 2 周教授根据上下文学习词汇的策略，第 3 周教授同义词和语义关联策略，第 4 周演练如何在文章中记忆、猜测生词，第 5～8 周进行综合练习。

3. 后测

后测包括 50 个单词，共 100 分。

环节三：观察

1. 前后测结果比较

前测：90 分以上有 2 人，80～90 分有 4 人，70～80 分有 13 人，70 分以下有 23 人。

后测：90 分以上有 8 人，80～90 分有 11 人，70～80 分有 14 人，70 分以下有 9 人。

2. 用问卷调查学生的单词学习和记忆策略使用情况

96%的学生感到记忆单词不难，78%的学生自信可以轻松地通过一系列记忆策略记住单词，80%的学生觉得老师教授的策略很管用。

环节四：反思

学生对词汇的记忆能力有所提高，他们的听说读写能力也提高了。但每周花费太多时间进行单词记忆，当学生的词汇量积累到一定程度后，如何逐步减少单词教学、练习和测验的时间，而又能维持学生记忆单词的动机和策略呢？

通过研究具体的问题，实施系统的行为干预，进行深入的观察，教师能够学到很多关于学生和教学的知识，提高自己的专业技能。

第二节　教师心理

小康刚当老师的时候，自信满满。他是师范大学中文系的高才生，在大学里各门功课都取得了非常好的成绩。他根据自己从小到大的求学经历，觉得只要自己的学科专业知识扎实，就一定能够当好一个老师。他深信：“要想给学生一碗水，自己必须先有一桶水。”“师者，所以传道授业解惑也。”但很快，小康发现，事情并不是自己想象的那样简单，当老师还真是一个非常专业的活儿，仅仅有扎实的学科知识是不够的，还需要掌握有关学生发展、学习心理和教学心理以及学科教学的知识，以及担任各种不同的角色。而且，要处理好与学生乃至家长的关系，还要搞教学科研、发文章……

教师是立教之本、兴教之源。习近平总书记强调：“国家繁荣、民族振兴、教育发展，需要我们大力培养造就一支师德高尚、业务精湛、结构合理、充满活力的高素质专业化教师队伍，需要涌现一大批好老师。”①

① 做党和人民满意的好老师——同北京师范大学师生代表座谈时的讲话．人民日报，2014－09－10.

一、教师的角色和地位

“角色”原为戏剧用语，主要指演员在戏剧舞台上依据剧本所扮演的某一特定人物。当前，人们喜欢用各种各样的似乎非常新潮的词来形容新时代教师的角色，诸如“研究者”“诊断师”“心理医生”“学生的朋友”等。透过这些类似于文字游戏的描述，我们不禁要问：教师角色的最根本变化是什么？如何真切地感受这一变化？

（一）教师在课堂中地位的变化

教师角色的变化可以直观地反映在教师在课堂中地位的变化上。

自我反思

观察下面四幅图，想一想，教师的位置发生了什么样的变化？

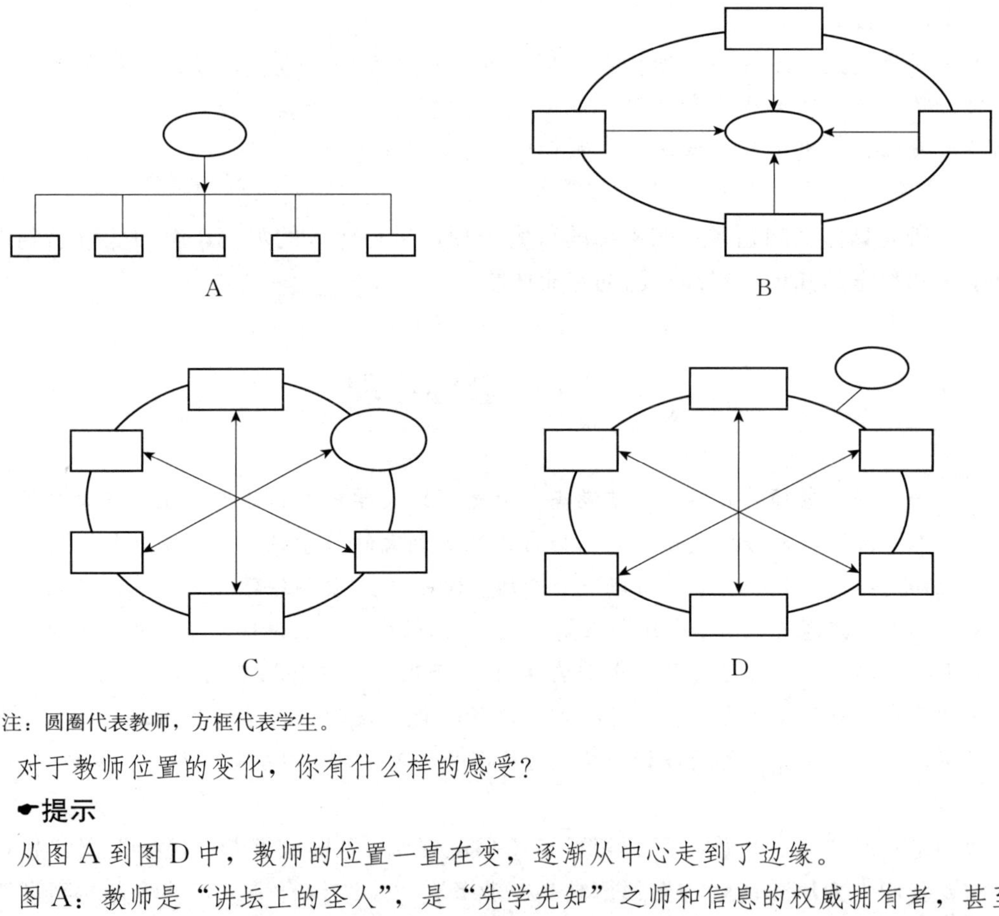

注：圆圈代表教师，方框代表学生。

对于教师位置的变化，你有什么样的感受？

☛提示

从图A到图D中，教师的位置一直在变，逐渐从中心走到了边缘。

图A：教师是“讲坛上的圣人”，是“先学先知”之师和信息的权威拥有者，甚至是信息的唯一传播者，教师和学生之间是直接的传递-接受关系。而且，教师是高高在上的，学生只能“唯师是从”。

图B：教师开始撩开“师道尊严”的面纱，走到学生中去。但教师就像太阳，学生只是地球之类的行星，不停地围绕太阳转动。以教师为中心的课堂，教师是领导者，决定学什么和怎样学；学生是跟随者，离开了教师就无所适从。

图 C：教师慢慢地走出中心，以近乎平等的身份参与学生的讨论，作为学生的同伴与学生共同建构知识、解决问题。教师是学生学习的促进者和支架，学生不再以教师为中心，而是和教师一起构成学习的共同体。

图 D：教师逐渐撤去支架，让学生自己形成有效的学习共同体。教师就如同教练，学生就像球员，球场上是球员们表演的地方，教练一般隐身于球场之外。以学生为中心的课堂，由学生来决定学什么和怎样学。

教育民主思想和建构主义学习理论的兴起，对传统的教师角色发起了根本挑战，要求教师角色从中心到边缘进行转变。由于客观条件的限制，教师仍然是知识的化身、信息的源头，学生绝大部分的学习信息来自教师，教师成为知识传授、信息传播中的权威，是教学的中心。信息与通信技术的飞速发展和普及犹如催化剂，促使教师角色的转变成为一种必然和应然，此时的教师不再是学生获取知识的唯一源泉，教师作为教学的“主体”和“中心”的位置发生了动摇。在未来的教学环境中，教师的作用是创设适合学生先前经验和教学内容的情境，激发学生的学习兴趣和探索欲望，让学生利用信息资源、同学资源、教师资源主动建构知识，教师从知识的传授者变为学生学习活动的设计者、组织者和促进者，从中心走向边缘。

（二）对教师隐喻的变化

隐喻是比喻的一种，暗含着人们看待事物的方式，它通俗但往往又很精辟，能让人体会妙不可言、心领神会的乐趣。古今中外，关于教师的隐喻不计其数。罗杰斯（Carl Rogers，1902—1987）把教师和学生比作茶壶和茶杯。陈向明（2001）在其《教师的作用是什么——对教师隐喻的分析》中详细地剖析了“教师是蜡烛”“教师是园丁”“教师是人类灵魂的工程师”“教师要给学生一碗水，自己要有一桶水”四种教师隐喻。教师历来也在采用各种隐喻来表达他们对自己的教育角色的理解（Craig，You，& Oh，2017）。教师的隐喻影响着教师的身份认同，并指导着他们的实践行动（Tannehill & MacPhail，2014）。随着社会的发展、时代的变迁以及教育理念的更新，对教师的隐喻也发生了巨大的变化，这一变化也意味着对教师的不同期待与要求。

课堂讨论

用头脑风暴的方式写出你所知道的教师隐喻或者是自创的教师隐喻。

☛提示

“教师是园丁”

“作家是笔耕者，教师是舌耕者”

“教师是蜡烛”

“教师是人梯”

“教师是路标”

“教师是学生的拐杖”

“教师是乐队指挥”
“教师是人类灵魂的工程师”
“教师是摆渡人”
“教师是学生的一面镜子”
“教师是裁缝”
“教师是导演”
“教师是平等中的首席”
“教师是支架”
“教师是警察”
“教师是法官”
…………

资料来源：陈向明，2001，第13～19页．

从这些隐喻中可以看出，人们对于教师的隐喻有正有负，有宏观层面的，也有微观层面的。宏观层面是指社会对于教师职业的期待和要求，如“教师是园丁”“教师是蜡烛”等；微观层面则是指在教学中，教师在师生交往之中的地位，如“教师是舌耕者”“教师是平等中的首席”等。而且，我们也要注意，人们对教师的隐喻不是一成不变的，在不同的时代和教育环境下，人们对教师的隐喻会发生变化。

课堂讨论

归类和探索：教师的隐喻发生了什么样的变化？这种变化意味着什么？

☛提示

➢奉献（蜡烛、春蚕）→双赢（火箭）

人们往往给予教师崇高的赞誉——“太阳底下最光辉的职业”“红烛”“绿荫”，无限地拔高教师的地位，把教师当成“神”。高赞誉也意味着高期待、高要求，希望或者要求教师像蜡烛一样“燃烧自己，照亮别人”，像春蚕那样悲壮，“到死丝方尽”。现在，人们逐渐认识到教师也是平凡的人，也像学生一样需要成长和发展。火箭论意味着教师在把学生送到目的地之时，自己也拔高了一层，实现师生共同成长的双赢。网络的平等性使学生可以和教师站得一样高，教师也能从学生身上获得成长的资源，师生角色的不断互换使双方都不断成长。

➢静态（一桶水）→动态发展（河流、蓄电池）

教师是“先知先学”之师，教学即是把自己早已储存的知识之水灌输给学生。随着教师职业专业化的发展，人们意识到教师自身也需要不断地学习，补充能量，要像河流一样有源头，像蓄电池一样可以不断充电。教师需要在教学过程中不断地学习和研究，从教书匠转变为学习者、研究者。

➢成批生产（工程师）→个性凸显（裁缝、园丁）

在应试教育中，教师是工程师，学生是没有生命力的钢铁。学生在教师的铸造下成为一模一样的零件，从题海战术中被成批生产出来。素质教育兴起后，人们开始关注学生间的差异，认为差异也是一种重要的学习资源。在凸显学生个性的时代，教师成了“裁缝”，量体裁衣，根据学生的个体差异因材施教，让学生人人自主，进行个别化的学习。

➢知识（金子）→方法（钥匙）

师者，传道授业解惑也。教师的职责就是向学生传授知识，知识越多越好。信息时代的到来使知识更新速度越来越快，人们开始关注掌握知识的方法，教师不再是直接给学生金子，而是把打开宝藏的钥匙给学生。在信息获取的过程中，教师的主要作用不是直接提供信息，只是提供获得信息的线索，激发学生自己去探索和学习。

➢中心（太阳）→边缘（平等中的首席）

在师生关系中，教师不是高高在上的太阳，控制或者施舍光和热。教师是平等中的首席，虽然和学生的关系像在圆桌会议上，没有尊卑之分，但教师具有一定的权力，引领着学习和讨论，成为圆桌之中的首席。教师从中心到边缘的转变并不意味着对教师的要求降低了，在很多时候，教师会失去以往所具有的安全感和确定感，因为学生在探索的过程中会产生各种出乎教师意料的结果和反应，教师必须在不同的情况下做出不同的反馈和引导，这对教师的教学能力和教学智慧提出了更高的要求。

➢传递者（舌耕者、茶壶）→促进者（乐队指挥、导演）

传统教学的武器是教师的“三寸不烂之舌”，课堂表现为教师的滔滔不绝与学生的埋头苦记，教师和学生之间是直接的传递-接受关系。随着自主合作探究学习方式的兴起、信息技术和网络在教学中的应用，讲授不再是唯一的教学方法，教师不再是信息的唯一来源，教师从“舌耕者”转变为“乐队指挥”。他的作用不在于将本身作为资源，而在于创设情景，合理调动和协调学生的活动，组合各种教学资源，发挥各自的优势，达到教学效果最优化的目的。

教师地位和角色的最根本变化在于：从中心到边缘的地位改变，从传递者到促进者的角色变化。教师不再是知识的控制者、传递者，不再是学生的管理者，而是学生发展的促进者。

二、教师的专业素质

教师的专业素质是教师为完成教育教学任务所应具备的心理和行为品质的基本条件。习近平总书记就教师的专业素质做出过许多指示。他曾经就如何做好老师提出四点要求，即要有理想信念、要有道德情操、要有扎实学识、要有仁爱之心[①]。习近平总书记还强调，培养社会主义建设者和接班人，迫切需要我们的教师既精通专业知识、做好“经师”，又涵养德行、成为“人师”，努力做精于“传道授业解惑”的“经师”和“人师”的统一者[②]。此外，习近平总书记还指出，好教师应当具有教育家精神。正如《习近平致全国优秀教师代表的信》中指出，“教师群体中涌现出一批教育家和优秀教师，他们具有心有大我、至诚报国的理想信念，言为士则、行为世范的道德情操，启智润心、因材施

① 做党和人民满意的好老师——同北京师范大学师生代表座谈时的讲话．人民日报，2014－09－10.

② 习近平在中国人民大学考察时强调：坚持党的领导传承红色基因扎根中国大地 走出一条建设中国特色世界一流大学新路．中华人民共和国中央人民政府网，2022－04－25.

教的育人智慧，勤学笃行、求是创新的躬耕态度，乐教爱生、甘于奉献的仁爱之心，胸怀天下、以文化人的弘道追求，展现了中国特有的教育家精神”①。

教师的专业素质涉及教师有关教学的信念、知识和技能。

（一）教师的信念系统

教师的信念系统涉及教师对学生、教学和自己作为教师的各种观念。

自我测查

请尽可能真实地回答下列问题。

1. 您最不能忍受的情况是（　　）。
a. 所授的课程有1/3的学生没弄明白
b. 授课时，没能把备课中的一些知识点讲完
c. 课堂秩序有点乱
2. 您更喜欢哪种学生？（　　）
a. 课上积极回答问题，与您配合良好的
b. 常提出古怪问题，有时会难倒您的
c. 作业按时完成，学习成绩优秀的
3. 学生回答问题出错，您觉得原因通常是什么？（　　）
a. 学生上课不认真听讲
b. 教师讲授不清楚
c. 知识点过难
4. 现实中，您受课程标准、教科书的约束（　　）。
a. 很大　b. 较大　c. 一般　d. 较小　e. 很小
5. 布置作业时，您一般采用哪种形式？（　　）
a. 教师指定，全体学生一视同仁
b. 教师指定，针对不同能力的学生分层次布置作业
c. 学生自己选择
6. 您在授课时，觉得自己更像（　　）。
a. 会议主持人　b. 导游　c. 讲座主持人　d. 新闻发言人
7. 教师的日常用语可能会伤及学生的自尊心，在您身边的教师中，这种情况（　　）。
a. 经常发生　b. 较常发生　c. 一般　d. 不经常发生　e. 从不发生
8. 您认为您身边的教师和学生的关系是（　　）。
a. 管与被管的关系
b. 朋友式的平等关系
c. 其他
9. 学生犯错申辩时，如果您认为他的话毫无道理，您会（　　）。
a. 打断他　b. 让他继续

① 习近平致全国优秀教师代表的信．中华人民共和国中央人民政府网，2023-09-09.

☛**提示**

第 1 题：教师的关注点是学生、知识还是纪律。

第 2 题：教师的学生观。

第 3 题：教师的归因方向。选 a、c 项是外归因，选 b 项是内归因。

第 4 题：课堂运行体系。受教科书的约束越大，课堂运行体系就越封闭。

第 5 题：是否考虑因材施教。

第 6 题：授课方式。选 a、c 项表明教师上课的方式是以演讲为主，学生是被动地听。选 d 项表明教师也是以演讲为主，但学生有一定主动性，可以向教师提问。选 b 项表明教师是以活动为主、演讲为辅，学生有充分的主动性。

第 7 题：以他人的日常用语影射自己的日常用语。

第 8 题：以他人与学生的关系影射自己和学生的关系。

第 9 题：尊重学生的程度。

对某种教学思想的了解不一定能自动影响教学行为。我们接收或了解一个新信息时，往往只停留在认知水平上。只有体验过、充分看到它的好处后，我们才会坚信它，让它真正地成为我们信念中的一部分。信念只是反映了我们行为的倾向性，是否真的采取行为和采取了什么样的行为还取决于各种客观因素。

延伸阅读

教师的教学思想

教师的教学思想可分成两类：一类是“所倡导的理论”(espoused theories)，这类知识教师容易意识到和报告出来，更容易受到外界新信息的影响而产生变化，但它们并不能对教学行为产生直接的影响；另一类是“所采用的理论”(theories-in-use)，这类知识直接对教学行为产生重要影响，但却不容易被意识到，而且不容易受新信息的影响而产生变化，更多地受文化和习惯的影响。两类教学思想之间并非截然分开，所倡导的理论可以转化为所采用的理论，并对教学活动产生影响（见图 1－2）。

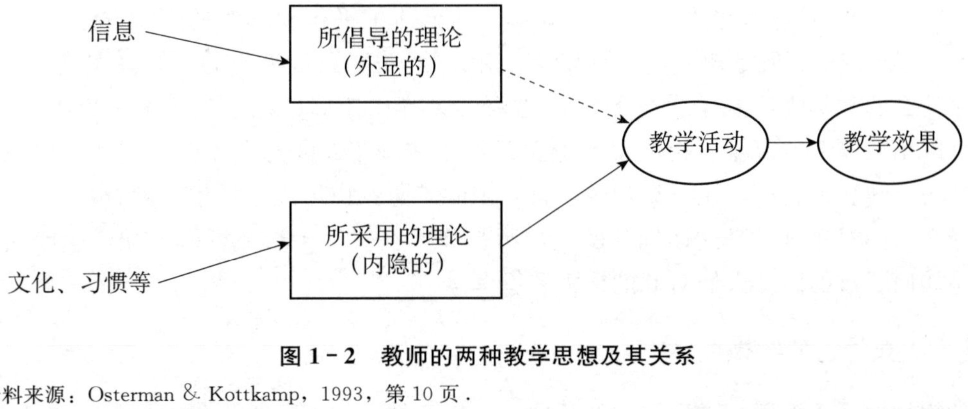

图 1－2　教师的两种教学思想及其关系

资料来源：Osterman & Kottkamp，1993，第 10 页．

教学效能感是教师信念系统的主要构成成分，它反映了教师的教育观念，是教师从事教学与教育工作的心理背景。一般来讲，教学效能感影响教师的感知觉、判断等，进而影响教育行为。研究发现，教师对自己影响学生学习行为和学习成绩的能力的主观判断与他们的教学效果之间密切相关（引自 Woolfolk，2018）。

（二）教师的专业知识

人们往往把专业知识等同于学科知识，认为“只要有知识就能当好教师”。教师专业知识到底包含什么？迄今为止，研究者们虽然论述较多，但还没有达成一致的见解（见表1-2）。

表1-2　教师专业知识分类一览表

研究者	教师专业知识分类
舒尔曼	①学科内容知识；②一般教学法知识；③课程知识；④学科教学法知识；⑤有关学生的知识；⑥有关教育情景的知识；⑦其他课程的知识
斯滕伯格	①内容知识；②教学法的知识（具体的、非具体的）；③实践的知识（外显的、缄默的）
格罗斯曼	①学科内容知识；②学习者和学习的知识；③一般教学法知识；④课程知识；⑤情景知识；⑥自我的知识
申继亮、辛涛	①本体性知识；②实践性知识；③条件性知识
甄德山	①教育理论知识；②所教专业科学知识；③普通文化知识
默里	①广泛的普通教育；②所要任教的学科内容；③教育文献；④反省的实践经验

资料来源：教育部师范教育司编，2001，第34～38页.

学科知识不等于内容知识，教学不是就事论事，不是把教材上的知识原封不动地搬到学生的头脑中，而是要在更大的学科背景下去思考整个学科的概念框架，探索如何通过本学科和其他学科的整合促进学生对本学科的掌握及自身的发展。此外，每一种知识的产生都有其源头和先辈的探索历程，我们不仅要让学生知道“是什么”，也要让他们知道“为什么”。但教师往往不太注重给学生提供这样的机会和训练。例如，在教小学数学“年月日”时，一位教师也许让学生“成功”地记住了平年和闰年的判断方法、大小月、2月有28天或者29天等知识点。但实践证明，“成功”只是表面的，只关注是什么、不关注为什么的教学既不利于学生的知识建构、保持和迁移，也不利于学生思维的发展。教师可以用电脑上的万年历让学生自主探索平年和闰年、大月和小月的规律；可以与科学课中的公转、自转相联系，让学生了解知识的来源；也可以让学生上网查找相关资料，如为什么人们对年月日是这样划分的、挂历是如何在实践中形成的等，让学生明白这一知识是如何引进的以及人们对此的探索和思考。

（三）教师的教学技能

教师的教学技能历来受到人们的关注，良好的教学技能是成为优秀教师的必要条件。不同的时代对于学生素质的要求是不同的，对于教师教学技能的要求也是不同的。我国

2012年颁布的《小学教师专业标准（试行）》和《中学教师专业标准（试行）》，分别规定了三大领域的小学教师专业标准13条、中学教师专业标准14条（见表1－3）。标准中的专业能力领域要求教师具备多种教学技能和能力。

表1－3　中小学教师专业标准

小学教师专业标准	中学教师专业标准
专业理念与师德	
1. 职业理解与认识	1. 职业理解与认识
2. 对小学生的态度与行为	2. 对学生的态度与行为
3. 教育教学的态度与行为	3. 教育教学的态度与行为
4. 个人修养与行为	4. 个人修养与行为
专业知识	
5. 小学生发展知识	5. 教育知识
6. 学科知识	6. 学科知识
7. 教育教学知识	7. 学科教学知识
8. 通识性知识	8. 通识性知识
专业能力	
9. 教育教学设计	9. 教学设计
10. 组织与实施	10. 教学实施
11. 激励与评价	11. 班级管理与教育活动
	12. 教育教学评价
12. 沟通与合作	13. 沟通与合作
13. 反思与发展	14. 反思与发展

三、教师的情感与个性品质

心理学研究者们通过设计问卷，对学生进行调查，了解他们喜欢与不喜欢的教师的特征，并对这些特征加以排序。根据这些研究，教师要充当知识的传授者、团体的领导者、模范公民、纪律的维护者、家长的代理人、亲密朋友、心理辅导者等诸种角色。如果学生把教师看成家长的代理人，他们希望教师具有仁慈、体谅、耐心、温和、亲切、易接近等特征；如果学生把教师看成知识的传授者，他们希望教师具有精通教学业务、兴趣广泛、知识渊博、语言明了等特征；如果学生把教师看成团体的领导者和纪律的维护者，他们希望教师表现出公正、民主、合作、处事有伸缩性等特征；如果学生把教师看成模范公民，则要求教师言行一致、幽默、开朗、直爽、守纪律等；如果学生将教师看成朋友、心理辅导者，他们希望教师表现出共情、理解、真诚、关心、值得信赖等特征。要成为一名受学生欢迎和爱戴的好教师，教师本人不仅需要具有一般公民的良好品质，而且需要具备教师职业所需的特殊品质。

理想教师的诸多品质都与教师的情感投入紧密相关，列夫·托尔斯泰说过："如果一个教师仅仅热爱事业，那么他只能是一个好教师；如果一个教师把热爱事业和热爱学生结合起来，他就是一个完美的教师。"教师需要通过深入地投入感情来把对学生的爱转化成巨大的教育力量。在教学过程中，教师的情感投入主要分成三个部分（Agne，1992）：（1）关爱。教师需要主动了解学生动态，积极关注学生成长。例如，某个学生上课开小差，教师不能不分青红皂白地批评他，应考虑到他可能是身体状态不佳或者生活中遇到麻烦等。（2）信任。如果教师尝试在课外和学生做朋友，尊重学生的个性和想法，倾听学生的呐喊和心声，师生之间则可建立起沟通的桥梁，进行心灵交流，获得情感共识。（3）榜样作用。基本的职业道德修养是教师整体素质的核心，教师在实践活动中要以身作则，自觉践行道德规范，并且将其内化成信念并传承给学生。这样，不仅能提升教师自身的修养，还能为学生提供良好的榜样。

有研究者采用自制词表对教师的形象进行研究，结果发现理想教师具有以下特征（袁晓琳，王穗苹，朱彬彬，徐小红，2005）：（1）关爱学生，友善认真；（2）学识广博，热爱教学；（3）相貌好，有气质；（4）严谨持重。这表明在对学生的态度、教学基本素质、外在形象和个性品质四个方面做得比较好的教师更容易受到学生们的喜爱。日本学者村懒隆二（宋洋，2011）让初中生从理想教师的 80 项条件中任选 5 项，结果发现，学生对男性和女性理想教师的选项略有不同（见表 1－4）。

表 1－4　不同性别理想教师的条件

理想的男教师的条件	理想的女教师的条件
1. 正义感强，要求严格（20.48%）	1. 给人以亲切、温和之感（4.8%）
2. 性格开朗，富于幽默感（18.59%）	2. 性格开朗，富于幽默感（15.5%）
3. 精力充沛，动作利索（18.5%）	3. 衣着打扮干净利落（12%）
4. 责任心强，可以信赖（16.7%）	4. 责任心强，可以信赖（9.6%）
5. 头脑灵活（12.9%）	5. 精力充沛，动作利索（8.4%）
6. 衣着打扮干净利落（4.2%）	6. 头脑灵活（8%）
7. 给人以亲切、温和之感（4.8%）	

资料来源：宋洋，2011，第 15 页.

第三节　教师成长

小蓉刚从师范大学毕业，到城区的一所初中做数学老师。她刚一入校，校长就给她分配了一位导师，指导她的数学教学和班级管理工作。她刚走上讲台的时候，关心自己能不能将内容教好、学生们听不听自己讲课。前几年，在导师的精心指导下，她的进步非常快。但是，等她将内容教得熟练时，她慢慢发现自己到了一个高原期。她该如何保持持续的专业成长呢？自己与教学专家的差距在哪里？怎样才能成为一名专家型教师呢?

一、教师的成长历程

教师的专业成长是一个动态变化的过程，教师会经历一些标志性的阶段，如从新手到熟手再到专家的阶段（孟迎芳，连榕，郭春彦，2004）。研究者们从不同视角对教师的专业成长做出了不同的分析。

（一）教师的关注

从一名新教师成长为一名合格教师有一个过程，教师在不同的成长阶段所关注的问题不同。根据教师的需要和不同时期所关注的焦点问题，教师的成长可划分为关注生存、关注情境和关注学生三个阶段（Fuller & Case，1969）。

1. 关注生存阶段

新教师非常关注自己的生存适应性，时刻关心这样的问题："学生喜欢我吗?""同事们如何看我?""领导是否觉得我干得不错?"……有些新教师因此把大量的时间花在如何与学生搞好个人关系上，有些新教师则可能想方设法控制学生。新教师试图成为人们所期望的良好的课堂管理者，将学生管教得老实听话。

2. 关注情境阶段

当教师感到自己完全能够生存时，开始关心如何提高学生的成绩。教师聚焦于如何教好每一堂课的内容，关注诸如班级大小、时间压力以及备课材料是否充分等与教学情境有关的问题。

3. 关注学生阶段

当教师顺利地适应了前两个阶段后，便开始关注学生。教师关注学生的个别差异，认识到不同发展水平的学生有不同的认知、情感和社会性需要，某些教学材料和方式不一定适合所有学生。

随着经验的累积、能力的提高，教师能够慢慢从关注自己转向关注学生。新手教师常常会问："我教得怎么样?"而有经验的教师则常常会问："我的学生做得怎么样?"（Codell，2001，p. 191）能否自觉关注学生是衡量一个教师是否成熟的重要标志之一。有些教师一生都没有达到这一阶段。

（二）教师的专业成长

根据教师知识经验的累积程度，教师专业成长过程可分为五个阶段（Berliner，1988，February），分别是：*新手教师*（novice，1～2 年）、*初手教师*（advanced beginner，2～3 年）、*胜任教师*（competent teacher，3～4 年）、*熟练教师*（proficient teacher，约 5 年）和*专家教师*（expert teacher，5 年以上）。新手教师和专家教师的主要区别在于营造课堂氛围；判断事件重要性；使用常规处理方式；评估学生行为和情绪等方面。

（三）教师的职业生涯发展

教师职业循环理论（teacher career cycle；Huberman，1989）认为，教师的专业成长历经职前、入职、成长、稳定和退休等阶段。教师职业生涯的一个完整发展周期如表1-5所示。

表1-5　教师职业生涯发展周期

阶段	定义或描述	主要特征	成长需求
职场初期	新教师在学校系统中的社会化时期	• 为使学生、家长、同事、领导接受自己而努力 • 寻找处理日常事务的合适方式 • 当现实与理想冲突时，会出现某种幻灭感	• 学习“实践语言” • 在某些具体问题上需要个别化的帮助 • 形成实践理念并讨论这些理念的网络 • 安全需求和基本保障
能力建构期	努力改进教学技能的时期	• 寻求新的教学材料和教学策略 • 接受新观念并乐于参与工作坊或课程 • 观摩其他教师的教学 • 把工作看作挑战	• 与资深教师在课程单元或新的教学策略上合作 • 工作间接经验、实践经验
热情与成长期	教师教学能力已达到高水平，充满活力和热情，在专业上继续向前发展的时期	• 热爱工作，渴望到学校上班 • 喜欢与学生交流，不断寻找新的方法来充实教学 • 充分的工作满意度和高度的工作责任感	• 基本上是自己选定成长需求 • 学校或学区领导的角色选择是重要机会
职业挫折期	教学上遭受幻灭和挫折，工作满意度降低的时期	• 感到自己受困于一份难以履行的工作 • 压力增大，害怕上班 • 产生职业倦怠	• 改进教学技能 • 提供宽松的时间安排，探索新的职业发展路径 • 出任领导职位的新机会
职业稳定期	处于职业生涯的高原期，在下一阶段的成长之前的一个“停滞期”	• 产生“拿多少钱干多少事”的想法 • 关门上课，不愿参加其他课外活动 • 做要求做的事，但不会多做	• 被鼓励开展实验或小课题，改善工作条件 • 协商式的管理，被倾听 • 与其他教师进行交流 • 带薪休假或有充裕的时间进行深层次的思考

资料来源：Lynn，2002，第179～182页.

二、新手教师与专家教师

为了促进新手教师成长为专家教师，就需要比较专家教师和新手教师的差异所在。教师究竟要具有什么样的知识和能力才能确保他们在本领域获得成功呢？在解决问题时，专家教师和新手教师到底有什么区别呢？通过分析那些有经验的和工作有效的教师是如何思考教学目标和过程的，研究者们发现专家教师和新手教师之间存在许多区别（Chi，Feltovich，& Glaser，1981；斯滕伯格，威廉姆斯，2012）。

第一，专家教师能制订有针对性的教学计划，并能灵活地执行教学计划。专家教师在制订教学计划时能够充分考虑到学生的个体差异，根据学生的先前知识来安排教学进度，而且在执行教学计划时具有很大的灵活性。新手教师则严格执行教学计划，不会随着课堂情境的变化来修正他们的计划。专家教师的教学计划只是突出了上课的主要步骤和教学内容，并未涉及一些细节。新手教师却把大量时间用在课时计划的一些细节上。专家教师能预测目标达成的结果，新手教师则不能预测计划执行时的情况，他们往往更多地考虑自己要做什么，而不知道学生将要做些什么。

第二，专家教师根据自己的一整套理论开展工作，而不是把遇到的每一个问题都当作新情境来处理。他们能通过直觉预感到在课堂上什么问题是最重要的，在某些活动中或在某一天的某一时刻将会发现什么问题。他们的教学过程大多数已变成自动化的，他们无须考虑如何分配材料、点名、分组和评级等问题。这将使得他们有更多的精力和时间去创造、去专心致志地推动学生的进步。他们能经济而合理地使用课堂时间。虽然这些专家教师可能用不同的方式去理解他们预想中的问题，但他们的知识是稳定的、全面发展的，这能使他们更容易把握较多的问题或情境。

第三，专家教师对教学中可能出现的问题有着丰富而细致的知识分类。例如，一个没有经验的新教师看到学生数学测验中的错误答案时，会以为所有的错误答案都是一样的，反正都是不对的，而未能看到在错误的背后还存在更深层次的错误理解。对于专家教师而言，一个错误的答案只表示一个丰富的错误信息系统的一部分。这个错误的信息系统包含了几类可能的错误答案，每一类错误答案都可能是由误解或信息的缺乏等引起的。专家教师会根据错误的性质决定矫正的方案。

第四，专家教师针对学生问题具有大量的精心组织的知识（Glaser，1984）。他们能够敏锐地观察到问题情境中各个元素之间的关系，确定问题情境的一些重要特征，而忽视一些不重要的特征，并找到相关的原理来形成解决问题的方案。一旦学生在课堂上产生问题行为，专家教师就能分析各种可能的原因。例如，自己的教学对学生缺乏吸引力、挑战性不够、缺乏新颖性或者对学生而言太难了，或者是学生想吸引老师和同学们的关注、已经完成相应任务而感到无聊或最近沉迷于漫画或者网络游戏，等等。对此，他们会采取相应的应对措施，如提供更有挑战性的任务、要求学生给出一题多解或者有意不注意学生的行为等，再看看自己的判断是否正确，从而进行持续的处理。

三、教师的成长途径

教师专业成长的基本途径主要有两种，一种是通过学习和培训，另一种是通过实践、反思与研究。教师进行行动研究在前面已经介绍过，这里就不再重复了。

（一）观摩和分析优秀教师的教学活动

课堂教学观摩可分为组织化观摩和非组织化观摩。组织化观摩是有计划、有目的的观摩，非组织化观摩则没有这些特征。一般来说，为培养新教师和教学经验欠缺的年轻教师，提高他们的教学水平，宜进行组织化观摩，这种观摩可以是现场观摩（如组织听课），也可以是观看优秀教师的教学录像。通过观摩分析，学习优秀教师在驾驭专业知识、进行教学管理、调动学生积极性等方面的教育智慧和教学能力。

（二）微格教学

微格教学 以少数的学生为对象，在较短的时间（5～20分钟）内，尝试性地进行小型课堂教学。

微格教学（microteaching）指以少数的学生为对象，在较短的时间（5～20分钟）内，尝试性地进行小型课堂教学。教师可以把这种教学过程摄制成录像，课后再进行分析。这是训练新教师、提高其教学水平的一条重要途径。

微格教学可以使教师更加直接和深入地分析自己的教学行为，增强改进教学的针对性，因而往往比正规课堂教学的经验更有效。

（三）专项技能训练

为了促进新教师的成长，也可以对他们进行专门化训练。有人曾将某些“有效的教学策略”教给教师，其中的关键程序有（引自Gagné，Yekovich，& Yekovich，1993）：（1）每天进行回顾；（2）有意义地呈现新材料；（3）有效地指导课堂作业；（4）布置家庭作业；（5）每周、每月都进行回顾。用现代认知心理学的术语来说，上述程序中有的属于自动化的教学技能，有的属于教学策略。研究者安排了受训组与控制组教师。为确定受训组教师的教学是否有成效，研究者在训练前后还对两组教师的学生进行了标准化数学测验。结果发现，在使用训练程序的频率上，受训组教师要比控制组教师高，特别是在回顾、检查作业、练习心算、布置作业上。但也有一些行为的频率，如总结前一天所学、至少留出5分钟时间来消化吸收、通过演示来呈现内容等，受训组并不比控制组高。值得注意的是，训练后使用频率未增加的行为属于策略性的，而那些使用频率增加的行为则更像教学常规。研究还发现，受训组教师的学生在后测中的成绩比前测提高了31%，而控制组教师的学生只提高了19%。

（四）反思教学经验

通过反思来提高教师的教学水平，是教师心理研究的一个重要课题。*反思或反思性实践*（reflection或reflective practice）是教师着眼于自己的活动过程来分析自己做出的某种行为、决策以及所产生的结果的过程。自我反思是教师自我主动发展的基础和源泉，是教师通过提高自我觉察水平来促进能力发展的一种手段，在教师的专业发展和成长中具有深远的意义。有人曾经指出：“二十年的教学经验也许只是一年教学经验的二十次重复，除非我们善于从经验中吸取教训，否则我们不可能有什么改进。”波斯纳（Posner，1989）在此基础上明确地提出一个教师成长的公式：优秀教师＝经验＋反思。他还指出，没有反思的经验是狭隘的经验，至多只能形成肤浅的知识。如果教师仅仅满足于获得经验而不对经验进行深入思考，那么他的发展将大受限制。

布鲁巴奇等（Brubacher，Case，& Reagan，1994）提出了四种反思的方法，供教师参考。（1）反思日记。在一天教学工作结束后，要求教师写下自己的经验，并与其指导教师共同分析。（2）详细描述。教师相互观摩彼此的教学，详细描述他们所看到的情景，并对此进行讨论分析。(3) 交流讨论。来自不同学校的教师聚集在一起，首先提出课堂上发生的问题，然后共同讨论解决的办法，最后得到的方案为所有教师及学校所共享。(4) 行动研究。为弄清楚课堂上遇到的问题的实质，探索改进教学的行动方案，教师以及研究者进行调查和实验研究，这不同于研究者从外部进行的旨在探索普遍法则的研究，而是直接着眼于教学实践的改进。

反思性教学的第一步是自我觉察，即能够觉察到或描述自己的行为，能意识到自己的情绪。第二步是思考，即能够推测行为背后的原因，理解自己的情绪。第三步是解决问题，即能够积极有效地解决面对的问题。

应用举例

上海浦东新区的潍坊小学曾经有一条不成文的规定：老师上完课之后，还得对自己的教学进行“课后算账”。这意味着，学生下课，老师开始上课。在老师的眼中，课上完了，只是完成了教学过程的中间环节，课后进行反思，提出改进方案，是教学过程的天然组成部分。

《西沙渔人》是小学四年级语文的一篇课文。在进行教学设计时，徐敏老师考虑到学生对于“西沙渔人”很陌生，想通过多媒体给学生提供直观的印象，拉近学生和教材的距离。她凭经验认为班上学生对丝毫不了解的“西沙渔人”一定会有很多疑问。可出乎她的意料，当常规性地讲解课文和呈现多媒体图片时，学生并没有多大反应，课堂气氛显得很沉闷。

这一闷引起了徐老师的反思，教研组的老师也凑在一起研究学生对课文教学不感兴趣的原因，他们发现关键在于教学没有和学生的生活相联系：从中国说到西沙群岛，谈到捕鲨鱼，播放相关的教学录像，学生只是一味地接受。在这种单纯的“我说你听”“我放你看”的氛围中，他们当然无从提问。

徐老师立即调整了教学方案，上第二节课时，她先让学生就“你怎样看待‘西沙渔人’的捕鲨行为”自由发表意见，学生中有赞成的，也有反对的，课堂成为辩论赛场。这时，徐老师再提供相关的阅读资料和录像资料，让学生渐渐明白捕鲨鱼是西沙渔人赖以生存的方式，可以捕，但又不能没有限度地捕，要考虑到生态平衡。

☛**提示**

在本节课中，教师觉察到教学中的问题，即课堂气氛沉闷，而后进行了思考和探索，发现问题的症结所在——没有和学生的生活相联系，最后教师进行了新的教学探索，以提问的形式来暴露学生的先前经验，教学效果得到了很大的提高。

多媒体不是万能的，它能否发挥作用，取决于教师如何使用。反思前后，教师的信息技术与课程的整合理念也发生了根本变化：从让学生被动接受到主动建构。反思前，教师用了多媒体，但效果平平。反思后，教师基于学生的主动建构，再考虑多媒体以怎样的方式整合到课程中以及在什么时候呈现，虽用了同样的多媒体，教学效果却迥然不同。

资料来源：杜启荣，2003。

教师用来提高自己专业能力的方式是多种多样的，不同的方式适合不同的内容。例如，听讲座适合传授知识性的东西，观摩或者案例分析适合掌握技能性的东西，反思或者活动适合促进态度的转变。各种方式本身无优劣之分，关键要看是否适合教师特定的需要。教师要根据不同的需求和条件综合选用适合自己的方式。

概念术语

教育心理学　描述研究　相关研究　实验研究　准实验研究　单一被试实验研究　行动研究　微格教学

复习思考题

（一）选择题

1. 教育心理学主要研究的是学校教育中的（　　）。

A. 学生的学习　　B. 教育措施　　C. 学校环境　　D. 学与教的规律

2. 教师非常关注自己的生存适应性，这是教师成长过程中（　　）阶段的特征。

A. 关注发展　　B. 关注学生

C. 关注情境　　D. 关注生存

3. 有学者提出了一个教师成长公式：经验＋（　　）＝成长。

A. 学习　　B. 反思　　C. 技能　　D. 实践

参考答案：1. D；2. D；3. B

（二）论述题

1. 简述教育心理学的研究对象。
2. 举例说明教育心理学的实践作用。
3. 简述教育心理学的研究范式。
4. 举例说明教师行动研究的步骤。
5. 举出三种有关教师的隐喻并说明其意义。
6. 列举学生喜欢的教师的特征。

拓展学习

陈琦，刘儒德．(2019)．当代教育心理学（第3版）（第1、17章）．北京：北京师范大学出版社．

伍尔福克．(2015)．教育心理学（第12版）（第1章）．伍新春，张军，季娇译．北京：中国人民大学出版社．

第二章
学生心理发展

【本章提要】

皮亚杰的认知发展理论
- 基本认知概念
- 认知发展阶段
- 影响心理发展的因素
- 认知发展理论对教育的影响

维果斯基的文化历史发展理论
- 文化历史发展理论概述
- 最近发展区
- 维果斯基的理论对教育的影响

埃里克森的心理社会发展理论
- 心理社会发展理论概述
- 心理发展的阶段
- 心理社会发展理论对教育的影响

自我意识的发展与培养
- 自我意识的发展
- 自我概念和自尊
- 自我意识的培养

发展（development）是指个体从出生到死亡整个生命历程中的成长、适应和变化。通过发展的历程，个体在很多方面都会发生显著的变化。生理发展可能是最明显的发展形式，个体也在逐渐形成使用语言的能力（语言发展），思考和认识世界的方式在发生变化（认知发展），与他人交往、互动的方式也在改变（社会性发展），同时人格日趋稳定、完善（人格发展）。为了有效地促进教学，教师在安排课程内容和选择教学方法时，需要充分考虑教学对象的特点，这也就是教师所说的“备课中的备学生”。不同年龄段的学生处于不同的发展水平，只有理解学生的发展水平，教师才能在安排教学时考虑学生的心理局限性，并设置对学生既有挑战性又有现实性的任务。本章将讨论人类发展的一般规律，包括认知发展、个性和社会性发展等方面。

第一节　皮亚杰的认知发展理论

上课铃响了，向阳小学二年级一班的学生满怀期待地迎来了他们的数学老师田老师。他们的桌子上摆满了长短不一的各色小棒——那是老师课前要求他们带来的。

田老师向全班同学宣布：“今天，我们将要学习同一个平面上两条直线的关系。”接着，他将学生分组，让每个学生用手中的小棒摆一摆两个小棒可能的位置并观察它们的关系，然后小组讨论，把这些摆出来的图形分类。学生通过动手操作和相互讨论，很快就发现两条直线在同一平面上的关系可以分为两种——平行和相交。在课堂的最后环节，几乎所有的学生都能轻松地完成对平行和相交的辨别，同时找到生活中的平行与相交的例子，还可以用摆身体姿势或折纸等方式来创造平行与相交。

田老师的确花了很大的心思来准备这堂课，尤其重要的是，他在制定和实施课程时充分考虑到学生的发展特征，即在教七八岁的孩子“平行”与“相交”这类抽象概念时，鼓励学生动手操作、画图，并使用了大量具体的例子。

一、基本认知概念

瑞士心理学家皮亚杰因其认知发展理论而闻名世界。他的理论探讨了人如何获得知识，以及思维随年龄的变化而发展的过程。皮亚杰的认知发展概念受到其作为生物学家的早期工作的影响。皮亚杰认为生物的行为和习性都是适应环境需求的方式，人类的认知能力也是其适应环境要求的必然结果。

学者生平

皮亚杰与孩子们

著名心理学家让·保罗·皮亚杰（Jean Paul Piaget，1896—1980）在童年就表现出非凡的研究才能，10岁时便根据对一只患病麻雀的观察写了一篇关于白化病麻雀的文章，这篇文章被一家科普杂志公开发表。皮亚杰16岁时已是国际知名的软体动物学家，22岁便获得纳沙泰尔大学的科学博士学位。皮亚杰不仅对生物学有浓厚兴趣，对哲学的兴趣也丝毫不亚于生物学，他希望找到连接二者的桥梁，心理学正是这样的桥梁。

皮亚杰一生的事业可分为三个阶段。第一阶段是20世纪20年代，他发表了关于青少年在言语、理性、道德判断、物质因果关系和物质世界表象等方面的发展的研究成果。1920年，他在西蒙（Théodore Simon，1873—1961）的领导下，在比纳实验室对法国儿童进行推理测验，并使之标准化。他不仅关注儿童答案中的“是”与“非”，而且认真探索儿童答案中有关“怎么样”和“为什么”的问题。此时他开始应用临床谈话法研究儿童的心理活动，揭示儿童具体的言语反应背后的一般认知结构，形成了自己的研究路线。1921年，25岁的皮亚杰获得法国国家科学博士学位，被派到日内瓦大学卢梭学院工作，开始研究4～12岁儿童的言语、概念和推理过程。从此，皮亚杰将全部心血倾注于对儿童智慧发展的研究。

1923年，皮亚杰与自己的一位合作者结婚。1925—1931年，他们有了两个女儿和一个儿子，皮亚杰从此开启了自己事业的第二个阶段。他从自己的孩子诞生之日起，就对他们进行仔细的观察并做了详细记录，同时对幼儿园的其他儿童进行观察和研究，重点研究儿童的各种动作与人、物、情境的关系，提出了有关儿童认知发展、儿童象征行为（游戏和模仿）的一系列重要理论，并据此写出了一系列重要著作。

1933年，皮亚杰担任儿童心理学教授，他在助手的协助下进行了卓有成效的研究，形成了以他为代表的日内瓦学派。1939年，皮亚杰把数理逻辑引进儿童心理学，用它来描述不同阶段儿童的认知结构，研究儿童思维的守恒、分类、序列和转化等方面的发展，并根据这些心理学研究成果来改革教育方法。20世纪40年代，皮亚杰致力于研究儿童知觉的发展，并继续研究儿童关于空间、时间、数量、因果关系等的概念。他在研究方法上也有了进步，采用自由谈话加摆弄实物的临床法。他的研究成果反映在《儿童智慧的起源》《智慧心理学》《儿童的数概念》等著作中。在这些著作中，他提出了关于儿童心理发展的完整理论，初步论述了儿童各个发展阶段的年龄特点，特别是儿童思维中各种逻辑运算形成的过程。

20世纪五六十年代是皮亚杰事业的第三阶段。此时日内瓦学派的研究工作扩展到对青少年群体的研究和对发生认识论的研究。他于1955年创建了国际发生认识论中心并任该中心主任。该中心把各国著名哲学家、心理学家、教育家、逻辑学家、数学家、语言学家和控制论学者集合在一起，共同研究发生认识论，对儿童各类概念以及知识形成和发展的过程进行多学科的剖析研究。

为了理解人类的适应过程，皮亚杰提出了四个不同的概念来解析认知发展为什么产生以及如何产生。这些概念是图式、同化、顺应、平衡。

图式（scheme）是人在理解世界以及在与世界互动时所采用的一种有组织的思想或行为模式。有些图式是天生的或是出生不久就获得的，比如将奶头放入新生儿的口中，他们会自动地吸吮。而大部分图式则是我们经验发展的结果，如我们看到门上的把手，知道它是用来“推”或是“拉”的。图式表示从不同但相关的经验中抽取出来的相关知识。比如，儿童观察到周围所有的狗都会“汪汪叫”，从而将“汪汪叫”融入“狗”这一概念的组织中。

> **图式** 人在理解世界以及在与世界互动时所采用的一种有组织的思想或行为模式。
>
> **同化** 把新的知觉、动作、概念或经验整合到现有的图式中的过程。
>
> **顺应** 改变已有图式或创造新图式以适应新信息的过程。

图式是思维的基本结构框架，它们组成动作或思维系统，使我们能够更快和更好地理解世界上的物体或事件。图式可以是非常小和非常特异的，如辨认妈妈的图式，或更大的、一般性的图式，如识别人脸的图式。随着个体图式的概括化，个体的行为变得更加复杂和更具适应性。

皮亚杰认为，当我们尝试把新经验组织到图式中时，我们会采用两种独立的认知过程——同化和顺应。**同化**（assimilation）是指把新的知觉、动作、概念或经验整合到现有的图式中的过程。当人们利用自己已有的图式来理解周围的事情时，同化就发生了。例如，一个15个月大的孩子正追着一只小白猫，嘴里还嚷嚷着：“汪汪。”这个孩子用自己已有的知识，即长有四条腿、毛茸茸的小动物就是汪汪（小狗）来理解这个新遇到的动物，这就是同化。

当没有现存图式可以匹配新刺激或外来刺激的特征时，同化过程不起作用，就必须发展新图式来适应这些新的独特的经验。这个过程被皮亚杰称为顺应。**顺应**（accommodation）即改变已有图式或创造新图式以适应新信息的过程。例如，在先前描述的情形中，母亲会纠正孩子那不是小狗而是小猫，并让孩子注意它不是“汪汪”叫，而是“喵喵”叫。在这种情况下，儿童要创建“喵喵”或“小猫”之类的新图式来对新经验做更恰当的处理。

皮亚杰将同化和顺应视为复杂的平衡行为。他认为，人们为了达到平衡而不断检验自身思维过程的适应性，最终实现思维的发展。简单地说，平衡过程是这样进行的：如果我们将一个特定的图式应用于一个事件或一个情境，而这个图式起作用了，就实现了平衡；如果这个图式不能产生令人满意的结果，就失衡了。失衡会让人感到很不舒服。想象一下，作为一名观众，当看到魔术师从一顶原本空着的帽子中掏出一只兔子时，你体验到的惊奇。这种不舒服促使我们通过同化或顺应不断搜索解决方法，以实现平衡。这种弄清认知冲突的需求是我们自身回归认知平衡的结果。对平衡的追求意味着学习者本身就具有认识世界的内在动机，并需要通过对自己学习的自我调节来理解世界，这也成为思维发展的根本源泉。

二、认知发展阶段

皮亚杰认为，儿童从出生到成年的认知发展不是一个数量不断增加的简单累积过程，而是伴随着认知结构的不断再构，形成几个按不变顺序相继出现的时期或阶段。他认为逻辑思维是智慧的最高表现，因而从逻辑学中引进“运算”的概念作为划分智慧发展阶段的依据。这里的运算并不是形式逻辑中的逻辑演算，而是指*心理运算*（operations），即能在心理上进行的、内化了的动作。他将从婴儿到青春期的认知发展分为四个阶段：感知运动阶段、前运算阶段、具体运算阶段和形式运算阶段。

（一）感知运动阶段

感知运动阶段（sensorimotor stage，0～2岁），顾名思义，描述了婴儿适应和组织经验的两种模式：感知和运动。最初，婴儿都只有本能的简单反射，如吸吮和抓握。不久之后，婴儿就可以运用这些反射行为产生更有趣的、更有目的性的行为模式，如通过有意识地扭动身体和踢腿来弄响挂在床头的摇铃。到了这一阶段的后期，儿童逐步掌握了**客体永久性**（object permanence），即当某一客体从儿童视野中消失时，儿童知道该客体并非不存在。

> **客体永久性** 儿童知道从视野中消失的客体并非不存在。

追根溯源

有一次，皮亚杰观察到当时只有7个月的女儿杰奎琳把一只塑料鸭子弄到了被子上，然后鸭子被被子盖住了，这样她就看不见鸭子了。皮亚杰注意到，尽管杰奎琳清楚地看到她把鸭子弄到了什么地方，也能够到，但她一点试着去寻找鸭子的意思都没有。

皮亚杰觉得很好奇，于是把鸭子又放到了她可以看到的地方。然后当她就要抓住鸭子的时候，他又慢慢地、清清楚楚地把鸭子藏到了被单下面。小女孩好像以为鸭子消失了，就像之前那次一样，没有试着在被单下面找一找。对皮亚杰来说，这个行为很奇怪——

因为杰奎琳在看得到鸭子时，明明对那只鸭子很感兴趣，但只要鸭子从视野里消失，她就好像把它完全忘记了一样。

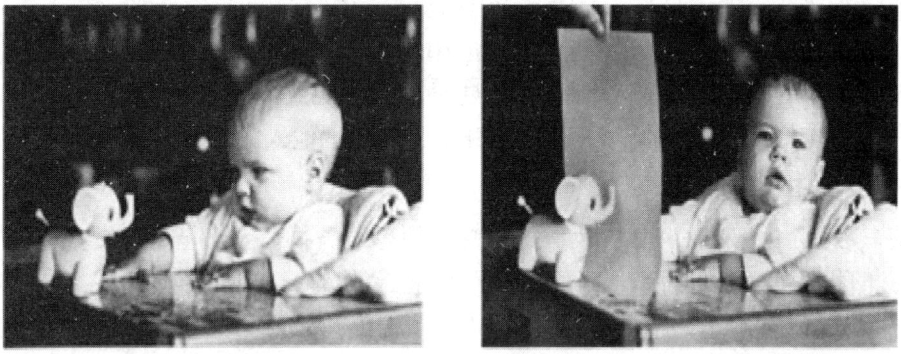

客体永久性实验——没有建立客体永久性的孩子不去寻找被遮挡的玩具

皮亚杰从这个观察以及其他很多实验中得出结论：儿童并不是天生就了解当我们看不见某个物体的时候，它还会继续存在。直到孩子长到9个月或10个月时，他才看到孩子开始寻找那些藏起来的东西。

当玩具熊从小床上消失，5个月的孩子不会去寻找，7个月的孩子会寻找片刻，10～12个月的孩子会熟练地寻找藏起来的东西，掀开毯子或移开阻挡物，并为找到目标而欣喜。客体永久性的发展开拓了婴儿的眼界，促使婴儿开始探索视野之外的客体，而且它构成了我们用符号表示客体的基础——我们不需要体验它们也可以思考它们。

（二）前运算阶段

儿童在感知运动阶段获得的感觉运动行为模式，在前运算阶段（preoperational stage，2～7岁）已经内化为表象或形象模式，具有符号功能（symbolic function）。随着语言和想象力的发展，儿童的心理能力迅速提高，此时他们可以用新的方式来思考和玩耍。比如，一个孩子可能会把一个杯子想象成一顶帽子或一艘宇宙飞船。这种象征性游戏是同化的最好例证，因为儿童正利用他们自己对经验的理解来创建熟悉事物的新用途。此外，这个阶段儿童的思维还有如下主要特征。

1. 自我中心

> **自我中心** 儿童不能从对方的视角考虑问题，以为每个人看到的世界都和他自己所看到的一样。

自我中心（egocentrism）指不能从对方的视角考虑问题，以为每个人看到的世界都和他自己所看到的一样。例如，一个3岁的孩子用手帕蒙上自己的眼睛，就认为其他人都看不见他了；一个4岁的孩子在与他爸爸打电话时，总是用点头或摇头回答爸爸的问题，害得爸爸不得不常常怀疑他是否在听电话；一个5岁的孩子送给爸爸的生日礼物是她最喜欢的泰迪熊。皮亚杰强调，自我中心并非自私，它只是反映了该阶段儿童思维的局限性。

自我中心在儿童的语言中也存在。即使没有一个人听，年龄小的儿童也会高兴地谈论他们正在做什么。这可能发生在儿童独自一人的时候，甚至更频繁地发生在儿童群体中——每个儿童都热情地谈论着，但彼此没有任何真实的互动或者交谈。皮亚杰称之为集体的独白（collective monologue）。

然而，有研究表明，低龄儿童不是在任何情境中都是自我中心的（Gelman，1979；Gelman & Ebeling，1989）。4岁儿童能够运用相对简单的句子与2岁儿童谈话。儿童2岁时甚至在更早的时期，在展示他们的玩具时也能将玩具的正面掉转给成人看。至少在特定的情境中，低龄儿童有能力去满足自身需要并考虑他人的不同视角。

2. 思维的不可逆性

可逆思维（reversible thinking）指改变人的思维方向，从终点回到起点。前运算阶段的儿童不能这样思考。例如，问一名4岁儿童："你有兄弟吗?"他回答："有。""兄弟叫什么名字?"他回答："吉姆。"但反过来问："吉姆有兄弟吗?"他回答："没有。"

守恒 物体即使在排列和外观上发生了改变，其物质的量也保持相同。

许多前运算阶段的儿童难以完成的任务，如物质守恒，都包含可逆思维。**守恒**（conservation）是指物体即使在排列和外观上发生了改变，其物质的量也保持相同。这个阶段的儿童由于受直觉和知觉活动的影响，还不能认识到这一点。

下面是探索儿童守恒情况的一个经典实例。实验者给一个5岁孩子展示两个同样的玻璃杯。在杯子里面装有同样数量的有颜色的水。

实验者：是一个玻璃杯里的水多一些，还是它们是一样多的?
孩子：一样的。

然后实验者将一个杯子中的水倒入一个高的狭窄的玻璃杯里。

实验者：现在是一个杯子里的水多一些，还是它们是一样多的?
孩子：高的那个多些。
实验者：你是怎么知道的?
孩子：这儿上升多些。（指着高玻璃杯的较高水位）

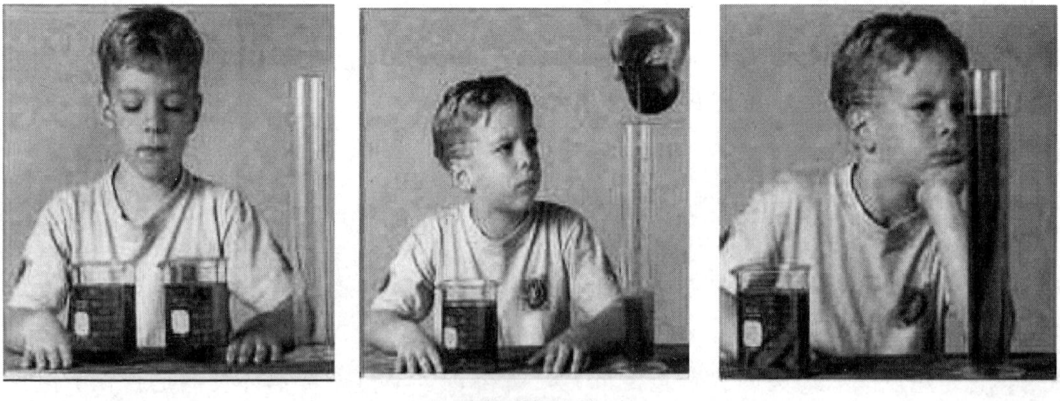

液体守恒实验

皮亚杰认为，前运算阶段的儿童只能从单维进行思考，考虑高度却不能顾及宽度；反之，考虑宽度，却忽略了高度。他们在做出判断时倾向于运用一种标准或维度，比如长得多、密得多或高得多，这也是前运算思维的另一特征——集中化（centration）。

3. 泛灵论

前运算阶段的儿童还不能很好地把自己与外部世界区分开来，认为外界的一切事物都有生命，有感知，有情感，有人性。这是该阶段的又一思维特征：**泛灵论**（animism）。一个具有泛灵论的个体可能会把人类的特征归于非生物客体。例如，这个阶段的孩子常常说“你别踩在小草身上，它会疼得哭”，或者当人们询问他们“晚上太阳哪去了”，他们会回答“睡觉去了”。

> **泛灵论** 儿童的一种观念，认为外界的一切事物都有生命，有感知，有情感，有人性。

4. 转换规则

皮亚杰认为前运算阶段儿童的推理方式既非演绎也非归纳，而是转换推理，即从具体的一端转移到具体的另一端，而不涉及总体。例如，皮亚杰曾报告，他的女儿下午没有睡觉，所以她说：“我没有睡觉，所以这不是下午。”皮亚杰发现这种推理方式在 6 岁左右逐渐减少，取而代之的是归纳推理。

行动指南

对于前运算阶段的儿童，我们可以采取如下教学策略。

- 让儿童进行比较，这可能涉及大、高、多、长、重之类的概念。
- 在安排活动时，考虑儿童的自我中心思维。例如，在玩“石头、剪刀、布”时，让儿童知道他们不可能总是赢。让他们轮流承担不同的职务和角色，通过社会交互来减轻孩子的自我中心倾向。
- 训练儿童的观察力。例如，让儿童画出一定视角的场景，要求画中的物体出现在场景中他们视线所及的相同位置。
- 在教学中使用具体的提示和视觉辅导手段。例如，给儿童提供小棒或卡片进行加减运算。
- 注重儿童的体验。可以通过实地考察、讲故事、表演、游戏等各种形式增强儿童的体验，例如让儿童体验春、夏、秋、冬四季的轮换，体验自然的序列。
- 允许儿童通过主动探索，以及与成人、同伴和物品间的互动来学习。例如，可以让他们把自己在幼儿园的一天画下来，编成有关他们自己的连环画，然后带回家读给父母听。

（三）具体运算阶段

在具体运算阶段（concrete operational stage，7～11 岁），儿童的认知结构发生了重组和改善，思维具有一定的弹性，并且可以逆转。随着守恒、分类（classification）和序列化（seriation）运算能力的掌握，具体运算阶段的儿童最终发展出完整的、有逻辑性的思维体系。

1. 守恒

守恒表现为儿童理解客体的数量与其摆放方式和物理外表无关。皮亚杰认为，判断儿童是否处于具体运算阶段的最好标准，是看他们在守恒任务上的表现（Fraisse & Piaget Eds.，1963）。按照皮亚杰的观点，儿童解决守恒问题的能力依赖于对三个基本规则的理解：同一性、补偿性和可逆性。随着对同一性（identity）的掌握，儿童会知道，假如没有东西被增加或取走，物质就是相同的。随着对补偿性（compensation）的理解，儿童会知道，外观在一个方向上的变化能够通过另一个方向的变化来补偿。随着对可逆性（reversibility）的理解，儿童能意识到，对于某个特定的运算或行为，会有一个可对其进行抵消的运算或行为。

以上面提到的液体守恒为例，掌握同一性的论据是："你既没有增加也没有取走任何液体，所以它们的数量仍旧相同。"掌握补偿性的论据是："又细又高的杯子的水面更高了，但同时杯子变细了，所以它们的数量仍旧相同。"掌握可逆性的论据是："如果你把水倒回去，会发现水面没有任何变化，所以它们的数量仍旧相同。"

逸闻趣事

1928年（皮亚杰32岁，爱因斯坦49岁），爱因斯坦到瑞士的达沃斯讲学，他很欣赏皮亚杰的研究，他建议皮亚杰研究儿童对速度和时间的概念。皮亚杰接受了他的建议，进行了这方面的研究，并出版了相关专著。

1953—1954年，皮亚杰到普林斯顿大学做研究，他又遇到了爱因斯坦（皮亚杰57岁，爱因斯坦74岁）。他们这一次见面，讨论了什么呢？

下面这段对话来自《皮亚杰访谈录》一书，作者布兰吉尔（Jean-Claude Bringuier）是法国著名的记者，他曾访谈过皮亚杰、甘地等世界知名人物。

布兰吉尔：你曾在美国普林斯顿大学做研究。你和爱因斯坦见过面吗？

皮亚杰：噢，不错！我们之后仍然保持通信。他最与众不同的地方是心智上的年轻。凡事他都有兴趣，任何事他都想听——譬如儿童心理学。

布兰吉尔：他是不是认为儿童心理学还蛮吸引人的？

皮亚杰：我才刚开始谈，他就被吸引住了。不过一旦他了解了问题所在——这只在我说了几句话之后——他立刻就能掌握到整体。他说："这是你正在探讨的东西。"

布兰吉尔：如此敏捷……

皮亚杰：简直不可思议！他能立刻看出这个背景的含义。

布兰吉尔：他对你工作中的哪一点特别感兴趣？

皮亚杰：关于速度与时间的问题——他早就建议我从事这方面的研究，我们想了解儿童是不是保有速度上的原始直觉力。不过我在普林斯顿再次碰到他的时候，他最有兴趣的是守恒问题。

布兰吉尔：哪一方面的守恒问题？是黏土吗？

皮亚杰：特别是液体在不同形状的容器内的守恒观念，将水倒入某形状的杯子内，然后，整杯再倒入另一形状的杯子内。爱因斯坦最感兴趣的是：即使是最单纯的知识，小孩子也要经历如此错综复杂的过程才能获得。他曾说："这远比物理学复杂得多！"

2. 分类

具体运算阶段的儿童能够从不同的方面对物体进行分类。比如对于一个白色的长方形的玩具，儿童既可以把它归入“白色”物体一类，也可以把它归入“长方形”物体一类。再如给儿童呈现3朵红花、4朵黄花，问他们：“黄花多还是花多?”前运算阶段的儿童往往不能很好地回答，但8岁左右的儿童就可以给出正确的答案，因为他们能够考虑类别的相似性和差异性，并能够推论主类和亚类的关系。

3. 序列化

序列化指的是根据大小、体积、重量等维度的递增和递减，从心理上安排一系列成分的能力。例如，儿童可以建立一个逻辑序列A<B<C。所以一个7岁的儿童在堆积木时，先放大的，然后是中等的，最后是小的。在具体运算阶段初期，儿童的序列化是粗糙的，也许他会意识到A小于B，B小于C，但他不能递推出A小于C。例如，向7～8岁儿童提出这样的问题：“A>B，B>C，A与C哪个大?”他们可能难以回答。若换一种说法：“张老师比李老师高，李老师又比王老师高，张老师和王老师哪个高?”他们却可以顺利回答。

行动指南

对于具体运算阶段的学生，我们可以采取如下教学策略。

- 鼓励学生发现概念和原理。提出和正在学习的内容相关的问题，但不要直接告诉学生答案，尽量让他们通过独立思考获取答案。
- 安排活动，让学生通过练习认识递减或递加分类概念。例如，让学生按照大小顺序排列以下各项：西城区、北京、中国、亚洲、北半球、地球。而且在排序时要练习依次排序和颠倒排序，要求他们不仅能从高到低排序，也能从低到高排序，或者既能从1数到10，也能从10数到1。
- 在呈现抽象的概念时，提供大量具体、熟悉的例子。
- 安排要求面积、重量或体积守恒的置换活动，如拼图游戏。
- 让学生分组合作，这样他们遇到困难时，可以用言语互相解释较难理解的概念。
- 在学生解决问题时，要求他们说出答案的依据。例如，当他们说橡皮泥不管怎么捏大小都不变时，问他们“为什么这么认为”或“怎么向你的朋友证明”。这样可以促使他们表述其思维，让教师有机会从中察觉其逻辑的错误。

（四）形式运算阶段

在形式运算阶段（formal operational stage，11岁至成年），个体的思维超越了对具体的可感知的事物的依赖，使形式从内容中解脱出来，进入命题运算阶段。在此阶段，个体的思维是以命题形式进行的，并能发现命题之间的关系；个体能够使用逻辑推理、归纳或演绎的方式来解决问题；能理解符号的意义、隐喻和直喻，能做一定的概括，其思维发展水平已接近成人。

1. 假设性推理

假设性推理是指超越知觉和记忆，处理非直接现实经验的问题。例如，询问一个低龄儿童："如果没有太阳，世界会变得怎样?"儿童很可能回答："那就天黑了。"相比之下，一个处于形式运算阶段的个体能够提出没有太阳会导致的各种可能性，比如植物、动物、人类生活将彻底毁灭，或者人类可能要移居到外星球等。

2. 类比推理

在形式运算阶段，个体能很好地进行类比推理，能理解为什么一个类比可以起作用，以及类比的各个部分之间关系如何。个体知道老师相对于学生可类比成医生相对于病人，他同样可以理解老师相对于学校可类比成医生相对于医院。

3. 演绎推理

演绎推理是从一般推论到具体的过程。以一个三段论为例："所有的猫都是四条腿"，"汤姆是一只猫"，因此"汤姆有四条腿"。随着命题逻辑的出现，个体开始能够确定命题的真伪，这些判断既可以有先前的经验也可以没有。例如，仍然是一个三段论："所有的Aony都是Bair"，"Citte是Aony"，因此"Citte是Bair"。这个命题是成立的。形式运算阶段的个体可以从命题的结构来考虑结论的真伪，而不去考虑命题的内容，但具体运算阶段的儿童也许会说："我也不知道这个命题是真还是假，因为我对Aony、Bair、Citte都一无所知。"

行动指南

对于形式运算阶段的学生，我们可以采取如下教学策略。

- 提出学生感兴趣的问题，邀请学生给出解决该问题的一些假设，并且引导学生对这些解决问题的方法进行评价。
- 在解决问题的过程中要求学生考虑一切可能性。
- 确定供学生开展的项目和调查活动，在调查中，指导学生分离和控制变量，排除一切无关因素。
- 鼓励学生观察变量之间的函数关系，将有关原理组织成有机整体等。

需要注意的是，并非儿童成长到12岁以后就都能达到形式运算思维水平，有很多11～15岁这个年龄段的学生，其思维水平仍处于具体运算阶段，或处于具体运算和形式运算两个阶段之间的过渡期。

三、影响心理发展的因素

关于影响心理发展的因素，皮亚杰提出四个基本因素。

（一）成熟

成熟 机体的成长，特别是神经系统和内分泌系统的成熟。

成熟（maturation）是指机体的成长，特别是神经系统和内分泌系统的成熟。皮亚杰认为，在心理发展过程中，成熟不是决定条件，神经系统的成熟只能决定某一特定阶段的可能性与不可能性。环境因素则是实现这些可能性的必不可少的条件。

（二）练习和经验

练习和经验 个体对物体施加动作过程中的练习和习得的经验（不同于社会性传递）的作用。
社会性传递 社会环境中人与人之间的互动和社会文化的传递。
平衡 个体在与环境互动的过程中的自我调节。

练习和经验（practice and experience）指个体对物体施加动作过程中的练习和习得的经验（不同于社会性传递）的作用。皮亚杰区分了两种经验，即物理经验和逻辑数理经验。前者指个体作用于物体，获得物体的特性（如体积、重量等）。例如，儿童关于物体的重量、物体的颜色、物体表面的光滑程度、声音的高低、木块浮在水面上、水会结成冰等经验是通过儿童的触觉、视觉、听觉等从物体中抽取出来的。这种经验最本质的特点是来源于物体本身。后者指理解动作之间相互协调的结果。皮亚杰举过一个例子解释这种逻辑数理经验：他的一位数学家朋友小时候在沙滩上玩卵石，把 10 个卵石排成一行，发现不论从哪端开始数都是 10 个，然后又把卵石排成其他的形状，如排成圆形、方形，数出来的数目仍然不变，于是得出了“数量与顺序无关”的结论。这种经验是由主体作用于客体的动作以及动作间相互协调的结果引起的。因此，皮亚杰说：“知识来源于动作，而非来源于物体。”

（三）社会性传递

社会性传递（social transmission）指社会环境中人与人之间的互动和社会文化的传递。社会环境因素对发展的影响是显而易见的，因为发展的阶段可以由于个体所受的文化教育等社会环境因素的差别而加速或推迟。但是，发展的次序具有连续性这一事实又充分说明，社会环境因素不是发展的充分因素。社会环境因素与物理的经验一样，它们要能对主体的发展发挥作用，必须建立在它们能被主体同化的基础上。社会环境因素主要涉及教育、学习和语言等方面。系统的教育可以使个体更好地感受外物，获得经验（物理的和逻辑数理的），促进个体智慧的发展。不过，虽然后天的良好教育能在一定程度上加速思维发展阶段的过渡，但并不能超越或改变发展的顺序，任何人即便是天才也是绝无例外的。皮亚杰十分强调教育必须契合个体的认知结构。他说：“即使在主体似乎非常被动的社会性传递，例如学校教育的情况下，如果缺少儿童主动的同化作用，这种社会作用仍将无效，而儿童主动的同化作用则是以适当的运算结构为前提的。”他还说：“所教的东西只有当可以引起儿童积极从事再造和再创的活动时，才会有效地被儿童同化。”（皮亚杰，英海尔德，1962/1980）。

（四）平衡

平衡（equilibration）指个体在与环境互动的过程中的自我调节。具有自我调节作用的平衡过程调节影响心理发展的上述三种基本因素，具有定向性的特点（即朝着一定的方向发展）。不能把它归结为单独由遗传和成熟而来，它也不是预先设定的先验的东西。皮亚杰既反对经验论，也反对先验论，而是提出建构论（constructivism）。皮亚杰认为，新结构或新知识的形成实际上是一种建构的过程。个体的认知图式不能同化新的知识经验时，心理就产生不平衡状态。每经过一次由失衡到新的平衡的过程，其认知结构就会产生一次新的改变。个体认知结构的改变使之能够吸收容纳更多新的知识经验，促使心理得到发展。

皮亚杰曾用黏土球实验，解释了平衡在具体运算阶段儿童的质量守恒概念获得过程中的作用。实验的方法如下：把两个大小、形状、重量完全相同的黏土球展示给6～8岁的儿童看，然后将其中一个黏土球做成薄饼状或香肠形，或是数个小糖果状，然后问儿童，黏土的多少有无变化。他观察到，儿童在这一质量守恒概念的形成过程中，经历了四个阶段。

- 第一阶段：当黏土球被做成薄饼状、香肠形或分做成数个小糖果状时，儿童认为黏土多了，因为薄饼大、香肠长、小球多。也有正好相反的答案。
- 第二阶段：当薄饼更薄、香肠更长、小球的个数更多时，那些刚刚回答黏土多的孩子开始认为黏土又少了。原因是“太薄，太细，小球太小”。
- 第三阶段：矛盾阶段。经过上面两个阶段，儿童感到为难，判断时表现出犹豫不决，来回摇摆。
- 第四阶段：儿童认识到两边是一样多的。

由此可见，第一阶段的儿童属于前运算阶段。他们只能将注意集中在黏土球状态的一个方面：或是长的东西多，短的即少；或是粗的东西多，细的即少。第二阶段仍是前运算阶段，虽然他们开始注意到黏土球状态变化的另一个方面，但仍只是一个方面。第三阶段的儿童感到问题难以回答，说明经过上述两个阶段后，儿童已注意到黏土球的粗与短、长与细、数目多与少是有关联的，而原有的图式已不能适应这一刺激。因此，在同化这一刺激的同时，被吸收的刺激将改变原有图式，使儿童由只注意黏土球状态的一个方面过渡到注意黏土球状态的两个或更多方面。过渡阶段表现出的拿不定主意即是不平衡。第四阶段，新刺激已整合进旧图式，新图式形成，儿童的同化与顺应达到了平衡，因此正确地回答了两边一样多，获得了质量守恒概念。由此皮亚杰认为，具有自我调节作用的平衡过程是心理发展的内在动力。

四、认知发展理论对教育的影响

皮亚杰的认知发展理论对教育教学实践有重要的影响，许多心理发展研究与课程理论都是建立在皮亚杰的理论基础上的。他的理论对教育工作者的理论研究和实践探索都有重要的价值。

第一，不主张教给儿童那些明显超出他们发展水平的材料，即不主张毫无根据地或人为地加速儿童的发展。皮亚杰在各国演讲时，常有人问他：“我怎样才能让我的孩子尽快进入更高一级的认知阶段？”皮亚杰的回答是儿童的学习应当顺其自然。在儿童发展的过程中，他们不应在身心成熟之前，过早受到驱使和逼迫，学习过多的东西。在皮亚杰看来，儿童的认知发展是以其已有的认知结构为基础的，并以已有图式与环境互动而产生的认知需要为动力，鉴于此，教师应当设计出能够给学生的思维带来挑战但又不至于难到使他们可能会失败的活动。

第二，强调保持学生的学习主动性和自主性，使之积极地参与到学习活动中。皮亚杰反对教师主动地教而学生却处于消极状态的教学。儿童的认知发展需要丰富的环境刺激，教师要提供探索的机会，提供社会互动的机会。社会互动对促进儿童发展十分重要，在社会互动中，儿童既能完善自己的观点又能补充他人的思考；同时，让年幼的学生接触与自己观点相左的观点，既有利于他们克服自我中心，也将促进年长的学生对自己思维的反思。

第三，关注儿童在认知发展过程中存在的个体差异。在教学中，每一个学生的认知发展水平和已有知识经验都有很大差异，教师要确定学生的不同认知发展水平，以保证所实施的教学与学生的认知水平相匹配。教师可以通过观察学生在解决问题时的表现来达到该目的。例如，观察学生采用的解题逻辑是什么，他们是不是只注意到问题的一个方面而忽略其他，他们是否为问题的表面现象所迷惑，他们是较为系统地说出自己的答案还是只是瞎猜。另外，通过分析学生经常出现的错误类型也有助于确定学生的思维特点和发展水平。

尽管皮亚杰的思想对教育具有重要的启示，但其理论仍有一定的局限性。针对皮亚杰儿童认知发展的不同年龄阶段的划分，很多人曾进行了大量的验证性研究，排除文化背景差异的影响以及研究方法等因素的影响，多数人认为皮亚杰对儿童认知发展的估计不足，对各阶段的年龄划分也有绝对化的倾向。例如，有人认为皮亚杰给儿童呈现的问题过于复杂，指导语也不容易理解（Gelman，Meck，& Merkin，1986；Miller & Gelman，1983）。他们的研究显示，如果一次只呈现给被试3～4个物体，学前期的儿童就能表现出数量守恒的能力。而且，阶段内的发展是渐进的，处于同一阶段的两个人的认知发展可能存在明显差异。同样，从一个阶段到另一个阶段的转变也是渐进发生的。因此，四个阶段的模型可能尚未精确地反映这种认知发展的渐进性质。此外，有人对皮亚杰所采用的研究方法也颇有微词，认为他所采用的临床实验法在技术上使他人难以重复实验，难以验证和进行对比研究。而且，他所采用的被试极其有限，仅从少数几个孩子身上所得的结论的代表性令人怀疑。

新皮亚杰理论 对皮亚杰理论的修正和发展，强调操作任务的特定领域性、训练、社会互动和社会文化对发展的影响。

新皮亚杰理论（neo-Piagetian theories）是对皮亚杰理论的修正和发展。新皮亚杰学派试图突破皮亚杰理论的局限，解决其中存在的一些问题。他们证实了儿童在特定阶段的操作能力在很大程度上依赖于操作的具体任务（Gelman & Brenneman，1994），训练以及包括社会互动在内的后天经历能够加速儿童的发展（DeVries，1997；Flavell，Miller，& Miller，2002），社会文化对儿童发展也具有重要影响（Gelman & Brenneman，1994；Rogoff & Chavajay，1995）。这些研究解释了用皮亚杰理论无法阐释的问题，比如，为什么在不同的任务上认知发展的速度是不同的。同时，苏联心理学家维果斯基的文化历史发展理论流传到西方后，人们越来越认识到社会文化环境在认知发展过程中的重要意义，这也促进了对皮亚杰理论的反思和发展。

值得一提的是，皮亚杰的理论是从心理学视角对马克思主义认识论的细化和补充，但马克思主义认识论拥有更加宏大的社会文化和社会实践视域。皮亚杰的理论强调知识来源于主客体相互作用的动作或活动，马克思主义认识论强调认识来源于人类认识世界、改造世界的社会实践活动，两者均强调活动是认识的来源。但皮亚杰的理论所强调的动作或活动的主体是单独的个体，而马克思主义强调的实践的主体是作为社会关系总和的人，具有社会性（王依，2017）。事实上，个体儿童的认识发展都要直接或间接决定于社会影响。从我们所熟知的“狼孩”事例可见，个体一旦离开了社会环境，任凭有什么样的主客体相互作用的动作，也无法产生认识。

第二节　维果斯基的文化历史发展理论

苏联心理学家维果斯基1896年出生，1934年死于肺结核，终年38岁。虽然职业生涯十分短暂，但他针对发展及教育提出的理论至今仍大放异彩。维果斯基的研究秉承马克思主义“人是一切社会关系的总和”的基本论调，从辩证唯物主义和历史唯物主义的视角出发，强调从产生认知的社会和文化背景这一方面来理解发展的重要性（Vygotsky，1963，1978）。

学者生平

列夫·维果斯基

列夫·维果斯基（Lev Vygotsky，1896—1934）出生于白俄罗斯的一个小镇——奥沙。1913年，17岁的维果斯基完成了大学预科学习，凭借优异的成绩赢得了一枚金质奖章，随后被莫斯科大学录取。当时维果斯基感兴趣的学科是历史与哲学，但他接受父母的意见选择了医学，1个月之后，又转到了法学院。强烈的求知欲使维果斯基在1914年决定在莫斯科大学和沙尼亚夫斯基大学同时就读。1913—1915年，文学、法学、戏剧代表了维果斯基兴趣的中心，心理学尚没有进入这一中心。他最早发表的作品是文学评论方面的，不属于心理学范畴，然而，从其心理学思想的发展来看，这些作品具有重要的价值。在维果斯基的一生中，一个关键的事件发生在1924年于彼得格勒（此后不久更名为列宁格勒）召开的精神神经学大会上。那个时代流行的心理学理论忽略了个人主观经验的作用，倾向于支持强调环境影响的巴甫洛夫学说和行为主义理论。维果斯基在大会上做了报告，他在报告中批评了当时的主流理论，论述了条件作用与人类意识和行为之间的关系。巴甫洛夫在狗身上做的实验，以及格式塔理论家苛勒（Wolfgang Kohler，1887—1967）对于猩猩的研究，抹去了人类与动物之间的许多差异。维果斯基提出，动物只能对环境做出反应，而人类是不同的，他们有能力为达到自己的目的而改变环境。这种适应能力使人类区别于动物。维果斯基的演说引起了很大的反响，他被邀请进入享有很高声望的莫斯科心理研究院从事研究工作。之后，维果斯基对人的高级心理机能进行研究，并在

1925年发表了《意识是行为主义心理学的问题》，明确提出研究意识问题对科学心理学的重大意义。1931年他撰写重要代表作《思维和语言》，详细论述了他对高级心理机能的社会起源与中介结构的理论观点，同时还对皮亚杰关于儿童自我中心言语的观点做了详细评述。此外，他还写了多篇论文阐述教学与发展的关系，提出了“最近发展区”“教学必须走在发展的前面”等概念或观点。

维果斯基的思想获得了一批年轻心理学家的拥护，鲁利亚和列昂节夫一直追随维果斯基，研究人的高级心理机能的文化历史发生问题。因此，文化历史学派又被称为“维-列-鲁”学派。

一、文化历史发展理论概述

文化知识蕴含的是语言、共有的信念以及人与人之间的交流方式。维果斯基认为，儿童并非作为孤独的行为者在学习，而是遵循其文化赋予的行为和思维方式（引自 Kozulin & Presseisen，1995）。维果斯基从种系和个体发展的角度分析了心理发展的实质，提出了**文化历史发展理论**（cultural-historical theory），以此来说明人的高级心理机能的社会历史发生问题。

文化历史发展理论 也称为社会文化理论（sociocultural theory），由维果斯基提出的一种发展理论，强调儿童与其他更有知识的成员的社会互动以及儿童所在文化对儿童心理发展的作用。

（一）文化工具的作用

维果斯基认为，只有当个体参与到社会环境的活动中时，他们才能建构起对自身处境的理解（引自 Gullotta，1983）。每一种环境都需要不同的工具来支持或调节我们的活动。工具是对人的延伸，它可以使人超越身体或心理的局限性（Greening，1998）。有了汽车，我们可以跑得更快；有了望远镜，我们可以看得更远；有了电话，就可以听到大洋彼岸的声音。这些都是工具的功劳。维果斯基区分了两种工具：物质生产工具和精神生产工具。物质生产工具指向外部，它引起客体的变化，如锤子和钉子；而精神生产工具是指心理工具，它是用于引导和调节思维与行动的文化工具。例如，语言就是一种重要的心理工具，它使人建立社会联系，影响他人，最终指导人去解决问题。

（二）高级心理机能的发展

维果斯基认为，机能表现为注意、知觉、记忆以及思维等心理过程。这些技能最初以低级的形式表现出来，低级心理机能随自然而发展，在动物和人的身上都存在，而且往往不是随意的，是在无意识的情况下发生的，也无须得到心理工具的支持（引自 Cole，1985；Gullotta，1983）。例如，低级的记忆形式可能涉及将两个同时发生的事件自发联系起来，如动物将闪电和雷声联系起来。低级的注意形式可能涉及注意集中点的自动转移，如不论人还是动物都会被新颖或运动着的刺激吸引。

高级心理机能 在低级心理机能基础上发展起来的、以符号为中介的、为人所特有的心理能力。

内化 高级心理机能通过社会互动逐渐向个体内部转化的过程。

高级心理机能（higher mental function）则为人所特有，它处于人的控制之下，源于社会，且得到心理工具的支持。作为高级心理机能的记忆可能涉及运用类比或记忆术等心理工具将两个事物人为联系起来的精加工活动。而作为高级心理机能的注意可能涉及有意识地调节注意，如根据任务的目的，对那些应该关注的地方做出有意识的选择。

人的高级心理机能是在同周围人的交往中产生和发展起来的，是受人类的文化历史制约的。因此，研究儿童心理发展，必须在社会环境中考察儿童高级心理机能的发展过程，尤其是其中结构的变化。

维果斯基认为，心理发展就是个体心理在环境和教育的影响下，在低级心理机能的基础上，逐渐向高级心理机能转化的过程。人使用物质工具进行劳动操作，产生了与动物的本质区别，同时人又使用符号、语言等精神工具进行精神生产，使其心理机能发生质的变化，上升到高级阶段。精神生产工具的运用使人的高级心理机能在结构上比低级心理机能多一个中介环节，因而使它们具有间接的性质。

（三）内化论

维果斯基认为，任何高级心理机能都首先存在于社会层面，随后才作为心理过程出现在个体之内（Vygotsky，1981）。高级心理机能通过社会互动逐渐向个体内部转化的过程就是**内化**（internalization）。例如，批判性思维这种能力可能源于苏格拉底式的质疑或辩论这类社会互动，通过这种互动，人可能会将理解不同观点的能力或评论某广告宣传的能力内化为自身的心理工具。维果斯基认为，高级心理机能的内化不仅可以通过教学，也可以通过日常生活、游戏和劳动等来实现。

维果斯基非常重视语言和发展的关系。对于儿童的自言自语（private speech），维果斯基给出了与皮亚杰截然不同的观点。在皮亚杰看来，儿童的自言自语是认知不成熟的表现，是一种自我中心的言语，儿童自言自语时并未考虑其他人的兴趣，只有当儿童慢慢发展到认知成熟时，才渐渐能够倾听对方的意思并与对方进行交流。维果斯基则认为，自言自语是心理机能起源于社会互动的另一重要佐证（引自 Wertsch Ed.，1985）。儿童最初的言语体验只是与他人发生互动的一种手段，但大约到了3岁，自言自语开始出现。维果斯基认为，那是儿童在使用自言自语来指导和调节自己的行为，以解决问题。自言自语是维果斯基所强调的将集体共享的知识转变为个体知识的一种机制。所以，我们常常看到年幼的儿童在面临困难任务时自言自语，重复别人之前给他们的有用建议（Berk & Garvin，1984）。而且随着任务难度的增加，儿童自言自语的数量也会增加（Schimmoeller，1997）。还有研究者发现，自言自语的儿童比其他儿童更能有效地完成复杂任务（Bivens & Berk，1990）。大约7岁时，自言自语在很大程度上消失，但即使是年长的儿童和成人，在理解某些困难的情景时也依然会不自觉地将自己的思考说出声来。因此，维果斯基认为自言自语实际上并没有消失，而是逐渐内化为内部言语并对自我加以调节。随着儿童的成熟，这种自言自语逐渐发展为耳语、口唇动作、内部言语和思维，从而完成内化过程。

二、 最近发展区

关于教学和发展的关系，维果斯基提出了最近发展区的概念。他认为，教学要取得效果，必须考虑儿童已有的水平，并且走在儿童发展的前面。教师在教学时，必须考虑儿童的两种发展水平，一种是儿童自己独立完成任务的现有发展水平，另一种是在他人尤其是成人指导的情况下，可以达到的较高的完成任务的水平。这两者之间的差距就叫作**最近发展区**（zone of proximal development，ZPD）。例如，对于一个孩子而言，10 以内的加减运算太简单，百位数以上的加减运算又太难。根据维果斯基的最近发展区观点，如果让儿童做两位数的加减运算，同时让同伴或教师从旁辅导，学习就最有可能发生。

> **最近发展区** 儿童在别人的帮助之下能够完成任务的水平与自己独立完成任务的现有发展水平之间的差距。

图 2-1 可以帮助我们理解最近发展区。当学生能够独立解决某个问题时，这一任务就处于学生的“现有发展水平（区）”，也就是图中的 P_0。当学生不能独立解决某个问题，却能在教学的情境中，在教师的启发、同伴的帮助下解决该问题时，则称这一任务处于学生的“最近发展区”，也就是图中的 P。

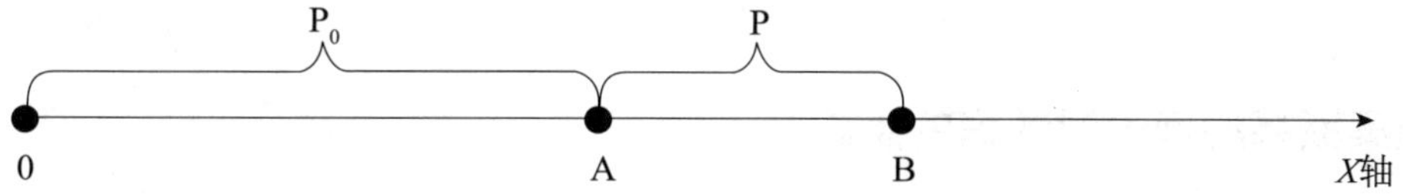

图 2-1 最近发展区示意

A 点是学生现有的发展水平，B 点是要达到的发展水平，P_0 是现有发展水平（区），P 是学生的最近发展区。

儿童的最近发展区并非一个固定的区域，而是随着教育教学的过程动态发展。因此，教学需要注重学生的最近发展区，把儿童潜在的发展水平变成实际的发展水平，同时也要不断创造新的最近发展区。支架式教学就是一种典型的利用并创造最近发展区的教学模式。支架式教学常遵循有序的三步：最初由成人承担完成绝大部分任务的责任，例如他们会一边示范一边解释；随后成人和学生分担完成这一任务的责任，随着学生技能的提升，成人逐渐放弃对学生的辅助；最后由学生单独完成这一任务的全部过程。在这个过程中，学生从在社会支持下行动到独立完成行动的转变正好反映出其最近发展区不断变化扩大的过程。

应用举例

董老师在三年级学生的阅读课上教导学生写作。他先让学生在理解课文的基础上续写课文的结尾，然后仿写一篇作文，再以学生的作品为基础，要求学生进一步做扩句练习和替换练习。请看董老师引导学生所做的扩句练习和替换练习。

扩句练习

董老师拿出一名学生写的作文开头：“山涧中，小鸟在天空飞翔，她在笑；小花在风中摇晃，她在笑；小河在山间流淌，她在笑。”董老师引导学生你一句我一句地补充着，有的说“小鸟”前能加“可爱”“活泼机灵”等词，“天空”前能加“湛蓝深远”“一望无际”等词，“飞翔”前能加“自由自在”等词，以此类推。大家最后想出了这样的句子：“飘着茶香的山涧中，活泼机灵的小鸟在湛蓝深远的天空中自由自在地飞翔，她在笑；五彩缤纷的小花在轻柔的微风中羞涩地摇晃，她在笑；清澈见底的小河在温暖的河床中快乐地流淌，她在笑。”经过这样的集体讨论、互动扩句，学生们觉得自己很棒，纷纷对自己的作文进行扩写。

替换练习

学生掌握扩句技能之后，董老师又引导学生进行替换练习。一个学生写了这样一句：“一个晚上，我坐在葡萄架下，看着大大的月亮，想起我美丽的妈妈。”“一个晚上”显然既太直白又没有味道。董老师引导学生把“一个晚上”换成了“在银色的月光里”，短短几个字，作文的开头立刻焕然一新了。最后，经过集体智慧的加工，用扩句加替换的方法，学生把这一句改成了：“在银色的月光里，我手捧一杯清茶，坐在飘着甜味的葡萄架下，望着月亮，思绪飞向了美丽的妈妈。”

董老师结合课文阅读，从续写、仿写、扩句到替换，在学生写作技能的最近发展区中，不断延伸、发展学生的写作能力。

资料来源：董旻昱，2006。

三、维果斯基的理论对教育的影响

维果斯基的思想体系是当今建构主义发展的重要基石，启发着教育研究者，促使他们对学习和教学进行了大量理论建设和实际探索。他的思想也强烈地影响着建构主义者对教学和学习的看法。

第一，教学是交互作用的动力系统。按照维果斯基的最近发展区观点，教师必须在教学中给学生提供最近发展区内的适当难度的学习材料。而最近发展区是个动态的区域，因此，教师需要不断地获得学生发展的反馈。

维果斯基阐释了在互动情境下学习的机制。在互动中，成人认为儿童会了解某些信息并在这种假定下行事，而最后儿童果真就能够建构出这些信息或知识。这种互动是一种成人、儿童共同协作的认知活动，儿童最后建构的观点也是儿童原有观点和成人观点联合的产物。成人与儿童在最近发展区内的互动，促使儿童获得解决问题的信息和知识。这种互动的对话不仅对学生的知识，也对教师的认知结构进行了精细加工和重新建构。按照这种观点，在教学中实行交互式教学是非常必要的。交互式教学包括教师和学生小组之间的相互对话。在教学活动的起初，教师先给学生示范，然后，教师和学生将轮流充当教师角色。比如，在语文阅读的教学中，教师先给学生示范如何根据学习内容提出问题，如何恰当地回答，然后由学生充当教师向其他同学提出问题。在这个过程中，学生也检查了自己对材料的理解水平。

第二，维果斯基的理论对合作学习有一定的指导性。这种合作学习重视同伴交往在完成任务过程中的作用。在合作的社会性背景下完成任务时，学生可以有意识地模仿专家或同伴的行为来思考和完成具体的任务，并对所运用的心理策略进行明确或不明确的模仿、证明和辩论。而且，情绪、动机、个性等心理要素也能够以直接或间接的方式影响学生的学习。因此，教师要尽量组织、安排能力水平不同的学生进行合作学习。接受能力较强的同伴的指导，是促进儿童在最近发展区内发展的最有效的方式之一（Das，1995）。

第三，维果斯基的理论在情境认知理论及其教学模式中有一定的应用。学生不是被动地接受知识，而是自主积极的“学徒式学习者”。任何学习都处于一定的社会环境或实际的有意义的背景。它包括学生的原有经验、所处的社会文化系统、课堂中与教师和同伴的互动等，这些背景，尤其是社会性作用，将以不同途径影响学习的过程和结果。因此，教师在教学的过程中，要引导学生从旁观者逐渐过渡到教学活动的参与者，在社会性互动中获得知识和技能。

维果斯基的理论得到世界范围的肯定。“辩证唯物主义和历史唯物主义在心理学的恰当应用”是对维果斯基高级心理过程的社会文化理论的最精确的总结（维果斯基，2018）。但其理论仍有一定的缺点与不足。最主要的一点是维果斯基提出的最近发展区概念是描述性的而不是解释性的，很难通过精确的测量对其加以科学的界定。但瑕不掩瑜，它激起了许多发展与认知心理学家的兴趣，已经融合进了对一系列问题的研究之中，包括智力、记忆与问题解决等，给当代心理学的研究取向与研究方法都带来了重要的启迪。

第三节　埃里克森的心理社会发展理论

个体的心理发展不仅包括认知发展，还包括个性与社会性发展。美国心理学家埃里克森深入探讨了个体所处的社会环境对其自我概念的形成和心理发展的重要作用。

一、心理社会发展理论概述

> **心理社会发展理论**　由埃里克森提出的一种心理发展理论。这种理论认为，个体的心理发展会经过八个阶段，每一阶段都有其特殊的目标、任务和冲突，个体的社会经验会影响每一阶段的发展。

埃里克森出于对文化和个体关系的重要性的认识，提出了**心理社会发展理论**（theory of psychosocial development）。与皮亚杰相同，埃里克森把心理发展看作一个经过一系列阶段的过程，每一阶段都有其特殊的目标、任务和冲突。这些阶段的顺序固定不变，并具有普遍性，但人的个体经验及社会经验会影响他们在每个阶段的发展。每个阶段的发展任务（developmental task）形成人格的某一个方面的品质，人格的这个品质是个体解决该阶段由个体生物学的成熟与社会文化环境（社会期望）的冲突所带来的*发展危机*（developmental crisis）的产物。每一个危机都涉及一个积极的选择与一个潜在的消极选择之间的冲突。个体解决每一个危机的方式对个体的自我概念以及社会观有着深远的影响。早期阶段问题的不良解决所造成的损失可能会在后期的阶段得到修正，但却往往会对个体一生的发展造成间接而深远的影响。因此有人称他的理论为发展危机论。如果这些危机都能得以积极解决，个体将发展出八种优秀品质，即希望、意志、目的、胜任、忠诚、爱、关心、智慧（Cross，2001）。

学者生平

埃里克·埃里克森

1902年6月15日，在德国法兰克福，一个金发碧眼、十分惹人喜爱的小男孩呱呱坠地，母亲为他取名为埃里克·埃里克森（Erik Erikson）。埃里克森的母亲卡拉出生于丹麦哥本哈根一个显赫的犹太富商家庭，21岁那年嫁给了同为犹太人的股票经纪人瓦尔德马，但新郎于新婚之夜失踪。三年后，埃里克森出生。1905年，母亲再婚，新郎是德裔犹太人西奥多。就这样，埃里克森成为西奥多的继子。他常常为这样两件事困扰，一是他母亲和继父都是犹太人，但他却金发碧眼，身材高大，是典型的北欧人形象，他自认为是德国人，但是他的同学却管他叫犹太人，而在继父的家族中，他又被称为异教徒；二是他一直无法知道自己的生父是谁。人们常常推测：这些关乎出生、种族、宗教文化问题的困扰或许正是埃里克森日后会格外关注"我是谁?""我从哪里来?""我将往何处去?"这类同一性问题的原因所在。

1933年，埃里克森加入维也纳精神分析学会，战争的到来及纳粹德国对犹太人的恐怖威胁使他不得不移居美国。他开始在波士顿从事儿童精神分析工作，并在哈佛医学院任教，对研究心智健全的人怎样进行自我创造性活动的问题产生了兴趣。埃里克森与许多心理学家相比的一个个人特色就是他从未变成一个狭隘的学科"专家"。他把视角广泛地深入历史、政治、文化、社会生活环境的诸多方面，既把精神分析作为贯穿人类发展的一种研究手段，又把人类发展的各方面因素作为精神分析研究的滋养品。

1936—1939年，埃里克森在耶鲁大学人类关系研究所从事研究工作，并在耶鲁医学院从事教学工作。在那里，他研究了正常儿童和情绪紊乱儿童，并前往南达科他州苏族印第安人的居住地进行实地考察，观察了苏族印第安人抚育子女的情况。诸如此类的人类学研究使埃里克森进一步意识到社会文化因素对心理发展的重要性。这种认识极其强烈地渗透到他的心理发展理论中。

1939—1944年，埃里克森参加了加利福尼亚大学伯克利分校儿童福利研究所"纵向儿童指导研究"，这项研究涉及人的生命周期各阶段冲突的解决及儿童游戏的性别差异等。后去加利福尼亚、堪萨斯等地任教，逐渐形成心理发展渐成说。1950年出版重要著作《童年与社会》一书。该书内容广泛，包括精神分析（特别是自我心理学）和文化人类学两方面的材料，对同一性、同一性危机、心理社会延缓期等概念都有初步探讨。在该书及后来一些著作中，他创立了一种有关儿童发展的新学说。

1950年，埃里克森回到东部马萨诸塞州斯托克布里奇的奥斯汀·里格斯中心从事临床工作，有机会接触问题青年，这为他发展有关自我同一性的理论思想奠定了基础，后来他把有关同一性的观点总结在《同一性：青少年与危机》一书中。而使埃里克森的影响超出了他的专业范围的《青年路德：一项精神分析与历史的研究》一书的出版，力图帮助读者理解路德如何在心理上打破现有的宗教虔诚和社会契约，去建立一种观察世界的新方式。1964 年，他在《领悟与责任》一书中谈到在个人发展中如何对待特殊恐惧、焦虑和希望的觉知及其道德选择之间的关系。1965 年，他旅居印度，1969 年出版《甘地的真理：论好战的非暴力起源》，并因此在 1970 年获得美国普利策奖。自此以后，埃里克森继续关心人的道德和政治问题，他的后期著作还有《杰弗逊演讲集》（1974）、《游戏与理智》（1977）、《生命周期完成式》（1982）等。1994 年 5 月 12 日，埃里克森在马萨诸塞州哈维克平静地闭上了双眼。

二、心理发展的阶段

埃里克森把人的心理发展分为 8 个阶段。

阶段一：信任对怀疑（出生至 18 个月）

个体面临的第一个心理挑战就是形成对他人、对世界的信任感。按照埃里克森的观点，如果一个婴儿在哭泣时能得到抚育者的爱抚和细心照料，他就会对周围的人建立信任感，这种信任感是健康人格的基础。相反，如果这个婴儿的需求并没有得到相应的满足，饿了没有人给他喂食，尿了没有人给他换尿布，他就会产生对他人的不信任感。有时，儿童对教师和学校的不信任感可以追溯到婴儿时期建立的总体不信任感。因此，面对那些总体上不信任他人的学生，教师应当给予他们更多的温暖和关心，从而融化他们内心的冰山。

阶段二：自主对羞愧（18 个月至 3 岁）

儿童在这一时期开始表现出自我控制的需要与倾向。他们开始学会许多动作，比如吃饭、穿衣服和上厕所。儿童表现出更多的有目标的行为，用语言和他人交流，喜欢自己动手，不愿意完全依赖别人。因此，成人（特别是父母）应该鼓励儿童做力所能及的事情，让儿童通过自身体验树立自信。但是这种自主的需求必须与现实安全问题相平衡。例如，让 2 岁孩子自己探索世界的确有好处，但这种探索必须在有限制的前提下进行，比如，孩子不能自己过马路，因为这样很容易被车撞。

追求自主性的基本任务之一是如厕训练。埃里克森反对父母对儿童如厕的训练提出太苛刻的要求，这会导致儿童个性的过度僵化，但是，要求太松散，则会导致个体的过度放纵。父母应当对儿童为满足自身需求所付出的努力提供支持，比如协助他们脱裤子，或者给儿童提供特制的小便壶帮助儿童自理。

因此，对于这个年龄段的孩子，我们首先要提供大量机会让他们做事，哪怕这意味着需要花费更多的时间，而且效果也不如成人帮他们做好。其次，应当对儿童的行为进行限制，但不要在身体或语言上羞辱儿童。那些尿床或尿裤子的孩子往往被大人责骂或讥笑，这很可能从此在他们心里埋下羞愧的种子。

阶段三：主动对内疚（3~6岁）

这个阶段儿童的认知实现了跳跃式发展，这使得儿童的活动逐渐扩展到家庭以外的范围。这个时候，儿童开始提出各种有关他们周围环境的问题，包括“这是什么”“这用来干什么”“这是为什么”等。而且，他们还表现出各种积极主动的探索行为，比如把玩具拆了，把闹钟卸了，把衣服剪了，把面粉撒了。他们开始想象自己扮演着成人的角色，并希望能在这些活动中获得成人的欢迎和赞赏。比如，当母亲在做饭时，他们递上一件厨具，他们便认为自己做了一件很有意义的事情。

当然，成人有时会对孩子们的这些问题和行为感到厌烦。他们没完没了的提问可能会让脾气很好的家长都失去耐心，而他们的探索行为在成人看来更像可恶的恶作剧。但是这些对这个时期的儿童来说是十分必要和值得鼓励的。因此，父母或教师需要耐心倾听并认真回答这个时期的儿童提出的问题，对他们的提问进行正面的鼓励并给予合理的建议，这样儿童的主动性会得到加强。父母或教师对儿童的主动性行为加以批评甚至是惩罚，则会导致儿童对自己的主动性行为产生内疚感，降低从事活动的热情，也会影响他们参加相关活动的积极性。

阶段四：勤奋对自卑（6~12岁）

儿童在这一阶段进入学校学习知识和技能。在幼儿园时期，游戏是儿童的主要任务，而这个时期，学习成为儿童最重要的事情。儿童不仅希望尝试新事物，而且希望获得成功和认可，于是开始发展勤奋感，形成一种对成就的认识。如果说前一阶段儿童的重点在于“尝试”，那么这一阶段则主要关注“正确地做”。

埃里克森认为发展能力感在这个阶段最为关键。儿童在这个时期所追求的是对自己活动的成就的认可和赞许，从而培养起勤奋向上的个性品质。如果面临的任务过于困难，遭遇失败，或者父母或教师对儿童在活动中表现出的勤奋视而不见，儿童就可能产生自卑感，这种自卑感往往具有弥散性，不仅表现在“学业成就”上，也表现在踢球等兴趣活动，以及与老师、同学建立良好的关系方面。另外，如果取得的成就对他们来说微不足道，他们也会丧失勤奋感。

学校和教师要为儿童提供与其能力相适应的挑战，指导儿童处理好学业、群体活动、与朋友之间的关系，培养能力感。要鼓励儿童做出选择并实施自己的选择，接受他们的错误，为他们提供锻炼的机会。同时应当鼓励学生进行自我竞争，让他们习惯给自己制定合理目标，而非仅仅关注“我怎样打败其他人”，因为与他人的比较避免不了产生挫败的一方，而与自我的比较却总能使他们感受到成长。

阶段五：自我同一性对角色混乱（12~18岁）

自我同一性 个体的内部和外部互相整合的适应感。

在青春期，个体开始考虑“我是谁”这一问题，自我同一性对角色混乱是发展的关键危机。**自我同一性**（self-identity）是指个体的内部和外部互相整合的适应感。它要求个体尝试把自己的各个方面，包括自我的能力、信念、性格等的一贯经验和概念统合起来，形成对自我形象的整体评价。但是由于经验等的限制，个体难以对自己的各方面形成明确的认识，也难以在实际生活中始终保持自我的一致性。因此，青少年往往会体验到自我同一性对角色混乱的冲突。

自我同一性的建立对于青少年步入社会、选择职业、树立人生理想都至关重要。埃里克森认为个体是否能获得自我同一性与前几个阶段是否顺利度过有密切联系。前几个阶段获得的信任感、自主感、主动创造性和勤奋感等都有助于个体成功地获得自我角色的同一性，避免同一性混乱。

教师的专业特征和人格魅力对学生的同一性获得有重要影响。教师能否通过生动形象的课堂教学、热情细致的课外辅导和开放坦诚的思想交流，对学生的成就给予及时和合理的强化与反馈，直接影响到学生未来的职业选择和自我概念的发展。

虽然同一性危机最有可能发生在青春期，但它可以在任何年龄体验到。当然，在青春期未能很好地解决同一性危机，并不意味着以后就无法解决了。已建立的自我同一性也不是一劳永逸的，以后还会遭到种种威胁和挑衅，因此形成同一性是毕生的任务。埃里克森最初把“同一性危机”这一术语用于描述第二次世界大战后退伍军人的体验，后来在心理失调的青少年患者身上也观察到类似的混乱。而且，其本人作为一个移民的亲身经历也使他认识到，即使一个人在青春期解决了同一性危机，后来生活的戏剧般变化也有可能导致危机的复现。他研究发现，除了移民外，其他一些类型的人也有可能体验到同一性危机，如原先有过较高职位和地位的退伍军人，感到自己像“无名小卒”的受救济者，孩子已经长大且离家谋生的母亲（即所谓的空巢综合征），由于意外伤残不得不改变自己未来计划的人，等等。

延伸阅读

玛西亚的同一性状态理论

玛西亚（Marcia，1966）将自我同一性的形成过程概括为：青少年进行各种可能的探索，并产生个性感以及个体在社会中的角色、经验的跨时间的一致感和对自我理想的投入，最后形成某一定向的承诺。根据其操作性定义中探索与承诺两个变量不同发展水平的组合，玛西亚提出了四种同一性状态：

- 达成型同一性（identity achievement）：有探索，有承诺。解决了同一性危机，各方面已有明确定向，是一种成熟的同一性状态。
- 延缓型同一性（identity moratorium）：有探索，无承诺。正经历同一性危机，正探索自己的价值定向，积极准备进行各种可能的选择。青少年在做决定前考虑各种可能的选择是很正常的状态，但如果迟迟不做决定或逃避做决定就会出现问题。
- 早闭型同一性（identity foreclosure）：无探索，有承诺。从未经历过同一性危机，就从父母或其他权威人物那里接受了他们的价值观或价值定向。例如一个青少年出身医学世家，父亲、母亲和爷爷都是医生，所以他决定以后也做一名医生，但没有考虑过这个职业是否适合他，也从没想过探索其他选择。
- 弥散型同一性（identity diffusion）：无探索，无承诺。未解决同一性危机，也没有进行积极探索，迷茫而不知所措，没有明确的目标及价值定向。

阶段六：亲密对孤独（18～35岁）

婚姻问题和家庭生活问题是这一时期面临的重大问题。个体随着活动范围的不断扩大，人际关系变得更加复杂。如果个体乐于与他人交往，不过分计较得失，能在交往中获得乐趣，就可以形成一种对他人的亲密感。但如果一个人缺乏朋友、夫妻之间的亲密友爱关系，则会产生孤独感，从而逐渐被排斥在周围群体之外。

阶段七：繁殖对停滞（35～65岁）

这个阶段的个体基本都已经成家立业。个体面临着抚育和关怀下一代的任务，为社会造福，并且把下一代的发展看作自己的延续。如果个体事业有成，家庭美满，则表现出较强的创造力，获得充沛感。但是，如果个体过于自我专注，过分满足私利，则容易产生颓废感，生活消极懈怠。

阶段八：完美无憾对悲观绝望（65岁以后）

这是人生的最后一个阶段，个体将对自己的一生进行回顾。如果前几个阶段发展顺利，个体对自己的一生做出肯定的回答，个体在这个时期就会巩固自我感觉并完全接受自我，对自己的过去不再有遗憾，获得自我完满感。反之，如果个体认为自己年轻时失去了太多的机会，对过去有过多的悔恨，但又感觉力不从心，时光不复，则会在绝望中度过余生。

三、心理社会发展理论对教育的影响

埃里克森的心理社会发展理论对心理学研究和教育教学实践都有重要的启发意义。

第一，埃里克森从理论上探讨了文化和社会因素对人发展的重要作用。他不仅阐释了自我概念、同一性获得等基本概念，而且对个体与社会环境互动过程中的诸多因素进行了深入细致的探讨。同时，他从个体心理发展的各个层面及其相互关系去考察人的社会性发展和道德等的形成与发展，而不是孤立地看待它们的发展历程。适当的教育可以促进个体的发展，培养解决发展危机的能力，但不适当的教育也可能阻碍个体的发展。此外，他的理论涵盖了从个体出生到青春期、成年期直至晚年的整个过程，体现了人的毕生发展观（life-span developmental theory），对发展心理学和现代的教育观念有积极的指导意义。

第二，埃里克森提出了个体发展阶段中的具体发展任务和需要解决的危机，有助于教育工作者了解教育对象，采取相应的教育指导，帮助受教育者顺利发展。根据埃里克森的理论，小学生正处于第四阶段（6～12岁），中学生正处于第五阶段（12～18岁）。

小学生处于勤奋对自卑的阶段，主要任务是培养勤奋感，克服自卑感。大多数小学生在入学后充满自信，期望通过学习获得教师和家长的赞许。但是，从一进学校，他们便会根据相关标准被划分为不同的小组。如果学生被划分到低水平组或被评为差等级，他们很容易丧失最初的成功期望，导致自卑或颓废。埃里克森认为，教师应当温和而坚决地要求学生勇敢尝试，使他们学会完成自己原先认为不可能完成的任务。对教师来说，要让学生感受挑战，但不要让挑战压倒他们，必须要求学生学有成效，但不要苛求。尤其应该容忍学生的错误，保证每个学生都有成功的机会。

中学生处于建立自我同一性的时期，各个方面都处于剧变时期。这个时期的青少年希望摆脱父母的控制，成为独立自主的人。教师首先要避免将学生简单地看作“孩子”，而应当将他们当作成人看待，尊重他们的每一个想法；应当意识到学生的同一性是多方位的，包括职业目标、学业成就、兴趣爱好、运动等多个领域。教师可以让青少年以此为题撰写文章，探索自我及人生方向；鼓励青少年独立思考和自由表达，还应鼓励青少年聆听有关宗教、政治及意识形态问题的辩论，促使他们从多元的视角考虑问题。

第三，埃里克森为教师重新审视自己的教师生涯提供了依据。作为一名教师，你很可能处在埃里克森所谓的以自我同一性对角色混乱或亲密对孤独为关键问题的年龄。根据埃里克森的理论，职业认同是自我同一性的重要成分之一，成功的教师生涯可能是你获得整体同一性的关键所在。年轻人发展的另一个重要方面是与他人建立积极的亲密关系，和伴侣或一个及多个朋友之间的健康关系能让同一性受益匪浅。

第四节 自我意识的发展与培养

下面是一名高中三年级女生的自我描述。

我已步入“花季”的年龄，我究竟是一个什么样的人呢？我很爱美，我总希望自己拥有清纯可爱的外表……我希望自己处处整洁干净，有条不紊……我有极强的同情心，我见不得别人受苦，最不忍心看乞丐沿街乞讨……我有时觉得自己非常成熟，什么都明白，可有时又觉得自己傻傻的，我觉得我的意志不是特别坚强……

我的内心非常渴望我将来成为一个成功的人，成为一个优秀的人，我讨厌平庸，我不安于现状，我一定要活得与众不同，因此我对自己要求非常严格……我的学习非常好，我也从不松懈，我想达到的学习目标一定要实现，我也基本上实现了我的学习目标，即使我不喜欢的课程我也努力学习……

我非常敏感，不愿意听别人的批评，即使是非常婉转的意见我也觉得不爱听，有时甚至小心眼，我妒忌总是比我强的人（尤其是女孩），总想超过她，如果不能我就觉得非常不舒服，甚至会有自卑感……

自我意识 作为主体的我对自己以及自己与周围事物的关系，尤其是人我关系的意识。

自我意识（self-awareness）是作为主体的我对自己以及自己与周围事物的关系，尤其是人我关系的意识。一般认为，自我意识包括三种成分：一是认识成分，即个体对自己的心理特点、人格特征、能力及社会价值的了解与评价；二是情感成分，即个体的自我体验；三是意志成分，即个体对自己的控制。

一、自我意识的发展

人的自我意识并不是生来就有的。自我意识是一种复杂的心理现象，它有一个萌芽、发生和发展的过程。新生儿并没有意识，也没有自我意识，只有一些简单、片断的感觉、动作和本能的反射，因而和一般的小动物没有多大区别。他们认识不到自己的存在，分不清自己的身体与外界有什么区别，吮吸自己的指头和吮吸母亲的乳头或奶嘴是一样的。随着年龄的增长，自我意识会越来越复杂。开始的时候，自我主要与肉体相关联，长大了就不一样了。慢慢地，声誉成为自我的一部分，所以个体开始要面子。甚至有人把财产也当成自我的组成部分，成为守财奴。随着人的成长，自我包含的内容会越来越多。由此可见，个体自我意识的发展会经历从生理自我到社会自我，再到心理自我的过程。

（一）生理自我

生理自我又称为物质自我，是自我意识最原始的形态，它是一个人对自己身体的认识，包括占有感、支配感和爱护感。婴儿最初不能区分属于自己与不属于自己的东西。对于自己的手、脚和周围的玩具，他们都视为同样性质的东西加以摆弄，因而常常可以看到七八个月的孩子咬自己的手指、脚趾，有时会把自己咬疼而哭叫起来。3个月的婴儿能对人发出微笑，这表示婴儿对外界的刺激产生了反应。8个月的婴儿开始关心自己在镜子里的形象，但10个月的时候他们依然不知道镜子里的形象就是自己。

在以后的生活中，随着与外界事物的接触越来越多，儿童的身体器官、神经系统不断发展、完善，到1岁左右，产生了自我感觉，这是自我意识最原始、最初级的形态。这时，儿童逐渐能将自己和自己的动作区别开来，将自己的动作和动作对象区别开来。例如，儿童发现咬自己的手和脚，与咬别的东西（饼干、玩具等）感觉不一样；自己推皮球，皮球就滚动了；等等。这让儿童认识到自身是一个独立实体，是动作的主体，体验到了自我的存在和力量，产生了最初的自豪感和自信心，从而形成了自我感觉。所以我们常见到1岁左右的孩子不小心将手里的玩具掉到地上，成人马上捡起递给他，之后，他会有意地把玩具反复扔到地上，看见成人去捡，他会高兴地笑出声来，似乎从中获得了极大的乐趣。

儿童到了3岁左右，会用人称代词“我”来表示自己，用别的词表示其他事物，这说明他开始意识到了自己心理活动的过程和内容，开始从把自己当作客体转向把自己当作一个主体的人来认识。这是自我意识的萌芽，也是自我意识发展中的一次质变和飞跃，人的自我意识从此萌生。儿童掌握人称代词比掌握名词困难得多，代词具有很大的概括性，“我”一词可与每一个人相联系，运用时必须有一个内部转换过程。例如，母亲问孩子：“谁给你的糖?”孩子应该回答“阿姨给我的糖”，而不能说成“阿姨给你的糖”。儿童要完成人称代词运用中的这一内部转换，没有对自我与他人、自我与他物的一定区别和把握，是不可能的。当然，这时候儿童所表现出来的行为，大都是以“我”为中心的，所以有些心理学家称这一时期为“自我中心期”。

（二）社会自我

儿童在3岁以后，自我意识的发展进入社会自我阶段。社会自我阶段又称为个体客观化阶段。这个阶段大约是从3岁到青春期之前，这段时间是个体接受社会影响的重要时期，也是个体实现社会自我的最关键的阶段。

儿童在这期间的游戏，往往是成人社会生活的缩影，儿童在游戏中扮演某种社会角色，也是他们学习角色行为的一种方式，在游戏中儿童揣摩着角色的心理状态，体验着角色之间的相互关系。特别是儿童在学校中的社会化生活，加速了他们社会自我的形成过程。

他们从轻信成人的评价逐渐过渡到自我独立评价，自我评价的独立性、原则性、批判性迅速发展。例如，幼儿园儿童自我意识的特点是模糊、不大自觉、被动。他们的心理活动主要指向外部世界，对自己的内心世界没有多少认识，如果问“你是一个什么样的人”，许多幼儿园的孩子甚至一二年级的小学生会答不上来，说没有想过。即使能回答，也往往是对自己一些外部特点的描述，如“我是一个漂亮的小姑娘”“我很胖”“我很高”等，或者是转述教师、家长或其他成人对他的评价，比如“妈妈说我很听话”。但随着年级的升高，小学高年级学生开始试图根据品质、人际关系以及动机等特点来描述自己。虽然高年级学生开始用心理词汇来描述自己，但仍然是从具体形式来看待的，例如8～11岁的孩子说自己是善良的，是因为他把东西分给了同伴或帮助他人，他们总是把自己的这些特征视为绝对的和不可变更的，还不太理解自己的个性特征在不同场合可能会有所不同。

在这个过程中，学校对个体自我意识的形成尤为重要。学校与家庭不同，在家庭中儿童往往以自我为中心，尤其是独生子女。而学校则是中性的，对任何人都一视同仁，老师对每一个学生都一样关心，一样严格要求。儿童在学校只能是班级和集体的一分子，必须承担一定的社会义务和社会责任，要完成这些义务和责任，本身就是一种压力，这种压力会导致他们焦虑和不安。在家里可以听之任之的事，在学校则要认真对待，否则就要受到集体舆论的谴责。儿童在学校必须学习文化科学知识，掌握各种技能技巧，按照一定的道德规范严格要求自己，逐步使自我实现的愿望和动机与社会的要求相吻合，最终形成社会自我。

（三）心理自我

心理自我又称精神自我，这个阶段主要是从青春期到成年，大约10年的时间。初中时期自我意识逐渐变得清晰、自觉，个体开始意识到自己与他人、与集体的关系，意识到自己的内心活动，开始“发现”自己、思考自己。这时个体会发现自己能想出某个主意，而别人想不出，从而感到自豪、得意；他开始关心自己的发展，出现了理想或幻想，还有了许多内心的“小秘密”；他开始对周围人们的精神世界、个性品质等感兴趣，欣赏文艺作品时，开始关注人物的内心体验、动机、想法、个性特点等，而不是像小学生那样，只注意作品的情节或人物的外部动作。

人的自我意识的全新发展和最后成熟，是从高中阶段开始的，并在青年期内基本完成。它的显著特征是个体把原来主要朝向外部的认识活动，转向自己的内心世界，探索自己的内心活动。比如，这时的青年会提出一系列的问题要自己回答："我是一个什么样的人?""我要成为一个什么样的人?""我的脾气、秉性怎样?""我有什么样的特长和才华?""我在别人心目中的形象如何?""我能成就什么样的事业?""我该怎样走人生之路?"……

此时，个体的自我意识表现出四个方面的特点。

1. 独立地认识外部世界

这个阶段的青年往往用自己的观点来认识和评价客观事物，自我意识是个体认识外界事物的中介因素。在个体客观化阶段，儿童是以社会的视角来认识和评价事物的，他们以成人的观点为指导，而青年则不同，他们不愿意盲目地追随别人，把跟在别人的后面随声附和看成耻辱，在观点上喜欢标新立异，在行为上喜欢别具一格。

2. 个人价值体系产生

在这个时期，青年常常强调自己所独有的人格特征，目的是保护和提高自己在社会上的地位。例如，一个身怀绝技的青年，往往过分地强调该项技能的重要性；同样，一个学习成绩优异的青年，也会强调学习文化知识的重要性。青年大都具有自我欣赏的人格特征，心理学中把这种自我欣赏的人格特征纳入一个人的价值体系，它能使一个人感到自豪、自信和自尊。

3. 追求自我理想

自我理想就是一个人对所追求目标的向往。个体所追求的目标对他本人来说，总是最有意义的。想当教师的人，会认为教师的职业最高尚；想当律师的人，会认为律师的工作最有意义。一般来说，青年在这个时期大都具有自己追求的目标。目标在这个时期往往成为他们自我奋斗的一种象征，并由此产生巨大的吸引力。

4. 抽象思维的发展

抽象思维的发展是个人思维发展的一个飞跃。抽象思维能力提高了，就能使人们的思维超越具体的情境，进入精神的境界，即所谓形成心理自我。心理自我主要是通过人们的思维和想象来实现的。

二、自我概念和自尊

在心理学中，还有一些与自我意识相关的概念，如自我概念、自尊、自我价值和自我效能感等。自我价值和自我效能感将在"学习动机"一章中加以介绍，这里重点介绍自我概念和自尊。

(一)自我概念

自我概念(self-concept)是个体对自己是谁的一个心理画像(mental image)(Woolfolk, 2018),是个体对自己的认识和信念,这些认识和信念涉及对自己的观念、情感、态度和期望(Pajares & Shunck, 2001)。例如,“我个子高高的”“我有点懒惰”“我是一个多愁善感的人。”

自我概念 个体对自己的认识和信念,这些认识和信念涉及对自己的观念、情感、态度和期望。

大鱼小池塘效应 指这样一种现象:同等能力的学生在普通班级比在重点班级对自己的能力感觉更好。

学生的一般性自我概念(见图 2-2)可以分为学业方面和非学业方面(Marsh et al., 1988)。其中,学业自我概念至少包括两个方面——言语自我和数理自我。例如,“我的数学很好”“我喜欢数学”等。非学业自我概念涉及对身体、外貌、与同伴的关系、与家庭(尤其是父母)的关系等方面的认知。例如,“我长相不错”“我擅长社交”等。

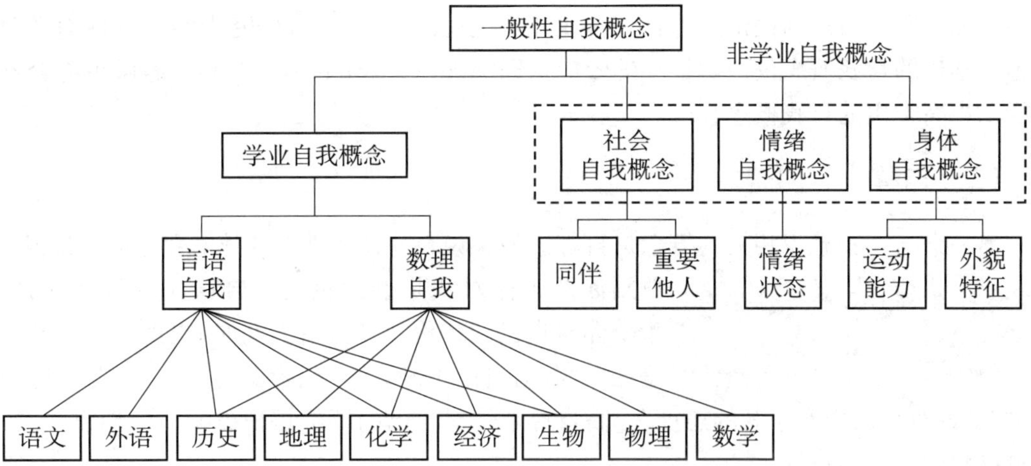

图 2-2 一般性自我概念层次结构示意图

学生的自我概念是通过对自己的评价形成的。学生总是在不断问自己“我现在做得怎么样?”而学生的自我评价既受社会中重要他人(如父母、教师、同伴等)的言语或非言语反应的影响,还受自我比较(与自己以往的表现比较)和社会比较(与其他同学比较)的影响。学生一般倾向于跟自己班级而非其他班级的同学进行比较(Marsh, et al., 2014),而且学生所在班级整体能力对学生的自我概念存在一定的影响。普通班级中数学能力强的学生,比那些在重点班级具有同样数学能力的学生对自己的数学能力感觉更好。这种现象称为**大鱼小池塘效应**(Big-Fish-Little-Pond-Effect, BFLPE)(Marsh et al., 2015)。反过来,天才教育项目中的学生存在小鱼大池塘效应(Little-Fish-Big-Pond Effect)(Marsh & Craven, 2002)。他们的学业自我概念,相比普通班级的能力相似的学生,存在随时间而下降的趋势。他们的非学业自我概念则不受影响。

学生的自我概念会影响学生的表现、成就、满意度、自豪感和乐趣等。同时,学生的自我概念还会影响学生对课程的选择，学生一般选择具有较高学业自我概念的课程。学生在特定学科的表现和成绩与他们对相应学科的自我概念相关（Marsh，et al.，2006）。不仅如此，学生的自我概念和学业成绩之间还可能存在双向因果关系，高的自我概念有可能激励学生获得高的学业成绩，而高的学业成绩也可能导致高的学业自我概念（Marsh，et al.，2012）。

人们试图通过不同的途径来提高学生的自我概念（Elbaum & Vaughn，2001）。一种途径是咨询类的干预，即采用一些治疗模式（如理情疗法）直接干预自我概念。这种干预明确地聚焦于增强学生的自我知觉，采用放松训练、行为监控、应对技能训练和沟通技能训练，改变学生对自己的信念和情感。另一种途径是学业干预类的干预，通过小组辅导、合作学习、元认知策略教学、计算机辅助教学、特定学科（如语言和数学）的教学，着眼于发展学生的学业技能和学习策略，帮助学生获得学业成功，从而间接地提高其自我概念。还有一种途径是中介干预。这种干预不直接面对学生，而是通过培训教师、家长来改变其行为，从而对学生或孩子产生积极的影响，进而改变他们的自我概念。这种干预包括身体干预（如健身计划、娱乐体育、舞蹈和个性化的动作技能项目）和感知干预（如由职业治疗师提供的感官统合或知觉运动治疗等）。有研究表明，各种途径单独实施对学生的自我概念仅产生很小的效应（Elbaum & Vaughn，2001），教师可综合不同途径来提高学生的自我概念。

（二）自尊

自尊 个体对自己的评价及其情绪。

另一个与自我意识相关的概念是自尊。如果说自我概念涉及个体对我是谁的认识，自尊则涉及个体对我是谁的感受。**自尊**（self-esteem）是指个体对自己的评价及其情绪。例如，“我觉得自己一无是处”“我对自己不满意”，或者反过来，“我拥有优秀的品质”“我对自己抱有乐观的态度”。高自尊个体对自己的评价是积极的，他们喜欢自己，对自己感到骄傲和自豪。

自尊与学业成就之间的关系是复杂的。一般来说，自尊影响学业成就，学业成就也影响自尊。但有时，学习成绩好的学生未必具有高自尊，而学习成绩不好的学生具有高自尊。两者的关系还受归因、价值观等因素的影响。如果学生学习成绩好，但归因于运气而非能力，就不会导致高自尊。如果学生学习成绩好，但这门功课他觉得并不重要，也不会导致高自尊。威廉·詹姆斯（William James）（James，1890）指出，自尊取决于我们能否成功地完成任务，或达到自己所看重的目标。如果一种表现对个体来说不重要，那么表现不好并不威胁到其自尊。

如何提高学生的自尊？这一问题多年来一直备受人们的关注。学校和心理健康机构在不断地研究和开发提升自尊的项目（Slater，2002）。人们往往通过三个途径来提升学生的自尊（Woolfolk，2018）。一是个人发展活动，如敏感性训练；二是自尊项目，直接聚焦于如何提高自尊；三是学校中的结构性改革，更强调合作、学生参与、社区参与和民族自豪感等。人们对提升学生自尊的项目存在不一致的看法。有些人认为这些项目存在各种各样的问题。例如，自尊发展项目旨在“给予大量赞美，却不在乎实际的成就表现”（Slater，2002）。埃里克森曾警告说“儿童不会被没有理由的赞美和鼓励蒙骗”，学生积极的同一性来自“别人对自己所取得的实际成就表示真诚、一致的认同”（Erikson，1980，p95）。另外一些人则对自尊提升项目的前景表示乐观。因为自尊提升项目不仅让学生“内心感觉良好”，还强调了这样一个基本事实：自尊是每个人不可剥夺的基本权利。一方面，学校和教师要教导学生自己尊重自己，不能损害学生的自尊（Beane，1991）；另一方面，在提升学生的自尊时，要避免研究者们所揭示的种种问题。

三、自我意识的培养

根据学生自我意识的三种成分与自我意识的发展情况，教师需要引导不同年龄阶段的学生正确认识自己，处理好“理想的我”与“现实的我”之间的关系。

（一）帮助学生正确认识自己

学生由于社会经验的不足，自我意识容易出现一定的偏差，从而导致自身的自尊降低，产生自卑感、受挫感。教师需要对学生进行一定的引导，帮助学生正确认识自己，从而提高自尊。

行动指南

下面列举了学生自我意识偏差的部分原因。

- 泛化，即依据单一事件下结论。比如，一个人的生活有学业、品德、体貌、人际交往等很多方面，但学生却只根据学业或体貌来给自己下结论。有的学生可能爱劳动、有礼貌，但是成绩不好，因此仍然很自卑。
- 选择性提取，即只注意消极的信息。比如，一个因为胖而自卑的女孩，可能别人赞扬她很多次，说她很善良、性格很温和，但她都不太记得。可是只要有人说一次她很胖，她就会非常伤心难过。
- 扩大，即高估消极事件。比如，一个学生为了一件小事和别人吵架，本来事情并不严重，却总担心自己给别人留下了不好的印象，怀疑自己是不是性格不好，是不是很不合群，是不是不能够再和别人做朋友。
- 个人化，即对消极事件采取个人负责的归因模式，把不是自己的责任也揽到自己身上。比如，一个学生某一次考试没有考好，本来是因为考试题目太难，但他却责备自己没有学好，怀疑自己是不是没有能力。

教师除了在平时的课堂学习中注意引导学生正确认识自己以外，还可以开展一些相关的主题班会活动，例如以“找优点”为主题组织班会活动，让学生为自己找优点、为同学找优点。通过同学之间的互相探讨，发展学生的自我意识，促进学生的成长。

（二）引导学生处理好“理想的我”与“现实的我”的关系

学生的自我认识一般包括两部分，一个是理想的我，一个是现实的我。理想的我是学生对自己未来的设想，即“我希望成为一个怎样的人”；现实的我是学生对自己当前的形象和实际水平的判断，即“我现在是一个怎样的人”。

学生对“理想的我”和“现实的我”进行比较，就形成了自我体验，即个体对自己怀有的一种情感体验，主要涉及“对自己是否满意”“能否悦纳自己”这类问题。学生的自我体验里尤其重要的一种情感体验是自尊。当学生的“理想的我”与“现实的我”相一致时，自尊就是积极的。相反，当“理想的我”与“现实的我”不一致时，自尊就是消极的。尤其当学生的“现实的我”远远落后于“理想的我”时，二者之间的矛盾和距离就会使他们感到很痛苦。比如说有人的“理想的我”是希望自己长得很好看，但却对“现实的我”的长相很不满意，因此感到自卑，甚至不愿接受这个“丑陋的自己”。

有这样两个学生：小言和小红。小言很看重学业上的成功，他的理想是长大后当一名科学家。他平时努力学习，上课认真听讲，因此每次考试都能取得好成绩，是班里公认的好学生。与小言不同，小红很看重同学间的友谊，希望自己的人缘非常好，将来能够成为班里所有同学的好朋友。可是，小红的性格很内向，不大愿意与同学们交往，而且非常敏感，容易因为一点小事而生气，因此同学们很少主动与她来往，所以实际上小红在班里的朋友很少。小言同学的“理想的我”与“现实的我”是一致的，所以，他的自尊相对较高；而小红同学的“现实的我”与“理想的我”有很大的差距，所以，她的自尊相对较低。

自尊是一种内驱力。自尊低，容易遇到点挫折就自卑、自贬，一蹶不振；自尊高，就可以激励学生迎难而进，走向成功。

概念术语

图式　同化　顺应　客体永久性　自我中心　守恒　泛灵论　成熟　练习和经验　社会性传递　平衡　新皮亚杰理论　文化历史发展理论　高级心理机能　内化　最近发展区　心理社会发展理论　自我同一性　自我意识　自我概念　大鱼小池塘效应　自尊

复习思考题

（一）选择题

1. 瑞士著名心理学家皮亚杰认为，儿童认知发展的形式运算阶段是在（　　）。

A. 0～2岁　　B. 2～7岁　　C. 7～11岁　　D. 11岁至成年

2. 以守恒概念的形成为标志的认知发展阶段是（　　）。

A. 感知运动阶段　　B. 前运算阶段

C. 具体运算阶段　　D. 形式运算阶段

3. 下列概念中属于维果斯基的理论观点的是（　　）。

A. 图式　　B. 自我同一性

C. 最近发展区　　D. 力比多

4. 最近发展区是指（　　）。

A. 最新获得的能力

B. 儿童现有发展水平与可能的发展水平之间的差异

C. 超出目前水平的能力

D. 需要在下一发展阶段掌握的能力

5. 埃里克森的心理社会发展理论认为，个体发展的每一阶段都有由一种冲突和矛盾所决定的发展危机，如 12～18 岁阶段的危机冲突是（　　）。

A. 自我同一性对角色混乱　　B. 勤奋对自卑

C. 主动对内疚　　D. 自主对羞耻

6. 根据埃里克森的心理社会发展阶段理论，中学生心理发展的主要任务是（　　）。

A. 发展勤奋感　　B. 建立自我同一性

C. 形成亲密感　　D. 培养主动性

7. 赵明能根据 A 大于 B，B 大于 C，则 A 大于 C 的原理，推出 A、B 和 C 的关系。比如小张比小李高，小李比小王高，则小张最高。根据皮亚杰的认知发展理论，赵明的认知发展处于（　　）阶段。

A. 感知运动　　B. 前运算　　C. 具体运算　　D. 形式运算

8. 个体思维已摆脱具体事物的束缚，把形式和内容区分开来的阶段属于（　　）阶段。

A. 感知运算　　B. 前运算

C. 具体运算　　D. 形式运算

参考答案：1.D；2.C；3.C；4.B；5.A；6.B；7.D；8.D

（二）论述题

1. 简述皮亚杰的认知发展理论。

2. 简述皮亚杰的认知发展理论对教育的启示。

3. 简述维果斯基的文化历史发展理论。

4. 简述维果斯基的理论对教育的影响。

5. 简述最近发展区的概念及意义。

6. 简述埃里克森的心理社会发展阶段论及其应用。

7. 如何培养学生的自我意识和自尊？

拓展学习

陈琦，刘儒德．(2019)．当代教育心理学（第 3 版）（第 2 章）．北京：北京师范大学出版社．

伍尔福克．(2015)．教育心理学（第 12 版）（第 2、3 章）．伍新春，张军，季娇译．北京：中国人民大学出版社．

斯莱文．(2024)．教育心理学：理论与实践（第 12 版）（第 2、3 章）．刘红瑞，姚梅林等译．北京：人民邮电出版社．

第三章

学生个体差异

【本章提要】

智力差异
✧ 智力的水平差异
✧ 智力的结构差异
学习风格差异
✧ 学习风格的生理因素
✧ 学习风格的心理因素
✧ 学习风格的社会性因素
特殊需要儿童
✧ 学习障碍
✧ 注意缺陷多动障碍
✧ 阅读障碍
✧ 其他障碍

学生由于先天的素质和后天的文化环境、家庭背景的不同而存在各种差异。我们常常会听到教师谈论：这个学生很聪明，那个学生较迟钝；这个学生活泼好动、善于交际，那个学生沉默寡言、喜欢深思；这个学生有音乐才能，那个学生是个篮球天才；等等。作为教师不仅要承认差异，更要重视差异，正因为有了学生的这些个体差异，课堂教学才丰富多彩。了解学生的个体差异，并按照教学对象的不同满足学生不同的学习需求，是教师实施有效教学的重要条件。本章将从智力、学习风格、特殊需要等方面具体介绍学生的个体差异，并探讨如何从积极的角度看待这种差异性和多元化。

第一节　智力差异

“哇，这孩子好聪明哦！这么小就这么机灵懂事，长大一定了不得！”

“你这孩子怎么这么笨呢？明明教给你好多次了，怎么还是学不会呢？你看看人家某某多聪明，老师还没教，人家自己就学会了，大家都是一样地学，你怎么就差这么多呢?!”

“你看某某，不愧是工程师的孩子，反应就是不一样啊！唉，有些人生来就是笨，好像比别人缺点什么，怎么教也不行!”

对于这些话，我们可能并不感到陌生。有些教师在教学工作中也可能感受得到：有些学生聪明伶俐，反应迅速，不用怎么教就能够学得很好；而有些学生则迟钝很多，尽管苦口婆心地讲解很多次，他们仍然茫然不知所云。为什么同样是学生，大家却是这样不同呢？人与人之间的智力到底有什么差别？本节将试图回答这些问题。

智力概念在教育中是非常重要的，也是有争议且容易被误解的。研究者们倾向于将**智力**（intelligence）定义为：一种从经验中学习的能力和适应周围环境的能力。这些能力往往涉及高级思维过程，如演绎和归纳推理、抽象思维、类比、整合信息以及迁移。由于智力是个体先天禀赋和后天环境相互作用的结果，个体智力的发展存在明显的差异，包括智力的水平差异、智力的结构差异和智力发展的早晚差异等多方面。

智力　一种从经验中学习的能力和适应周围环境的能力。

智力的二因素论　由斯皮尔曼提出的智力理论，这种理论认为，智力包括两种潜在的因素：一种是单一的一般因素（g因素），影响个体在所有智力测验中的表现；另一种是特殊因素（s因素），只影响个体在某一种能力测验（如词汇、算术或记忆测验）中的表现。

智力超常儿童　智商在130以上的儿童。

智力落后儿童　智商在70以下的儿童。

加速制　加快智力超常儿童的学习速度并缩短其学习年限的教学体制。

一、智力的水平差异

（一）传统智力理论视角

斯皮尔曼（Spearman，1927）的**智力的二因素论**（two-factor theory of intelligence）认为，智力包括两种潜在的因素。一种是单一的一般因素（general factor），简称g因素，这是一种假想的、被用于许多不同任务之中的、单一的智力能力，影响个体在所有智力测验中的表现。另一种是特殊因素（special factor），简称s因素，这些因素只影响个体在某一种能力测验（如词汇、算术或记忆测验）中的表现。一般因素与智力高度相关，因为它是一般的、总体的（斯滕伯格，威廉姆斯，2009/2012）。

对于一般智力因素的水平差异，可以按照智商的高低进行划分。智商（IQ）这个概念是由威廉·斯特恩（William Stern，1871—1938）在1912年提出的，指一个人的心理年龄除以生理年龄再乘100得到的数值。如果心理年龄等于生理年龄，则智商为100。如果心理年龄大于生理年龄，则智商高于100，反之则低于100。而儿童的心理年龄是通过标准的智力测验（如斯坦福-比奈量表和韦氏量表）测得的。通过这些测验获得的儿童的智商得分接近正态分布。正态分布是一种对称分布，分数大部分集中在可能得分的区域的中部，智力发展水平超常与落后的人极少。智商在130以上的儿童属于**智力超常儿童**（supernormal children），智商在70以下的儿童称为**智力落后儿童**（mental retardation children）。

对于智力超常儿童的教育存在多种模式和多种途径与手段。课程设计的形态主要有加速制和充实制（Torrance，1986）。**加速制**（acceleration）教学的目的是加快智力超常儿童的学习速度并缩短其学习年限，使其提早升入各级学校就读。加速制包括两种方式：(1) 提早入学，只要智力超常儿童具备了就读任何一级学校的学习能力，就可以不拘其先前的在学年限，提早入学。小学、初中、高中、大学或研究生院等均可接收此类学生。(2) 跳级，智力超常儿童如能在一年之内学完两年（或更多）的课程，则可以跳级一年（或更多），从而避免乏味的重复。提早入学与跳级须相互协调，学生跳级的结果必然会造

充实制 增加教材或作业的分量或者难度的教学体制，以便智力超常儿童在与一般儿童相同的教材单元内做更多或更深入的学习与研究。

流体智力 由卡特尔提出的概念，指基本与文化无关的、非言语的心智能力，如空间关系认知能力、反应速度、记忆力以及计算能力等。

晶体智力 由卡特尔提出的概念，指应用从社会文化中习得的解决问题的方法的能力。

成提早入学。**充实制**（enrichment）教学是在使智力超常儿童保持与一般儿童相等的教学进度的同时，为他们提供较多的或较难的知识内容。充实制包括两种方式：（1）水平充实（horizontal enrichment），指扩增教材或作业的分量而不增加其难度。这等于给予智力超常儿童比一般儿童更多的练习、应用与复习的机会。（2）垂直充实（vertical enrichment），指增加教材或作业的难度，以便智力超常儿童在同一教材单元内做更深入的学习与研究。此外，对于智力超常儿童还可以采取特殊班级制教学，这种策略假定，智力超常儿童在某种特殊的教学情境下能做出最佳的表现。特殊班级制也包括两种形式：（1）固定特殊班级制，指智力超常儿童大部分时间用来接受为他们特别安排的特殊教材与特殊的教学活动，小部分时间参与一般性教学活动。（2）弹性特殊班级制，指智力超常儿童大部分时间接受一般性教学活动，小部分时间用来接受必要的特殊教材与特殊的教学活动。

对于智力落后儿童的教学需要遵循一些教学原则，如个别化教学原则、直观化原则和充分练习原则等。教学中应根据智力落后儿童的个别差异和特点，为每个儿童设计他们所能达到的基本的学习量，然后采取相应的方法促进其发展；在活动中需要灵活采用直观的教学手段，引导学生掌握知识，促进发展；在知识、技能的练习过程中要遵循充分练习的原则，将教师情感渗透进整个教学过程中，使学生的身心在愉悦中得到协调发展。在个别化教学中，制订个别迁移计划有利于学生将来在社会中适应生活和工作环境（Hallahan & Kauffman，2003）。

（二）流体智力与晶体智力视角

美国心理测量学家卡特尔（Cattell，1963）根据对智力测验结果的分析，将人的智力分为两类：流体智力和晶体智力。**流体智力**（fluid intelligence）是指基本与文化无关的、非言语的心智能力，如空间关系认知能力、反应速度、记忆力以及计算能力等。它建立在脑发育的基础上，受遗传因素影响较大。这种智力在青少年期一直在增长，在30岁左右达到顶峰（Horn & Donaldson，1980），然后随着年龄增长逐渐衰退。**晶体智力**（crystallized intelligence）是指应用从社会文化中习得的解决问题的方法的能力，是在实践（学习、生活和劳动）中形成的能力。这种智力在人的一生中都在增长，因为它包括习得的技能和知识，例如词汇、打的和烹饪等（见图3－1）。人通过在解决问题时投入流体智力来发展晶体智力，不过，生活中也有许多任务（如数学推理）同时需要流体智力和晶体智力。

根据这一理论，有些学生的成绩好，可能是因为其流体智力高或晶体智力高，或者两种智力都高；而有些学生的成绩不好，可能是两种智力都低，也可能是某一种智力太低。

这一理论把人与生俱来的素质与后天通过学习获得的能力区分开来，昭示了教育工作的意义。学生可能因为遗传而在流体智力上存在个体差异，但可以通过后天提供的教

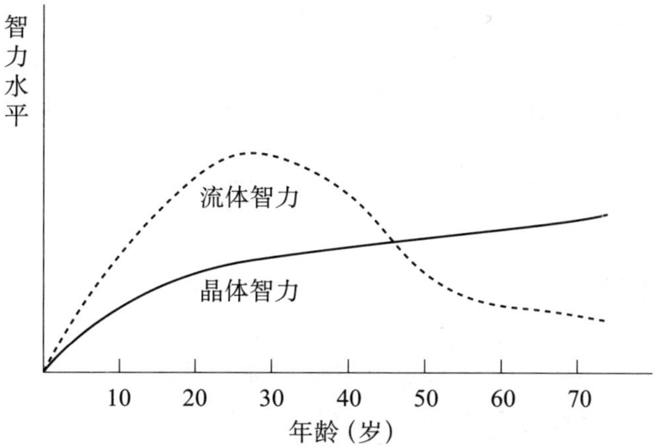

图 3－1　流体智力与晶体智力的发展

育来不断促进其晶体智力的发展和提高，这不仅可以弥补其流体智力的先天不足，还能促进学生更好地学习和成长。

延伸阅读

学生能力的性别差异

有人认为，从青春期开始，男生的数学能力要强于女生（Maccoby & Jacklin，1974，April）。但更多的研究发现，男生和女生在一般的数学能力上尚不存在可信的差异（Hyde & McKinley，1997）。差异仅产生于更为具体的数学过程、数学内容或特定的学生群体。例如，在需要仔细或精确地运用标准程序的数学测验中，女生往往要优于男生（Hyde，Fennema，Ryan，Frost，& Hopp，1990；Janssen，De Corte，Verschaffel，Knoors，& Colemont，2002）。然而，在一些高级的数学课程以及与数学相关的课程中，女生的优势往往得不到充分的表现（Maple & Stage，1991）。研究还表明，无论是男性还是女性，往往都趋向于认为数学应当是男性所从事的领域（Hyde et al.，1990）。造成这种态度的原因是很复杂的，可能涉及多种因素的相互作用，比如父母或老师对数学应当是男性从事的领域这一观念所持的态度，数学课上教师与男女生不同的互动方式，以及女生对数学所持的自信水平，等等。例如，女生往往更倾向于将数学学习上的困难归因于能力的缺乏（Fennema，Wolleat，Pedro，& Becker，1981）。

同数学的情况一样，在一般言语能力方面尚无一致的性别差异，但在言语表达的测验中，女性往往表现更好（Hyde & McKinley，1997）。还有一些数据表明，在一些写作和阅读任务上，女性的表现好于男性。此外，在小学，男生比女生更容易产生阅读障碍（Ross，Smith，Lohr，& McNelis，1994）。而在空间能力方面，男性在空间推理任务上更胜一筹（Halpern & LaMay，2000）。

通过对大量文献进行解读，对于性别差异，我们应当提炼出以下共识。

- 尽管在总体或在一般的水平上未发现明显的性别差异，但在某些任务或较为具体的能力上则发现了差异，因此不能将男女生的差异解释为一种性别优于另一种性别。

- 性别差异受到年龄、生活经验、学生的态度以及种族等因素的影响。在许多领域，男性往往比女性要晚熟，所以在提前入学或留级等问题上应考虑这点。
- 男性在某些认知技能上表现出更大程度的变异性，即优秀的和差劲的数量相对女性都要更多。

二、智力的结构差异

两个学生智商分数一样，他们的智力仍然可能十分不同，一个可能十分擅长言语，而另一个则善于操作。这种智力的差异就是结构上的差异。

（一）多元智力理论视角

多元智力理论 由加德纳提出的智力理论，这种理论认为，智力是在某一特定文化情境或社群中所展现出来的解决问题或创造有价值的产品的能力，人类至少存在8种智力。

美国哈佛大学加德纳（Gardner，1983，1993，1995）的**多元智力理论**（the theory of multiple intelligences）认为，智力是在某一特定文化情境或社群中所展现出来的解决问题或创造有价值的产品的能力。人类至少存在8种智力。

1. 言语智力

言语智力（linguistic intelligence）是指有效地运用口头语言或文字表达自己的思想并理解他人，灵活掌握语音、语义、语法，将用言语思维、用言语表达和欣赏语言深层内涵结合在一起并运用自如的能力。这类智力高的人适合的职业有：政治活动家、主持人、律师、演说家、编辑、作家、记者、教师等。

霍华德·加德纳

2. 逻辑-数学智力

逻辑-数学智力（logical-mathematical intelligence）是指有效地计算、测量、推理、归纳、分类，并进行复杂数学运算的能力。这类智力高的人适合的职业有：科学家、会计师、统计学家、工程师、电脑软件研发人员等。

3. 空间智力

空间智力（spatial intelligence）是指准确感知视觉空间及周周一切事物，并且把所感觉到的形象以图画的形式表现出来的能力。这类智力高的人对色彩、线条、形状、形式、空间关系很敏感。他们适合的职业有：室内设计师、建筑师、摄影师、画家、飞行员等。

4. 身体运动智力

身体运动智力（bodily-kinesthetic intelligence）是指善于运用整个身体来表达思想和情感、灵巧地运用双手制作或操作物体的能力。这项智力包括特殊的身体技巧方面的能力，如平衡、协调、敏捷、力量、弹性和速度以及由触觉所引起的能力。这类智力高的人适合的职业有：运动员、演员、舞蹈家、外科医生、宝石匠、机械师等。

5. 音乐智力

音乐智力（musical intelligence）是指敏锐地感知音调、旋律、节奏、音色等的能力。这类智力高的人对节奏、音调、旋律或音色的敏感性强，拥有音乐方面的天赋，具有较高的表演、创作及思考音乐的能力。他们适合的职业有：歌唱家、作曲家、指挥家、音乐评论家、调琴师等。

6. 人际智力

人际智力（interpersonal intelligence）是指很好地理解别人以及与人交往的能力。这类智力高的人善于察觉他人的情绪、情感，体会他人的感觉、感受，辨别不同人际关系的暗示以及对这些暗示做出适当反应。他们适合的职业有：政治家、外交家、领导者、心理咨询师、公关人员、推销员等。

7. 内省智力

内省智力（intrapersonal intelligence）是指有自我认识和自知之明并据此做出适当行为的能力。这类智力高的人能够认识自己的长处和短处，意识到自己的内在爱好、情绪、意向、脾气和自尊，喜欢独立思考。他们适合的职业有：哲学家、政治家、思想家、心理学家等。

8. 自然智力

自然智力（naturalist intelligence）是指善于观察自然界中的各种事物，对物体进行辨认和分类的能力。这类智力高的人有着强烈的好奇心和求知欲，以及敏锐的观察能力，能了解各种事物的细微差别。他们适合的职业有：天文学家、生物学家、地质学家、考古学家、环境设计师、农夫等。

每一种智力代表着一种区别于其他智力的独特思维模式，但这些智力之间的关系是相互依赖、相互补充的。例如，一名教师需要具备一定的言语、逻辑-数学智力，以胜任其学科教学的基本要求；需要具备一定的身体运动智力，帮助其将知识较好地传递给学生；需要具备一定的人际智力，从而与学生、同事形成良好的互动关系；需要具备一定的内省智力，帮助其进行教学反思，促进教师专业化发展。

在多元智力理论的基础上，加德纳提出了一种新的教育观——“以个人为中心的教育”。这种教育观强调，人与人的差别主要在于人与人所具有的不同智力组合，我们必须承认并开发各种各样的智力和智力组合，必须对每个学生的认知特点都给予充分的理解并使之得到最好的发展。加德纳的多元智力理论及教育观对美国的学校教育产生了广泛的影响，对课程设置、教学内容、教学方法以及评价方法提出了新的挑战。

对于教育工作者而言，有多少种智力类型并不重要，重要的是具备一种理念：教师应当避免将儿童简单地看作聪明的或不聪明的，因为有多种标准来衡量一个人是否聪明，如果学校想让所有学生都成为聪明的孩子，就必须采用更为广泛的行为评价标准，并对更为广泛的行为表现进行奖励，而不是仅关注学生的语文或数学成绩。

应用举例

根据加德纳的多元智力理论，讲解概念（如圆周运动）时应采用多种方式，调用学生的多种智力类型，让不同的学生都能够发挥各自的智力优势，达成对概念的多角度理解（如图 3-2 所示）。

身体运动智力 让学生用一根绳子拴上一个小球，让其悬空做圆周运动，体验当小球运动速度不同时所感受到的力的大小。	**言语智力** 为学生提供圆周运动的文字定义：质点在以某点为圆心、半径为r的圆周上运动时，其轨迹叫"圆周运动"。它是一种最常见的曲线运动。	**逻辑–数学智力** 为学生提供圆周运动的向心力公式及其推导过程：$F=mv^2/r$或$F=m\omega^2r$（ω是角速度）。
人际智力 让学生手拉手围成一个圈，进行圆周运动，体验匀速圆周运动和变速圆周运动两种形式，并总结如何配合才能更好地完成这一任务。	圆周运动	**空间智力** 让学生观看人造卫星的轨迹图，建立圆周运动的视觉表象。
内省智力 让学生到游乐园玩摩天轮和过山车之类的项目，体验速率不同的圆周运动，以及自己可以承受的速率的大小。	**音乐智力** 让学生查找并唱出一段反复循环的曲调。	**自然智力** 让学生观察生活或自然界中与圆周运动相关的事例，并思考它的运用。

图 3-2　根据多元智力理论讲解圆周运动

（二）三元智力理论视角

> **三元智力理论**　由斯滕伯格提出的智力理论，这种理论论述了智力的过程成分、通过经验修正智力的机制以及智力与环境的联系。这种理论认为，人存在三种智力：分析智力、创造智力和实践智力。

美国耶鲁大学斯滕伯格（Sternberg，1985）的**三元智力理论**（triarchic theory of intelligence）论述了智力的过程成分、通过经验修正智力的机制以及智力与环境的联系。这种理论认为，人存在三种智力：分析智力（获得知识的能力）、创造智力（处理环境中新任务或新思想的能力）和实践智力（个体适应、选择或塑造环境的能力）。这三种智力分别对应于智力成分亚理论、智力经验亚理论和智力情境亚理论。

成分亚理论（componential subtheory）解释影响智力水平的基本信息的加工过程或成分，包括元成分、知识获取成分、操作成分。当我们进行一项复杂的工作（如撰写一篇论文）时，这些成分就会相互作用。元成分是指识别问题、制订计划、确定目标和管理操作的过程。在尝试写论文时，元成分的作用是确定论文主题，制订写作计划，并对整个写作进程进行监控。知识获取成分是指学习新知识的过程，在写作这个例子中，该成分的作用是学习各类文献，研究数据，整合观点。实际的写作过程则受到操作成分的控制。

罗伯特·斯滕伯格

经验亚理论（experiential subtheory）解释个体如何应对新的经验：一是有效应对新的情境并发现、发明、创造解决问题的新方法；二是使思维和问题解决变得有效、自动化，并将其存入自己的认知工具箱中。

情境亚理论（contextual subtheory）将智力与个体日常生活情境联系起来，解释个体如何利用环境来实现目标。在写论文的例子中，为了达到老师的要求，学生需要在论文中重新整合自己的观点。如果他不知道该如何达到老师的要求，他就需要向出色的同伴咨询，通过这么做，他实际改变了自己所处的环境。当然，如果他认为自己无论如何也无法达到老师的要求，也许他会选择放弃。当一个人既不能适应环境，也不能将环境改变成个人满意的状况时，他就不得不重新选择环境。从这个意义上说，智力包括专业选择和职业选择这样的实际能力。

斯滕伯格的三元智力理论为教学提供了很多启示（斯滕伯格，威廉姆斯，2009/2012）。一方面，教师需要关注每一种学习行为对发展学生的三种智力的作用，使所有学生都能得到智力的全面发展。教师不仅要强调智力的学业性方面，也要强调其实践性方面，还要考虑学生的文化背景的影响。

应用举例

根据斯滕伯格的三元智力理论，教师在教学中需要考虑学生不同的智力优势，给学生提供不同的作业和任务，使学生得到不同的智力训练。

- 分析智力：比较，评价，批评，解释……
- 创造智力：发明，想象，设计，展示，假设，预测……
- 实践智力：应用，实践，展示……

下面以文学课、科学课和心理学课为例，说明在课上如何训练学生的不同智力。

在文学课上，分析一个角色的动机，改写一个故事，把故事中的方法应用到日常生活中。例如，比较林黛玉和薛宝钗的性格特点；为《红楼梦》撰写另一个结尾；根据贾宝玉与宝黛的关系说说相爱的条件。

在科学课上，解决书本上的问题，独立完成一个实验，把科学原理转化为一种技术。例如，比较鲸和鱼的异同；撰写一个有关鲸的故事；想出一些使鲸免于危险或灭绝的方法。

在心理学课上，例如，比较弗洛伊德与其他人的关于梦的理论；设计实验，验证有关梦的理论；说说弗洛伊德的梦的理论对你有什么启示。再如，比较两种焦虑理论；提出自己的焦虑理论；为考试焦虑的学生提出一些建议。

另一方面，教师需要帮助学生认识、利用并发挥自己的智力优势。教师可以让每个学生明白自己擅长哪一种智力，从而充分地利用它们，以及明白自己不擅长哪一种智力，从而改进或者回避它们。教师还可以让学生在学校中进行合理选择，以充分利用自己的智力，最终实现自己的目标。

延伸阅读

智力发展的早晚差异

智力发展与成熟的早晚存在明显的差异。有的人在儿童时期就显露出非凡的智力和特殊能力，这就是“早慧儿童”“神童”。

在中国，唐初有名的诗人王勃六岁善文辞，九岁能读《汉书》；诗人白居易五六岁能作诗，九岁通声律；财政专家刘晏八岁在唐玄宗的一次祭泰山途中献颂，被称为“国瑞”。宋代还专门成立了“童子科”以培养人才。现代社会，更是“神童”辈出，中国科学技术大学每年招收的少年大学生都称得上是出类拔萃的“神童”。

在国外，少年出众的“神童”也是不少的。据记载，莫扎特6岁就举办音乐演奏会；贝多芬13岁时创作三部奏鸣曲；英国的威廉·汤姆逊（William Thomson）是继牛顿之后的大物理学家，也是个天才儿童；控制论的创始人维纳（Norbert Wiener）9岁进入高中，14岁进入哈佛大学，18岁获得哲学博士学位。

人的智力除“早慧”外，还有“大器晚成”的现象，即有的人一直到很晚才表现出其独特的才能。我国古代早就有“甘罗早达子牙迟”的记载：战国时期秦国的甘罗12岁就当上了上卿，而姜子牙72岁才出仕。我国近代著名画家齐白石到40岁才表现出他的绘画才能。著名生物学家、进化论的创始人达尔文到五十多岁才开始有研究成果，写出名著《物种起源》。

第二节　学习风格差异

学习风格　个体在学习时惯用的或者偏爱的方式，是个体在研究和解决其学习任务时所表现出来的具有个人特色的方式。

同一个课堂上的学生在学习同样的知识时采用的方式可能截然不同。有的人借助视觉表象来记忆，有的人通过身体语言来学习。有的人把文章分解成章节逐个击破，有的人先把握文章大意，再考虑细节。这些差别反映了学生学习风格的差异。所谓**学习风格**（learning style），是指个体在学习时惯用的或者偏爱的方式，换句话说，就是个体在研究和解决其学习任务时所表现出来的具有个人特色的方式。对于学习风格，存在许多理论假设和界定。下面从生理、心理和社会性三个方面介绍学生在学习风格上的差异。

一、学习风格的生理因素

学习风格的生理因素包括个体对外界环境中的生理刺激（如声音、光线、温度等）、一天内的时间节律以及接收外界信息时对不同感觉通道的偏爱。

（一）生理刺激

1. 声音

学习者对学习的背景声音（或噪声）的偏爱或承受能力是不同的。有的学习者学习时需要绝对安静，而有些则需要伴随背景声音（如音乐、广播）才能集中注意力。这两种倾向在阅读中所表现出的差异是：前者喜欢默读，而后者则爱朗读。

2. 光线

由于生理结构和功能上的差异，个体对光线的感受性有高有低，因而对光线的明暗要求不等。有的要求光线明亮，有的要求光线柔和。强光会导致偏爱弱光的个体情绪紧张，而弱光则会使偏爱强光的个体学习时提不起精神。

3. 温度

不同个体对同样的温度会产生不同的感觉：或合适，或太冷，或太热。而太冷和太热均会影响学生的注意力。每个学习者的适宜温度略有差异，有的要求室内温暖，有的要求室内凉爽。

（二）时间节律

每个个体对一天之中不同时间段的偏爱是不同的，即不同个体在不同时间段的学习状态各不相同。有的人在早晨精神抖擞（这种人被称为*百灵鸟型*），有的人却在晚上至深夜精力充沛（这种人被称为*猫头鹰型*）；有的人在上午易于集中注意力，学习效率高，而有的人则在下午学习效果好。

（三）感觉通道

依据识记材料时对某种感觉通道的偏爱而产生的最好效果，学习风格可分为视觉型、听觉型与动觉型。

1. 视觉型

*视觉型*学习者擅长通过自己读或看来学习，这样的学习者对视觉刺激敏感，习惯通过视觉接收学习材料，例如景色、相貌、图片等。这样的学习者喜欢通过自己看书和记笔记来学习，而不适于听取教师的讲授和灌输。

2. 听觉型

*听觉型*学习者则善于通过听来学习，这样的学习者对听觉刺激敏感，对语言、声响、

音乐的接受力和理解力强。他们在学习时甚至喜欢戴着耳机听音乐。学习外语时，他们喜欢的方式是多听多说，不太关心具体单词的写法或者句型结构。

3. 动觉型

动觉型学习者则以动手、动口的方式来学习时效果最好。他们喜欢接触、操作物体，对自己能够动手参与的认知活动感兴趣。动觉型学习者在学习中通过亲手操作，能够对知识有更深刻的理解，对知识点的记忆效果也更好。另外，他们对于操作性的知识、技能掌握得也比较迅速。

自我测查

想想以下各项是否在你身上适用，然后给符合程度估分（常常＝3分，有时＝2分，从不或极少＝1分）。

听觉通道

1. 解答问题时，我自言自语或是与朋友说话或是哼歌。
2. 在听老师讲课时，我不必看着老师也能对其讲课内容集中注意力。
3. 我通过自己口头复述来记忆学习内容。
4. 学习新知识的时候，我喜欢听口头讲解、录音。
5. 我偏好使用记忆术或记忆工具来帮助自己记住课堂上的学习内容。
6. 我最喜欢做课本中的对话阅读练习。

视觉通道

1. 解答问题时，我采取一种有序、系统的方法。
2. 上课听讲时，我尽量坐得离老师近一些，并集中注意力看老师及其讲解的内容。
3. 我通过在脑中画图画的方式记住上课内容。
4. 学习新知识时，我喜欢先看它的演示内容。
5. 在我学习的时候，划重点最有助益。
6. 我最喜欢浏览课本中大量的描述性插图。

触觉通道

1. 解答问题时，我喜欢四处走动。
2. 上课听讲时，我喜欢做笔记。
3. 我通过手头实践记住上课内容。
4. 学习新东西时，我喜欢亲手试验一番。
5. 我喜欢有活动计划安排的课。
6. 我喜欢看有活动场景的故事。

评分：

给每项打分并把各种通道的总分相加，哪种通道的得分最高，就表明你是偏好哪个感觉通道的学习者。你也有可能是双通道或多通道偏好者。

资料来源：Parsons，Hinson，& Sardo-Brown，2001，第185页.

二、学习风格的心理因素

学习风格的心理因素包括认知、情感和意动三个方面。其中认知方面的风格（即认知风格）尤其受到研究者们的关注。**认知风格**（cognitive styles）指个体感知、记忆、思维、解决问题与决策的典型方式。认知风格与学生的个性相关，而且与学生的情感和动机特征等联系在一起。通过测验了解学生的认知风格，可以补充能力测验和能力倾向测验等提供的有关学生认知构成的信息。下面是几种常见的认知风格。

认知风格 个体感知、记忆、思维、解决问题与决策的典型方式。

（一）场依存型和场独立型

在介绍这两种认知风格前，让我们先来看图 3－3，你看到了什么？

图中画有一个侧着的人脸。有些读者几乎立即就能指出人脸所在位置，不会被周围的线条分散精力，而有些读者则需花费较长的时间才能辨别出来，他们说看到这幅图，最初认为是一块打碎了的、乱七八糟的瓷砖。这样的差异反映出场依存型与场独立型认知风格的不同。

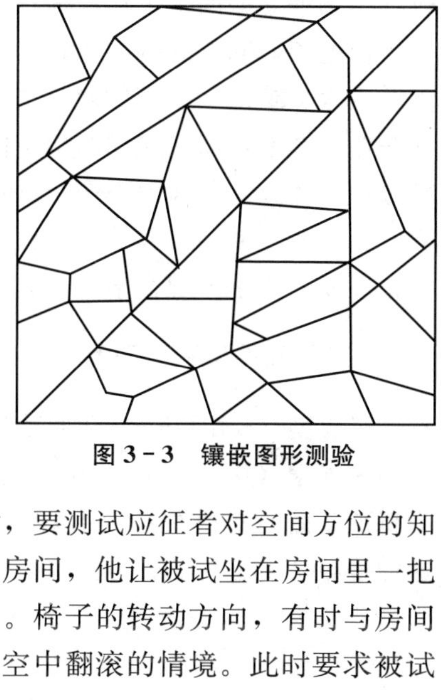

图 3－3 镶嵌图形测验

研究这两种认知风格最为著名的当属美国心理学家赫尔曼·威特金（Herman Witkin，1916—1979），他曾对空军飞行员靠什么线索来确定自己是否坐直的问题感兴趣。第二次世界大战期间，飞行员常常因机身在云雾中翻滚而丧失方向感，进而造成飞机失事。为减少此类事件的发生，在对飞行员进行选拔和训练时，要测试应征者对空间方位的知觉判断能力。因此，威特金设计了一个可调整倾斜度的房间，他让被试坐在房间里一把可以做各种角度转动的椅子上（如图 3－4 的中间的图）。椅子的转动方向，有时与房间的倾斜方向一致，有时不一致，这就构成了类似飞机在空中翻滚的情境。此时要求被试将自己的身体调整到实际的垂直位置。

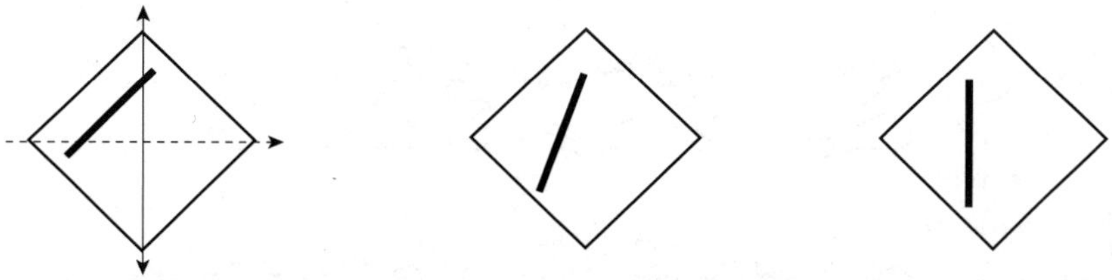

图 3－4 场定向测试装置

结果发现，有些被试在离垂直差 35°的情况下，仍然坚持认为自己完全是坐直的（如图 3－4 中的左图），而有些人则能在倾斜的房间里椅子看上去角度明显不正的情况下，仍能使椅子非常接近于垂直状态（如图 3－4 中的右图）。威特金由此得出结论：有些人的知觉较多地依赖于他们周围的环境信息，而另外一些人的知觉则较多地依赖于他们身体内部的线索。威特金把受环境因素影响大的认知风格称为**场依存型**（field dependence），把不受或很少受环境因素影响的认知风格称为**场独立型**（field independence）。前者是"外部定向者"，倾向于依赖外在的参照（身外的客观事物）；后者是"内部定向者"，倾向于依赖内在的参照（主体感觉）。这种个别差异是个体在周围视觉场中看到的事物与其身体内部感觉到的事物产生冲突的结果。

场依存型　判断受环境因素影响大的认知风格。

场独立型　判断不受或很少受环境因素影响的认知风格。

沉思型　解决问题速度慢但正确率高的认知风格。

冲动型　解决问题速度快但正确率低的认知风格。

场依存型与场独立型这两种认知风格与学习有着密切的关系。许多研究（Witkin，Moore，Goodenough，& Cox，1977；谢斯骏，张厚粲，1988）发现，场独立型的学生喜欢独立思考，偏爱自然科学，数学成绩较好；场依存型的学生较易接受与人有关的社会性信息，对人文社会科学有较强的兴趣，社会科学成绩较好。场独立型的学生喜欢独立自主地学习，学习动机以内在动机为主；场依存型的学生更多地依赖同学的接纳与教师的鼓励和反馈，易受外在动机支配。场独立型的学生易于适应教师结构不严谨的教学方式，场依存型的学生更喜欢教师结构严密的教学方法。在职业选择上，场独立型的学生倾向于选择人际关系较单纯且可独自完成的工作（如机械修理、实验、化验等工作），而场依存型的学生较喜欢从事与人的活动有关的工作（如教育、商业、社会服务等）。所以，场独立型和场依存型学生在学习的诸多方面都有差异，但差异不是体现在学习能力上，而是体现在学习的过程上。

（二）沉思型和冲动型

沉思型（reflective）和**冲动型**（impulsive）也是认知风格研究的重点范围之一。杰罗姆·卡根（Jerome Kagan）通过一系列实验发现，有些学生的知觉与思维方式以冲动为特征，而另外一些学生则以沉思为特征。卡根编制了匹配相似图形测验，以考察儿童的这种差异。例如，在图3-5中，儿童要从下面一组图形中找出与顶端一模一样的图形。

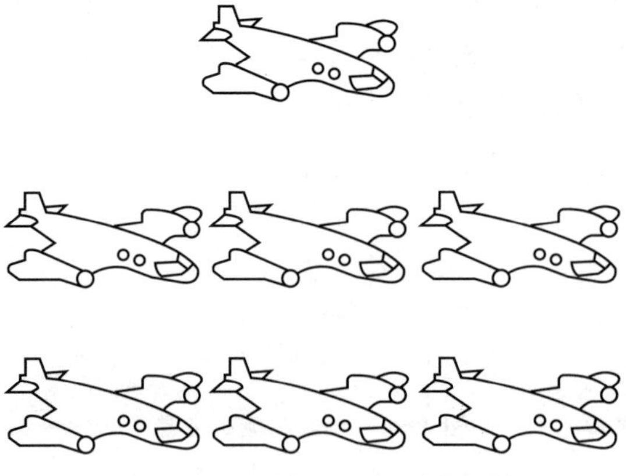

图3-5　匹配相似图形测验示例

在完成这种任务时，冲动型的学生一直有一种迅速确认相同图形的欲望，他们急忙做出选择，速度快，但犯的错误也多；沉思型的学生则采取谨慎小心的态度，做出的选择比较精确，但速度要慢些。冲动型的学生倾向于根据几个线索做出很大的直觉性跃进，往往以很快的速度形成自己的看法，在回答问题时很快就做出反应；沉思型的学生则倾向于在做出回答之前进行深思熟虑的、计算的、分析性的和逻辑的思考，往往先评估各种可替代的答案，然后给出较有把握的答案。

沉思型和冲动型可能适用于不同类型的学习任务。有人综合分析大量研究之后总结说，沉思型学生表现出更为成熟的解决问题的策略，与冲动型学生相比，他们能够表现出更多可能去考虑不同的假设（Hetherington & McIntyre，1975）。然而，还有人发现，沉思型学生解决较少维度的问题要比冲动型学生更有优势，但是冲动型学生解决具有较多维度的问题则要比沉思型学生快得多（Rollins & Genser，1977）。还有人研究发现，沉思型学生在完成需要对细节做分析的学习任务时，成绩要好些；冲动型学生在完成需要对整体加以解释的学习任务时，成绩要好些（Mitchell & Ault，1979）。因此，冲动型和沉思型两种认知风格没有好坏优劣之分。但人们往往认为冲动型学生学业成绩差，这主要是因为学校里的测验往往注重对细节的分析，而且强调准确性而不是速度，学校中的考试时间都是固定的，评分都是从正确率而不是从速度出发。

这种学习风格差异在一定程度上是受教育和环境影响的。有人发现，虽然沉思型学前儿童与冲动型的孩子相比，更能约束自己的运动动作，更能抗拒诱惑，并且这两点差异随年龄增长而加大，但是，这并不意味着这种学习风格不能受到精心设计的教育措施的影响（Toner，Holstein，& Hetherington，1977）。还有人发现，如果迫使幼儿园和二年级的孩子为了达到更高的正确率而努力学习，二年级的孩子更容易做出适当的改变，当强调速度时，也是二年级学生更为灵活（Barstis & Ford，1977）。所有这些结果表明，在小学低年级阶段，儿童的信息加工方式可以随情境的要求而改变。

（三）同时加工和序列加工

同时加工（simultaneous process）指学习者在同一时间内对多个信息做出加工，并将它们联合成整体，从而获取事物的意义。其本质特征是在同一时刻把握事物的整体和系统。

同时加工　在同一时间内对多个信息做出加工的认知风格。

请观察图 3-6，图中是个男人、女人还是小孩？

图 3-6　同时加工测验示例

善于同时加工的人通常是系统地把握事物的视觉空间关系，能觉察到各个部分以外的更多信息，可以通过直接知觉（如看），或在只知道其中若干部分时推断视觉整体形象。擅长同时加工的学习者能根据所了解到的各部分信息预测或推知事物的存在和发展变化，当让他们观察一幅图时，他们往往能在一瞬间将各个组成部分组合起来并理解其中的相互关系。

当用同时加工的模式处理信息时，我们往往借助视觉线索，而不是采取按部就班的线性方式将事物的各组成部分综合为一个整体，在同一时刻把握事物的整体意义。这里举一个实际生活情境中的例子，假如你正在城市的公路上行驶，现在的时间是下午5点，正好是人们下班回家的高峰时刻，所以道路很拥挤。这时候，你头脑内出现很多信息。为了安全到达目的地，你需要马上清楚地了解整个情境中的信息。在这个过程中，你不仅注意到自己的汽车，也注意到了其他汽车以及道路的情况，这就是同时加工。

序列加工 对信息进行逐步分析的认知风格。

系列性策略 一次加工信息的一个方面或属性的策略。

整体性策略 同时加工信息的几个方面或属性的策略。

序列加工（successive process）是指学习者对信息进行逐步分析。请看图3-7左边的样图，它包括的形状有A、B、C、D和E。右边是一幅复杂图，图中只缺少一个形状，请你说出复杂图中所缺少的形状。

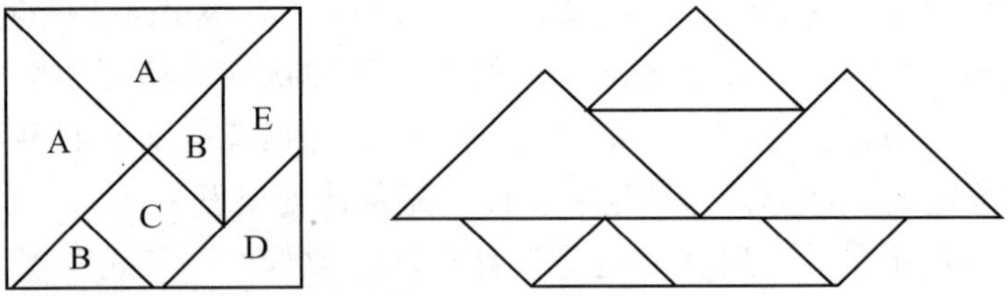

图3-7 序列加工测验示例

在做这个测验时，你是不是在复杂图中一次排除一个形状？这一过程就体现了序列加工方式。一般来说，学校学习重视序列加工模式。例如，教师严格地按照班级课程表上课，学生的座位是朝向一个方向，师生按步骤进行课堂活动，等等。在英语阅读过程中，我们先把单词分成小的部分，然后把这些小的部分联合起来，再读出单词的音。在做数学题时，我们对加减乘除依据一系列的程序进行划分。到了高等数学阶段，我们学会了根据系统的程序解方程。

我们可以让学生辨认出哪些学习过程应用了序列加工（例如外语学习、科学实验等）。分析技能训练的材料也同样适用于序列加工。在分析技能训练中，为了方便理解任务，我们通常把整体分成部分；在序列加工中，我们按一定顺序组合这些部分。例如，流程图同样适用于序列加工，在写出具体任务的所有步骤时，我们应用分析技能；把这些任务按一定的顺序连接起来，我们使用序列加工。在学习和生活中有很多活动都需要序列加工，它对我们的成功很重要。

与同时加工和序列加工相类似，英国心理学家戈登·帕斯克（Gordon Pask，1928—1996）提出了整体性策略和系列性策略。他对学生怎样学习做了大量的调查研究，试图发现学生在学习策略方面的重要差异。他让学生对一些想象出来的火星上的动物图片进行分类，并形成自己的分类原则。在学生完成分类任务之后，让学生进一步报告他们是怎样进行这项学习任务的。帕斯克发现，学生使用的假设的类型以及建立分类系统的方式，表现出一些有趣的差异。有些学生把精力集中在一步一步的策略上，他们提出的假设一般来说比较简单，每个假设只包括一个属性，这种策略被称为**系列性策略**（serial strategy），也就是说，从一个假设到下一个假设是以直线的方式进展的。而另一些学生则倾向于使用比较复杂的假设，每个假设同时涉及若干属性，这种策略被称为**整体性策略**

（holistic strategy），就是指从全盘考虑如何解决问题。

采取整体性策略的学生在从事学习任务时，往往倾向于对整个问题所涉及的各个子问题的层次结构以及自己将采取的方式进行预测。而且，他们的视野比较宽，能把一系列子问题组合起来，而不是一碰到问题就立即着手一步一步地解决，他们往往从自己感兴趣的地方着手，并且对趣闻逸事特别关注。所以，他们采取的方法有点类似于小说家或新闻记者常用的方式，而不是科学家们常用的方式。

采取系列性策略的学生，一般把重点放在解决一系列子问题上。他们在把这些子问题联系在一起时，十分注重其逻辑顺序。由于他们通常都按顺序一步一步地前进，因此他们往往在学习过程快结束时，才对所学的内容形成一种比较完整的看法。如果他们要使用类比或图解等方法，也是比较谨慎的。帕斯克发现，这两组学生在学习任务结束时能达到同样的理解水平，尽管他们达到这种理解水平所采取的方式是完全不同的。

三、学习风格的社会性因素

学习总是在一定的社会环境中进行的，很难不受到同伴、师长的影响，因而具有社会性。学生的学习在社会性因素方面存在不同的风格。下面是学习风格的几种常见的社会性因素（引自谭顶良，1995）。

（一）独立学习与结伴学习

有些学习者喜欢独立学习，与其他人在一起学习时不易集中注意力或注意力持续时间较短，从而使学习效率下降；有些学习者则相反，喜欢与他人一起学习，在集体的环境中相互激励、相互督促，这样能提高他们的学习效率。为了满足学生的不同需要，教师应当既给学生提供结伴学习的机会，也给学生留出独立学习的空间。

（二）竞争与合作

竞争和合作均是激发动机的主要手段。有些学生更倾向于通过竞争激发学习动机，他们学习是为了做得比班里其他人更好。他们认为自己必须与班内的其他学生进行竞争，才能得到诸如高分或教师的注意之类的奖赏；他们把课堂看作决一胜负的场所。有些学生则偏爱合作学习，觉得在合作的情境中学习更有安全感。他们认为通过分享各种思想观点和才能禀赋，能学到更多的东西；他们不仅把课堂看作学习教学内容的场所，而且看作社交的场所；他们认为他们应该尽可能多地参加班里的有关活动。

（三）成人支持

有的学生学习时需要有成人支持，有的只要有人陪伴就好。

第三节　特殊需要儿童

爱波斯坦（Fred J. Epstein）是纽约大学医疗中心儿童神经外科主任，也是世界上第一流的脑外科权威之一，他首创了多项高难度脑外科手术。然而，他在读书时却是一名“很笨”的学生。

他回忆道：“至今，那一天还寒气逼人地映在我的脑海里——黑板前，我诚惶诚恐地描摹着老师要我写的字，写完后，同学们哄堂大笑，原来，所有的e都写反了。

“我上小学二年级时，情况越来越糟，不管多努力，我都弄不懂简单的算术，甚至理解6+2也有困难。到底出了什么毛病？我父母都是学术界的高成就者，父亲是著名的精神病学家，母亲是获得硕士学位的精神病社会工作者，唯独我是一个努力的差生。为了避免上学，我甚至经常装病。到五年级时，我开始坚信自己比别人笨。”

但是，一次数学考试之后，当老师拿着爱波斯坦全是错误的试卷，叫他坐下，口头上挨个问考卷上的原题时，他却全部答对了。

每个班级往往都有几名像爱波斯坦这样的特殊学生，他们在一个或多个方面与众不同。电影《小孩不笨》的主角之一国彬，是个小学三年级的学生，他并不笨也不懒，但是英文和数学常常不及格。像他这样的情况属于学习障碍。此外，还有其他一些情况会使学生的学习变得很困难。这些情况包括：注意缺陷多动障碍；感觉损伤，如视觉和听觉障碍；情感和行为障碍以及相关的问题，如孤独症。这些具有不寻常特征的特殊儿童给教学带来了复杂的挑战。对此，教师不仅需要知道所教学科的内容、相应的教学技术和策略，还需要掌握特殊知识和技能来教育这些学生。

一、学习障碍

（一）学习障碍的界定

学习障碍 对不同学习异常的统称，涉及在听、说、读、写、推理和数学等方面技能的获得和使用上出现明显困难者。

学习障碍（learning disabilities，LDs）并不是一个统一的概念，也不代表某一特定的同质群体，而是对不同学习异常的统称。在第五版《精神障碍诊断与统计手册》（The Diagnostic and Statistical Manual of Mental Disorders，DSM-5）中，特定学习障碍（specific learning disorders，SLDs）是对一系列成因复杂的学业落后现象的总称。具有学习障碍的儿童会在听、说、读、写、推理和数学等方面技能的获得与使用上出现明显困难，其当前的学业技能水平远低于文化和语言要求的阅读、书写或数学的平均水平。这些异常状态包括诸如知觉障碍、脑损伤、轻微脑功能失常、阅读缺陷及发展性失语症等情形，并不包括视觉、听觉、运动障碍，智能迟滞，情绪失调或环境匮乏等因素造成的学习困难。学习障碍儿童的鉴别标准存在地区差异，大多数地区和学校要求满足以下三个标准（Heward & Orlansky，1992）：（1）差异标准。这里的差异是指儿童的潜能与实际成就之间的差异。差异标准被用来防止将学生误认为有特定的学习障碍。如果一个学生在学习一个数学概念时产生了很小的或很短暂的问题，那这个学生不应该被鉴定为有学习障碍。但如果他的成绩始终明显低于预期水平且其学业潜力至少处于平均水平，那么他可能有学习障碍。(2) 排除标准。学习障碍不包括那些因智力落后、听觉或视觉缺陷，以及环境匮乏等所导致的学习困难。(3) 特殊教育需求标准。如果学生在接受了正规教育后仍存在特定的学习问题，就需要提供特殊教育服务来帮助他们成为更好的学习者。尽管有了这些标准，对学习障碍的鉴定仍存在许多令人困惑的问题。例如，在智力潜能与学业成绩之间存在多大的差距才能被视为学习障碍呢？同样的差距在三年级和八年级产生的效果是一样的吗？如果学龄前儿童或一年级学生有学习困难，但智力测验和学业测验的结果却显示他们的成绩仅略低于预期成绩，该怎么办？基于上述标准，他们没法获得特殊教育服务，直到他们的成绩持续下跌，达到所谓的"标准"(Chalfant，1989)。

学习障碍可分为发展性学习障碍与学业性学习障碍两大类（见图 3-8；Kirk，Gallagher，& Anastasiow，1993)，发展性学习障碍相当于心理过程问题，而学业性学习障碍则与语言问题相关。

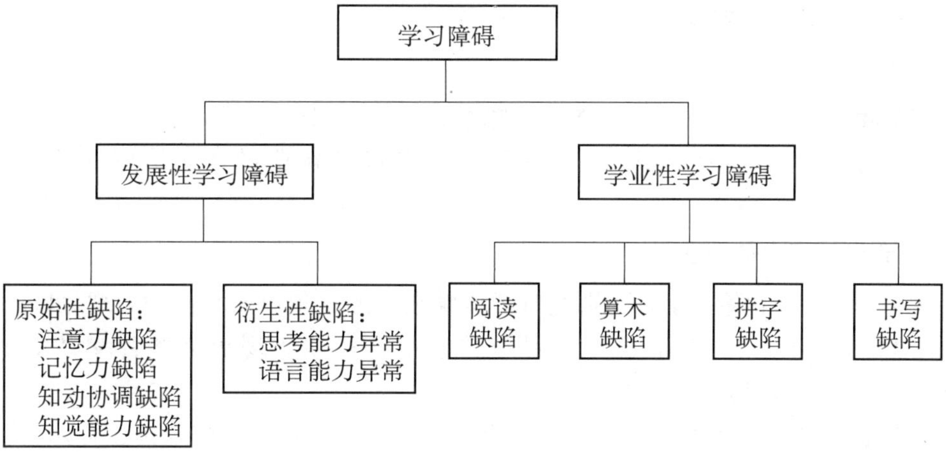

图 3-8　学习障碍分类

(二) 学习障碍学生的特征

学习障碍学生虽然智力正常，但在学习上缺乏竞争力，学习成绩明显落后。学习障碍学生是所有特殊学生中最大的群体，约占总数的 51%（Office of Special Education Programs [OSEP]，2003)。学习障碍一般在儿童时期表现出来，可能会持续一生。学习障碍学生在学习过程中常常表现出以下明显的特征。

1. 学业困难

所获得的学业成就与其认知能力之间存在显著差距。一般来说，学习障碍学生在学业方面的自尊低于正常学生，但在非学业方面的自尊是相似的（Bear，Minke，& Manning，2002)。

2. 知觉-运动障碍

存在视听等感知觉的障碍，朗读与默读伴随着指读或倒错等现象，知觉-运动不协调。

3. 注意力障碍

多动，不专注，容易被无关刺激干扰，不能集中精力较长时间地从事某项活动。有调查数据显示，被诊断为注意缺陷多动障碍的学生中有25%～50%具有学习障碍（Shelton & Barkley，1994）。

4. 记忆力与思维紊乱

存在记忆缺陷，短时记忆的保存和长时记忆的提取出现紊乱，而且难以在学习过程中选择出关键任务并加以关注（Gettinger & Koscik，2001）。

5. 语言障碍

语言听力、语言组织能力差，在语言模仿中经常出现吞音、误音和病句，不善于与人交流，回忆能力差。

6. 冲动

易冲动，不假思索地做出反应和回答问题。

7. 情绪不稳定

情绪稳定性差，变化较快，一种情绪状态会很快被另外一种情绪状态代替。有时显得急躁、易怒和孤僻。通常很悲观，家庭作业和课堂作业经常完不成（Hallahan & Kauffman，2003）。

8. 社会化维度上的问题

在大部分的社会化维度上，与那些学习成绩较差的学生有着相似的表现（Larrivee & Horne，1991）。与常态同伴相比，学习障碍学生更可能表现出某些社交技能的缺陷（Kavale & Forness，1996）。

值得注意的是，学习障碍学生的智力或接近正常，或正常，或超出正常水平，他们只是在认知过程中的感觉整合、信息处理、短时与长时记忆、概念形成、学习效率与策略等方面出现了问题。但是，并不是所有学习障碍学生都有上述这些问题。他们可能只是在其中某个或几个方面有问题。当然，一个学生在某个方面的问题会对他学习的其他方面产生影响。

表3-1列举出了一些值得教师关注的问题表现（Dembo，1994）。需要再次强调的一点是，学生如果具有以下特征但在学校的成绩表现正常，就不应该被认定为学习障碍。

表3-1 学生的问题表现

问题类别	具体表现
课堂行为	不停地动；难以开始工作或完成任务；经常迟到；安静孤僻；难以建立同伴关系；没有条理；容易分心；行为表现不一致；容易误解谈话
阅读	迷失位置；重复阅读；无法流利阅读；混淆相似字词；利用手指跟随阅读；不愿意阅读
算术	难以将数字和符号联系起来；记不住数学常识；混淆列和间距；难以解决数学应用题；难以理解数学概念

续表

问题类别	具体表现
拼写	拼写单词时字母排列错误；难以将字母和正确的发音联系起来；颠倒字母或单词（镜像翻转）
写作	无法写在一条线上；难以抄写；文笔很差；完成写作任务很慢；字迹潦草
口语	说话经常犹豫不决；语言表达能力差
运动	协调能力差；平衡能力不足；混淆左右；动作缺乏节奏；肌肉力量不足

（三）对学习障碍儿童的教育

补救教育　纠正学生有问题的地方。
补偿教育　帮助学生发现一些方法来弥补有障碍的领域。

对学习障碍儿童的干预途径主要有两种：**补救教育**（remediation），即纠正学生有问题的地方；**补偿教育**（compensation），即帮助学生发现一些方法来弥补有障碍的领域。教育工作者所使用的干预途径在很大程度上取决于学生的具体问题表现以及教育工作者认为的学习障碍的成因。如果相信学习障碍是由功能失调的心理过程引起的，教育工作者将在这些领域给学生提供具体的培训；如果认为是由视知觉困难导致的阅读障碍，学生将接受视知觉的训练，而不是阅读技巧的训练（Lerner，1984）。需要注意的是，不要把视知觉困难与视力差混为一谈。一个学生可能有很好的视力，但是却难以组织和理解视觉刺激；同样，一个学生可能有着正常的听力，但仍然难以理解或辨别声音刺激。

许多教育工作者在学习障碍的干预上采取了更为直接的方法。他们强调干预与所学内容直接相关的技术，而不是单纯训练与学习相关的心理过程。行为主义心理学家专注于将学习任务分解成一个个小步骤，并仔细教授所学内容的知识基础。认知心理学家强调基于信息加工的干预技术。这一途径强调学习策略，注重教学生如何学习，学习策略课程（Schumaker，Deshler，Alley，& Warner，1983；Schumaker，Deshler，& Ellis，1986）就是这样一个针对中等学习障碍学生的干预项目。这一课程强调从书面材料中获取信息的策略、记忆的技巧和提高书面表达能力的方法。有研究表明，强调一步一步仔细地指导学生完成学习任务和从信息加工的角度对学生的学习策略进行干预，往往比早期试图训练学生与学习有关的心理过程这一间接途径更为成功（Lloyd，1988）。这些新的干预途径为帮助学习障碍学生成为成功的学习者提供了相当大的帮助。

在与学习障碍学生打交道时，教师需要着重注意以下几点。

1. 教授学习技能和策略

大多数学习障碍学生缺乏正确的学习方法，认知学习的一些原则有助于帮助这些学生提高他们的注意力、记忆力和解决问题的能力（Sawyer，Graham，& Harris，1992）。教师结合教学内容加强学生心理过程的训练、提高学生信息加工的能力是非常重要的。例如，过程-任务训练（process-task approach）主张，将某些无意义的训练与教材等有意义的训练结合起来，并对任务和学生本身进行分析，使训练过程有针对性，这样可能会取得更好的效果。需要注意的是，要将教学策略与学生的特定需要相联系。例如，可以帮助一些有阅读障碍的学生提高音韵意识，即理解字母和它们的发音之间的匹配关系。此外，教师还需要解释并强调学习策略的使用。有研究表明，直接给学习障碍学生教授各种学习策略和其他认知策略，能显著地提高他们的学业成就（Swanson & Sachse-Lee，2001）。

2. 不断提供反馈

学习障碍学生如果长期得不到或者很少得到反馈，就可能难以进行有效的学习。教师在布置较长时间才能完成的作业时，应该帮助学生设置合理的目标，或者建立多个中短期目标，并就每个目标给予及时反馈（Deshler，1996）。一些有学习障碍的学生可能智商很高，教师也许认为他们可以做得比他们实际能做到的更好。但他们往往难以接受失败，因此要为他们创造体验成功的机会（Hallahan，Kauffman，Lloyd，& McKinney，1988）。

3. 选择合适的教育模式

针对学习障碍学生的教育模式包括咨询、巡回、资源教室、特殊班、走读特殊学校和寄宿特殊学校等多种模式，具体采用哪种模式要根据学生的实际情况和客观环境所能提供的条件加以选择。近年来，国外多采用资源教室的教育模式来帮助学习障碍学生提高学习能力和学业水平。

4. 预防为主

通过预防，许多学习方面的缺陷就不会发展成学习障碍。例如，高质量的早期教育方案和低年级教学方案能够显著地减少学习障碍学生的人数（Burns & Kondrick，1998）。

5. 运用教学策略，促使学生主动参与学习

如果教师在课堂上讲解时间过长，学习障碍学生就会感到比较吃力。当学习障碍学生主动参与课堂时，他们能学得更好。在课堂教学中，教师应大量使用活动、合作或其他主动参与的学习方法，并且课堂结构应该清晰，教学目标要明确（Putnam，Markovchick，Johnson，& Johnson，1996）。

此外，教师还需要注意其他一些事项（Hallahan et al.，1988）：（1）给学生提供明确的指示，并做好不被对方理解的准备。学习障碍学生总是看起来好像理解了别人在说什么，但实际上他们还是很困惑。（2）为学习障碍学生的情绪爆发做好准备。（3）为恰当的课堂行为制定指南，帮助学生朝着正确的方向努力。（4）对那些容易分心和极度活跃的学生进行特殊安排。例如，把他们的桌子放在角落里或者利用墙形成一个小“隔间”（教师一定要和学生及其家长提前做好沟通，明确这一举措并不是为了惩罚学生）。另外，为了减少过度刺激，可以让学生将那些与课堂无关的材料从课桌上移去。这样，学生就能将注意力集中于眼前的学习任务。

二、注意缺陷多动障碍

（一）注意缺陷多动障碍的界定及特征

> **注意缺陷多动障碍**　一种发展性注意异常，其主要特征是发展性的、不适当的不专注、多动和冲动。

注意缺陷多动障碍（attention deficit hyperactivity disorder，ADHD）是一种发展性注意异常，通常出现于儿童早期，是儿童期最常见的行为障碍之一。其主要特征是发展性的、不适当的不专注、多动和冲动。

第五版《精神障碍诊断与统计手册》（DSM-5）将 ADHD 分成三种主要的类型：以注意缺陷为主的称为注意缺陷亚类型，以多动为主的称为多动亚类型，第三种是两者的混合型。

注意缺陷型障碍主要表现为他们虽然上课不捣乱，不违反纪律，但是无法集中注意力听课。他们总是难以自控地胡思乱想，琐碎的思绪扰乱了他们对重要信息的选择能力。家长和教师对这种孩子的反应常常是“他们好像没有在听我说什么”“他做事情的时候总是走神”。

多动型障碍主要表现为儿童总是显得精力很旺盛，不分上课下课随意走动，而且做事情缺乏耐心，无法延迟满足且脾气较差，扰乱课堂是他们的家常便饭。多动型障碍常常是注意缺陷伴随多动，很少有仅仅是多动的。

ADHD 儿童没有智力上的问题，但 ADHD 无疑会给学习带来很大困扰。除了集中性差、易冲动和多动以外，ADHD 儿童的问题还体现在如下几个方面（张微，刘卫卫，刘翔平，2006）。

1. 注意品质的障碍

他们在注意的集中和稳定、注意的广度和注意的主动控制上存在障碍。首先，他们的注意极易分散，他们总是在想一些无关紧要的事情，像做白日梦一样。这和他们不能主动地控制注意有关，主动地控制注意需要抑制无关信息的干扰，发挥注意的自上而下的控制功能。而他们的注意则主要是受刺激驱动捕获的，任何新异的刺激都会导致他们之前已经很微薄的注意努力功亏一篑。其次，他们的注意范围很窄，往往很难达到正常的注意广度，这导致他们的信息加工效率十分低下。

2. 唤醒不足

他们对待学习任务显得异常无精打采、冷漠、懒散和拖沓，但是在游戏的时候他们却能够长时间投入。很多家长误以为，孩子在游戏的时候注意能够集中，所以没有注意障碍问题，但是事实上，注意障碍一词主要是针对学习活动而言的。

3. 组织性差

他们在学习和生活中的行为缺乏组织性。他们的房间往往很乱，东西杂乱无章，总是出现找不着东西的情形。他们有着良好的学习愿望，但是缺乏必要的组织技巧。

4. 缺乏控制力

他们的情绪智商很低，无法合理地控制自己的情绪，而且缺乏延迟满足的能力，如果他们的愿望没有得到即时的满足，就会发脾气或者哭闹。

表3-2提供了ADHD儿童的一些常见的症状及其行为表现，这些表现并不能涵盖全部，但是都十分典型。

表3-2 ADHD儿童常见症状及其行为表现

症状	典型行为表现
难以集中注意力	上课常走神；思想开小差；东张西望
多动	坐立不安；无故离座；小动作不断
冲动	插嘴；排队总是爱插队；轮流游戏难等待；漏答错看是常事
情绪不稳定	一遇不顺就发脾气；延迟满足能力差
行为拖沓	边做作业边玩；做事情总爱半途而废

（二）对注意缺陷多动障碍儿童的教育

教育者能够通过以下方法来减轻ADHD儿童的行为症状，帮助他们更好地学习和生活。

1. 创造良好的学习和生活环境

教育者应帮助并鼓励ADHD儿童使自己的生活空间有序化，敦促他们保持自己的卧室和课桌整洁，取下墙上的贴画等容易引起分心的刺激物，保持教室地面和墙裙的干净，减少课堂和家庭环境中无关刺激的干扰。在他们学习的时候，保证娱乐设备的音量不会干扰他们。在上课的时候尽量让他们坐到前排，以保证其视觉和听觉感知的清晰性。

2. 给予学习任务的提示

教育者可以在他们的学习环境中设置一些提示物，如在黑板上写下作业和课堂目标，在他们的课桌上贴小纸条提示他们学习任务流程，或者在他们的作业本上写一些鼓励性的话语，鼓励他们认真完成作业，等等。这些提示物尽量做得醒目一些，并且为了能够经常性地捕获他们的无意注意，需要定期更换提示的方式，保持一种新鲜感。对于重要的内容，教育者可以反复多次提醒和强调。此外，还可以在教学环节中加入一些需要身体动作配合的任务，让他们通过自己喜欢的学习方式加强对重要内容的掌握。

3. 培养良好的学习和生活行为习惯

教育者应注意培养他们按时起居的习惯和规律性的运动习惯，保持食物营养的均衡。要求他们养成每天做好上学准备的好习惯，例如，学习后及时收拾自己的学习用具，对书本分类放置。

4. 沟通

教育者应经常与他们进行沟通，一方面有助于了解他们的问题现状与情绪状态等，以便及时地进行干预，并提高他们的语言敏感性；另一方面可以让他们感受到关怀，促使他们产生内在动机，积极配合干预。教育者还可以教授他们一些人际交往的知识和策略，多和他们讲一些关于有ADHD的名人（如莫扎特）成功的故事，帮助他们建立这样的积极心态——ADHD 儿童也能取得好的成绩，ADHD 儿童也能获得成功。

三、阅读障碍

（一）阅读障碍的界定及特征

阅读障碍 在获得正常读写能力方面存在的一种持续性困难。

阅读障碍（dyslexia）是指在获得正常读写能力方面存在的一种持续性困难，主要涉及那些拥有正常的智力、学习动机以及平等的受教育机会，却不能正常学会阅读的个体（Goulandris，Snowling，& Walker，2000）。阅读障碍是最为普遍的一种学习障碍，大多涉及与阅读有关的障碍，也涉及范围更广的信息接收问题，如无法理解空间关系或无法整合视觉和听觉信息等。阅读障碍早期的症状一般在幼儿园的时候出现，例如，认字与写字比较缓慢、不喜欢看有文字的书本、讨厌写字、抄写文字的笔画和方向都错乱等。

阅读障碍普遍存在于各种语言系统中。拼音文字阅读障碍的发生率为 5%～17%，约占学习困难总体的 80%（Vellutino，Fletcher，Snowling，& Scanlon，2004）；汉语阅读障碍的发生率为 7%～ 8%（王艳碧，余林，2007）。在学龄儿童中，英语阅读障碍的发生率相近，为 5%～10%（Stevenson et al.，1982）。

阅读障碍是一种以单词编码困难为特征的内源性语言障碍，通常表现为在不同语言加工形式（如阅读、书写和拼读等）上的各种困难。阅读障碍程度各异，既可以是很轻微的障碍，如对于所阅读材料的理解不足，也可以是阅读能力极差。阅读障碍并不能随着成长而逐渐自动减轻，通常会延续到成人阶段。但是，借助干预措施，大多数学生能够得到有效的改善。该病症的常见类型见表 3－3。

表 3－3　阅读障碍常见类型

类型	表现
深层阅读障碍	语义理解错误，不能读出无意义的单词，在理解抽象词语方面存在困难
表层阅读障碍	发音有困难。例如学生可能无法发出不规则单词的读音，如 island
失读症	逐个字母缓慢地读。该病症与右脑的视觉系统和左脑的单词识别系统之间缺乏联系有关
忽视性阅读障碍	无法识别字母串的开始部分
注意性阅读障碍	表现为短时记忆的缺陷，并且固着于单词的某种意义，不会随着不同情境而改变

资料来源：延森，2006，第 52 页.

阅读障碍者可能表现出多方面的症状（见表 3－4）。

表 3－4　阅读障碍者在各方面的表现

领域	表现
记忆	记忆力差；学得快，忘得快；长时记忆能力和口头快速提取能力弱；记忆无意义事件极端困难；记忆力不稳定

续表

领域	表现
视觉加工	看字母和单词或数字时出现模糊、重影、杂乱、移动、遗漏、添加或大小变化等；将字母、单词和句子混杂在一起；注意力不集中，极易分心；对光敏感，视野狭窄或视觉（语音）加工延迟
语音加工	找出单词发音的细微差别较慢；不能正确地完成语音意识任务；多音节单词音节混淆
书写	书写有困难，笔画很难辨认，字的上下左右倒转，字体不均衡，容易出现大小、间隔和字母顺序的错误或句子不完整
阅读	认字或拼读困难，阅读速度很慢且常常发生错误，常有跳行跳字的现象，可以念完一段文章，但不了解其大意
认知	只能按字面意义理解口语和书面语；概括和迁移存在问题；学习字母的命名或发音以及按顺序书写字母时存在困难；理解文章隐含意义或运用数学概念解决问题的能力很差
口语	含糊、口吃、短辅音错误、单词回忆差；听觉输入/运动输出言语滞后；对于课上的一些问答无法说清楚
运动知觉加工	学习具有一系列顺序和步骤的任务时感到困难；长期在方向判断上存在困难，如混淆左右、上下和前后；区分问题优先能力和完成任务能力薄弱；在双手协调和运动中的时间控制精确性受损
运算	无法了解数字的概念，无法心算，需用手指或实物操作才能计算
听觉	对于老师复杂的指示或者是冗长的上课内容不能理解；记住口头指令困难

（二）对阅读障碍儿童的教育

对于阅读障碍，药物也不能抑制或治愈。阅读障碍是一种不同的思维和学习方式产生的结果，最佳的方法是通过教育咨询、重塑大脑、行为矫正和辅导来治疗。

1. 早动手并持之以恒

针对阅读困难所采取的补救行动应该尽可能早，并且应采用大量的个别辅导。

2. 参加语音意识游戏和活动

这些游戏和活动对于从幼儿园之前到三年级水平的孩子尤其重要，能帮助他们发展更完善的语音意识，从而改善阅读。

3. 运用多感觉通路技术

教师在实际的教学中应运用多感觉通路技术，结合有趣的阅读材料来进行语音教学，并经常评估学生。

4. 结合相应的辅助工具

例如，为他们配上专业的读写眼镜。

5. 写读书笔记

例如，有教师一直要求学生写读书笔记，学生在两年的时间里提高了相当于四年的阅读水平。

6. 教授一些阅读策略

例如，教授三级阅读步骤，包括浏览、组织和讨论。

四、其他障碍

（一）行为障碍

> **行为障碍** 情绪及行为问题的统称，如情绪障碍、行为障碍、社会失调与心理障碍等。

行为障碍（behavior disorders）是情绪及行为问题的统称，如情绪障碍（emotionally disturbed/emotionally handicapped）、行为障碍（behavior disorder）、社会失调（socially maladjusted）与心理障碍（psychologically disorder）等。许多从事特殊教育的教育者倾向于使用“行为障碍”这个词，因为它聚焦于儿童外显的问题——不正常的行为（Hallahan et al.，1988）。行为障碍学生长期存在下列一个或多个特征，这些特征对学习产生了不良影响。

- 不是由智力、知觉与健康因素造成的无法学习［行为障碍学生往往也存在学业问题（Wood，1985）］。
- 不能与同伴或者老师建立及保持满意的人际关系。
- 在正常环境下也会有不适宜的行为或感受。
- 常常不开心或沮丧。
- 倾向于形成与个体或学校问题相关的身体症状或恐惧情绪。

行为障碍学生所表现出的行为往往有两个特征：过度（excesses）或不足（deficits）（Whelan & Gallagher，1972）。行为过度者能够在很大程度上将问题表现出来（例如，经常打架或者生气），而行为不足者则基本不将问题行为表现出来或者很少表现出来（例如，社会接触较少，不完成家庭作业）。教师最关心的往往是学生的行为过度问题。然而，缺乏兴趣、懒惰、做白日梦以及被动学习等可能是更严重的问题。教师不要轻易忽视那些在课堂上沉默寡言的学生，他们可能更需要教师的帮助。

对于行为障碍学生可以通过行为矫正、个人咨询或团体咨询以及营造人本主义氛围等方法进行教育。下面是对教师在教育和引导行为障碍学生时的一些建议（Hallahan et al.，1988）。

- 向特殊教育专家咨询有关的行为管理和教学方法。
- 让学生一开始就知道应该在教室中保持良好的行为习惯。
- 清晰明确地向学生表达教师的期望。
- 为学生的行为提供一致且适当的后果。对令人满意的行为给予及时的奖励，对不当行为则加以忽视或在必要时采取温和的惩罚。
- 对学生的学业目标设置合理的期望。任务应具有挑战性，但应在学生的能力范围内。如果任务太难，则应该对目标进行适当的修改。
- 与学生共情。一方面理解社会环境的消极方面（如在家里或学校里遭到批评）可能导致他们产生不当行为，另一方面努力提高他们与家长、教师和同龄人的互动质量。

（二）沟通障碍

当一个人的言语行为与其他人不同，严重到引起他人注意并干扰了交流过程中的信息传递，甚至是造成了自身或听众的苦恼时，他就存在沟通问题（Van Riper，1978）。**沟通障碍**（communication disorder）是指对儿童的教育产生不利影响的一种沟通问题，如口吃、发音障碍、语言障碍。

沟通障碍 对儿童的教育产生不利影响的一种沟通问题，如口吃、发音障碍、语言障碍。

孤独症 一种深层的发育障碍，主要影响语言和非语言交流及社会互动。

教师需要意识到沟通障碍会对学生人际关系产生负面影响，以及可能导致学生形成不良的自我概念。例如，口吃的学生通常会受到广泛的批评，并要求更好的语言表达。为此，教师可以采取以下教学实践帮助患有沟通障碍的学生。

- 为学生做出良好的示范。让学生用实际行动表明，他们可以克服沟通障碍对友谊、学业成就或学校中的任何其他关系的影响。
- 鼓励沟通障碍学生谈论他们在校外参与的活动。
- 沟通障碍学生可能需要听到一个词、一种表达、一个声音或一个概念多次被适当地使用，才能够或愿意使用它。
- 让学生有机会不受干扰、没有压力地发言，不要替学生完成句子。
- 采用开放式的问题，而非回答“是”或“否”的问题。如果无人回应，可以用自然的手势重复问题。
- 以积极的兴趣认真地倾听学生的发言内容，并将目光聚焦在学生身上。

（三）孤独症

孤独症（autistic disorder）是一种深层的发育障碍，主要影响语言和非语言交流及社会互动，一般在3岁之前就出现，可影响学生的学业表现。孤独症学生约占所有障碍学生的1.1%（OSEP，2003）。孤独症学生彼此间存在多方面的差异，但也具有一些典型的特征（Hallahan & Kauffman，2003）。

- 对人缺乏兴趣，而对非生物环境有强烈的兴趣。
- 存在社会交流障碍，一般表现为缺乏与他人的交流或交流技巧，与父母之间缺乏安全依恋关系，不能建立同伴关系，与他人有情感距离并会避免目光接触。
- 拒绝环境的改变或日常生活常规的改变，对感觉经验有异常反应。
- 存在极重度或特别的交际困难，语言发展迟缓或语言缺乏交流性质。
- 可能沉溺于古怪的、重复的行为，如摇摆身体或者拍手。其他常见行为包括多动、发脾气、攻击、自伤等。这类行为可能与父母在教育中较多使用打骂或惩罚有一定关系。
- 感觉异常，表现为痛觉迟钝、对某些声音或图像特别恐惧或喜好等。

- 多数患儿智力发育比同龄儿童迟钝，75%的孤独症儿童同时表现出智力落后（Carter et al.，1998），少数患儿智力正常或接近正常。但有的在患儿智力活动的某一方面又出奇地好，有不少患儿的机械记忆能力很强，尤其是对文字符号的记忆能力。

这些症状通常在儿童出生时或者至少在生命的前几年就表现出来了，但是很多儿童都是在3岁后才被诊断出孤独症。孤独症发生率很低，一般10 000个儿童中大约有2个儿童会患孤独症，男孩患病的概率一般会比女孩高出4～5倍，其原因目前尚不清楚（Friend & Bursuck，1996）。对孤独症一般采用综合心理治疗，尤其是使用行为矫正技术和特殊教育来进行治疗。

- 坚持早发现、早治疗原则。孤独症的实质损害是认知障碍，如果能发现早期症状，进行早期诊断、早期治疗，无疑会对预后产生积极而有效的影响。
- 教导孤独症儿童与他人建立关系（Koegel & Koegel Eds.，1995），教给他们各种不同的沟通方式（Quill，2000）。尽量让他们参加集体活动，鼓励他们与同伴玩耍、交往，建立友谊，在集体活动中培养他们的性格，让他们体验友谊、智慧与温暖。
- 注重情商的培养。让孤独症儿童懂得接受别人并让别人接受自己，培养他们的良好品德，教导他们形成良好的性情和情感。
- 个别化教育。不要以对正常儿童的教育标准来要求和对待孤独症儿童，只能在顺应中循循善诱。如果班级里有孤独症儿童，教师就应该调整作业，使这些儿童能够以非言语的形式来完成。如果有孤独症的儿童不能够与班级中的其他人交流，教师就要单独给他们布置任务。

概念术语

智力　智力的二因素论　智力超常儿童　智力落后儿童　加速制　充实制　流体智力　晶体智力　多元智力理论　三元智力理论　学习风格　认知风格　场依存型　场独立型　沉思型　冲动型　同时加工　序列加工　系列性策略　整体性策略　学习障碍　补救教育　补偿教育　注意缺陷多动障碍　阅读障碍　行为障碍　沟通障碍　孤独症

复习思考题

（一）选择题

1. 场独立型和场依存型这两个概念最初来自（　　）的知觉研究。

A. 威特金　　B. 皮亚杰　　C. 洛伦茨　　D. 吉尔福特

2. 在有几种可能的解答的问题情境中，个体倾向于很快地检验假设，且常常出错的认知方式被称为（　　）。

A. 冲动型　　B. 沉思型　　C. 场独立型　　D. 场依存型

3. 赵毅在学习过程中缺少独立性，易受同学的影响，当他的意见和同学们不一致时，往往不能坚持已见。这表明他的认知方式属于（　　）。

A. 整体型　　B. 序列型　　C. 场独立型　　D. 场依存型

参考答案：1.A；2.A；3.D

（二）论述题

1. 说说对智力超常儿童与智力落后儿童的教学原则。
2. 根据流体智力与晶体智力分析儿童的智力差异。
3. 举例说明多元智力理论在教育中的应用。
4. 举例说明三元智力理论对教育的启示。
5. 如何根据学生的感觉通道差异进行教学？
6. 场独立型与场依存型存在哪些差异？
7. 如何根据沉思型与冲动型的认知风格进行教学？
8. 举例说出三种具有特殊需要的学生。

拓展学习

陈琦，刘儒德．(2019)．当代教育心理学（第3版）（第3章）．北京：北京师范大学出版社．

伍尔福克．(2015)．教育心理学（第12版）（第4、6章）．伍新春，张军，季娇译．北京：中国人民大学出版社．

斯莱文．(2016)．教育心理学：理论与实践（第10版）（第4章）．吕红梅，姚梅林，等译．北京：人民邮电出版社．

斯滕伯格，威廉姆斯．(2012)．教育心理学（第2版）（第4、5章）．姚梅林，张厚粲等译．北京：机械工业出版社．

第四章

行为学习

【本章提要】

学习与脑
- ✧ 学习的界定
- ✧ 学习的分类
- ✧ 学习的脑机制

经典性条件作用
- ✧ 巴甫洛夫的经典性条件作用
- ✧ 华生的行为主义

操作性条件作用
- ✧ 桑代克的联结主义
- ✧ 操作性条件作用的过程
- ✧ 强化
- ✧ 行为的学习

社会学习理论
- ✧ 社会学习理论概述
- ✧ 观察学习的过程
- ✧ 观察学习的效应

行为主义学习理论关注可观察的行为，重视环境和经验的作用，主张当前行为的后果改变了个体未来的行为或者个体模仿他人的行为。行为主义学习理论家们试图发现适合所有动物（包括人类）的行为学习原理。行为主义学习理论在教学设计中的应用以及对个人心理问题的行为治疗至今仍有影响力。本章将介绍行为主义学习理论的主要观点，并且说明它们在实际工作中的应用。

第一节　学习与脑

一提到学习，我们大多想到学科课程和学校，想到英语、音乐、艺术或体育技能，等等。事实上，从我们一出生，学习就开始发生了，我们连行走、说话都需要学习。我们在生活中每天都在学习。我们去超市买东西、到餐馆吃饭、乘公共交通、看微信等，都包含着学习。有的学习是有意的，有的学习是无意的；有的是正式的，有的是非正式的；有的是好的，有的是不好的；有的是正确的，有的是错误的。本节将介绍学习的界定、分类以及学习的脑机制。

一、学习的界定

学习 由于练习或反复经验而产生的行为或行为潜能的比较持久的变化。

学习（learning）是由于练习或反复经验而产生的行为或行为潜能的比较持久的变化（Bower & Hilgard，1981）。

（一）学习的发生是由经验引起的

学习产生于个体的某种经验活动过程，这种经验活动过程可以是个体接受刺激、亲自参与做某件事情或练习，或者观察其他个体的活动，或者阅读或听讲，等等。

（二）学习引起行为或行为潜能的变化

学习引起的变化有时立即反映在行为变化上，有时则需要经过很长时间才能反映在行为变化上，后者被看作行为潜能的变化，如个体的记忆、思维、情感、态度或价值观的变化。

（三）行为的变化并不等同于学习的发生

机体的行为变化不仅可以由学习引起，也可以由本能、疲劳、适应和成熟等引起。由学习引起的行为变化是比较持久的，这种变化会使行为水平提高，而由疲劳、创伤、药物、适应引起的行为变化都比较短暂，并使得行为水平降低。虽然成熟也能引起行为的变化，但这种行为变化比学习所带来的行为变化要慢得多。成熟往往与学习相互作用，从而引起行为的变化。

（四）学习与表现不能等同

学习所带来的行为变化往往要通过行为表现出来，但学习与表现不能等同。个体的表现因个体所处的具体情境的不同而不同，例如，由于个体对学习的记忆存在差异或者学习后所受激励存在差异，其表现也就有所不同。

（五）学习是一个广义概念

学习不只是人类普遍具有的，动物也存在学习现象。学习不仅指有组织的知识、技能、策略等的学习，也包括态度、行为准则等的学习；既有学校的学习，也包括从出生以来就出现的并一直持续终生的日常生活中的学习。

二、学习的分类

学习现象极为复杂，既涉及学习者内部的过程，又涉及学习结果和外部影响；既有内容问题，又有形式问题；既有简单的、低级的学习，又有复杂的、高级的学习。为了探究学习的一般规律及其在特定情况下的特殊性，需要对学习进行分类。

（一）按学习内容分类

从内容上，学习可分为：(1) 知识的学习；(2) 技能的学习（包括智力技能学习，或把智力技能学习单列一类）；(3) 道德品质、社会规范或行为习惯的学习。

（二）按学习结果分类

加涅（1977/1985）认为，学习能够引起学习者可以持久保持、不能归因于生长过程的性情倾向（dispositions）或能力倾向（capabilities）的变化。这种变化可以从学习前后行为表现的变化推断出来。作为学习结果的能力倾向存在五种类型（加涅，1985）。

1. 言语信息

言语信息（verbal information）指有关事物的名称、时间、地点、定义以及特征描述等方面的事实性信息，如“北京是中国的首都”。学习者在需要时能够表述这一事实，就表明他已经学会了这方面的信息。言语信息通常是以言语传递的（如讲解、交谈、阅读印刷品、收听广播等），学习结果是以言语信息表达出来的。

> **言语信息**　有关事物的名称、时间、地点、定义以及特征描述等方面的事实性信息。
>
> **智力技能**　学习者运用符号或概念与环境互动的能力。

2. 智力技能

智力技能（intelligential skills）指学习者运用符号或概念与环境互动的能力。人类用语言、数字以及其他符号代表周围的事物。词汇代表事物及其与其他事物之间的关系，数字代表事物的数量，有些符号（如“+”“>”等）代表这些数量之间的关系，还有些符号如线条、箭头、圆圈等则表示空间关系。人类的智力技能体现为运用符号表达、记忆和思考周围的世界，并交流自己的体验。智力技能构成了学校正规教育的最普遍的内容。语文方面包括诸如造句、阅读、写作、口语交际等多种智力技能，数学方面有数、量、空间结构等方面的多种技能。智力技能可以分为五个子类。

(1) 辨别。*辨别*（discrimination）指学习者对一个或几个物理量不同的刺激物做出不同反应的能力。例如，学习者说出两个事物（如“日”和“目”、两个生物标本）的异同。

(2) 具体概念。*具体概念*（concrete concept）指学习者在一系列事物中找出其共同特征并对其赋予同一名称的能力。例如，学习者指出两个或几个具有共同属性（如颜色、形状等）或位置关系的物体。

(3) 定义概念。*定义概念*（defined concept）指学习者用定义（句子或命题）表示事物及其性质和关系的能力。例如，物理学中的“质量”就是一个定义概念，被定义为“在外力作用下决定物体加速度大小的物理量”，“公正”“聚会”“侵权”等也是定义概念。学习者需要明确定义中词语的含义及其相互关系，才能正确解释定义。

(4) 规则。*规则*（rules）指学习者用语言符号揭示两个或多个概念之间的关系（如包含、分类、相等、多于、少于、前后等）的能力。规则可以是一项规定（如“英语句子的第一个单词的首字母必须大写”）、一条定律（如“长方形的面积等于长乘以宽”）、一条原理或者一套已经确定的程序等。规则支配行为，使学习者能够对某一类事物做出同一类反应（如将所有英语句子的首字母大写）。学习者对规则的学习结果表现为能够运用规则，仅仅能够陈述规则而不能运用规则属于言语学习的结果，例如学习者能够陈述勾股定理，不一定能够运用该定理解决问题。然而，能够运用规则并不一定能说出规则，儿童早期在学习语法规则之前就会口头造句。

高级规则 由简单规则组合而成的、用来解决一个或一类问题的复杂的规则。

认知策略 学习者用来调控自己注意、学习、记忆和思维等内部心理过程的技能。

态度 通过学习获得的内部状态，这种状态影响着个人对某种事物、人物及事件所采取的行动。

动作技能 又称为运动技能，是指通过不断改善身体动作的质量（如敏捷、准确、有力和连贯等方面）形成的整体动作模式。

（5）高级规则。**高级规则**（higher-order rules）指由简单规则组合而成的、用来解决一个或一类问题的复杂的规则。它是学习者在解决问题过程中思维的产物，表现为解决问题的方法，具有广泛的应用性。当学习者能够把解决某个问题的方法用于其他类似的问题时，他就学会了一种或一套新的规则。例如，学习者在解决相遇问题时，把两个简单的运算规则组合成一套组合算法，并能够在类似的相遇问题中运用这套组合算法。

在智力技能的这些子技能中，辨别技能是最基本的智力技能。这些子技能按学习水平由低到高依次排列为：辨别—具体概念—定义概念—规则—高级规则。每一级智力技能的学习都要以低一级智力技能的获得为前提，最复杂的智力技能则是把许多简单的技能组合起来形成的。这一观点就是加涅的*学习层级说*（theory of learning hierarchy）。

3. 认知策略

认知策略（cognitive strategies）是学习者用来调控自己注意、学习、记忆和思维等内部心理过程的技能。认知策略与智力技能的不同在于智力技能定向于学习者的外部环境，而认知策略则支配着学习者的内在过程。简单地说，认知策略就是学习者用来控制其学习过程的方式。这种内在的策略使学习者能管理自己的思维过程。

4. 态度

态度（attitude）是通过学习获得的内部状态，这种状态影响着个人对某种事物、人物及事件所采取的行动。学校的教育目标应该包括态度的培养，态度可以从各种学科的学习中得到，但更多的是从校内外活动和家庭中得到。加涅提出了三种态度：（1）对家庭和其他社会关系的认识；（2）对某种活动所伴随的积极的喜爱的情感，如音乐、阅读、体育锻炼等；（3）有关个人品德的某些方面，如爱国、关切社会需要和社会目标、尽公民义务的愿望等。

5. 动作技能

动作技能（motor skills），又称为运动技能，是指通过不断改善身体动作的质量（如敏捷、准确、有力和连贯等方面）形成的整体动作模式，如体操技能、写字技能、作图技能、仪器操作技能等，它也是能力的组成部分。

这五种学习结果是不受学科限制的。例如，在数学和语文课中都会学习智力技能（如规则），在体育课和化学课上都会学习动作技能（如操作）。而且人的学习结果往往是综合性的，在同一项学习活动中，学习者能同时获得不同的学习结果。例如，在体育课上，学习者不仅学习打球的动作技能，还学习打球规则。

（三）按学习形式与性质分类

奥苏贝尔（1994）根据两个维度对认知领域的学习进行了分类：一个维度是学习的形式，分为接受的和发现的；另一个维度是学习的性质，即学习材料与学习者原有知识的关系，可分为机械的和有意义的。这两个维度互不依赖，彼此独立。而且，每一个维度都存在许多过渡形式，其具体的组合可见图 4－1。这一分类表明，学习的形式并不等同于学习的性质，接受学习不一定是机械的，发现学习也不一定是有意义的。

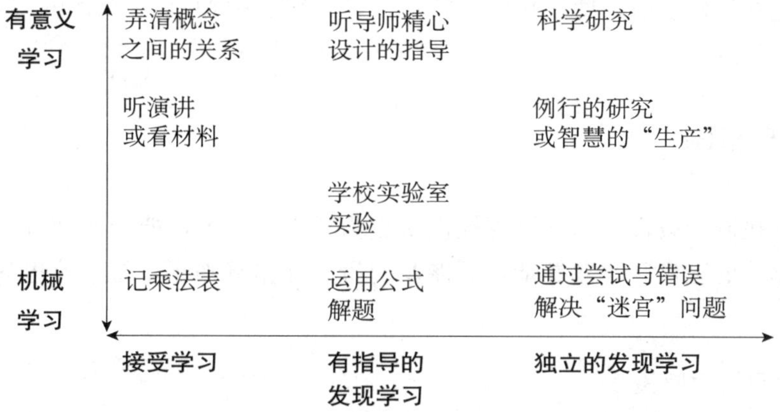

图 4－1　学习性质与形式分类及其举例

资料来源：奥苏贝尔，1994，第 24～31 页．

（四）按学习的意识水平分类

1. 外显学习

外显学习（explicit learning）是有意识的、明确需要付出心理努力并需按照规则做出反应的学习，如学习物理中的牛顿运动定律。

2. 内隐学习

内隐学习（implicit learning）是指机体在与环境接触的过程中不知不觉地获得一些经验并因其改变事后某些行为的学习。例如，人们能够辨别哪些语句符合语法，却不一定能够说出这些语法规则是什么；优秀的乒乓球运动员能够准确接住复杂多变的球，却难以说出背后复杂的机制，而只能说多练几次就会有感觉了。

> **外显学习**　有意识的、明确需要付出心理努力并需按照规则做出反应的学习。
>
> **内隐学习**　机体在与环境接触的过程中不知不觉地获得一些经验并因其改变事后某些行为的学习。
>
> **正式学习**　在学校的学历教育和工作后的继续教育中发生的学习，是通过课程、教学、实习以及研讨等形式进行的。

（五）正式学习与非正式学习

正式学习（formal learning）指在学校的学历教育和工作后的继续教育中发生的学习，

非正式学习 由学习者在非正式的学习时间和场合，通过非教学性质的社会交往进行的自主学习。

是通过课程、教学、实习以及研讨等形式进行的。**非正式学习**（informal learning）指由学习者在非正式的学习时间和场合，通过非教学性质的社会交往进行的自主学习（Resnick，1987；Lave，1988；Bransford et al.，2006）。

正式学习与非正式学习的区别不在于学习发生的物理位置。即使在学校，学生也可能进行非正式学习，如与同伴进行交流互动、玩耍游戏以及接触各种信息媒体等。非正式学习在生活中更是随时都能发生，如父母说教、旅游观光、网络通信和聊天、观看电视与电影等。非正式学习可随处进行，不需要专门的教室，不存在鲜明的组织性和制度性，可以发生在工作场所、博物馆、科技馆、动物园、植物园、水族馆、社区中心以及运动场等任意地点。

三、学习的脑机制

学习的脑机制为教育心理学原理提供了更为科学的证据，能指导教育者开展更为有效的教学。学习的脑机制非常复杂，所涉及的研究证据越来越丰富，这里只介绍几个主要议题。

（一）学习与大脑发育

人的大脑从婴儿期到儿童期不断发育和增长，在青年期完成生长过程。这个过程不是直线的，而是分阶段的。人脑有 100 亿～150 亿个神经元。每个神经元都有一条轴突和多条树突。树突和轴突的末端有许多分枝，尤其是树突的分枝更为繁茂，这些分枝叫树突刺。树突刺越多，和别的神经元伸过来的轴突末梢接触（形成突触）的机会就越多。

突触是电信号从一个神经元传递到另一个神经元的地方。突触有一条狭长的裂缝，化学物质可以通过这条裂缝进行扩散，而电刺激则无法穿越这条裂缝，所以信号的传递是由化学物质（递质）来完成的。产生学习行为的原因是突触传递方式的改变，而细胞释放递质数量的不同，又会导致突触传递方式的变化。

学习的脑功能之一就是使其神经元的树突刺变得更为丰茂，树突和别的神经元的轴突接触更多。脑科学的研究发现，大脑神经元突触的生长趋势呈倒 U 形：刚出生时较低，童年期达到高峰，而成年后则又降下来（见图 4－2）。脑通过对过量突触的“修剪”，保留那些有用的突触组合。这种保留和删除的过程遵循着“用进废退”的原则。

突触密度的倒 U 形变化现象表明，突触密度与智力水平是直接关联的。从出生到 10 岁，随着突触的联系和密度迅速增加，与此相关的技能和能力也迅速发展，一直持续到成年后才逐渐衰退。因此，似乎可以得出这样一个结论：作为突触生长高峰期的童年期是学习收获最多和智力发展最充分的时期。

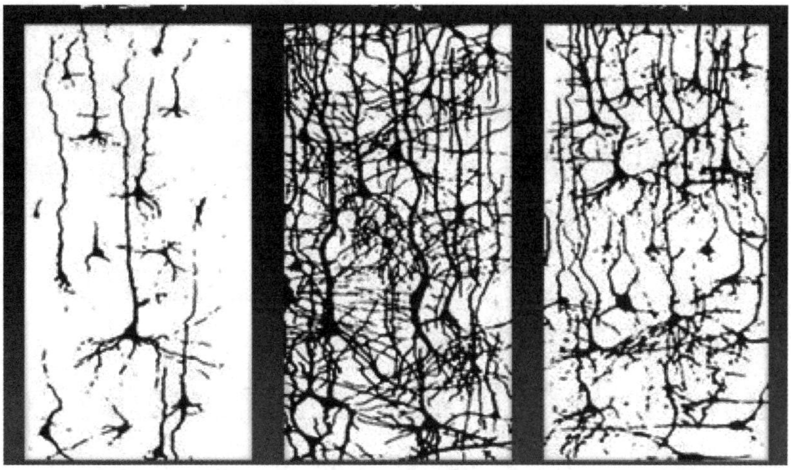

图 4-2　神经网络的发育

资料来源：Bruer，1997，第 4～16 页．

> **关键期**　大脑发育的这样一个时期：脑对某种类型的信息输入产生反应，以创造和巩固神经网络，儿童的某种能力因而容易形成和培养。

大脑的发育具有一定的关键期。**关键期**（critical period）是指大脑发育的这样一个时期：脑对某种类型的信息输入产生反应，以创造和巩固神经网络，与此相应地，儿童的某种能力容易形成和培养，过了这个时期就难以形成和培养。早在 20 世纪 60 年代，休伯尔和维厄瑟尔（Hubel & Weisel，1963）就研究发现，将出生后的小猫或小猴子通过外科手术缝上眼皮，数月后打开，这些动物就无法获得视觉信息，尽管它们的眼生理机制是正常的。而且这些早期被剥夺了视觉经验的动物在视觉皮层上的结构也有异于正常的动物。休伯尔和维厄瑟尔由此提出了视觉机能发展的关键期概念。

近几十年来，脑科学家对关键期做了大量研究并已取得相当大的进展。脑的不同功能的发育有不同的关键期（见图 4-3）。某些能力在大脑发育的某一敏感时期最容易获得，如人的视觉功能发育的关键期大约在幼年；对语言学习来说，音韵学习的关键期在幼年，而语法学习的关键期则大约在 16 岁以前。此时相应的神经系统可塑性强，发育速度特别快，过了这段关键期，可塑性与发育速度都要受到很大的限制。

因此，教师在教育中要抓住关键期，让儿童的视觉、听觉、语言等能力都适时打开机会之窗，使脑的不同功能得到及时的发育。如果教师在关键期适时给予儿童适当的学习机会，则不但学得快，还可以促进生理发育，从而促进相应能力的进一步发展。

传统观点认为，一旦关键期结束，脑发育也会戛然而止，但事实证明并非如此。即使过了关键期，学习对脑的塑造作用还在继续。只是错过了关键期之后，个体的学习会更加困难，需要花费更多的时间和精力。因此，现在人们更愿意以“敏感期”来代替“关键期”的说法，以突出关键期的相对性。

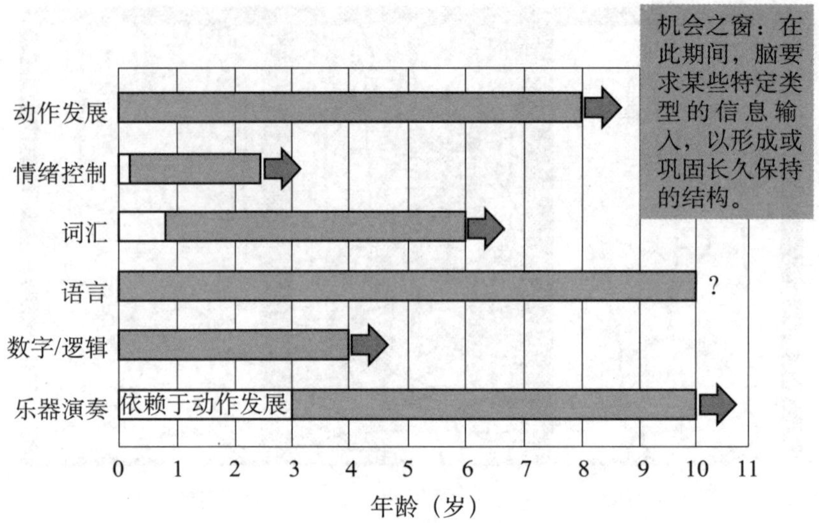

图 4-3 儿童一些学习活动的关键期

在关键期（灰色部分），儿童最容易熟练掌握各种技能。但要注意的是，即使过了关键期，这些技能在以后的生活中也可以习得（后面的箭头和问号部分），但是发展水平可能不会很高。

资料来源：Sousa，2017，第71～72页.

（二）学习与脑的特异化

人脑可以将在特定脑区中加工的、看似不关联的活动整合起来。脑成像技术为我们解释了脑的不同区域是如何工作并对特定的任务进行加工的，如听觉皮层对外部声音的加工、额叶对认知活动的加工、左半球的部分区域对语言的加工。这种不同脑区执行特定的功能的现象被称为单侧化（lateralization）或特异化（specialization）。

对大脑左右半球的功能研究大大拓宽了我们对两个半球分工的认识（Gazzaniga，1998）。表4-1对大脑两个半球在短时间内加工大量信息时负责执行的功能进行了详细的描述（Carter，2000）。

表 4-1 大脑左右半球的功能

左半球的功能	右半球的功能
控制身体右侧	控制身体左侧
以序列的和分析的方式对输入的信息进行加工	以整体的和抽象的方式对输入的信息进行加工
时间知觉	空间知觉
产生口语	姿势、面部表情、情绪和肢体动作表达
执行不变的和算术的操作	执行推理的和数学的操作
文字和数字（作为词）方面的识别	面孔、地点、物体和音乐方面的识别
积极构造虚假的记忆	据实回忆
对事情为什么会发生寻找假设	将事情放置于空间模式中
善于引发注意以应对外部刺激	善于内部加工

但是特异化并不意味着绝对化。尽管已有的研究认为每个半球都有独立的信息加工和思维功能，但是这些功能并非只独立地由一个半球执行。即使在一些简单的任务中，两个半球也都是共同参与的。正常人的两个大脑半球通常是各自进行加工后通过胼胝体进行信息交换，它们在几乎所有的活动中都是相互补充、协同运作的。在处理复杂任务时，优势半球将起主要作用，同时非优势半球也会参与进来（Weissman & Banich, 2000）。这可以解释为什么我们可以成功完成某些任务，而对另一些任务却难以兼顾。比如，我们可以一边谈话（左半球的活动），一边开车（右半球和小脑的活动），因为每种任务由不同半球控制；但如果一边计算复杂算术题，一边同房间中的其他人谈话就非常困难。

自我测查

测测你的优势半球。

请在下列每对陈述的“A”和“B”中选择更符合你自己情况的选项，并在上面画圈。所有的问题都需要回答。答案无所谓对或错。

1. A. 我喜欢按照自己的方式完成新任务。
   B. 完成新任务时，我喜欢别人告诉我一个好的方法。
2. A. 我必须自己来安排做事的计划。
   B. 我可以按照别人的计划来做事。
3. A. 我是一个非常灵活、有时难以预测的人。
   B. 我是一个非常稳定、始终如一的人。
4. A. 我把各种东西都放在特定的地方。
   B. 我放东西的地方取决于所做的事情。
5. A. 我根据时间均匀地安排工作。
   B. 我喜欢把工作拖到最后一刻。
6. A. 我知道我是正确的，因为我有合理的原因。
   B. 即使没有任何原因，我正确的时候我也会知道。
7. A. 我的生活中需要大量的各种变化。
   B. 我的生活需要井井有条，按部就班。
8. A. 面对新情境，有时我会有太多想法。
   B. 面对新情境，有时我没有任何想法。
9. A. 我先做容易的事情，最后做重要的事情。
   B. 我先做重要的事情，最后做容易的事情。
10. A. 在做出一个艰难的决策时，我选择我知道是正确的选项。
    B. 在做出一个艰难的决策时，我选择我感觉是正确的选项。
11. A. 我为了进行我的工作而制订时间计划。
    B. 我工作时不考虑时间。
12. A. 我是一个良好的自我约束者。
    B. 我常常依感觉行事。
13. A. 其他人不理解我是如何组织事情的。
    B. 其他人认为我把事情组织得井井有条。

14. A. 对于新观念，我会比别人先接受。
    B. 对于新观念，我会比别人提出更多疑问。
15. A. 我倾向于通过图形来思考问题。
    B. 我倾向于通过言语来思考问题。
16. A. 我尽力寻找最佳的方法来解决问题。
    B. 我尽力寻找不同的方法来解决问题。
17. A. 我常常能推测出接下来将要发生的事情。
    B. 我常常能感觉到接下来将要发生的事情。
18. A. 在工作中我不是非常富有想象力。
    B. 我几乎在做任何事情时都发挥我的想象力。
19. A. 我会在一项工作还没有完成时就开始新工作。
    B. 我完成了一项工作后才开始新工作。
20. A. 我会探索新的方式来做常规的工作。
    B. 当一种方法实施得很好的时候，我不会改变它。
21. A. 冒险是很有趣的事情。
    B. 即使不冒险，我也觉得很有趣。

得分：

数出在第1、3、7、8、9、13、14、15、19、20和21题中，选择“A”答案的次数，把次数写在右边的线上。A. ____________

数出在剩余的题中选择“B”答案的次数，把次数写在右边的线上。B. ____________

计算以上“A”和“B”的总次数。

根据下列分数等级，确定半球优势：

0～5　明显的左半球优势
6～8　中度左半球优势
9～12　双侧半球平衡（几乎没有偏势）
13～15　中度右半球优势
16～21　明显的右半球优势

思考：

1. 你对这个得分感到吃惊吗？为什么惊讶或为什么不惊讶？
2. 简述一下你的得分告诉了你有关教学方面的哪些事情。
3. 你认为以上问题选择B的回答，对你的学生将有何启示？

资料来源：戴维·A. 苏泽，2005，第149～151页.

（三）学习与脑的可塑性

可塑性　大脑的结构和功能因受学习、训练以及经验等因素的影响而得到动态修复或重组的潜力。

可塑性（plasticity）是指大脑的结构和功能因受学习、训练以及经验等因素的影响而得到动态修复或重组的潜力。脑成像的研究揭示，在学习进程中，随着经验的丰富，皮层表征会发生相应的变化，可表现为以下三种情况：(1) 特定脑区的适应 (adaptation) 或习惯化 (habituation)。由于学习和经验的作用，特定神经网络的反应更加灵敏，可以观察到相应脑区激活水平的降低 (Poldrack，2000)。(2) 特定脑区的反应增强和范围扩展。(3) 不同脑区相互激活或联系的方式发生改变。例如，早期双语者和晚期双语者说双语时的脑区激活情况就存在一定的区别，晚期双语者两种语言在布洛卡区的激活区域相互分离 (见图 4-4)，而早期双语者两种语言在威尔尼克区的激活区域相互重叠(见图 4-5)。

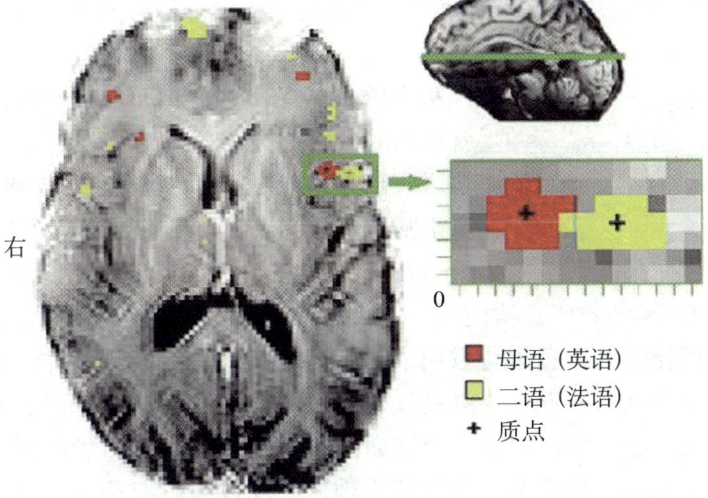

图 4-4　晚期双语者两种语言在布洛卡区的激活区域相互分离

资料来源：Kim，Relkin，Lee，& Hirsch，1997，171 页.

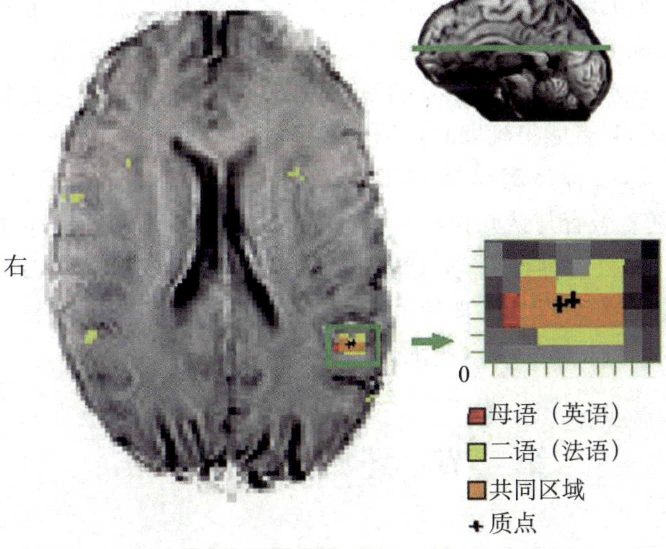

图 4-5　早期双语者两种语言在威尔尼克区的激活区域相互重叠

资料来源：Kim，Relkin，Lee，& Hirsch，1997，174 页.

（四）基于脑的学习

随着神经生物学和脑科学的发展，人们对脑的机制和功能有了更多的了解。研究者试图将来自神经生物学和脑科学的研究结果与教育学和心理学相结合，发展出适于脑的学习原则和策略。斯坦恩等（Stein，Finger，& Hart，1983）根据人脑处理信息的研究提出了与脑兼容（brain-compatible）的观点，他主张课程和教学的设计应与人脑运作模式及学习倾向兼容，这样学习的状态才会最好。还有研究者提出加速学习（accelerated learning）的概念，强调应用脑科学研究成果创造最优学习机会的教学方法和原则（Birkholz，2004）。

基于脑的学习　以人脑生就自然的方式进行的学习，强调学习应当遵从脑的活动规律，适合和促进脑的发育。

基于脑的学习（brain-based learning）是指以人脑生就自然的方式进行的学习（延森，2000/2006），它强调学习应当遵从脑的活动规律，适合和促进脑的发育。在基于脑的学习观点中，最重要的是意义建构（meaning construction）和整体学习（whole learning）（吕林海，2006）。意义建构是大脑的核心功能之一，大脑在学习过程中，并不是被动地接收信息，而是一直在对其所接收的信息进行重组、加工，对其获得经验的事件赋予意义。意义建构强调学习者在学习之前并不是“白板”，而是根据自己先前的知识经验对当前的信息进行解释，获得意义。整体学习包括三个层面的含义：（1）在学习者层面，学习是学习者作为有机体整体参与的，它涉及学习者的生理、心理过程，涉及认知和情感等过程，而不是只有大脑参与；（2）在大脑层面，大脑的功能是整合的，学习不是只有大脑某个区域参与，而是多个结构和功能区域共同参与的结果；（3）在学习对象层面，脑并不是对单一的、片段化的信息进行加工，而是一直对信息所处的复杂的整体情境做出反应。

为了实现基于脑的学习，教育者需要使学习者在生理上获得充足的睡眠、丰富的营养与适宜的运动锻炼，在心理上激活先前经验，主动利用学习策略。同时，还需要创设丰富的环境，根据延森（2000/2006）的观点，丰富的环境包括学习材料的挑战性、新异性和连贯一致性，学习者能得到即时反馈和较长的准备时间。

有学者认为，尽管神经科学发现了学习的神经机制，但并不足以指导教育实践（Bruer，1997）。随着教育与认知神经科学之间的沟通日益增多，产生了一门架设两者之间的桥梁的学科——教育神经科学（胡谊，桑标，2010）。教育神经科学（educational neuroscience）是将神经科学、心理学、教育学整合起来，研究人类教育现象及其一般规律的文理大跨度的新型交叉学科（周加仙，2016）。

第二节　经典性条件作用

亚里士多德对学习进行了最早的解释。他认为，人的记忆遵循三条联想律：相似律、相对律和邻近律。尤其是邻近律（contiguity），更具有普遍性。根据这条原则，如果两种或两种以上的事件（如“6×7”和“42”）经常一起出现，它们就会被人联系起来。以后，只要出现其中一种事件（如“6×7”），人就能够想起另外一种事件（如“42”）。前者是激活行为的事件，叫作**刺激**（stimulus），后者是可以观察到的对刺激的回应行为，叫作**反应**（response）。人在记忆事实、外语单词或者操练某种技能时，形成了这种简单的刺激-反应配对联系。人在复杂的学习中，可能形成更加复杂的刺激-反应关系。巴甫洛夫在其经典性条件作用理论中，最早阐明了复杂学习中的这种刺激-反应关系。

刺激　激活行为的事件。

反应　可以观察到的对刺激的回应行为。

无条件刺激　引发机体无条件反应的刺激，如引发狗的唾液分泌的肉。

无条件反应　机体先天就有的对外界特定刺激做出的反应，这种反应无须任何训练和经验而自动出现，如狗一看见肉就产生的唾液分泌。

中性刺激　不会引发机体无条件反应的刺激，如不会引发狗分泌唾液的铃声。

条件刺激　与无条件刺激反复配对呈现后能引发原先只能由无条件刺激引发的反应的刺激。

条件反应　由条件刺激引发的原先只能由无条件刺激引发的反应。

经典性条件作用　这样一种训练过程：将中性刺激与无条件刺激反复结合呈现引发无条件反应，最终导致只呈现中性刺激（此时称为条件刺激）也能引发原先的无条件反应（此时称为条件反应）。

一、巴甫洛夫的经典性条件作用

俄国生理学家伊万·巴甫洛夫（Ivan Pavlov，1849—1936）在研究狗的消化腺分泌变化时意外地发现，狗即使没有闻到肉的气味，只听到实验人员的脚步声，也会分泌唾液。他由此进行了经典性条件作用的实验（见图 4－6）。

在实验中，如果将肉放在一条饿狗的口中或嘴巴附近，狗会自动出现唾液分泌反应。在这里，肉被称为**无条件刺激**（unconditioned stimulus，US），狗的唾液分泌反应，因为无须任何训练和经验而自动出现，被称为**无条件反应**（unconditioned response，UR）。如果给狗呈现其他刺激如铃声，狗不会产生分泌唾液的反应，铃声被称为**中性刺激**（neutral stimulus）。如果将中性刺激与无条件刺激反复多次配对呈现，中性刺激就会成为**条件刺激**（conditioned stimulus，CS），能够引起原先只能由无条件刺激引发的反应，也就是分泌唾液的反应，这种反应被称为**条件反应**（conditioned response，CR）。这个过程被称为**经典性条件作用**（classical conditioning）（见表 4－2）。

巴甫洛夫与研究助手们

图 4-6　经典性条件作用实验示意图

消退（经典性条件作用）　在经典性条件作用形成后，如果反复呈现条件刺激，却不呈现无条件刺激，条件反应的强度会逐渐减弱，条件反应甚至会消失。

自然恢复（经典性条件作用）　在经典性条件作用消退一段时间之后，如果再次呈现条件刺激，条件反应又会重新出现。

泛化（经典性条件作用）　一旦经典性条件作用形成，机体就会对与条件刺激相似的刺激做出条件反应。

分化（经典性条件作用）　在经典性条件作用形成后，如果只强化条件刺激，而不强化与其相似的其他刺激，机体就只对条件刺激做出反应，而不对其他相似刺激做出反应。

在经典性条件作用形成后，如果反复呈现条件刺激，却不呈现无条件刺激，条件反应的强度就会逐渐减弱，条件反应甚至会消失，这种现象被称为**消退**（extinction）。经过一段时间后，如果再次呈现条件刺激，条件反应又重新出现，这种现象被称为**自然恢复**（spontaneous recovery）。如果在条件刺激之后紧跟无条件刺激（即强化），条件反应会得到最大限度的恢复。

一旦经典性条件作用形成，机体就会对与条件刺激相似的刺激做出条件反应，这被称为条件作用的**泛化**（generalization）。例如，狗对节拍器每分钟发出50次的滴答声建立条件作用后，有时即便滴答声变快或变慢，甚至听到钟表发出滴答声，狗也会产生条件反应。在生活中，“一朝被蛇咬，十年怕井绳”，就属于条件作用的泛化现象。如果只强化条件刺激，而不强化与其相似的其他刺激，就可以导致条件作用的**分化**（discrimination），即只对条件刺激做出反应，而不对其他相似刺激做出反应。当狗学会只对条件刺激（每分钟50次的滴答声）做出条件反应，而对其他相似的刺激不做出条件反应时，就出现了条件作用的分化。

表 4-2　经典性条件作用的形成过程

建立前	无条件刺激（食物） →	无条件反应（唾液分泌）
	中性刺激（铃声） →	引起注意但无唾液分泌
建立中（多次重复）	中性刺激（铃声）＋无条件刺激（食物） →	无条件反应（唾液分泌）
建立后	条件刺激（铃声） →	条件反应（唾液分泌）

资料来源：布恩，埃克斯特兰德编，1976/1985，第127～131页．

中性刺激一旦成为条件刺激，就可以作为无条件刺激与另一个中性刺激反复结合呈现，从而形成新的条件作用，这一过程被称为**高级条件作用**（higher-order conditioning）。测验失败引起学生条件性的紧张或焦虑等情绪反应，就经历了一个高级条件作用的形成过程。测验失败一开始也许只是一个中性事件，但逐渐与家长或老师的批评联系起来，而批评本身是引起学生焦虑的条件刺激，久而久之，测验失败就会引起焦虑。再进一步，与测验情境有关的线索也可能成为条件刺激。例如，当学生走进考场时，或者当老师宣布即将举行考试时，学生就会感到非常焦虑。

高级条件作用 中性刺激一旦成为条件刺激，就可以作为无条件刺激与另一个中性刺激反复结合呈现，从而形成新的条件作用。

第一信号系统 其刺激是能够引起条件反应的物理性的条件刺激。

第二信号系统 其刺激是能够引起条件反应的、以语言符号为中介的条件刺激。

凡是能够引起条件反应的物理性的条件刺激叫作**第一信号系统**（first signal system）的刺激，凡是能够引起条件反应的、以语言符号为中介的条件刺激叫作**第二信号系统**（second signal system）的刺激。在生活中，谈虎色变就属于第二信号系统的条件作用。学生一想到测验或听到即将举行测验就产生焦虑，也属于第二信号系统的条件作用。这里，并不是测验使得学生产生焦虑，而是有关测验的观念和语义导致学生焦虑。

逸闻趣事

明朝的徐文长聪明异常。他叔叔每次来他家里，都会斥责他行为放荡不羁，他感到非常不舒服。后来，他趁叔叔来家里的时候，溜到屋后，对着叔叔骑来的驴作一个揖，然后重重地鞭打它一顿。如此反复多次后，驴一见他作揖，就惊跳起来。等他叔叔临走，骑上驴时，徐文长很恭敬地对叔叔深作一揖。那头驴一见他作揖，以为又要挨打，忽然暴跳起来，把叔叔摔了下来。他叔叔被摔得鼻青脸肿，连做梦也想不到是着了侄儿的道。

徐文长并没有学习经典性条件作用理论，却暗用了这一理论。作揖和鞭打是两个不同的刺激，对驴来说，作揖是一个中性刺激，鞭打是一个无条件刺激，后者引发恐惧暴跳的无条件反应。徐文长将两者反复多次结合呈现，使作揖取代了鞭打，引发了暴跳反应。这一过程就是一个经典性条件作用。

二、华生的行为主义

华生（John B. Watson，1878—1958）用巴甫洛夫的条件作用理论解释各种类型的学习和个性特征。他认为，学习就是以一种刺激替代另一种刺激建立条件作用的过程。人类出生时只有几种反射（如打喷嚏、膝跳反射）和情绪反应（如惧、爱、怒等），所有其他行为都是通过条件作用建立新的刺激-反应（S－R）联结形成的。

约翰·华生

华生曾经利用条件作用的原理做了一个恐惧形成的实验（引自布恩，埃克斯特兰德编，1985）。在这个实验中，11个月大的小阿尔伯特本不害怕小白鼠。当他走近小白鼠时，背后传来一声巨响，他猛地吓了一跳。不断重复这一过程，一周以后，小阿尔伯特对小白鼠产生了情绪反应。而且，他对小白鼠的条件反应泛化到了其他任何有毛的东西上，如兔子、制成标本的动物，甚至有胡子的人。

华生根据这一实验提出，有机体的学习实质上就是通过建立条件作用，形成刺激与反应之间联结的过程。条件刺激通过与无条件刺激在时空上的结合，替代无条件刺激与无条件反应建立了联系（如图4－7所示）。

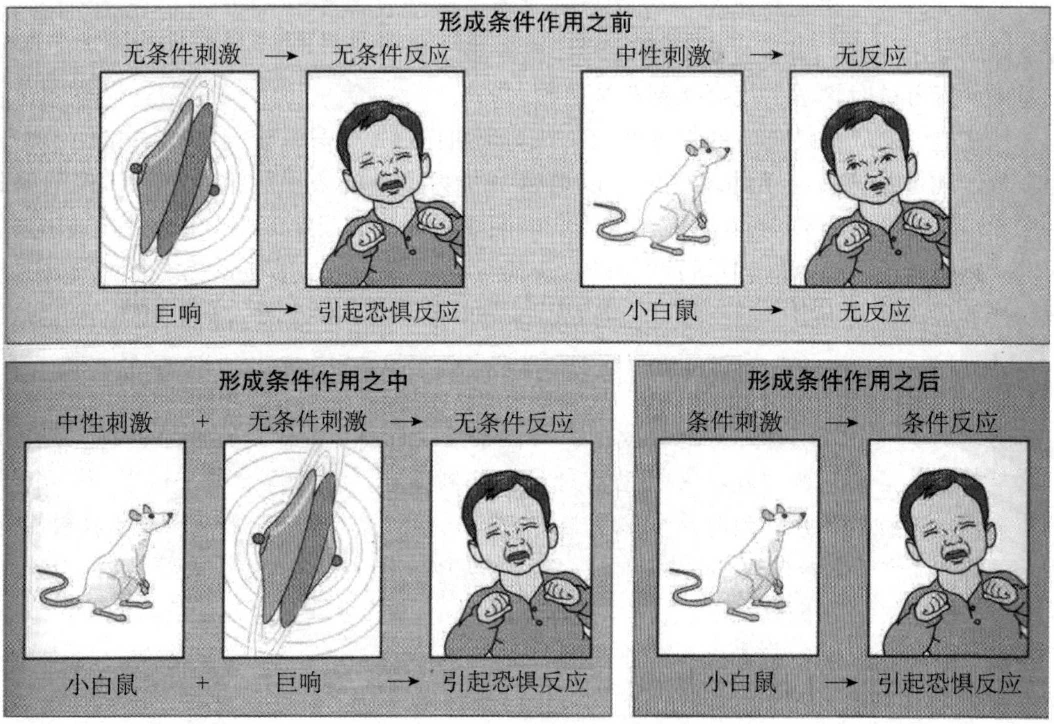

图4－7 恐惧形成的实验

资料来源：Bohlin，Durwin，& Reese-Weber，2012，第160～161页.

在实际教育中，许多学生的态度和情绪就是通过经典性条件作用习得的。例如，许多学生可能不喜欢外语，因为老师在课堂上要求他们大声翻译句子，或者要求他们回答难题，引起了他们的焦虑，他们将外语与这种不愉快的体验联系起来，形成了对外语的恐惧反应，并可能将这种条件作用泛化为对其他课程的恐惧。反过来，学生也会将积极自信与支持他们的老师相联结，将这个老师所教的学科与快乐的感觉相联结。教师可以利用经典性条件作用机制，将快乐事件（如漂亮的封面、舒适的读书角、游戏活动）作为学习的无条件刺激，引发学生对学习的快乐情绪。

第三节 操作性条件作用

经典性条件作用关注诸如分泌唾液与恐惧等非自主的生理和情绪反应，而且这些反应是由刺激引发的。但是，人的学习并不都是自动的或无意的，有些是无法用刺激引发的。实际上，人的绝大多数行为是自发的或自愿产生的，人主动操作环境而产生各种后果。这些有意的动作叫作操作（operants）。桑代克的联结主义与斯金纳的操作性条件作用的理论解释了这种操作行为的学习过程。

爱德华·桑代克

一、桑代克的联结主义

桑代克（Edward L. Thorndike，1874—1949）做了一个著名的猫走迷笼的实验。他将一只饿猫放在一个迷笼（见图 4-8）里，将小鱼放在笼外猫看得见的地方。猫只有用前爪踩到开门的机关，才能出笼获食。在经过一系列盲目尝试之后，猫终于踩到机关，逃了出来。多次将猫放回笼中，猫几经尝试，逃出笼子的速度越来越快，犯错的次数也越来越少。经过反复尝试，猫学会了做出成功的反应，自动形成了迷笼刺激情境与踩动机关反应之间的联结。

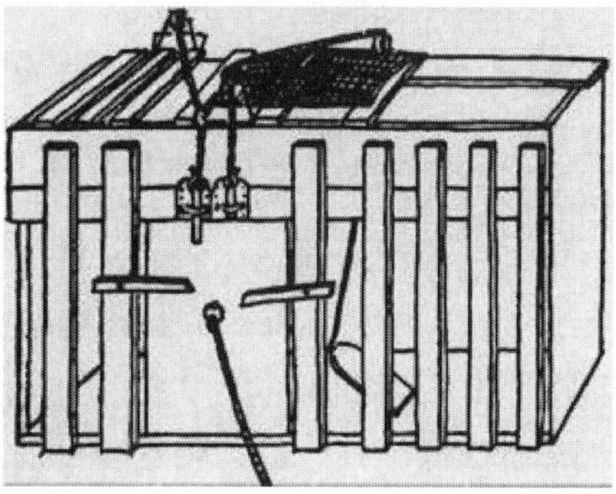

图 4-8 桑代克的迷笼实验装置

桑代克根据其实验结果提出了**联结主义**（connectionism）学习理论。这种理论认为，学习的实质在于形成新的刺激-反应联结，这种联结是通过尝试与错误的过程自动形成的，不需要以观念为中介。桑代克坚持用这一基本的学习原理来解释各种复杂的学习。在他看来，一个受过教育的成年人不过是拥有成千上万个刺激-反应的联结而已（申克，2003）。

联结主义 由桑代克提出的学习理论，认为学习的实质在于形成新的刺激-反应联结，这种联结是通过尝试与错误的过程自动形成的，不需要以观念为中介。

效果律 由桑代克提出，这一规律表明，学习的后果影响刺激与反应之间的联结，给以满意的后果，联结就增强，给以不满意的后果，联结就减弱。

桑代克还提出了学习的**效果律**（law of effect）。学习的效果律表明，在刺激与反应之间会形成可改变的联结，给以满意的后果，联结就增强，给以不满意的后果，联结就减弱。这意味着，个体当前行为的后果对他未来的行为起着关键的作用。学习的效果律隐含着操作性条件作用的思想。

桑代克的学习理论指导了大量的教育实践。学校教育就是让学生形成大量的刺激-反应联结（如乘法表和高频词汇等），反复练习这些联结，并且奖励这些联结。

二、操作性条件作用的过程

斯金纳（B. F. Skinner，1904—1990）系统地发展了操作性条件作用理论，对教育实践产生了巨大影响。斯金纳认为，机体的行为可分为应答性行为和操作性行为。应答性行为是由已知的刺激引起的。例如，开水溅到手上，手马上缩回；遇到强光，眼睛马上眯起；等等。而日常生活中大部分行为则属于操作性行为。操作性行为并不是由已知刺激引发的，而是由机体自发引起的，是由其结果控制的。例如，小孩最初去邻居家，如果去左边邻居家得到糖果而去右边邻居家没有，下次就更愿去左边邻居家。与这两种行为相对应，斯金纳区分出了经典性条件作用与操作性条件作用，前者强调刺激对引起的所期望的反应的重要性，后者强调行为反应及其后果。斯金纳的研究集中在行为反应与其后果之间的关系上。

斯金纳

（一）操作性条件作用的形成

斯金纳在可控制的环境下对操作性行为进行了细致的研究。他发明了一种学习装置，叫作斯金纳箱（Skinner box），箱内装有一个操纵杆，操纵杆连着一个供应食丸的装置（见图4-9）。将饥饿的白鼠置于箱内，在这种缺乏明显的无条件食物刺激的环境中，白鼠偶然按压操纵杆，供丸装置会自动送落一粒食丸。白鼠经过几次尝试后，就会不断按压操纵杆，直到吃饱为止。在这一实验中，白鼠学会了按压操纵杆而获取食物的反应，把强化（食物）与操作性反应联系起来，形成了**操作性条件作用**（operant conditioning）。操纵杆变成了获取食物的手段或者工具，操作性条件作用故而又叫作工具性条件作用。

操作性条件作用 一种训练过程：对机体的一个自发的反应给予强化或惩罚的后果刺激，这个反应发生的频率就会上升或下降。

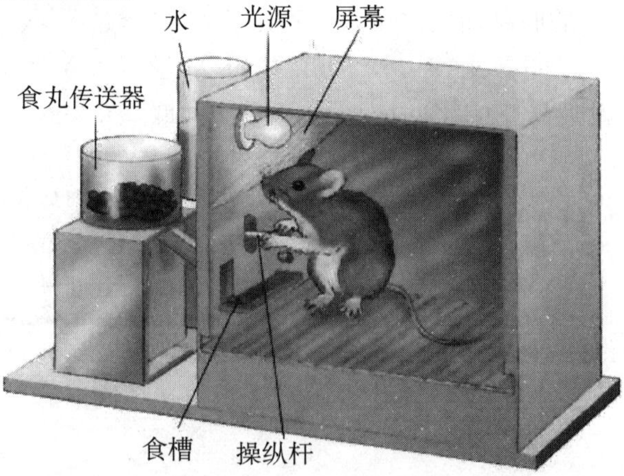

图4-9 斯金纳箱

斯金纳认为，操作性条件作用与两个基本原则相联系：第一，任何反应如果紧随以强化刺激，就具有重复出现的趋向；第二，任何能够提高操作性反应率的刺激都是强化物。从这两个原则可以看出，斯金纳与桑代克对学习的解释略有不同。桑代克认为，奖励能加强刺激和反应之间的联结，而斯金纳认为，强化刺激并不是加强了S-R联结，而是提高了相同行为再次发生的频率。

（二）操作性条件作用的消退和维持

消退（操作性条件作用） 消除强化从而消除或减少某一个行为。

维持（操作性条件作用） 在操作性条件作用形成后，逐渐减少强化的频次而使行为得以保持。

先前刺激 操作性条件作用中在行为之前呈现的事件。

在操作性条件作用中，**消退**（extinction）指消除强化从而消除或减少某一个行为。例如，在小学二年级课堂上，有些过分焦急的学生不举手就回答老师的问题，这时老师可以不理会他们，只点那些举手的学生回答，并且提醒全班学生“小明举了手在等待回答”“小华也举了手”等。教师很快就会发现，全班举手行为明显增加，那些并不参与讨论的学生也举起了手，参与讨论的机会增多了。许多老师发现，使用消退训练比较困难。因为他们必须学会忽视某些不良行为，而且这些不良行为减弱后，还有可能突然重新出现，这一现象叫作自然恢复。因此，老师需要前后一致地忽视某些不良行为，而且可以结合消退使用其他方法，如强化适当的行为。

维持（maintenance）就是行为的保持。在操作性条件作用形成后，为了永久保持所获得的行为，应当逐渐减少强化的频次，或者使强化变得不可预测。例如，学生每次解完数学题老师都给予表扬，根据消退原则，一旦停止表扬，他就可能停止解答数学题。根据维持原则，如果逐渐增加解答题数才给予表扬，并且以随机的时间间隔给予表扬，那么，他就可能在老师没有给以强化或给以很小强化的情况下，仍然能够长时间解答数学题。事实上，学生的生活世界里充满了许多自然的强化，可以维持他们在学校中学到的大多数技能和行为。例如，成绩较差的学生可能需要老师对他们的学业行为予以系统的强化。但一段时间后，他们就会发现，完成学校的功课可以获得很多方面的回报，诸如高分、家长的认可、理解能力提高或者知识的增长等，这些回报可以作为自然强化物来强化他们完成功课的行为。

（三）操作性条件作用的分化和泛化

在操作性条件作用中，行为的后果影响行为，先前刺激对行为也起着重要的作用。**先前刺激**（antecedent stimulus）指行为之前的事件。它可提供这样的信息：什么行为将导致正面后果，什么行为将导致负面后果？什么时间应当改变行为，什么时间不应当改变行为？在斯金纳箱中，鸽子学会只有在亮灯时才能啄取食物，不亮灯时啄也没用，因为没有食物送进来。在数学课上，教师对那些安静做题的学生给予强化，但在语文课上教师对那些大声朗读的学生给予强化。我们常常对这样的先前线索做出反应，却未完全意识到它们在影响着我们的行为。教师可以在课堂中有意识地使用这些线索。

当某种先前刺激（如数学课）存在时表现为一种行为，当另一种先前刺激（如语文课）出现时表现为另一种行为，这就是操作性条件作用的分化。**分化**（discrimi-nation）就是知觉到先前刺激的差异并对这种差异做出反应。这些先前刺激可能表现为一些线索、信号和信息，暗示着在什么时候自己的行为更易得到强化。操作性条件作用的分化与经典性条件作用的不同在于：前者涉及诸如啄食等自愿行为，后者涉及诸如分泌唾液等反射行为。

分化（操作性条件作用） 在操作性条件作用中机体知觉到先前刺激的差异并对这种差异做出反应。

泛化（操作性条件作用） 机体将通过操作性条件作用习得的行为、技能或概念从一种情境迁移到另一种情境中。

强化 在操作性条件作用中用后果来提高反应频率的程序。

为了使学生产生分化，教师一方面可以给学生提供一些线索和提示。教师可以通过提示来帮助学生以适当的方式对线索做出反应。例如，上课时，班内很乱，教师拍一下手引起大家的注意，这就是给予线索（cue），如果老师在这之后又附加一句话："我拍手是什么意思？"或者："我正等着你们做什么？"这就是提示（prompting），能确保学生对线索做出正确的反应。在使用提示时要遵循两个基本原则：第一，提示要紧跟在线索的后面，以便学生对线索而非提示做出反应；第二，尽可能地逐渐撤去提示，避免学生依赖提示。

另一方面，教师必须对学生反应正确与否提供反馈，不仅表扬学生回答正确，而且对他们的不正确回答提供反馈，使学生知道什么情况下他们的反应是正确的。教师最好直截了当地告诉学生："要想得到强化，你就必须这样做。"甚至可以利用核查表来提示学生应当做出的行为，如发言先举手、大声发言以及倾听同学发言等。这样做能避免学生在错误的活动上花一些无谓的时间和努力，确保学生习得所要求的行为。

与经典性条件作用的 S-R 过程相比，操作性条件作用是（s)-R-S 的过程。在操作性条件作用过程中，s 是先前刺激，重要的是跟随反应之后的刺激 S。例如，幼儿园的学生入园第一周，可能做出许多反应，诸如与其他同学交谈、注意老师、在屋子里走动或者打扰其他同学等，随着老师强化某些反应，如对注意老师的学生报以微笑，这些反应将会出现得更为频繁。

如果学生已经学会在数学课上坐在座位上认真听讲，他们是否能在语文课上也做出这种行为呢？这就涉及操作性条件作用的泛化问题了。**泛化**（generalization）是指将所习得的行为、技能或概念从一种情境迁移到另一种情境中。泛化最容易在相似的情境中发生，从语文课上习得的一个新行为更容易泛化到常识课，而不是课余或家庭情境。值得注意的是，教师不要因为学生能在一种情境下做出某些行为，就想当然地以为他们在其他情境下也能做出这些行为。

三、强化

在操作性条件作用中，行为之所以发生变化就是因为强化作用。**强化**（reinforcement）是指用后果来提高反应频率的程序。

（一）后果类型

在操作性条件作用中，后果决定了行为再次发生的频率。不同类型的后果（consequences）可以增强或者减弱行为。凡是能提高反应频率的刺激或事件叫作**强化物**（reinforcer）。**正强化**（positive reinforcement）通过呈现想要的愉快刺激来提高反应频率，**负强化**（negative reinforcement）通过消除或中止厌恶、不愉快刺激来提高反应频率。反之，凡是能够减少行为或者降低反应频率的刺激或事件叫作**惩罚**（punishment）。**Ⅰ型惩罚**（type Ⅰ punishment）又称为正惩罚，通过呈现厌恶刺激来降低反应频率；**Ⅱ型惩罚**（type Ⅱ punishment）又称为负惩罚，通过消除愉快刺激来降低反应频率。负强化容易与惩罚相混淆，表 4－3 说明了它们之间的关系。

强化物 能提高反应频率的刺激或事件。

正强化 为提高反应频率而呈现愉快刺激。

负强化 为提高反应频率而消除或中止厌恶、不愉快刺激。

惩罚 能够减少行为或者降低反应频率的刺激或事件。

Ⅰ型惩罚 又称为正惩罚，是指为了降低反应频率而呈现厌恶刺激。

Ⅱ型惩罚 又称为负惩罚，是指为了降低反应频率而消除愉快刺激。

表 4－3 强化与惩罚的种类

	行为被增强	行为被减弱
呈现刺激	正强化（呈现愉快刺激，如给以高分）	Ⅰ型惩罚（呈现厌恶刺激，如给予批评）
消除刺激	负强化（消除厌恶刺激，如免除杂务）	Ⅱ型惩罚（消除愉快刺激，如禁止看电视）

强化物还可划分为一级强化物和二级强化物两类。**一级强化物**（primary reinforcer）满足人和动物的基本生理需要，如食物、水、安全、温暖与性等。**二级强化物**（secondary reinforcer）是与已有强化物反复结合后而获得强化效力的刺激。例如，钱对于小孩不是强化物，但当小孩知道钱能换来糖果时，钱就会对小孩的行为产生效果。分数也是在学生受到教师的注意后才具有强化性质的。二级强化物可分为社会强化物（社会接纳、微笑）、代用券（钱、级别以及奖品等）和活动（自由地玩耍、听音乐以及旅游等）。

一级强化物 满足机体基本生理需要的刺激，如食物、水、安全、温暖与性等。

二级强化物 与已有强化物反复结合后而获得强化效力的刺激。

普雷马克原理 又称为祖母法则，是指一种强化策略：用高频活动作为低频活动的有效强化物，或者说用学生喜爱的活动去强化其参与不喜爱的活动。

在实际教育中，不同学生可能对不同的强化物做出反应。教师需要针对班上不同的学生提供不同的强化物系列。教师要注意观察和了解学生对什么强化物感兴趣。教师可以事先让学生填写一个问卷，如："在课堂上你喜欢干什么或玩什么东西?""在课堂上你最喜爱干的三件事是什么?""如果你去商店，你将买哪三件喜爱的玩具?"教师还要注意不同年龄学生对强化物的不同兴趣。例如，有些活动，如帮助老师或解答谜题对小学生而言可能是有力的强化物，但对中学生来说，与朋友聊天、玩电子游戏、看杂志或听音乐则可能是更合适的强化物。

在选择强化物时，可以遵循**普雷马克原理**（Premack principle），即用高频活动作为低频活动的有效强化物，或者说用学生喜爱的活动去强化学生参与不喜爱的活动。如果学生喜爱打球而不喜爱阅读，教师可以让他先完成一定的阅读再去打球。这一原则有时也叫作祖母法则（Grandma's rule）：首先做我要你做的事情，然后才可以做你想做的事情。例如，对儿童说“你吃完这些青菜，才可以吃肉”。

（二）强化程序

强化程序 根据一定的时机和频率进行强化的过程。

连续强化程序 在每一个适当的反应之后都进行强化的过程。

断续强化程序 只在某些而非所有反应之后进行强化的过程。

间隔程序 根据历次强化之间的时间间隔安排强化的过程。

比率程序 根据适当反应的数量安排强化的过程。

强化程序也能增强或减弱行为。**强化程序**（reinforcement schedules）是指根据一定的时机和频率进行强化的过程。强化程序可以分为连续强化程序和断续强化程序两种类型。在每一个适当反应之后都进行强化，这叫**连续强化程序**（continuous reinforcement schedule）。只在某些而非所有反应之后进行强化，这叫**断续强化程序**（intermittent reinforcement schedule）。断续强化程序又可分为间隔程序和比率程序。**间隔程序**（interval schedule）是根据历次强化之间的时间间隔安排强化。**比率程序**（ratio schedule）是根据学习者做出适当反应的数量安排强化。间隔程序和比率程序既可以是固定的（fixed，可预测的），也可以是变化的（variable，不可预测的）。表4-4比较了这四种断续强化程序的界定和例子。

表4-4 四种断续强化程序

	间隔程序	比率程序
固定的	固定间隔程序 每隔固定时间长度予以强化（如计时发放工资、每周五测验等）	固定比率程序 每隔固定反应次数予以强化（如计件发放工资、每举三次手给一次发言机会等）
变化的	变化间隔程序 每隔不定时间长度予以强化（如冲浪运动、随堂小测验等）	变化比率程序 每隔不定反应次数予以强化（如钓鱼、买东西讨价还价等）

每种程序产生相应的反应模式。当学生学习新行为时，如果给以连续强化，他们就学得比较快。当他们掌握这个新行为后，如果给予断续强化，他们就能很好地维持这一行为。断续强化程序可比连续强化程序获得更高的反应率和更低的消退率。在断续强化程序中，比率程序比间隔程序更能提高行为获得的速度。如果根据学生做出适当反应的数量予以强化，学生积累正确反应的数量越快，强化就来得越快。如果教师对学生说“你们做对这10道题，就去操场玩”，或者说“你们完成这10道题，20分钟后我要检查你们的作业，全部做对的人可去操场玩”，前者与后者相比，学生将会更快地完成作业。变化强化程序比固定强化程序更能有效地维持行为。学生对行为的维持取决于强化的不可预测性。两种固定强化程序（固定间隔程序和固定比率程序）以及连续强化程序均是可预测的，学生逐渐期待在特定时刻出现强化，当强化并未如期出现时，他们将很快放弃行为。在变化强化程序中，强化的出现是无规律可循的，学生必须始终如一地做出反应。稍有松懈，可能就不符合暗中的强化条件，也可能需要付出更大的代价。尤其是变化比率强化程序对维持稳定的反应最为有效。在实际教育中，教师可能无意间对学生的不良行为进行了变化比率强化，一次失误可能会使学生永远记住这个行为。

四、行为的学习

（一）塑造

复杂的行为可以通过塑造来获得。**塑造**（shaping）是指通过小步强化达成最终目标的训练过程。具体而言，将目标行为分解成一个个小步子，学习者每完成一小步就给以强化，直到他们获得最终的目标行为。这种方法也叫作连续接近（successive approximation）。例如，教师教学生书写英文字母，刚开始学生写的字体很大，然后严格要求他们写在三线格中，最后撤除三线格，这样逐步予以强化，引导学生达到最终目标。

塑造　通过小步强化达成最终目标的训练过程。

连锁　有步骤地训练复杂行为（行为链）的方法。

顺向连锁　一种行为训练方法：从第一步行为开始，每次只训练一步行为，从前往后将所有单步行为连接起来，最终使学习者获得整个复杂行为。

逆向连锁　一种行为训练方法：从最后一步行为开始，每次只训练一步行为，从后往前将所有单步行为连接起来，最终使学习者获得整个复杂行为。

行为塑造需要遵循以下步骤：

（1）选择目标。（终点行为）

（2）了解学生目前能做什么或知道什么。（起点行为）

（3）找出学生所在环境中的潜在强化物。（强化物）

（4）将终点行为分解成有序的步骤，步骤大小因学生的能力而异。（步调划分）

（5）即时反馈学生的每步行为，使学生由起点行为逐渐向终点行为接近。（即时反馈）

在塑造行为时，教师要遵循一条原则：学生必须在力所能及的行为范围内得到强化，这些行为又必须能向新的行为延伸。

（二）连锁

行为塑造可以通过连锁的方法来实现。复杂行为是由许多反应组成的，这些反应是按顺序发生的，前一个反应引发后一个反应，这叫作行为链。**连锁**（chaining）是指有步骤地训练复杂行为（行为链）的方法。连锁可分为顺向连锁和逆向连锁两种方法。**顺向连锁**（forward chaining）就是从第一步行为开始，每次只训练一步行为，从前往后将所有单步行为连接起来，最终使学习者获得整个复杂行为。**逆向连锁**（backward chaining）则是从最后一步行为开始，每次只训练一步行为，从后往前将所有单步行为连接起来，最终使学习者获得整个复杂行为。表 4－5 比较了两种连锁方法的不同训练过程。

表 4－5　顺向连锁与逆向连锁的比较

顺向连锁	逆向连锁
①	①→②→③→④→⑤
①→②	①→②→③→④→⑤
①→②→③	①→②→③→④→⑤
①→②→③→④	①→②→③→④→⑤
①→②→③→④→⑤	①→②→③→④→⑤

注：黑色序号表示由学习者完成，灰色序号表示由教师完成。

例如，教师要求学生撰写一个英文段落，所写段落由三个部分构成：主题句、佐证句和总括句。如果采用顺向连锁的方法，教师可以按照这个顺序对学生进行逐步训练来完成目标。如果采用逆向连锁的方法，教师可以先提供包含主题句和佐证句的段落，空出总括句，训练学生完成总括句写作，然后再空出佐证句和总括句两个部分，最后要求学生完成完整英文段落的撰写。逆向连锁是一种强有力的训练方法，可以在学习者能力非常有限的情况下采用，而且学习者因每次都必须完成后面的步骤，能感受到完整的复杂行为，从而使这些步骤得到自然强化。

（三）程序教学

斯金纳根据操作性条件作用理论和以上行为塑造的原则，发明了程序教学模式及其教学技术（如教学机器）。**程序教学**（programmed instruction）是指一种能让学生以自己的速度和水平，学习自我教学性材料（以特定顺序和小步子安排的材料）的个别化教学方法。它按顺序以小步子呈现学习内容，学生以自己的速度进行学习，然后完成填空题、选择题或者解决实际问题。例如，教学生计算个位数是5的两位数的平方。第一步告诉学生速算方法：十位数乘比十位数大1的数，并将25写在得数的右边。然后让学生逐步填空执行这个速算方法。以求25的平方为例，学生需要通过填空逐步完成以下步骤：在25这个数中，十位数是“2”；比十位数大1的数是“3”；这两个数相乘的得数是“6”；将25写在这个得数的右边，得到“625”。学生每做一步就对照答案，如果做对了，接着填写下一个空。然后用35、45、55、65、75、85、95进行训练，随着熟练程度提高，步骤可以合并，直到最后直接写出得数。这种程序能够融入课本、教学机器（即一种融入程序教学形式的机器设备）或计算机之中。

程序教学 一种能让学生以自己的速度和水平，学习自我教学性材料（以特定顺序和小步子安排的材料）的个别化教学方法。

社会学习理论 也称为社会认知理论，由班杜拉提出，强调人的行为是通过观察和模仿习得的。

第四节 社会学习理论

阿尔伯特·班杜拉

20世纪40年代以来，行为主义心理学家们对儿童是如何获得社会行为的很感兴趣。这些行为包括合作、竞争、攻击、道德和伦理行为以及其他社会反应。阿尔伯特·班杜拉（Albert Bandura）提出了一套最为综合并且广为接受的模仿学习理论，这一理论最初被称为**社会学习理论**（social learning theory）。该理论认为，社会行为主要通过观察和模仿别人的行为习得。由于这种理论使用诸如信念、期望、记忆以及自我强化等认知因素来解释社会学习过程，因此现在被称作社会认知理论（social cognitive theory）。

一、社会学习理论概述

社会学习理论对学习和行为表现提出了这样三个假设：个体、行为和环境之间是相互作用的；学习与表现是不能等同的；学习可以分为参与性学习与替代性学习。

（一）交互决定论

社会学习理论认为，人的行为既不是只受内部因素驱动，也不是仅由外部环境刺激自动塑造和控制，而是由交互决定论来解释。根据**交互决定论**（reciprocal determinism），个人、环境和行为是相互影响、彼此联系的。三者影响力的大小取决于当时的环境和行为的性质。图 4－10 所示的三向图展示了三者之间的关系。

交互决定论 由班杜拉提出，强调个人、环境和行为是相互影响、彼此联系的。

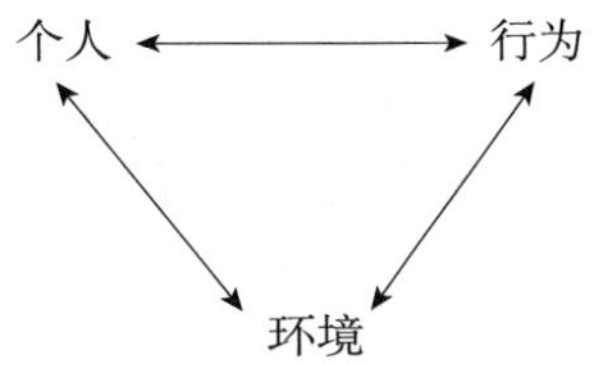

图 4－10 个人、行为与环境之间的交互决定关系

资料来源：Bandura，1986，第 223～224 页．

例如，教师讲课时，学生思考教师所教的内容（环境→个人认知因素）。如果不理解，他会举手提问（个人认知因素→行为）。教师于是复述这一内容（行为→环境）。学生做练习时，认为自己做得非常好，喜欢做这些练习（行为→个人认知、情感因素），询问教师是否继续往下做（个人因素→行为），教师同意他继续做（行为→环境）。

（二）学习和表现

班杜拉将学习（learning）与表现（performance）区分开来，强调知识的获得（学习）与基于知识的可观察的表现（行为表现）是两种不同的过程（申克，1999/2003）。人所知道的要比所表现出来的多。他曾做过这样一个实验。让三组学前儿童观看一场电影。在电影中，一个人正在踢打一个充气娃娃。第一组儿童看到那个人因为这种行为受到奖励，第二组儿童看到那个人受到惩罚，第三组儿童没有看到任何结果。看完电影后，这些儿童被带到摆有充气娃娃的房间。结果发现，第一组儿童最具攻击性，会踢打这些玩具。第二组儿童攻击性行为最少，但是如果他们被告知，模仿电影中的人踢打充气娃娃可得到奖励，他们就会将攻击性行为表现出来。这意味着，尽管学习已经发生了，但除非情境是合适的或者有引起行为的刺激，否则是不会表现出来的。外在强化或者学习者对即将出现的后果的高度相信会影响表现而不是学习。

学习者是否把从观察中习得的行为表现出来，依赖于许多因素，如动机、兴趣、外在刺激、觉察到的需求、生理状况、社会压力以及社会竞争等。有些学生尽管从同伴那里学到了一些诸如抽烟等不好的行为，但却没有表现出来，因为个人的后果不鼓励他们表现出这些行为。小学低年级儿童可能学会了某些汉字，但因为他们的精细动作协调能力有限而可能写得不够工整。小学高年级学生可能学会了约分，但因为他们焦虑、生病或者误解题意而在考试中出现错误。在这些情况中，学生的表现并不能表示他们的学习成效。

（三）参与性学习和替代性学习

参与性学习 通过实做并体验行动后果来进行的学习。

替代性学习 通过观察别人来进行的学习。

观察学习 通过观察并模仿他人来进行的学习。

社会学习理论将学习分为参与性学习和替代性学习（Bandura，1986）。**参与性学习**（enactive learning）是通过实做并体验行动后果来进行的学习，实际上就是做中学。那些能导致成功后果的行为被保留下来，而那些导致失败后果的行为则被舍弃。行为后果告知学习者其行为是否准确合适。如果成功地完成了某项任务或受到一定的奖励，学习者就知道自己做得很好。如果失败或者受到惩罚，学习者就知道自己犯了某些错误并会尽力加以修正。行为后果还能激发学习者学习和表现的动机，学习者总是学习并表现出他所看重并确信能带来理想后果的行为，而避免学习和表现出一些会受到惩罚或令人不满意的行为。这意味着，正是学习者的认知调节了后果对学习的影响。

替代性学习（vicarious learning）是通过观察别人来进行的学习。在这一学习过程中，学习者没有外显的行为。人类的大部分学习都是替代性学习，它通常是通过观察或聆听下列来源中的榜样来进行的：现实生活中的（亲眼所见或亲耳所闻）、象征性的或者非人类的（广播中说话的卡通人物或动物）、电子产品（电视、电脑或录像机）或印刷品（图书或杂志）中的。替代性学习可以大大提高学习的速度。此外，替代性学习还可以避免个体去经历有负面影响的行为后果。例如，我们可以通过听他人讲述、看书以及看电影等来了解交通事故的危险性，而不必亲身去体验交通事故的后果。

二、观察学习的过程

班杜拉认为，儿童的大多数学习发生在社会环境中，儿童通过观察生活中重要人物的行为来学得社会行为，这些观察以心理表象或其他符号表征的形式存储在大脑中，帮助他们模仿行为。儿童没有必要在学习过程中表现出这些行为，外在强化也不是绝对必要的。**观察学习**（observational learning）指通过观察并模仿他人来进行的学习。观察学习包括注意、保持、复制和动机四个子过程（Bandura，1986）。

（一）注意

注意是指观察者知觉榜样情境的各个方面。榜样和观察者的自身特征决定了观察学习的程度。学生容易观察这样一些榜样：与他们自身相似的榜样，例如，教师指派了好几名学生朗读，其余学生都会开始预想自己将是下一个被点名朗读的人；被认为是优秀的榜样，例如，数学教师演示如何使用正确的方法解决问题；热门的榜样，如影视明星；

受人喜欢或尊敬的榜样，例如，老师让一个很受大家欢迎的学生第一个到黑板上解题；有力的榜样，如班主任、班干部等。与此同时，有依赖性的、自身概念低的或焦虑的观察者更容易模仿他人的行为。此外，强化的可能性或外在的期望会对个体决定观察谁、观察什么产生影响。例如，数学教师在全班同学面前很公平地表扬每一个学生，不光针对最后结果，还对有助于解决问题的每一步骤都提出表扬。这样，学生就愿意说出各种不同的解题过程。

（二）保持

保持是指观察者记住从榜样情境中观察到的行为，以表象和言语形式在记忆中对它们进行表征、编码以及存储。在教学中，教师需要进行步骤分解，为此可以编制一些歌诀，甚至可以给难以记住的、复杂的行为冠以名称，作为标签，帮助学生记住完成任务的步骤。例如，在教导学生仰泳时，可以采用贴标签的方法，帮助学生记住仰泳的动作顺序："小鸡"→"飞机"→"士兵"（见图 4－11）。

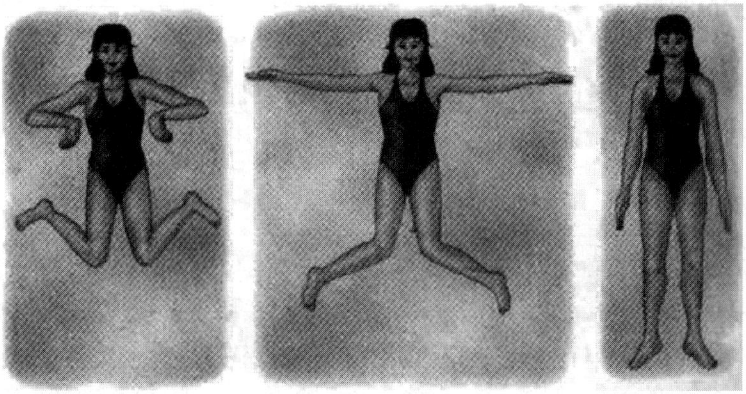

小鸡　　飞机　　士兵

图 4－11　仰泳的动作顺序

资料来源：珍妮·爱丽丝·奥姆罗德等，2023，第 355 页.

（三）复制

复制是指观察者将头脑中有关榜样情境的表象和符号概念转为外显的行为。观察者需要选择和组织榜样情境中的反应要素，进行模仿（modeling）和练习，并在信息反馈的基础上精练自己的反应。

（四）动机

替代强化　观察者因看到榜样受强化而受到的强化。

这里的动机是指观察者因表现出所观察到的行为而受到激励。观察者的模仿动机存在三种来源。一是直接强化（direct reinforcement），在社会学习理论中，直接强化的作用并不是增强行为，而是提供信息和诱因。观察者对强化的期望使他注意榜样行为，激励他编码并记住可以模仿的、有价值的行为。二是**替代强化**（vicarious reinforcement），指观察者因看到榜样受强化而受到的强化。例如，当教师强化一个学生的助人行为时，班上其他学生也将花一定时间相互帮助。替代强化往往能够唤起观察者的情绪反应。例如，当电视广告上的名人因使用某种洗发露而风度迷人时，观众将体验到因名人受到注意而感觉到的愉快。三是**自我强化**（self-reinforcement），自我强化依赖于社会传递的结果。社会向个体传递某一行为标准，当个体的行为表现符合甚至超过这一标准时，他就对自己的行为进行自我奖励。例如，补习了一年外语的学生为自己设立了一个成绩标准，于是他将根据标准对自己的成绩做出评价，并据此进行自我奖赏或自我批评。个体还能观察自己的行为，并根据自己的标准对行为做出判断，由此强化或惩罚自己。例如，在一次测验中，一个学生可能因得了90分而沾沾自喜，而另一个学生则可能感到大失所望。

> **自我强化** 学生根据一定标准对自己实施的强化。
>
> **习得效应** 学生通过观察榜样的行为习得了一种新的反应、认知过程、评判标准或行为规则等。
>
> **抑制效应** 学生看见榜样的行为受到惩罚而引起的该种行为反应倾向减弱。

三、观察学习的效应

在学校课堂中存在大量的观察学习。教师需要明确意识到它们的存在，并按照观察学习的过程来指导学生的观察学习，充分利用观察学习的习得效应与表现效应。

（一）习得效应

学习复杂的技能一般要通过观察和参与实践才能学会。学习者首先观察榜样解释并示范这些技能，然后进行大量练习和实践，并从指导者那里获得反馈和激励。

学生通过观察榜样的行为习得了一种新的反应、认知过程、评判标准或者行为规则等，这就是观察学习的**习得效应**（observational learning effect）。例如，通过观察学习，学生可以获得一些基本的读写技能、课堂对话方式、攻击性倾向以及与健康有关的知识（费兹科，麦克卢尔，2008）。而且，观察学习的一个重要结果可能是获得某些一般原理或规则。例如，某个学生观察了其他同学不同的复习方法，他综合了这些方法，结合自己的特点，创造出一种新的复习方法。

观察学习的发生存在不同途径。一种途径是教师有意的努力。教师通过示范教导一些新的技能或行为标准。例如，数学教师可以通过示范，有意教导学生如何在解题过程中运用图解法。另一种途径则是偶然的或者无目的的学习。例如，学生从同伴那里学会了某些骂人行为。

（二）表现效应

学生通过观察榜样行为增强或减弱了其原本习得的行为，这就是观察学习的表现效应。观察学习的表现效应包括抑制效应、去抑制效应和引发效应。

1. 抑制效应

抑制效应（inhibitory effect）是指学生看见榜样的行为受到惩罚而引起的该种行为反应倾向减弱。例如，一个学生在课堂上回答问题，其他学生取笑她。这一事件直接影响她以后的课堂参与行为。其他学生观察到她的经历，也许也会减少参与。他们已经替代性地了解到回答问题可能会给自己带来不愉快的后果，因而增强了对这种行为的抑制。

2. 去抑制效应

去抑制效应（disinhibitory effect）是指学生看到榜样做出自己原来抑制的行为而受到奖励时加强这种行为反应倾向。例如，一个学生在考试中作弊，侥幸躲过了惩罚，这种行为就可能扩散开来。

去抑制效应 学生看到榜样做出自己原来抑制的行为而受到奖励时加强这种行为反应倾向。

引发效应 学生看到榜样的行为而引发其行为库中已有的相同的行为反应。

3. 引发效应

引发效应（eliciting effect）是指学生看到榜样的行为而引发其行为库中已有的相同的行为反应。这种效应不同于习得效应，因为它没有习得新的反应。它也不同于去抑制效应，因为它并没有涉及消除害怕或抑制的过程。榜样行为为学习者提供了社会线索或提示，引发了他们的相同行为。他们并未观察到行为的后果。例如，在某个学生问题回答得非常精彩时，有几位同学鼓掌，其他同学受到暗示很快也鼓起掌来。鼓掌这种行为并非新学行为，只是被引发出来了。鼓掌行为也不会带来什么令人满意的后果。

学生可能已经学会某种行为，并且知道自己也需要做出这种行为，但是，他们需要教师进行角色示范，来促使他们表现出这些行为。例如，教师表现出对学生的尊敬、礼貌以及宽容等，学生就可能因受到提示而表现出这些行为。

概念术语

学习　言语信息　智力技能　高级规则　认知策略　态度　动作技能　外显学习　内隐学习　正式学习　非正式学习　关键期　可塑性　基于脑的学习　刺激　反应　无条件刺激　无条件反应　中性刺激　条件刺激　条件反应　经典性条件作用　消退（经典性条件作用）　自然恢复（经典性条件作用）　泛化（经典性条件作用）　分化（经典性条件作用）　高级条件作用　第一信号系统　第二信号系统　联结主义　效果律　操作性条件作用　消退（操作性条件作用）　维持（操作性条件作用）　先前刺激　分化（操作性条件作用）　泛化（操作性条件作用）　强化　强化物　正强化　负强化　惩罚　Ⅰ型惩罚　Ⅱ型惩罚　一级强化物　二级强化物　普雷马克原理　强化程序　连续强化程序　断续强化程序　间隔程序　比率程序　塑造　连锁　顺向连锁　逆向连锁　程序教学　社会学习理论　交互决定论　参与性学习　替代性学习　观察学习　替代强化　自我强化　习得效应　抑制效应　去抑制效应　引发效应

复习思考题

（一）选择题

1. 按照加涅的学习结果分类法，学习者使用符号与环境互动的能力倾向被称为（　　）。

A. 言语信息　　B. 智力技能　　C. 认知策略　　D. 动作技能

2. 通过对狗等动物的训练、研究，提出条件作用学说的著名学者是（　　）。

A. 巴甫洛夫　　B. 桑代克　　C. 华生　　D. 斯金纳

3. 有机体学会对条件刺激和与条件刺激相类似的刺激做出不同的行为反应，巴甫洛夫称之为（　　）。

A. 泛化　　B. 比较　　C. 分化　　D. 行为强化

4. 当学生取得好的成绩后，老师和家长给予表扬和鼓励，这符合桑代克学习规律中的（　　）。

A. 准备律　　B. 练习律　　C. 动机律　　D. 效果律

5. 如果一个家长想用看电视作为强化物奖励孩子认真按时完成作业的行为，最合适的安排应该是（　　）。

A. 在孩子看完电视以后立即督促他完成作业

B. 规定每周看电视的适当时间

C. 惩罚孩子过分喜欢看电视的行为

D. 只有按时完成家庭作业后才能看电视

6. 小伟为获得老师和同学的关注，在课堂上总扮鬼脸，老师和同学都不理睬他，于是他扮鬼脸的行为逐渐减少。这体现了（　　）原理。

A. 消退　　B. 负强化　　C. 惩罚　　D. 正强化

7. “警示”教育所产生的强化作用是（　　）。

A. 外部强化　　B. 自我强化　　C. 替代强化　　D. 积极强化

8. 妈妈为了激励小明提高成绩，提出如果他期末考试进了全班前十名，就给他买他一直想要的笔记本电脑，这种提高反应频率的程序叫（　　）。

A. 正强化　　B. 消退　　C. 负强化　　D. 撤销惩罚

参考答案：1.B；2.A；3.C；4.D；5.D；6.A；7.C；8.A

（二）论述题

1. 举例说明什么是学习。

2. 列举几种不同的学习分类方法。

3. 说说大脑发育可塑性对教育的意义。

4. 如何利用经典性条件作用使学生热爱某门学科？

5. 如何利用普雷马克原理来识别出学习者的最佳强化物？

6. 如何利用强化程序来教导学习者习得并维持一个新行为？

7. 比较经典性条件作用与操作性条件作用的异同。

8. 举例说明观察学习的效应在课堂中的应用。

拓展学习

陈琦，刘儒德．(2019)．当代教育心理学（第3版）（第4、5章）．北京：北京师范大学出版社．

伍尔福克．(2015)．教育心理学（第12版）（第7、11章）．伍新春，张军，季娇译．北京：中国人民大学出版社．

奥姆罗德．(2015)．学习心理学（第6版）（第3、4、5、6章）．汪玲，李燕平，廖凤林等译．北京：中国人民大学出版社．

第五章

学习：基本认知过程

【本章提要】

信息加工过程
- ✧ 学习的信息加工过程模型
- ✧ 感知觉与学习
- ✧ 注意与学习
- ✧ 记忆与学习

学习的认知观
- ✧ 认知结构与编码系统
- ✧ 认知同化

知识表征
- ✧ 概念
- ✧ 命题与命题网络
- ✧ 表象
- ✧ 图式
- ✧ 产生式

知识的获得
- ✧ 知识的分类
- ✧ 陈述性知识的获得
- ✧ 程序性知识的获得

我们是如何从外界获得信息的？是如何在头脑中再现这些信息并将它们转换成知识的？是如何存储这些知识的？是如何用这些知识来指导我们的注意和行为的？这些都是认知心理学关注的问题。认知心理学家们把人脑比拟为计算机，把人类认知看作像计算机一样的信息加工过程。根据这种信息加工理论，学习就是人脑对信息的接收、编码、存储和提取的过程。这一过程涉及基本的认知过程，如注意、感知和记忆，也涉及复杂的认知过程，如问题解决、创造性思维以及反思等。本章将聚焦基本的认知过程，看看我们在学习中是如何对信息进行基本的认知加工的。

第一节　信息加工过程

请闭上眼睛，想一想自己最近一次在高铁候车厅等候检票的情景。坐在你身边的人说话的内容是什么？他们穿着什么颜色的衣服？你的周围有书店吗？你的乘车站台是几号？检票口有几个检票员？你的座位是靠近窗口还是过道？

当你试着回答这些问题时，你会发现，有些问题你记得很清楚，但有一些却怎么也想不起来了。例如，你能回忆起候车时旁边有个人在打电话，但是却一点儿也不记得他说了什么；你记得这个人穿着黑色风衣，围了围巾，因为当时你觉得他虽然年纪很大，但是打扮却很时髦，所以你对他印象深刻；周围仿佛有好几家商店，但不记得有没有书店了；站台号你当时记得很清楚，但是现在却忘了是几号；你完全不记得检票口站着几个检票员，因为当时着急进站，只注意到自己这边是个女检票员；你非常确定自己的座位靠近过道，因为来回推餐车的乘务员一直让你把脚收一收。

在这个回忆过程中，为什么有些事情你一点儿也没有印象？为什么有些事情你当时明明记得很清楚，这会儿又想不起来？又为什么有些事情你到现在仍然印象深刻？这是由于这些事情在你的认知过程中经历的环节不完全相同。为了进一步回答这些问题，我们需要了解大脑是如何对这些信息进行加工的。

一、学习的信息加工过程模型

信息加工　人脑对信息的接收、转换、存储和提取。

感觉登记器　刺激作用于感觉器官所产生的短暂的记忆。

认知心理学家们将人脑这一信息系统看作一个灰箱，这个灰箱是由许多功能模块（诸如感觉登记器、短时记忆和长时记忆三级记忆系统）构成的功能结构。研究者通过外在刺激引发学习者的反应，从而推断灰箱中的信息加工过程。**信息加工**（information processing）是指人脑对信息的接收、转换、存储和提取。下面我们来看看在加涅的信息加工过程模型中，信息是如何在一系列功能模块之间流转加工的（见图 5-1）。

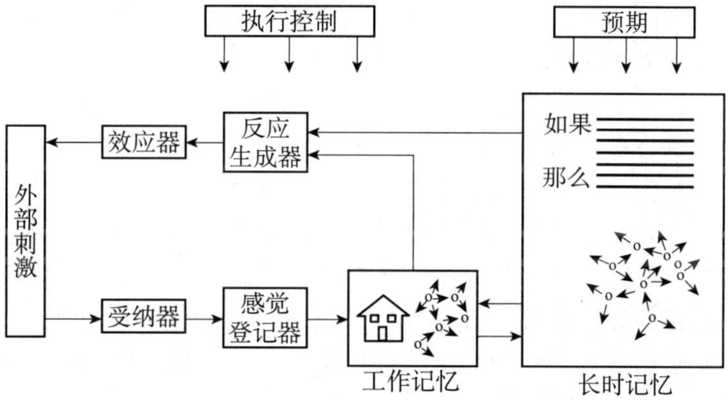

图 5-1　加涅的信息加工过程模型

外界刺激（如光、声音、气味）作用于学习者的受纳器（感官），进入**感觉登记器**（sensory register）。例如，当你一眼望向教室前方时，许多刺激（如白墙、黑板、屏幕、讲台等）都会映入你的眼帘。当你闭上眼睛时，这些刺激的影像会短暂地保留在你的头脑之中。感觉登记器中的信息与外在刺激的原初形式相似，如视觉刺激表现为表象，听觉刺激表现为回音，等等。感觉登记器的容量巨大，但信息停留时间很短，一般为 0.25～2 秒。

感觉登记器中的信息一旦受到注意，就进入工作记忆（working memory），否则就会消失。当你望向教室前方时，看到了许多东西，如果你注意到黑板上的某串数字（如“20080808”），这串数字就进入了你的工作记忆，其他没有受到注意的信息此时就消失了。工作记忆中信息的保持时间较短，因此工作记忆又被称为短时记忆（short-term memory）。工作记忆中的信息受到复述和编码，以表象和语义的形式保持，或者存储到长时记忆（long-term memory）之中。当你在心中反复默念这串数字时，这串数字就会持续地保留在工作记忆之中或进入长时记忆之中，或者你将这串数字分为三组，分别为“2008”“08”“08”，也能将其保留在工作记忆或者长时记忆之中。在工作记忆系统中，你也可以从长时记忆之中提取先前知识，并且与外在刺激进行整合编码。例如，你将这三组数字看作时间（如“2008年8月8日”），并且联想到北京奥运会的开幕时间，就赋予了这串数字意义，从而能够继续将其保持在工作记忆之中或存储到长时记忆之中。

工作记忆中的信息或从长时记忆中提取的信息通过具有信息转换或动作的功能的反应生成器，使效应器（肌肉）活动起来，产生一个影响环境的操作行为。例如，你将在笔记本上记下这串数字与“北京奥运会”。有些信息是直接从长时记忆中输送出去的。例如，你在笔记本上写字的时候，只意识到了“北京奥运会”几个字，并没有意识到每个字怎么写，你对这几个汉字的书写是自动化地从长时记忆中输送到反应生成器的。

整个信息加工过程是在执行控制与预期两个部分的作用下进行的。执行控制涉及学习者先前经验对信息加工的调节，如对感觉登记器中的什么信息加以注意，采用什么策略对信息进行编码，如何从长时记忆中提取信息，等等。例如，如果你没有北京奥运会开幕日期的知识，你可能会将这串数字分为四组，即“20”“08”“08”“08”，这样共有一个“20”和三个“08”，也便于记忆。执行控制与元认知有关，后者将在本书第七章的学习策略部分加以介绍。预期涉及学习者的动机系统对学习过程的影响。例如，对学习的信息加工知识的不同预期会影响你对这串数字的重视程度。如果你对学习策略有强烈的兴趣，那你会非常关注这串数字是如何被编码的，并且记下来，将这种方法应用到其他情境中。如果你只是了解信息加工过程，就会把这串数字当作一个平凡的例子而已。有关学习动机的影响将在本书第九章中加以介绍。

请回到本节的开头，当你在候车厅候车时，你看到的和听到的信息远远多于你现在能够回忆起来的。当时在你眼前不停更替的人群、嘈杂的谈话声和广播声都经过了你的感觉登记器。但是由于感觉登记器保存信息的时间很短，其中大量的信息几乎都丢失了。那么，为何你又记得你旁边人的穿着、女检票员以及你座位的位置呢？因为你对这些信息给予了注意，使它们进入工作记忆，有些信息如座位位置，因为受到编码而保存在长时记忆之中了。

二、感知觉与学习

（一）感知过程与学习

> **感觉**　人脑对直接作用于感觉器官的客观事物个别属性的反映。

感觉（sensation）是人脑对直接作用于感觉器官的客观事物个别属性的反映。例如，光线引起视觉，声波引起听觉，气味引起嗅觉，等等。**知觉**（perception）是人脑对直接作用于感觉器官的事物的各种不同属性、不同部分及其相互关系的整体反映，是在感觉的基础上对事物的各种属性加以综合和解释的活动过程，是觉察刺激并赋予刺激意义的过程。例如，我们看到一个橙黄色的圆形物品，闻着芳香，尝着酸甜，将这些感觉综合起来，赋予其一个意义：橙子。由于感觉和知觉密不可分，人们常将二者统称为感知。

> **知觉** 人脑对直接作用于感觉器官的事物的各种不同属性、不同部分及其相互关系的整体反映。
>
> **自下而上的加工** 一种知觉过程：先获得事物的具体特征，然后将它们组合为可识别的模式。
>
> **自上而下的加工** 一种知觉过程：根据情境和先前知识经验来察觉事物的特征并将它们组合起来，建构信息的意义。

人在知觉事物时经历了双向加工的过程。一方面是**自下而上的加工**（bottom-up processing），即把事物分解成不同的元素或特征（如圆的、橙黄色等），获得事物的具体特征，然后将它们组合为可识别的模式（橙子）。通俗地说，我们先具备了知觉对象的具体属性，然后又推出该知觉对象的概念。例如，一个大写字母 A 是由两条呈 45°角的射线以及一条连接两线中点的水平线段组成的。我们无论什么时候看到这些特征，或一些与之非常相似的表征，都可能将其认作 A。再如，当我们打开收音机，调到爱听的音乐台时，我们经常能听到一些音符或一段有特色的音乐，把它们综合在一起，我们就能知道是哪首歌。

另一方面是**自上而下的加工**（top-down processing），即根据情境和先前知识经验来察觉事物的特征并将它们组合起来，建构信息的意义。例如，如果我们没有学习过英语字母，就不会把具备字母 A 特征的类似的符号认作 A。反过来，如果我们学习过英语，即使看到的字母 A 的外形特征不那么规范，也仍然会把它认作 A。

知觉的双向加工过程提示我们，在教学中，学生对一个刺激的识别，不仅受刺激特征明显与否的影响，也受他们先前知识经验与知觉情境的影响。

活动体验

请针对下图中间的符号“B”回答以下两个问题：

1. 请问这个数字是几？
2. 请问这个字母是什么？

针对第一个问题，你可能会说 13；针对第二个问题，你可能会回答 B。为什么呢？

这个符号本身其实并没有发生变化，但是由于你的期望（这个符号是字母还是数字）不同以及你对字母和数字的先前知识不同，你对于这个符号的知觉含义的理解也不同。此外，在不同的情境下，人们的知觉也会出现差异。如果以“ABC”的形式出现，那么“B”就是一个字母；如果以“12 B 14”的形式出现，那么这个符号就是一个数字。对于没有恰当的背景知识的个体（例如儿童）而言，他们对这个符号的知觉可能是没有意义的（Smith，1975）。

你对“B”的特征分析、你的先前知识经验以及知觉情境共同影响了你对“B”的知觉，你对“B”的知觉经历了自下而上和自上而下的双向加工过程。

资料来源：Weitn，2017，第118～119页.

（二）知觉特征与学习

知觉具有选择性、理解性、整体性和恒常性。

1. 知觉选择性

知觉选择性 人有选择地把某一事物作为知觉对象，而把其他事物作为知觉对象的背景。

知觉理解性 人根据已有的知识经验来解释当前知觉的对象，使它具有一定的意义。

知觉选择性（perceptual selectivity）是指人有选择地把某一事物作为知觉对象，而把其他事物作为知觉对象的背景。例如，上课的时候，我们把黑板知觉为背景，把黑板上的字知觉为对象。在知觉事物时，我们一般倾向于：第一，选择与背景差别大的对象，如万绿丛中一点红、安静清晨的一声鸡鸣；第二，选择静止背景中的运动对象，如街上行驶的汽车、夜晚星空划过的流星；第三，选择邻近或者相似的刺激作为对象，如我们把空间上靠近的两个人看作一对、把穿着相同的人看作一组、把时间上接近的两个声音当作一个信号。

在教学中，我们需要通过突出一些信息的特征，如采用不同的字体、字号、颜色，或者加粗、画下划线、加方框、涂阴影等，来促进学生对这些信息的感知。例如，在给学生出选择题的时候，需要预防学生因为没有知觉到关键术语而做错。假如题干是“请从下列选项中选出不是知觉的特征的选项”，就需要将题干中的“不”字放大加粗，引起学生的警觉。

图5-2　一个双关图

在知觉中，对象与背景是相对的。在黑板与文字的例子中，黑板也可以是对象，这时白墙就成了背景；文字也可以是背景，这时黑板上的其他文字或图解就成了对象。对象和背景还可以相互转换。以图5-2所示的双关图为例：如果我们以白色为背景，盯着黑色部分，我们会将两张面对面的黑色脸庞作为对象；反之，如果我们以黑色部分为背景，盯着图中白色部分看，则会将一只白色杯子作为对象。

2. 知觉理解性

知觉理解性（perceptual comprehension）是人根据已有的知识经验来解释当前知觉的对象，使它具有一定的意义。在知觉的时候，过去的知识和经验不仅影响对知觉对象的选择，也影响对知觉对象的解释。例如，对于一张骨骼X光片，不懂医学知识的人不知道看哪些地方和特征，即使看到了也无法从中得到有关骨骼状态的信息，而有经验的医师就能从X光片中看出骨骼某部分的病变情况。

知觉理解性受到一些因素的影响。第一，言语指导。语词的提示可以指引人对某一对象进行快速而完整的知觉。例如，在观看星座时，“射手座”“天蝎座”等词能引导人对星座的知觉和理解。在旅游时，导游的言辞会引导我们对景物的知觉。第二，活动任务。活动任务不同时，人对同一个对象会产生不同的知觉。第三，对知觉对象的态度。对于符合自己需要和兴趣的或者自己喜欢的对象，个体就能加以深刻理解并获得清晰和完整的知觉。

3. 知觉整体性

知觉整体性（perceptual integration）是指人倾向于将对象作为一个整体进行知觉。我们往往根据事物的整体特征来认识和分辨事物，而不是将事物知觉为许多个别的部分。假设我们坐在公园的椅子上等一位朋友，我们往往不必把每个走过来的人的身高、体重、年龄、眼睛形状、头发颜色、鞋子大小等特征与那位朋友的特征相比较，我们的大脑中有着那位朋友的一个整体形象，只要寻找与这个整体形象相匹配的人就可以了。一旦某个走过来的人符合那个整体形象，我们就可以在近处看清细节，以确定这个人是不是那位朋友。

> **知觉整体性**　人倾向于将对象作为一个整体进行知觉。
>
> **格式塔**　在德语中的意思类似于模式或完形。格式塔理论认为，人倾向于在感觉信息之间建立联系，并把它们组织为连贯的、有意义的整体。

20 世纪早期德国的格式塔心理学对知觉整体性进行了非常深入的研究。**格式塔**（Gestalt）在德语中的意思类似于模式或完形。格式塔理论认为，人倾向于在感觉信息之间建立联系，并把它们组织为连贯的、有意义的整体，而不是把它们当作支离破碎的事物或无关的信息。例如，树不是把树叶、树枝、树根和树干等随随便便堆放在一起，而是由这些元素构造出的一个有意义的外形。当看一棵树时，我们一般不会注意个别的元素，而是注意树这样一个有组织的整体。当看到一个有缺口的圆圈时，我们仍会将其知觉为封闭的圆。看到一个由点阵构成的正方形，当被问及这是什么时，我们一般都会直接将其感知为正方形而不是很多圆点。图 5－3 所示就是格式塔理论的一些知觉组织原则。

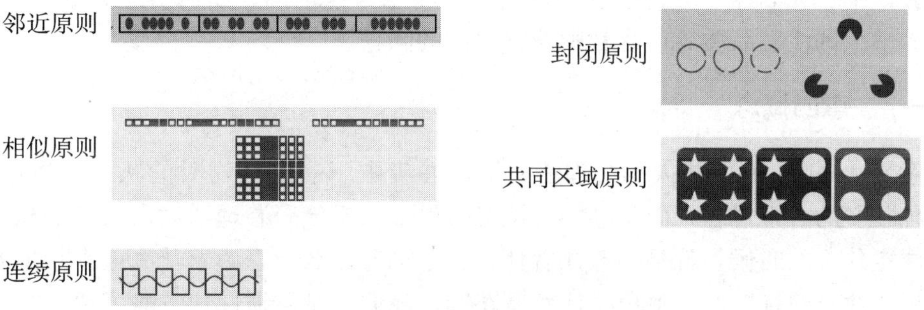

图 5－3　格式塔理论的一些知觉组织原则

在教学中，教师可以利用这些原则来促使学生尽快感知和组织信息。例如：

- 利用字体、字号、颜色、加粗、阴影、斜体和缩进等排版手段，让学生体会哪些信息是一个层次的，哪些信息是一组的。
- 在条形图中采用相同颜色和花纹样式的直条表示同一类事物，在折线图中采用相同星号和相同颜色的折线表示同一类事物在不同时间点的变化趋势。
- 在板报、教室墙壁布置上，采用不同的形状、颜色等表示学习园地中不同的内容。

教师不仅可以在呈现知识（包括PPT设计）和编制阅读材料时运用这些原则，还可以让学生知晓这些原则，引导他们运用这些原则来组织和表达自己的信息。这不只是单纯为了保持卷面整洁，更是为了提高信息传递的效率，为整洁习惯的养成注入科学的理论基础。

4. 知觉恒常性

知觉恒常性 当知觉的条件在一定范围内发生改变时，人对同一事物的知觉仍然保持相对不变。

注意 人的心理活动指向并集中于一定事物时的状态。

知觉恒常性（perceptual constancy）是指当知觉的条件在一定范围内发生改变时，人对同一事物的知觉仍然保持相对不变。例如，在阳光下或在阴凉处，从不同的位置看，我们对一个苹果的亮度、颜色、形状、大小等的感觉是不同的，但我们仍然将它知觉为同一个苹果。在不断变化的情况下，知觉恒常性可以帮助我们保持对事物的正确知觉。例如，不论我们坐在教室的第一排还是最后一排，不论我们换了什么发型或者服饰，老师都能从讲台上认出我们。再如，对于同一首乐曲《春江花月夜》，用古筝或箫来演奏，其音色和音高可能各不相同，但我们仍然能够知觉到同样的整体旋律和曲调。

在教学中，我们需要经常变换条件来帮助学生建立对某些事物的知觉恒常性。例如，在教平行四边形的特征时，教师需要从不同的方位、在不同的背景下、以不同的方式呈现各种平行四边形，使学生正确认识知觉对象特征之间的关系，从而认识事物的性质，而非单纯感知局部的刺激。

三、注意与学习

在教学中，我们经常听到也会经常用到“注意”这个词。如何引导并维持学生的注意、培养学生的注意品质等，是教师非常关注的问题。

（一）注意的概念

注意（attention）是指人的心理活动指向并集中于一定事物时的状态。注意本身并不是一种独立的心理过程，而是感知、记忆、思维和想象等心理活动所共有的积极状态。我们在注意什么的时候，就是在感知着什么、记忆着什么、思考着什么或者想象着什么。当我们说“注意路标”时，意思是注意看路标，我们只是习惯性地省略了“看”字。

注意是一种有限的心理资源，人在同一时间只能感知少数对象、想到少数问题。注意就像一盏探照灯，每一瞬间只能指向并聚集于某一对象。此时这个对象就成为注意的中心，就好比处于探照灯光束的中心，变得清晰，其他对象则处于光束的边缘而变得模糊。例如，当我们读书时，我们的精力集中在书的内容上，对房间里别人的谈话可能充耳不闻，或只是隐约地知道，说不清具体内容。注意的中心与边缘经常变化，新的对象一旦变为注意中心，原来的中心就退居边缘，甚至完全不被注意了。人在清醒的时候，每一瞬间总是在注意某种事物的。当我们说学生没有集中注意的时候，是指他没有将注意集中在老师的讲课上，而是指向了其他无关的事情。当我们说一个人“分心”或“走神”时，是指其注意暂时离开了刚才指向的对象。

（二）注意的品质

注意具有广度、稳定性、转移和分配等品质。

注意广度（span of attention），也叫注意的范围，指在同一瞬间内人能清楚把握的对象的数量。最早有关注意广度的测试是：在桌上的白盘中撒一把黑豆，等盘中黑豆稳定下来，请你立刻报告盘中黑豆的数量，你在一瞬间能够同时看到几颗黑豆呢？

> **注意广度**　也叫注意的范围，指在同一瞬间内人能清楚把握的对象的数量。
>
> **注意的稳定性**　注意保持在某种事物或活动上的时间长短。

活动体验

请扫一眼下面这行字母，然后报告是“H”多还是“S”多。

HSHSHSHHSHS

请再扫一眼下面这行字母，然后报告该行是“H”多还是“S”多。

HSHHSSSHSHHHHSHHHS

请比较前后两次任务的完成情况。哪种情况下判断更容易？为什么？

视觉的注意范围是通过速视器加以确定的，在不超过 1/10 秒的时间内，在速视器上呈现数字、图形或字母，你能够看到的数量就表明了你的注意范围。研究表明，成人在 1/10 秒内一般能注意到 8～9 个黑色的圆点或 4～6 个没有联系的外文字母。

注意的稳定性（stability of attention）是指注意保持在某种事物或活动上的时间长短。严格地说，注意的稳定性是根据注意维持在单一的对象或操作上的时间来确定的。

活动体验

请看下面的线路追踪图，从左边 1 号或 2 号口进入，看看它们在右边的出口是 A 还是 B。

请想一想，你是怎么完成的？你是不是时刻需要做出心理努力，将注意指向并集中在线路走势上，稍一走神，就迷失了正在追踪的线路？

广义上的注意的稳定性并不意味着注意总是指向同一个对象或行动，注意指向的对象或行动可以有所变化，但活动的总体方向始终不变。例如，在完成数学作业时，学生可能要阅读题目、画示意图、列式计算、填写解答过程等，但这些活动都服从于完成作业这一总体任务，因而他的注意是稳定的注意。与注意的稳定性相反的是注意的分散，它是指需要注意稳定的时候，受到无关刺激的干扰，使注意离开需要注意的对象。一般而言，5～7岁的儿童能聚精会神15分钟左右，7～10岁的儿童可达20分钟，10～12岁的儿童可达25分钟，高中生一般能坚持30～45分钟。

注意的转移 人有目的地、主动地把注意从一个对象或活动转移到另一个对象或活动上。

注意的分配 人在同一时间内对两种以上的刺激进行注意，或将注意分配到不同的活动中的现象。

注意的转移（shift of attention）是指人有目的地、主动地把注意从一个对象或活动转移到另一个对象或活动上。

活动体验

请看下面两行数字。

2
7 2 9 1 0 1 1 2

请将第一列的两个数“2”和“7”相加，然后把两数之和“9”写在第二列的第一行上，然后计算第二列的两个数的和，把两数之和再写到第三列的第一行，以此类推，当两数之和大于10时，则只记个位数。如下所示。

2 9 1 0 1 1 2 3
7 2 9 1 0 1 1 2

请按上述规则对下面两行数字进行加法计算，直到1分钟结束。

2
7 2 2 3 9 5 0 6 1 7 2 8 4 2 5 8 3 4 6 1 8 4 2 4 7 1 9 2 5 7 0

看看你能正确计算多少。

在日常学习、工作和生活中，我们常常需要干完一件事情后再做另一件事情，或者在做一件事情的过程中发生新情况需要及时处理，这就需要注意转移。例如，学生上完语文课之后上数学课，做完一道题之后要做另一道题，在读课文时遇到生字后查字典。学生在课堂上听课时需要及时跟随老师的思路，将注意转移到新的内容上，以免过于关注讲过的东西而忽略了新的内容。

注意转移的快慢、难易受前面活动的紧张程度与后面活动的性质的影响。如果前面的活动很紧张、投入较深或特别有趣，而对新的活动又不感兴趣，注意就不容易转移或转移得较慢。

注意的分配（distribution of attention）是指人在同一时间内对两种以上的刺激进行注意或将注意分配到不同的活动中的现象。例如，教师可以一边讲课一边观察学生的听课情况。

活动体验

请看下面的管道图。

请你在 20 秒钟内，用铅笔从左侧入口处开始画线，一直画到右侧出口。要求不能碰到管道的墙壁，碰到的话，需要从头来画。在画线的同时要从数字 1 数到 15。

完成之后，请再画一遍，这次要求从数字 15 开始倒序报数，15，14，13……一直报到 1。

请比较前后两次任务的完成情况。哪次更容易一些？为什么？

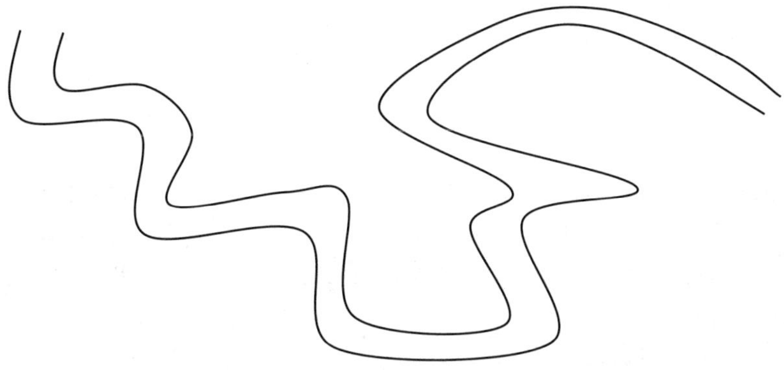

注意分配的一个前提条件是，在同时进行的活动中只能有一种是不熟悉的、需要集中注意来完成的，其他活动都要达到自动化的程度。例如，当我们能够熟练地骑自行车时，我们就能够一边骑车一边与朋友说话；有人能够一边织毛衣一边看电视。

在学习和工作中，有些活动常常需要做到一心二用甚至多用，如一边听讲一边做笔记、自弹自唱同一首歌。在这种情况下，同时进行的几种活动往往具有内在联系，经过训练我们就可以掌握固定的反应模式，兼顾几种活动。例如，汽车司机在开车时可以一边观察路况、车况、速度和交通信号，一边操纵方向盘、油门和刹车，这就是借助了活动间的内在联系，实现了注意的分配，当注意分配达到熟练程度之后，还能添加其他活动，如熟练的司机在开车时还能听音乐等。

值得注意的是，注意的分配包含注意的转移。当我们进行注意分配时，实际上是在间隔性地进行快速的注意转移，即间隔性地将注意快速从主要活动转移到对次要活动的监控扫描上，而后又快速回到主要活动上。那些需要使用同一个感觉通道来完成的任务尤其如此。例如，司机开车时在看速度仪表盘的瞬间注意已经离开了对路况的观察。

（三）注意的分类

注意包括**无意注意**（incidental attention）（不随意注意，involuntary attention）、**有意注意**（随意注意，voluntary attention）和**有意后注意**（随意后注意，post-voluntary attention）（见表 5－1）。

> **无意注意**　没有自觉的目的，也不需要任何意志努力的注意。
>
> **有意注意**　自觉的、有预定目的的，往往还需要一定意志努力的注意。
>
> **有意后注意**　有意注意转化后形成的一种不需要意志努力的注意。

表5-1 注意的种类

类型	定义	举例
无意注意	没有自觉的目的，也不需要任何意志努力的注意。	快到中午了，大家正在上课，突然闻到一股饭菜的香味；走在马路上，突然听到消防车的鸣笛声。
有意注意	自觉的、有预定目的的，往往还需要一定意志努力的注意。	做英语阅读题时，自觉将注意力指向文章的内容；刚学打字时，心里想着要打的字，眼睛盯着键盘找字母。
有意后注意	有意注意转化后形成的一种不需要意志努力的注意。	打字达到盲打的程度时，虽然仍然需要预想要打的字，但已经不需要有意地注意打字的过程就能打出这个字来。

行动指南

在教学中可以采用一些措施来引发学生的无意注意和有意注意，或者维持学生的有意注意。

- 呈现新异刺激。
- 制造明显的刺激对比关系，如强烈的光线、巨大的声响、浓郁的气味。
- 利用刺激的变化，如说话抑扬顿挫，固定不变、多次重复的刺激不易引起注意。改变教室的物理环境，使用不同的教学工具，运用各种手势，等等，甚至可以变换学生的座位。
- 适合学生先前知识经验和生活活动。例如，举生活中的例子。
- 明确活动任务和学习目标，增进学生对任务的理解，告知学生需要知道的内容。
- 满足学生需求、好奇和兴趣，激发学生完成任务的意愿。例如，引入情境模拟或游戏活动。
- 提供新知识或者快乐体验、有一定挑战性的任务或活动。
- 提问学生，让他们举例、解释、应用、画网络关系图。
- 走动，让全班学生共同做一件事（在座位上写作业）时经常走动，避免学生走神。
- 建立某种信号，在开始上课或者转换内容时发出信号，使学生停下手中做的事情，将注意力集中到老师那里。

四、记忆与学习

（一）工作记忆与学习

1. 工作记忆与短时记忆

工作记忆 个体对信息进行暂时存储并加工的容量有限的记忆系统。

工作记忆（working memory）是个体对信息进行暂时存储并加工的容量有限的记忆系统（Baddeley & Logie，1999）。它类似于电脑的内存，是对信息进行加工并暂时存储的工作台。感觉登记器中的内容一旦受到个体注意，就进入这个系统中，个体能够明确意识到当前该系统中的内容。在这个系统中，个体既可以对新信息进行短暂保存和加工，也可以将长时记忆系统中的信息激活和提取出来以供使用。由于其保持信息的时间一般不超过 20 秒，所以也被称为短时记忆（short-term memory）。请看下面两个生活中的例子。

- 你准备登录某个网站，但需要输入手机验证码，你打开刚刚收到的手机短信，并在口中重复念着这串数字，直到在网站上输入完毕，但是，很快你会发现自己完全忘记了刚刚输入的数字是什么。
- 你仅仅在乘坐高铁前简单复述了一下站台号，找到这个站台并在这个站台区域内上车，当时能够记得乘车站台号是多少，之后你就不再关注它了，现在怎么都回忆不起来了。

在这些过程中，不断复述数字或站台号事实上是使该信息处于激活状态，从而在短时记忆中保持更长的时间，一旦停下来且不对其做进一步的加工，这些信息便会很快消失并被遗忘。

复述包括保持性复述和精加工复述两种。**保持性复述**（maintenance rehearsal）是指在工作记忆中对信息进行的简单的重复。例如，将短信验证码在脑中默念，直到登录到网站中，或者在头脑中反复再现微信上的某个表情符，直到在手机输入面板上找到它为止。**精加工复述**（elaborative rehearsal）是指在工作记忆中对当前信息与从长时记忆中提取的信息进行的关联性复述。例如，当你看到宾馆的房间号 2449 时，你马上联想到$\sqrt{6}$的值（约等于 2.449）。这样便增加了当前信息的意义，利于将信息保持下来。复述的策略将在第七章加以讨论。

保持性复述 在工作记忆中对信息进行的简单的重复。

精加工复述 在工作记忆中对当前信息与从长时记忆中提取的信息进行的关联性复述。

块 工作记忆中一个有意义的信息单元。

组块 通过信息重组将单个信息组合为更大的意义单元的过程。

2. 短时记忆的容量

短时记忆的容量有限，通常是 7±2 个块（Miller，1956）。**块**（chunk）是一个有意义的信息单元。它可以是一个数字、字母，也可以是一组字母或其他项目，还可以是一个单词、一个句子等。例如，请你记住下面这串数字：1911192193719451949。乍一看，这 20 个数字是 20 个块，已经超出了短时记忆的容量。但是，如果将这串数字分解为中国近现代历史的几个关键年份，你就能得到 5 个块，扫视一眼之后就能够按照顺序将这些数字回忆出来。像这样通过信息重组将单个信息组合为更大的意义单元的过程叫作**组块**（chunking）。我们需要根据相似性原则或其他组织原则，或者是长时记忆中的先前知识和经验（如此例中的历史知识），对信息进行组块，以减轻记忆的负担。

应用举例

张老师在教学中利用工作记忆的容量来组织信息和任务。在课堂内容编排上，他摸清学生的先前知识基础，每堂课都保证教给学生的新内容不超过 7 个，让学生学得容易，学得有意义。在课堂上呈现信息时，将信息分块，而后逐块呈现。在设置学习任务，如记忆生词、练习新学的知识技能时，都控制在工作记忆的容量限度之内。在指导学生背诵时，也让学生将课文或词表分解成一段一段的，每段的容量不超过工作记忆的容量，背熟一段再背下一段，然后将各段进行组块，这样学生就可以逐渐记下长篇的完整内容了。

（二）长时记忆与学习

个体若对短时记忆中的信息进行复述，通过与以往所学知识进行联系并做出有意义的解释，这些信息就有可能进入长时记忆系统，从而被长久地保留下来。**长时记忆**（long-term memory）是保持时间大于1分钟的记忆。从理论上说，一个人能够存储在这个系统中的信息量是无限的。例如，你能够清楚地记得你的银行卡密码，几个月后甚至几年后，你都能随时背出来。同时，你一生中在长时记忆系统中存储了大量的信息，你可能仍然记得小时候与小伙伴一起玩耍的情景，你也记得昨天晚饭前读书的内容，但会常常出现回忆不起来的现象。

长时记忆 保持时间大于1分钟的记忆。

情景记忆 个体对生活经历的记忆。

语义记忆 个体关于各种概念、思想及其关系的记忆。

1. 长时记忆的种类

很多认知心理学家将长时记忆分为外显记忆（explicit memory）和内隐记忆（implicit memory）。前者是有意识参与的、可被回忆的，后者则不能被意识到，但能够无意识地影响我们的行为或思考（见图5-4）。

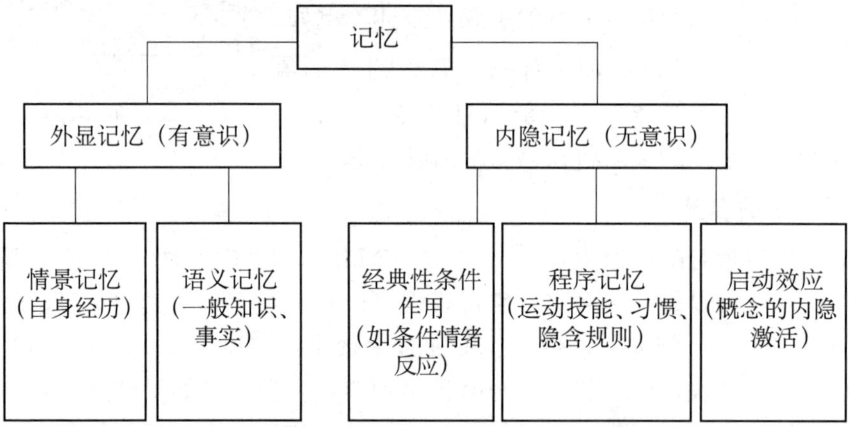

图5-4 长时记忆：外显与内隐

资料来源：Gray，2002，第342～344页.

外显记忆包括情景记忆和语义记忆两种。**情景记忆**（episodic memory）是个体对生活经历的记忆，一般是具体形象的。例如，你可能记得高三那年教室里的情景——拥挤的教室里，同学们都把头埋进成堆的教科书和各类练习题里，班主任在过道里来来回回地走，偶尔停下来看看同学们复习得如何。**语义记忆**（semantic memory）是个体关于各种概念、思想及其关系的记忆。例如，你记得勾股定理——直角三角形两直角边的边长平方和等于斜边边长的平方；你可以回想你家卧室的窗户上贴了几朵窗花；你甚至可以推测如果一个人去医院大概会经历哪些事情——挂号、排队、看病、拿药后结账。

内隐记忆包括经典性条件作用、程序记忆和启动效应。经典性条件作用导致一些无意识的记忆，如因面临考试而感到焦虑、听别人说到话梅而分泌唾液、要抽血或打针时感到害怕等。**程序记忆**（procedural memory）是个体关于如何完成某项任务的记忆，它以一系列的刺激-反应组（stimulus-response pairings）的形式进行存储。例如，你可能很久没有打乒乓球了，但是一旦对方把球打过来（刺激），你该如何接球、以何种方式打回去等一系列运动方式都会像齿轮一样被激发和带动起来（反应），使你完成这项活动。*启动效应*（priming effect）是指通过一些无意识的加工激活存储在长时记忆中的信息。例如，在学习某一章时，由于该章的知识点被重复多次，学生在做题时，这些知识点及其相关的知识点容易被激活，但到了综合应用各章知识点的阶段，该章的知识点就不那么容易被激活了。

> **程序记忆**　个体关于如何完成某项任务的记忆。
>
> **遗忘**　对识记过的材料不能进行再认与回忆，或者进行错误的再认与回忆。
>
> **衰退**　记忆信息随时间推移而减弱或变得模糊甚至全部消失。

2. 遗忘

我们很想记住学过的东西，可还是会忘掉许多。我们会忘记昨天课上刚学过的东西，会一下子想不起来一个熟悉的名字。**遗忘**（forgetting）是指对识记过的材料不能进行再认与回忆，或者进行错误的再认与回忆。从信息加工的角度来看，就是存储的信息不能正确地提取出来。例如你在考试前夜好好地复习，在考试中考得不错。但是在下一周的突击小测试中，你就无法回忆出一样的信息。那么我们为什么会遗忘呢？目前主要有以下三种解释。

（1）记忆衰退。记忆信息随时间推移而减弱或变得模糊甚至全部消失，这叫作**衰退**（decay）。德国心理学家赫尔曼·艾宾浩斯（Hermann Ebbinghaus，1850—1909）最早对遗忘进行了实验研究。他以无意义音节（由若干音节字母组成、能够读出但无内容意义，即不是词的音节）为材料，把识记材料学到恰能背诵的程度，经过一定时间间隔再重新学习，以重学时节省的朗读时间或次数作为衡量记忆效果的指标。他用节省法计算了保持和遗忘的数量，研究了遗忘的进程和规律，并根据实验结果绘成描述遗忘进程的曲线，即著名的艾宾浩斯遗忘曲线（见图 5-5；Ebbinghaus，1913）。

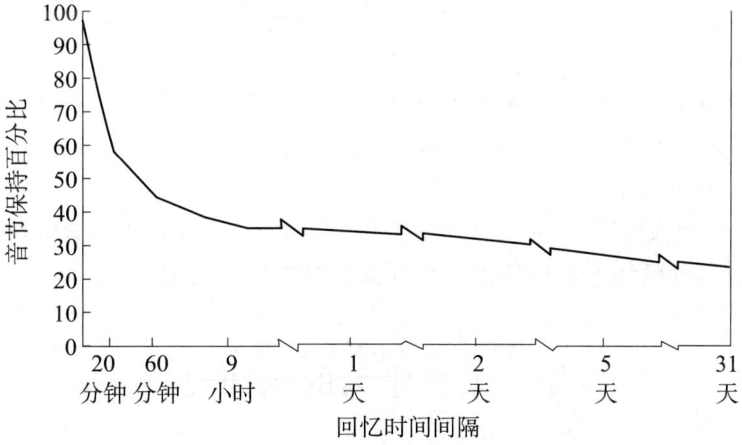

图 5-5　艾宾浩斯遗忘曲线

艾宾浩斯遗忘曲线揭示了遗忘在数量上受时间因素制约的规律：遗忘进程是不均衡的，在记忆的最初遗忘很快，以后逐渐变慢，到了一定时间，几乎就不再遗忘了，也就是说，遗忘的规律是“先快后慢”。俄国教育家乌申斯基曾经说过：“不要等墙倒塌了再来造墙。”这句话生动地描绘了遗忘曲线应用的精髓：及时复习。遗忘规律要求我们学习之后要立即复习，而不要平时不复习、考前开夜车，并且以后还要再复习几次，复习的时间间隔可以逐渐变长。例如，学习的第一天后进行第一次复习，三天后再复习一次，下一次的复习则可安排在一周之后，以此类推。不管间隔时间多长，总之要在容易发生遗忘的时刻及时复习，克服遗忘。

（2）干扰。遗忘的一个重要原因是干扰（interference；Dempster & Corkill，1999），这是指要学习的东西与其他信息混淆或受到其他信息的排挤。干扰论认为遗忘来自联结之间的竞争，这种竞争降低了回想起正确联结的可能性。也就是说，另一些材料与原来的刺激形成了联系（Postman，1961；Underwood，1957）。问题出在从记忆中提取信息的过程，而不是记忆本身（Crouse，1971）。

彼得森夫妇（Peterson & Peterson，1959）进行了一个经典实验，他们首先让被试完成一个简单识记任务：记忆一系列由三个字母组成的无意义音节（如NQB），然后立即完成另一个任务，即用一个三位数连续减3（例如562，559，556……持续18秒），整个任务结束后要求被试报告出最初识记的字母。结果发现，和没有进行连减任务的被试相比，进行该任务的被试的记忆效果较差。

我们上网漫游一小时之后，很难回想起一开始我们看了些什么，这是因为后面的信息不断干扰前面的信息。在教学的过程中，教师不要一味地呈现新信息，而应适当关照前面的信息，让学生有机会有意识地对前面的信息进行复述、对前后信息进行关联，避免前面的信息被后面的信息干扰。

（3）提取失败。我们有时在街上偶遇一个人，他看上去很眼熟，但是我们却记不起来他是谁或我们在哪儿见过。我们试图从长时记忆中想到他的名字，但是最后却没有成功。这种我们确定我们确实学习过某个信息但是却无法从记忆里提取相关记录的现象，被称为提取失败。

几天后，当你正在精心挑选参加同学聚会的衣服时，你突然想起来几个月前跟家人在餐厅吃饭，那时候隔壁桌有个人走路时不小心碰到了服务员端的菜，你想起来这个人就是前几天在街上偶遇的那个人！

提取失败论认为，我们遗忘的原因是我们不能找到存储在长时记忆中的信息并把它提取出来。然而有时候我们在寻找其他信息时，却会无意发现这些信息。但是有时候我们却一直不能提取出来。

教师在教导学生知识时，可以给学生提供多视角的线索，以便学生在某个线索提取失败的时候，有其他的线索可供使用，增加知识被提取的可能性。

第二节　学习的认知观

当你听一节课、读一本书、解一道数学题时，你在头脑中经历了接收、加工、存储和提取信息等一系列的过程。那么，完成这些过程之后，你的头脑中产生了什么变化呢？

学习的认知观认为学习是一系列信息加工的过程，但经过这些过程之后，学习者究竟学到了什么？对于这一问题，行为主义认为，学习前后产生了行为的变化，而认知观则假定，学习前后产生了行为潜能尤其是思维的变化，从而导致了行为的变化。但对于是什么潜能的变化，认知心理学家们从不同的认知理论视角做出了不完全相同的分析。

一、认知结构与编码系统

在认知学派看来，学习的实质是认知结构的形成或改变。根据布鲁纳（Jerome Bruner，1915—2016）的观点，**认知结构**（cognitive structure）是指人关于现实世界的内在的编码系统。**编码系统**（coding system）是一组相互关联的、非具体性的类别。人类在长期的进化过程中，形成了对外部环境中繁杂多样的事物按照类别进行反应的能力。例如，在猎取动物时，需要判断眼前的动物是一只可以捕捉的麋鹿还是凶猛的老虎；在收集食物时，需要熟练地分辨一朵蘑菇有没有毒；在采摘野果时，需要判断是苹果还是橙子，还要判断它是否成熟或者早已腐烂。布鲁纳认为，人类在适应环境时，就是像这样对周围的各种物体、事件和人物进行分类，并根据这些类别的成员关系而不是它们的独特性对它们做出反应。人类或者借助已有的类别来处理外来信息，或者根据外来信息形成新的类别。布鲁纳进一步认为，人不仅把感觉输入归入某一类别，还根据这一类别以及其他相关的类别做出推理，这些相关的类别就构成了编码系统。例如，一提起食物，你会怎么分类呢？如果一时难以说清，那么现在请你想象下面这个情境：你去一家饭馆，你会怎么点餐呢？你先点肉类，再点蔬菜，然后点主食，之后是水果和点心，当然还有饮料。这意味着，你在头脑中将食物分为这样几个类别，每个类别之中又包含许多不同子类（见图 5 - 6）。

> **认知结构**　人关于现实世界的内在的编码系统。
>
> **编码系统**　一组相互关联的、非具体性的类别。

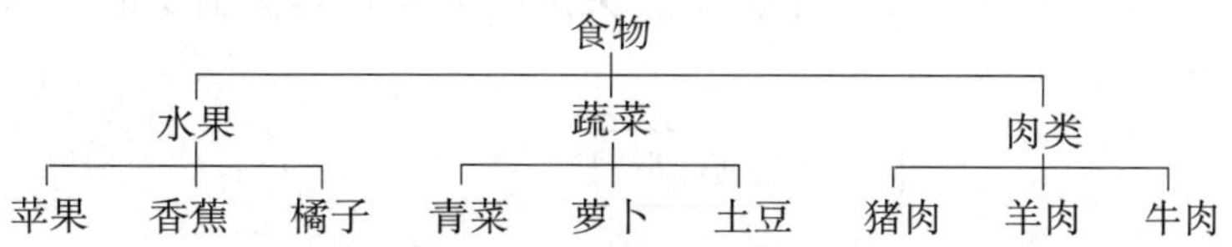

图 5 - 6　编码系统图示

编码系统的一个重要特征是对相关的类别做出有层次结构的安排，较高级的类别比较一般，较低级的类别比较具体。我们头脑中的这种编码系统也就是认知结构。它是我们用以感知外界事物的分类模式，是加工新信息的依据，也是人的推理活动的参照框架。像上面有关食物的编码系统就是我们感知外界食物的分类模式，当我们遇到一种新的食物时，我们会根据这个编码系统对它进行加工。例如，你在一家商店看见一样东西，问服务员叫什么名称，服务员告诉你叫“山竹”。你问山竹是什么，她说是一种水果。那你就敢于做出一个反应——买一个尝尝。为什么呢？因为你根据头脑中有关食物的编码系统对它进行了推理工作：既然山竹是一种水果，它就应当具有水果的一切基本属性——能吃而且有水分。所以说，编码系统是我们加工外界新信息的依据，是进行推理活动的参照框架。

编码系统是我们对环境信息进行分组和组合的方式，它们是不断变化和重组的。像我们头脑中有关食物的编码系统就是通过分组和组合的方式形成的，而且一旦形成还会不断改变。例如，当你知道山竹是一种水果的时候，你头脑中原来有关食物的编码系统就发生了变化，在水果的类别下新增了“山竹”。在布鲁纳看来，学习就是类别及其编码系统的形成或改变，换句话说，学习就是认知结构的形成或改变，是个体把同类的事物联系起来，并把这些类别联结成一个有意义的结构。为了使学生达到最佳的学习效果，教师提供新信息是必要的。但是，学生掌握这些信息本身并不是学习的目的，而是应该超越所给的新信息，借由头脑中编码系统的形成或改变，获得更多的意义。

二、认知同化

根据奥苏贝尔的认知同化学习理论，学习者的大脑是一个与学科概念结构相对应的处理和存储信息的系统，其中存在着一个按照层次关系组织起来的认知结构。这意味着，认知结构就是学习者头脑内部的知识结构。在这个层次结构中，层次越高，概念越抽象；层次越低，概念越具体。例如，学生学习平面几何图形后形成下面这个认知结构（见图5-7）。

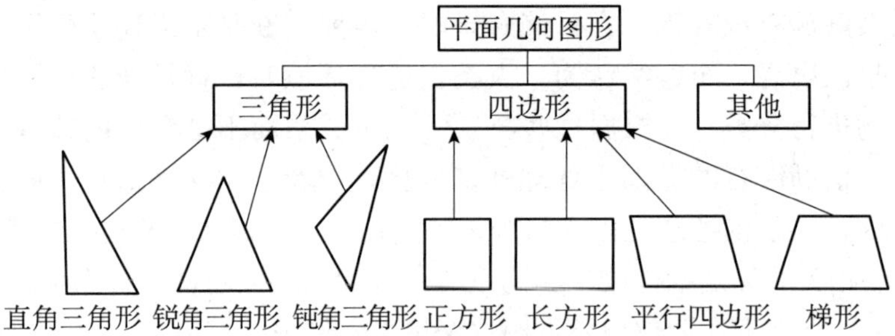

图5-7 学生对平面几何图形的认知结构

这个信息处理系统为了容纳新的信息和概念，其本身也需要重新建构，因此它处于不断变化的状态。例如，一旦学生学会了有关圆的知识，其头脑中的认知结构就发生了变化（见图5-8）。

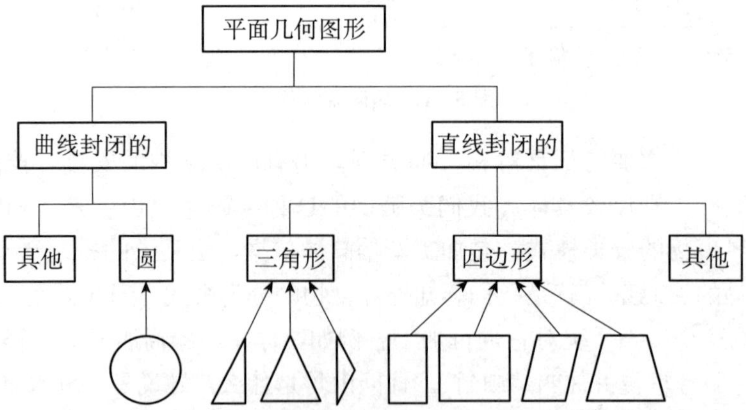

图5-8 包括圆在内的平面几何图形的认知结构

根据奥苏贝尔的理论，学生经过有意义的学习过程将学科知识结构同化为自己的认知结构。**有意义学习**（meaningful learning）是指在学习过程中，符号所代表的新知识能够与学习者认知结构中已有的适当观念（如表象、有意义的符号、概念或命题等）建立实质性的、非人为的联系。在这一界定中，判断学习是机械学习还是有意义学习存在两条标准。第一条标准是新知识与头脑中的适当观念建立起实质性的联系，而非字面的联系。例如，学生背诵乘法口诀表非常熟，问他“3 乘 7 是多少”，学生很快答出“21”，但问他“7 乘 3 是多少”，学生不知如何回答。这就意味着，学生只是机械地记住了口诀，并没有真正理解乘法的意义。我们有时根据课本上的文字知道一个概念是什么意思，但一旦转变表述方法或者情境，就识别不出这个概念了，这就是一种机械学习。第二条标准是新知识与头脑中的认知结构之间存在非任意的联系，也就是一种逻辑的联系。例如，学生新学的“梯形”是头脑中原有“四边形”概念的一种特例，四边形和梯形之间构成从一般到特殊的关系，或者包含与被包含的关系，不是学习者任意构造的联系。

有意义学习　在学习过程中，符号所代表的新知识能够与学习者认知结构中已有的适当观念（如表象、有意义的符号、概念或命题等）建立实质性的、非人为的联系。

下位学习　又称为类属学习，是指将概括程度较低的新概念或命题，归属到认知结构中概括程度较高的适当概念或命题之下，从而获得新概念或命题的意义。

上位学习　新概念或命题具有较高的概括水平，新知识通过把一系列已有的观念包含于其下来获得意义。

有意义学习是通过新知识与学生认知结构中已有的有关观念的相互作用才得以发生的，它导致新知识被同化到头脑中的认知结构中，从而获得了意义，同时头脑中的认知结构也发生了一定变化。根据新旧观念的概括水平及联系方式的不同，奥苏贝尔（1968/1994）提出了三种同化方式（见图 5-9）。

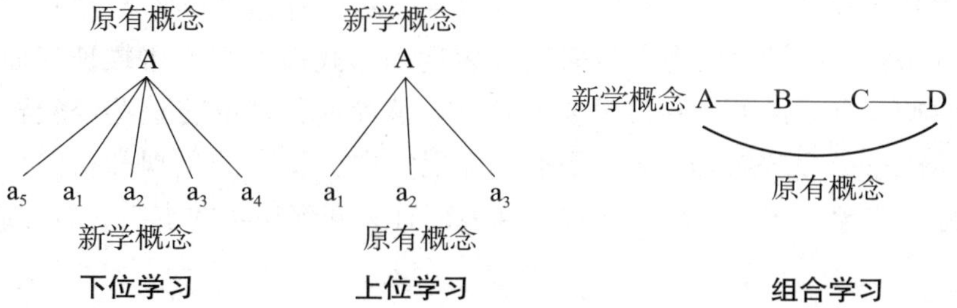

图 5-9　认知同化的三种方式

下位学习（subordinate learning）又称为类属学习，是指将概括程度较低的新概念或命题，归属到认知结构中概括程度较高的适当概念或命题之下，从而获得新概念或命题的意义。例如，学生学习了“菱形”的概念，将“菱形”同化到“平行四边形”的概念之下，平行四边形的特征、周长和面积公式都同样适用于菱形。但同时学生头脑中有关平行四边形的概念也发生了一定的变化，在其成员中增加了一种邻边相等的特殊实例。

上位学习（superordinate learning）又称为总括学习，是指新概念或命题具有较高的概括水平，新知识通过把一系列已有的观念包含于其下来获得意义。新学习的内容与学生认知结构中的已有观念构成了一种上下位关系。例如，儿童往往是在熟悉了“白菜”

"茄子""菠菜"这类下位概念之后，再学习"蔬菜"这一上位概念的。

组合学习 通过在新旧观念之间建立组合关系来理解新知识的意义的学习。

知识表征 外部现实在头脑中的再现和存储形式。

当学习的新概念或命题与认知结构中已有的观念不产生上下位关系时，它们之间可能存在组合关系。**组合学习**（coordinate learning）指通过在新旧观念之间建立组合关系来理解新知识的意义的学习。学生在物理、生物课上所学的质量与能量、热与体积、遗传与变异就可以作为组合学习的例子。这些观念之间虽不构成上下位关系，但仍然具有某些共同的关键特征。

学习者就是通过这三种认知同化方式进行有意义学习，将一个学科的概念结构逐渐内化为自己的认知结构，并使其成为自己处理信息的一个系统、框架。学习者可以利用它，就像利用前面所举有关食物的认知结构那样，来分析并解决特定领域的问题。

第三节　知识表征

当你听到"鸟"的时候，在你的头脑中出现的是什么意象？是长有羽毛的动物，还是一只鸟的形象，或者飞行、下蛋，或者麻雀、乌鸦、鹦鹉，或者……？

根据认知理论，学习就是对信息进行接收、编码、存储和提取的过程。当我们接收一个知识时，我们的大脑对传载知识的信息进行最初的加工，在记忆中形成对外部世界的心理表征。假如让你向朋友介绍你生日聚会上的蛋糕，你会怎么介绍呢？你可能会描述蛋糕的特征，如圆圆的、软软的、甜甜的、一种点心等，你也可能画一幅图，或者做出插蜡烛、唱歌、吹蜡烛、切蛋糕、分发到盘中、送到嘴边的动作。这些都是外部世界的原始物体（蛋糕）的重要特征，尽管这些表达的形式没有真实蛋糕被当面呈现出来那么逼真，但它们保存了过去经验最重要的特征，从而使你能够将这些经验再现出来。**知识表征**（knowledge representation）是指外部现实在头脑中的再现和存储形式。人是通过概念、命题、表象、图式、产生式规则来表征有关外部现实的事物、事件或观念的。

一、概念

我们所知晓的多数知识一般涉及概念及概念间的关系。例如，麻雀是一种鸟、鸟会飞等。在这里，"麻雀""鸟""飞"都是概念。概念（concept）是指由具有共同特征的人、事、物或观念所组成的集合体。例如，鸟是由麻雀、乌鸦、鹦鹉、鸵鸟等组成的集合体，它们具有长有羽毛这一共同特征，表现出一定的相近性或相似性。

活动体验

概念所涉及的特征可能是直觉特征（如大小）、功能特征（如用来取暖）或关系特征（A是B的两倍重）等。人们一般倾向于采用不同方式来辨别人造物和生物体，往往根据功能特征界定人造物，根据物种界定生物体。请想象下面有关咖啡壶与浣熊的两种情境：

A

B

C

D

- 这里有一把金属咖啡壶，请削去把手，取下壶嘴，封住壶嘴出口，封住顶盖，取掉壶帽，削去底座，再贴上一块扁平金属，在上面粘上一根小棍，剪开一个小窗，然后在这个金属容器内装上鸟食。在发生这些变化后，它是一个咖啡壶还是一个鸟食罐？
- 这里有一只浣熊，请剃去一部分毛，把剩下的毛都染成黑色，再在后背中间，从头到尾地漂出一道白。在其身体内置入一个有臭味的液囊，就像臭鼬的味道一样。在发生这些变化后，它是一只浣熊还是一只臭鼬？

提示

你可能会认为咖啡壶已经变成了鸟食罐，但浣熊依旧是浣熊。人们对人造物倾向于根据其功能特征来界定，对生物体则倾向于根据其物种来界定。

资料来源：奥姆罗德，2013，29～30 页.

概念包括内涵和外延两个方面的属性，概念内涵涉及概念的特征（如鸟长有羽毛），概念外延涉及概念的成员（如麻雀、乌鸦）。一般来说，概念内涵大（即特征多），则外延小（即成员少）；反之，概念内涵小，则外延大。例如，“鹦鹉”的内涵比“鸟”大，也就是特征多一些（除了长有羽毛，还能模仿人声），其外延则比“鸟”小，也就是所包含的成员要比鸟少。

对于概念在人的头脑中的表征目前存在两种理论——特征表理论与原型理论，分别侧重概念的内涵和外延。**特征表理论**（feature list theory）认为概念是由定义特征和概念规则两个因素构成的。定义特征是指概念所包含实例共有的特征，概念规则是指用来整合定义特征的规则，包括肯定（如“正义战争”）、否定（如“非正义战争”）、合取（如“毛笔”必须同时具备“用毛制作的”和“写字工具”两个特征）、析取（例如，如果侵犯了他人、团体或国家的利益和权利，就构成了“侵权行为”）及关系（如“较大”“以后”）等（Bourne，Dominowski，& Loftus，1979）。但是，很多概念（诸如聚餐和郊游等）难以给出明确的界定、列出明确的特征。**原型理论**（prototype theory）因此提出，概念是由原型和与原型有相似性的成员构成的（Rosch，1975）。原型即为某一概念的最佳实例，

> **特征表理论**　认为概念是由定义特征和概念规则两个因素构成的。
> **原型理论**　认为概念是由原型和与原型有相似性的成员构成的。

其他实例偏离原型的容许距离决定了该实例的代表性。例如，在某些人的头脑中，麻雀或乌鸦是鸟的原型，是鸟的最佳实例，对鸟的代表性最高，而鸵鸟、乌鸡、白鹅偏离原型的距离远一些，其对鸟的代表性就低一些。一提起“鸟”，你可能首先想到的是麻雀或乌鸦，而不是乌鸡或白鹅。

层次网络模型 认为所有概念（心理词汇）都是以网络的形式存储在记忆中的，每个概念由一个个节点构成，不同节点间的关系便构成了层次。

根据柯林斯和奎廉（Collins & Quillian，1969）提出的**层次网络模型**（hierarchical network model），概念在人的头脑中是相互联系的。例如，我们说到老虎的时候，会立即与头脑中的其他概念相联系，形成一个思路：老虎→猫→草地→动画→光碟。有一些概念之间还存在层次结构。

延伸阅读

层次网络模型与语义记忆的表征

层次网络模型试图解释语义记忆的表征方式。该模型假设，所有概念（心理词汇）都是以网络的形式存储在记忆中的，每个概念由一个个节点（node）构成，不同节点间的关系便构成了层次。有些节点间是平级关系，有些是从属关系。概念间的距离越近，越容易被相互激活。以“鸟”这个概念为例，它所在的节点位置高于“金丝雀”、低于“动物”，但其特性如“有翅膀”“能飞行”在每一个分类节点上相互关联（见图5-10）。

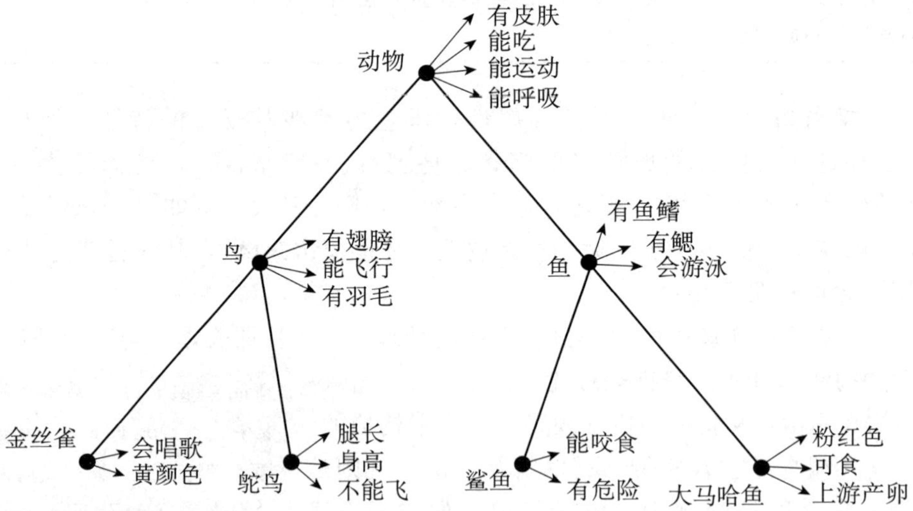

图5-10 概念（心理词汇）的层次网络模型

资料来源：Collins & Quillian，1969，第240～247页.

在概念教学中，教师需要让学生明确概念的特征以及这些特征之间的关系、概念的典型代表以及其他非典型成员、概念与其他概念和特征的关联。图5-11所示为四边形相关知识的概念及其特征。

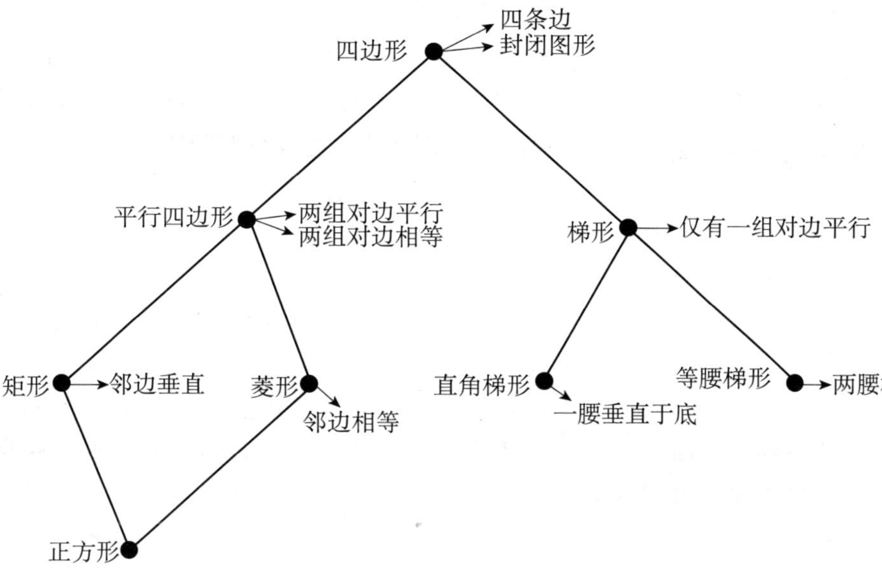

图 5-11　四边形相关知识的概念及其特征

二、命题与命题网络

请看下面的句子有什么样的特征？

- 冬天冷。
- 花是红的。
- 他们是兄妹。
- 爱因斯坦提出了相对论。

这些句子是最简单的信息单元，通过这些句子，我们能够对一些信息做出正确或错误的判断。像这些存储在长时记忆中的最基本的语义单位叫作**命题**（proposition；Anderson，1990）。一个命题包含两个成分：一个关系和一个以上的论题。例如，在"花是红的"这一命题中，"花"是论题，也就是这一命题谈论的话题或主题，"红的"是关系，它对我们有关花的所有情况这一主题做了限制，此时我们只注意到了花的颜色是红的。命题中的关系像这样缩小了我们注意的范围，是命题中信息最丰富的成分。在一个命题中，命题的论题可以是两个（如"张三读书"），这些论题可以是主体、对象、目的和手段等；关系可以是形容词、副词或动词。形容词一般只有一个名词论题，如"花是红的"；副词一般也只有一个动词或形容词论题，如"他巧妙地避开了车祸"或"回答绝对正确"；但动词可以有一个论题，如"我来了"，也可以有两个论题，如"张三读书"。综上所述，要想知道一个句子包含多少个命题，就需要看这个句子中包含多少个关系，也就是要看这个句子包含多少个动词、形容词和副词。请看下面这个句子包含多少个命题。

> **命题**　存储在长时记忆中的最基本的语义单位。

突如其来的大雨淋湿了她的新衣裳。

根据句子中所包含的关系词，这个句子事实上包含了五个命题：(1)“雨淋湿了衣裳”；(2)“雨下得突然”；(3)“雨是大的”；(4)“衣裳是她的”；(5)“衣裳是新的”。多个命题像这样相互关联构成**命题网络**（propositional network），来表征句子或图像的意义。认知心理学家认为大部分信息是以命题网络的形式进行存储和表征的。以前述层次网络模型中有关鸟的知识为例，命题之间是相互联系的。例如，“动物有皮肤”“动物能运动”“鸟是一种动物”“鸟有羽毛”等，就是一个一个命题，这些命题相互联系。当一个命题被激活时，其他与之相联系的命题也会跟着被激活，而且相邻的命题激活得更快一些。例如，“动物有皮肤”这一命题距离“动物”近一些，距离“鸟”远一些，其实，鸟也是有皮肤的，因为鸟是一种动物。从“鸟”激活“羽毛”比激活“皮肤”要更快一些。

命题网络 多个命题相互关联构成的网络。

表象 个体对当前不存在的物体或事件的外观、结构或其他物理特性的心理表征。

命题和命题网络对关系的存储并不拘泥于具体的句子形态，它们存储的是关系的意义。有研究者用实验证明了这一点（Kintsch，1974）。研究者给被试呈现许多长度相同但所含命题数量不同的句子，结果发现，句子中包含的命题越多，被试理解句子所花的时间越长。

当我们要回忆一些信息时，我们可以将这些信息的意义转化为我们熟悉的表达方式（短语、句子甚至图像）。前例中的命题网络就是以本质含义的形式存储在记忆中的，当需要提取这些含义时，我们可以根据自己的用语习惯说“她的新衣裳被突如其来的大雨淋湿了”或者“大雨很突然，淋湿了她的衣裳，这衣裳还是新的”等，这些句子的意义都是相同的。

在教学中，教师需要分析所教内容中到底包括多少个新的命题、这些新命题彼此之间的关系以及它们与学生已知命题之间的关系。新命题的数量以及命题网络关系的复杂性构成了教学的容量。

三、表象

试着对字母 R 做顺时针心理旋转，分别画出旋转 60°、120°、180°后的 R 的形态，再与图 5－12 比较你是否旋转对了。如果你感兴趣，还可以试着对“Я”进行旋转。

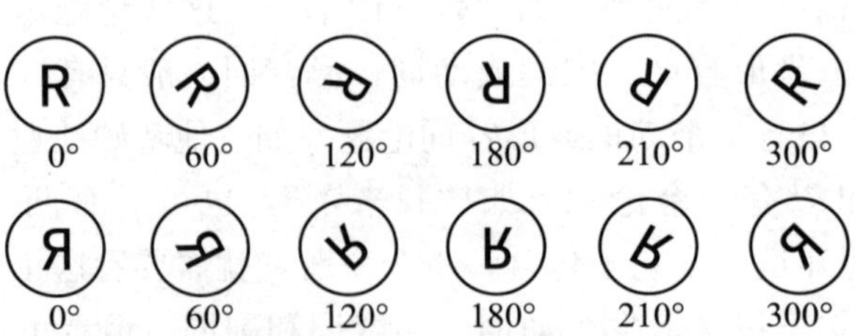

图 5－12 心理旋转示例

表象（mental image）是个体对当前不存在的物体或事件的外观、结构或其他物理特性的心理表征（Klatzky，1980）。表象可以在多种感觉通道（如视觉、听觉、嗅觉、味觉和触觉）中产生。例如，想象中的鸟的形象是视觉表象，想象中的火车的鸣笛声是听觉表象。

表象具有直观性、概括性和可操作性。表象具有直观性，它是以过去知觉过的内容为基础的。但表象较之知觉可能是不完全的、不稳定的。表象具有概括性，它是对某一类对象的表面感性形象的概括性反映。表象还具有可操作性，它可以被分析综合、被放大缩小，也可以被旋转嫁接。表象是感知与思维之间的过渡形式，使形象思维和创造性思维成为可能。

表象作为一种特殊的信息表征方式，在词汇学习、阅读理解、问题解决、推理以及创造性活动中均有重要作用。例如，科学家凯库勒发现的苯的环形化学结构、沃森和克里克建立的脱氧核糖核酸（DNA）双螺旋分子结构模型，都是利用了表象来实现创造。教学中借助表象训练还能够提高教学质量，并有助于学生发展思维能力（张霞，刘鸣，2010）。例如，在学习立体几何时，教师可以训练学生运用表象做心理旋转；在语文课上，教师可以鼓励学生想象课文中描绘的情景。教师还可为学生提供一些视觉辅助，如图片、概念图或实物教具等，以帮助学生形成更好的视觉表象，提高记忆质量。

四、图式

图式（schema）是指有关某一主题的有组织的知识结构。它是在个体记忆中有关一个物体、事件、概念或者技能的重复发生的经验模式，是用来组织相关概念的认知框架。例如，一想到教室，我们就会马上想到与它有关的概念要素，如教师、学生、讲台、课桌等，会想到一节课的典型模式。图式具有下列特征。

> **图式** 有关某一主题的有组织的知识结构。它是在个体记忆中有关一个物体、事件、概念或者技能的重复发生的经验模式，是用来组织相关概念的认知框架。

- 图式内含有变量。例如，在“猴子”的图式中有猴毛、眼睛、爪子和尾巴等变量，这些变量的值是可以改变的，不同的猴子猴毛有长有短，眼睛的颜色也不尽相同。
- 图式具有层次。图式可以是一个很小、单一的观念，也可以是足够大并且内部有关联的观念（Marshall，1995）。例如，你可能对自己的宠物小猫有一个图式，你也可能对猫科动物，如老虎、狮子等有一个较为综合的图式。
- 一个图式可以成为另一个图式的一部分，并且图式之间能够内部关联（Schallert，1982）。例如，随着一名教师学习的教学知识越来越多，其教案的图式可能包含教师管理、对学生的学习情况的评价，或者与之关联起来。
- 图式可以不断丰富和发展。随着我们对同一事件有越来越多的经验，我们对这个事件的图式会变得越来越丰富和具体（Schallert，1982）。
- 图式是灵活的、可以推论的。图式存储了事件的一般特征，并且能够被应用到理解这种事件的不同例子中（Marshall，1995）。如果我们建立起快餐用餐的图式，我们就知道在任何一家快餐店如何用餐。

图式具有不同的种类，包括物体图式（如房子的图式）、事件图式（或脚本，如乘坐飞机的图式）、动作图式（如洗衣服的图式）等。事件图式（event schema）［脚本（script）］是指行动的顺序或存储在记忆中的行动计划（Schraw，2006）。我们都有关于事件的脚本，例如乘坐交通工具出行。由于交通工具不同（比如飞机或者火车），这些脚本并不完全相同。我们在餐馆吃饭也符合某个脚本：找到合适的桌位、看菜谱、点菜、服务员上菜、买单等。脚本会影响我们的预期，并引领我们在各种情境中的行动。

教师可以教授一些有关学习的事件图式来提高学生的学习效率，如解应用题、做实验和阅读测验的程序等。例如，在做英语阅读理解习题时，学生可以使用下面这个图式来回答问题。

（1）将所有的问题读一遍。
（2）将整篇文章首尾句读一遍，了解大意。
（3）将问题再读一遍。
（4）认真地把全文读一遍，跟着问题寻找答案。
（5）找到答案后，将答案写到习题册上。
（6）如果找不到答案，就再认真地根据关键词读一遍相应的原文。
（7）如果还是找不到，只能向老师或者同学请教。

教师还可以利用有关文本或故事结构的图式——故事语法（story grammar）帮助学生理解和记忆故事（Gagné et al.，1993）。故事语法存储了出现在故事中的不同种类的组织结构。例如，故事七要素（时间、地点、任务、事件、起因、经过和结果）就是一种故事语法。要理解一个故事，我们就要选择一个合适的图式，然后利用这个图式的框架来决定要记住或寻找哪些信息。对故事结构的掌握会提高我们理解和回忆所读故事的能力。

实践联系

大单元教学

我国义务教育课程标准强调大单元教学。这种教学可以看作一种基于图式的教学。大单元是指基于学科核心素养和课程标准，遵循学生的认知规律，将一系列紧密联系的知识、技能、情感、态度等方面的内容，按照一定的逻辑顺序，通过一个主题（专题、话题或问题）统一起来，形成在学习情境、学习任务、学习活动和学习评价等方面整体关联的完整的学习单位。例如，统编语文教材二年级上册第四单元编排了一组课文，包括《古诗两首》《黄山奇石》《日月潭》《葡萄沟》四篇课文以及“我爱阅读”中的《画家乡》。这些课文用优美、生动、形象的语言描绘了九曲黄河、庐山瀑布、黄山奇石、台湾日月潭、新疆葡萄沟和美丽家乡的迷人风光，在学生心中勾画了一幅幅祖国山河的美丽画卷，以培养学生的爱国主义、集体主义、社会主义思想道德和健康的审美情趣。与大单元教学相关的还有大概念、大主题和大任务教学。大单元教学有助于学生形成系统性、整体性、有深度的知识。

五、产生式

> **产生式**　也称条件-动作序列，是指个体大脑中存储的一系列以“如果这样，则那样做”形式表示的规则。

产生式（production），也称条件-动作序列（condition-action sequence），是指个体大脑中存储的一系列以“如果这样，则那样做”形式表示的规则。它是表征程序性知识的最小单位。例如，如果体育老师喊“预备，跑”，那么学生开始赛跑；如果走路累了，就坐下来歇一歇；如果你想在雪地上滑得更快，就稍微向后倾斜。当“如果”的这个条件满足时，就要采取相应的行动。

下面就是鉴别全等三角形的产生式：

如果已知两个三角形△ABC和△A′B′C′，且边AB＝边A′B′，边AC＝边A′C′，角A＝角A′，则识别△ABC与△A′B′C′全等。

产生式具有自动激活的特点，一旦满足了特定的条件，就会产生相应的行动，常常不太需要个体的明确的意识。而且，一个产生式的结果可以作为另一个产生式的条件，从而引发其他的行动，这样，众多的产生式联系在一起就形成了相对复杂的产生式系统。产生式系统（production system）是指将多个产生式进行整合而形成的条件-动作系列。在这个系统中，个体将依次进行“如果-那么”的检查，“如果”条件一旦满足，就采取相应的行动，然后看下一个“如果”条件是否满足，一旦满足就采取下一个行动。下例所示是学生进行一场考试时的产生式系统。

- 如果教师喊“开始”，则学生开始答卷。
- 如果教师什么都不说，则继续答题。
- 如果教师修改了某道题目，则要在答卷过程中听教师讲了什么。
- 如果教师喊“停”，则停止答卷。

第四节　知识的获得

> 小阳学完勾股定理后，能够背诵，也能理解：直角三角形的两条直边的平方和等于斜边的平方。但当给他提供一个标有两条边长的三角形时，他并不知道是否可以应用勾股定理求出第三条边的边长，如果能用，也不知道怎么求出第三条边的长度。

这个学生的问题是知道、理解并记住了知识，但不能使用知识解决问题。在教学生知识的时候，我们不仅要关心学生知与不知、懂与不懂、是否记住的问题，更重要的是关心学生会与不会的问题。学生不仅要知道、理解、记住知识，更要能够在合适的条件下应用知识解决问题。认知心理学家认为，这是两种不同的知识状态，其获得、存储和提取的过程是不同的。

一、知识的分类

陈述性知识 关于"是什么"的知识，是对事实、定义、规则和原理等的描述。

程序性知识 关于"怎么做"的知识，如怎样进行推理、决策或者解决某类问题等。

个体所获得的知识可以分为陈述性知识和程序性知识两类（Anderson，1983）。**陈述性知识**（declarative knowledge）是关于"是什么"的知识，是对事实、定义、规则和原理等的描述。例如，我们头脑中存储的中华人民共和国建立时间、牛顿三大定律或者苏轼的诗词等都属于陈述性知识。**程序性知识**（procedural knowledge）是关于"怎么做"的知识，如怎样进行推理、决策或者解决某类问题等。例如，怎么按步骤解一道方程题、在化学实验课上如何熄灭酒精灯等都属于程序性知识。

陈述性知识容易被个体意识到，而且个体能够明确地用词汇或者其他符号将其系统表述出来。例如，中学生可以说出功的计算公式"$W=FS$"。而程序性知识体现在实际活动中，个体到底有没有获得某种程序性知识不是通过他的回忆而是通过他的活动才能判断。同样对知识"功"，学生不仅可以说出功的计算公式，而且可以根据公式对所接收的信息进行加工变换，用公式来解决有关的问题。如果他知道了力的大小为5牛顿，物体在力的方向上通过的距离为10米，他就可以计算出功的值为50焦耳，这就意味着他具有这方面的程序性知识。

陈述性知识和程序性知识不是对客观知识的划分，而是对个体头脑中知识的分类。同样是学习一个知识点，学习者既可以形成关于它的陈述性知识，也可以形成关于它的程序性知识。例如，中学生学习摩擦力的知识，他们可以了解哪些因素会影响摩擦力的大小，如表面的光滑程度、接触面的大小等，这就成为学习者的陈述性知识。在此基础上，学习者还可以用这种知识来解决实际问题。例如，自行车为了省力，它的车轴应该怎样设计，即怎样减小摩擦力？学习者便可以根据这些影响摩擦力的因素来分析这个问题，这就是关于它的程序性知识。因此，我们一般不能说课本里的某个知识点属于陈述性知识还是程序性知识，它是针对学习的结果而言的，是对个体头脑中的知识状态的分类，而不是对课本中的知识的划分。

陈述性知识和程序性知识在实际的学习和问题解决活动中是相互联系的（Gagné，1985）。在实际活动中，陈述性知识常常可以为执行某个实际操作程序提供必要的信息。例如，当壶里的水烧开了的时候，就把火关掉。但水是否已经烧开了呢？这就需要陈述性知识来提供信息。反过来，程序性知识的掌握也会促进陈述性知识的深化。例如乘法交换律就是一个陈述性知识，学生学会之后利用它解题的步骤就涉及程序性知识。根据安德森（John R. Anderson）的观点，程序性知识是在陈述性知识的基础上进一步发展起来的（Corbett & Anderson，1995）。个体把陈述性知识与具体的任务目标联系起来，从而去解决某个问题。在解决问题的过程中，个体把陈述性知识转化成程序性知识，安德森等把这一过程称为知识编辑（knowledge compilation）。

表5-2列举了这两种知识之间的区别。

表 5-2　陈述性知识和程序性知识的区别

特征	陈述性知识	程序性知识
内涵	“是什么”，静态，对事件的一种描述性知识。例如，昨天下雨了。	“怎么样”“如何去做”，动态。例如，如何驾驶一辆汽车，包含许多过程。
表征方式	命题、表象、图式。	产生式、产生式系统。
习得和遗忘速度	习得较快，但遗忘也快。例如，对于从报纸上看到的一条新闻，可以很快地记住它，但往往是时隔不久就遗忘了。	习得较慢。视具体事件的难易程度不同，需要的时间也有较大差异。遗忘较慢。例如，尽管长时间不骑自行车，但多年以后，人们往往还保持着这种技能。
改变难度	获得之后，要进行调整或修改的话，比较容易。例如，对学生而言，要把“李白是宋代诗人”这句话改为“李白是唐代诗人”就比较容易。	获得之后，要对它进行修改，具有很大的难度。例如，对一个熟练的司机而言，要他对驾车的动作进行较大调整，是一件比较困难的事情。
意识控制程度	意识控制程度较高，激活速度较慢，往往需要有意识的搜寻。	意识控制程度较低，激活速度较快。

梅耶（Mayer，1987）在安德森的基础上，将陈述性知识称为语义知识，并将程序性知识分为两类：用于具体情境的“程序性知识”和有关学习、记忆、问题解决的一般方法的**条件性知识**（conditional knowledge）。后者用来确定何时、为何要应用陈述性和程序性知识，解决的是“什么时候”“为什么”的问题。例如，阅读时，条件性知识决定我们何时需要详细阅读某一段落或者跳过。条件性知识与陈述性、程序性知识密切相关。

条件性知识　用来确定何时、为何要应用陈述性和程序性知识的知识。

二、陈述性知识的获得

陈述性知识的学习涉及三个方面：理解符号代表的意义，建立符号与事物之间的等值关系；对事实进行归类，掌握同类事物的关键特征；理解概念和事实之间的关系（邵瑞珍，1997）。在进行这些方面的教学时，教师可从语义加工与视觉表象两个方面帮助学生理解所学的知识。

（一）赋予材料意义

自我反思

想一想，怎样快速记住这两行词汇？

- 蔷薇 姑娘 屋檐 欢笑 便利店 大雨
- RUNNING ON CAT A IS GRASS THE

☛提示

对于这两行文字，如果我们对其不做任何组织，使其具有意义，而是直接采用死记硬背的方法，显然记忆起来较为困难，且在回忆时容易发生错误。但是如果我们对其稍做组织，使其变得有意义，这些词就变得比较容易记忆。例如，对于第一行文字，我们可以将顺序调换为“姑娘 便利店 大雨 屋檐 蔷薇 欢笑”，这样我们就可以将这些词做有意义的联系：一个姑娘去便利店买东西，出来时却发现外面已经下起了大雨，她只好站在店门口的屋檐下面避雨，待她转身，她发现墙角有一株蔷薇，那盛开的姿态仿佛在大声欢笑。这样，我们便很容易记住这一行词，且记得更为牢固。同样，对于第二行词我们也可以这样做，我们可以将其组织为“A CAT IS RUNNING ON THE GRASS”，这一行词立马变得容易记忆了。

对于像上述这两种组织性差的学习材料，如果赋予它们意义，使它们具有良好的组织性，学生的记忆效果就会随之提升。这是什么原因呢？我们可以用**加工水平理论**（levels-of-processing theory）来解释这一现象。该理论认为，个体对信息的加工有不同的水平，主要包括物理加工（表层的）、音韵加工（声音的）以及意义加工（深层的）三个水平，每个水平相比前一水平都有着更细致的加工，加工程度越深，学生对信息的保持效果越好（Craik & Lockhart，1972；Cermak & Craik Eds.，1979）。例如，当你记忆“淼”字时，是依靠其读音的效果更好，还是依赖其含义（比如联想自己曾观看过的钱塘江大潮）的效果更好呢？显然，当你对记忆材料做更深层次、更有意义的加工时，你会记得更快、更牢。

拓展反思

实验材料：头像图片。

实验分组：A组对实验材料做男/女的分类，B组做诚实/不诚实的分类。

想一想，实验结果发现哪一组被试对实验材料的记忆成绩更好？

资料来源：Bower & Karlin，1974，第751～757页.

课堂中的学习材料更加复杂，学生常常不能在新知识和旧知识间建立有意义的联系，导致难以理解并运用新知识。教师可以为学生提供组织结构良好的学习材料，帮助他们在复杂的学习材料中找到知识点间的联系，启发他们主动为学习内容赋予意义等。

（二）结合视觉表象

自我反思

想一想，下面哪种方法更有利于学生记忆“动植物细胞有丝分裂的区别”？

（1）文字讲解如下：

在分裂前期，植物细胞是由细胞两极发出的纺锤丝形成纺锤体，而动物细胞是由两组中心粒发出的星射线形成纺锤体；在分裂末期，植物细胞是从中部形成细胞板并扩展形成细胞壁，从而将一个细胞分裂成两个子细胞，而动物细胞是细胞膜从中部向内凹陷，把细胞溢裂成两个子细胞。

（2）图片呈现如图 5－13 所示。

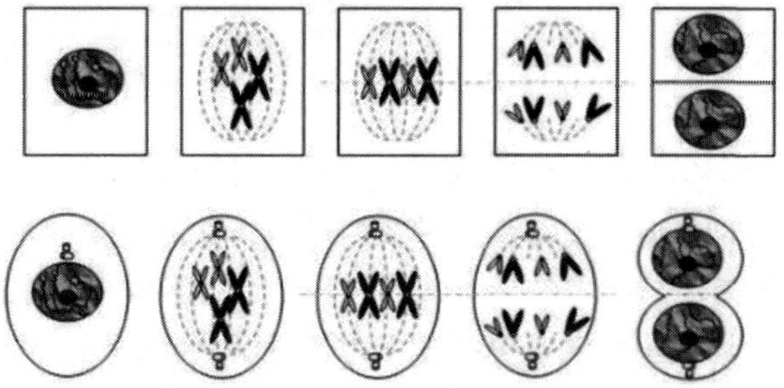

图 5－13 植物细胞（上）和动物细胞（下）的有丝分裂

（3）文字讲解＋图片呈现。

☛提示

对于知识储备良好的学生而言，采用文字讲解或者图片呈现的方式教学可能对其不会产生太大差异。但是对于一般学生来说，要学习具有一定难度的新知识，形象生动的图片可能更有助于其理解和记忆。单独的文字讲解或单独的图片呈现都不如将两者结合呈现的效果更佳。教师一边向学生呈现图片，一边对图片中涉及的知识点加以讲解，学生能更快、更牢地掌握该知识点。

为什么图片呈现加文字讲解的方法会取得最佳效果呢？*双重编码理论*（dual code theory of memory）对此做了解释。该理论认为，信息主要是以视觉和言语两种形式编码并存储在长时记忆中的。前者编码和存储视觉和空间信息，如图片和影片；后者编码和存储用语言表达的、抽象的信息，如文字或演讲（Paivio，1975）。所以对于上面的例子，教师在做文字讲解时学生采取相应的言语编码来处理信息，教师呈现图片时学生采取视觉编码来处理信息，但当教师将两者结合进行教学时，学生则采取两种编码方式来处理信息，被这样处理的信息会被记忆得更加牢固。事实上，以这两种方式表征的信息间还可以相互转化。例如，以言语编码的文字“一只小花猫快速穿过草丛”可以被转化为以视觉编码的情景：一只猫，它有灰白相间的毛发，身形小巧，动作灵活，一下子从茂密的草丛里跳蹿而过。

拓展反思

（1）如果我们要记忆的材料是人脸图、人名和写有名字的人脸图，想一想我们可能会对哪一种材料记忆得更好？（Mayer & Anderson，1991）

（2）如果我们要记忆的材料是具体词汇（如沙发、巧克力、蓝天）和抽象词汇（如理念、刻意、净化），想一想我们会对哪一种材料记忆得更好？（Klatzky，1980）

在实际教学中，教师可灵活运用教学媒体，让学生同时启动视觉和言语两种编码方式，帮助他们理解知识。例如，在历史课上向学生呈现一些重要场景的图片或者播放一

些纪录片，能让学生加深对战争或历史大事的理解和记忆；在数学课上，教师可以借助实物教具来开展立体几何的教学。

三、程序性知识的获得

学生不仅要理解并记忆知识，更要能够运用知识解决问题。例如，学生能够按照一定规则造句、写作文，计算平行四边形的面积，进行异分母分数的加法运算，等等。这些都属于程序性知识的学习。程序性知识的学习实质是掌握做事的规则，也就是传统意义上的技能获得。程序性知识的获得包括相互联系的两个部分：模式识别和动作序列。

（一）程序性知识的获得阶段

程序性知识是在陈述性知识学习的基础上，经过大量的练习和反馈，达到熟练和自动化的程序。根据安德森的理论，程序性知识的获得主要由三个阶段构成。

1. 认知阶段

学生通过学习以命题形式表征的陈述性知识来理解有关事实、命题、概念、原理和行动步骤等。例如圆的面积公式为 $A=\pi r^2$（r 为半径，A 为圆的面积），学生首先需要知道这个公式的含义、适用范围，之后才能在此基础上灵活运用。

2. 联系阶段

学生将以命题形式表征的陈述性知识转变为以产生式形式表征的程序性知识，将原理和行动步骤转变为一系列的条件-动作。

应用举例

学生将求圆面积的公式及其他已有的有关圆的知识表征为下列相关的产生式系列。

- 已知圆的半径，求圆面积。

  P_1：如果　目的是求圆的面积 A
  　　　　　　圆的半径为 r
  　　　那么　圆的面积 A 为 πr^2

- 已知圆的直径，求圆面积。

  P_1：如果　目的是求圆的面积 A
  　　　　　　圆的直径为 D
  　　　那么　圆的半径 r 为 $D/2$
  P_2：如果　圆的半径 r
  　　　那么　圆的面积 A 为 πr^2

- 已知圆的周长，求圆面积。

  P_1：如果　目的是求圆的面积 A

圆的周长为 P

那么 圆的直径为 D

P_2：如果 圆的直径为 D

那么 圆的半径 r 为 $D/2$

P_3：如果 圆的半径为 r

那么 圆的面积 A 为 πr^2

- 已知圆的面积，求圆半径。

P_1：如果 目的是求圆半径

圆的面积为 A

那么 圆的半径的平方 r^2 为 A/π

P_2：如果 圆的半径的平方为 r^2

那么 圆的半径 r 为 $\sqrt{r^2}$

- 已知圆的面积，求圆直径。

P_1：如果 目的是求圆直径

圆的面积为 A

那么 圆的半径的平方 r^2 为 A/π

P_2：如果 圆的半径的平方为 r^2

那么 圆的半径 r 为 $\sqrt{r^2}$

P_3：如果 圆的半径为 r

那么 圆的直径 D 为 $2r$

- 已知圆的面积，求圆周长。

P_1：如果 目的是求圆周长

圆的面积为 A

那么 圆的半径的平方 r^2 为 A/π

P_2：如果 圆的半径的平方为 r^2

那么 圆的半径 r 为 $\sqrt{r^2}$

P_3：如果 圆的半径为 r

那么 圆的周长 P 为 $2\pi r$

学生先执行产生式系统的一个一个步骤，然后对各个步骤进行前后关联，将各个单独的产生式汇编成一个连贯而完整的程序。在刚开始的时候，学生想到一步执行一步，或者看着每一步的条件执行相应的动作。随着对这一系列步骤的重复执行并排除错误，学生渐渐无须停顿下来想一步做一步，而是快速、流畅且精准地执行各个步骤。

3. 自动化阶段

经过进一步的练习后，学生无须有意识地控制或付出心理努力就能够自动完成有关的活动步骤。这时操作的准确性和速度均得到了很大提高，表现为纯熟的技能，不需要提取有关操作步骤的知识。例如，学生不用想着具体的步骤就能快速且准确地计算圆的面积、半径、直径和周长。

（二）模式识别学习

模式识别 学习者将输入刺激（模式）的信息与长时记忆中的有关信息进行匹配，从而辨认出该刺激属于什么范畴的过程。

动作序列 学习者顺利执行、完成一项活动的一系列操作步骤，涉及对动作进行排序。

模式识别（pattern recognition）指学习者将输入刺激（模式）的信息与长时记忆中的有关信息进行匹配，从而辨认出该刺激属于什么范畴的过程。模式识别的主要任务是学会把握产生式的条件项，这一任务一般通过概括化和分化来完成。

模式概括化指对同类刺激中的不同刺激做出相同的反应。概括化需要在同类刺激中抽取出共同的特征。例如，学生从判断等腰梯形、直角梯形、上窄下宽梯形等为梯形的过程中，概括出梯形是一对边平行的四边形这一共同的关键特征。当具有相同动作的两个产生式同时在工作记忆中被激活时，如相继判断不同类型的梯形，有助于学生进行概括。概括化的结果是两个产生式条件部分中的共同之处保留下来，构成一个新的产生式的条件部分。新产生式的结果部分依然与以前相同，概括化后的新产生式的适应面变得更广。

模式分化指对不同的刺激做出不同的反应。分化需要找出两个以上刺激间的差异。根据安德森（Anderson，1980）的看法，概括化使某个程序的适用范围扩大，而分化使某个程序的适用范围缩小。分化是产生式的变化导致产生式的条件的增加。例如，当学生尚未学习有关椭圆的知识时，如果指着椭圆图形问他们是什么，他们可能会回答是圆。学生自动将椭圆与圆归为一类而做出了与对圆相同的反应，他们看到的是两者的共同特征——曲线封闭平面图形，而没有看到椭圆与圆的特征差异，即判断圆的产生式的关键条件之一是“圆上各点到圆心的距离相等”。当老师拿出一个球体时，学生可能才会意识到“所有的点都在一个平面内”也是掌握“圆形”这一知识的必要条件。这样，通过圆与椭圆和球体的比较，不断增加圆形判断产生式的条件，有助于学生更加精准地识别什么图形是圆。

从前述有关梯形判断和圆形判断的学习可以看出，正例和反例的运用在模式识别学习中是必不可少的，前者促进概括化，后者促进分化。通常情况下，一项模式识别的学习过程要依赖于概括化和分化的反复进行，最后才能达到迅速准确的判断。

（三）动作序列学习

动作序列（action-sequence）是指学习者顺利执行、完成一项活动的一系列操作步骤，涉及对动作进行排序。这一过程会经历两个阶段：程序化和程序组合。

程序化是指将动作步骤从陈述性知识表征转换成程序性知识表征的过程。程序化之后执行某个动作时不再需要提取陈述性知识。程序化过程通过两步来实现。

第一步是建立规则和步骤的命题表征，将通过阅读、听讲或观察他人行为所获得的行为步骤按照顺序激活，并将其作为行为的指导和提示。例如，在讲授整数乘法运算时，教师将全部步骤依次写在黑板上，并逐句讲解每一步的意思，以帮助学生建立乘法的运算规则，从而将这些步骤正确表征为命题。

第二步是将行为操作步骤的陈述性知识转化为程序性知识的产生式表征，并在执行过程中逐渐脱离陈述性命题的检索、提取和监控。例如，在指导学生学习整数乘法运算时，教师在例题示范中带领学生对照步骤一步一步进行解题。最初不熟练时，学生会对照步骤一步一步检查以免出错。经过反复练习后，学生便可不依靠步骤的提示，顺利自动进行每步运算。

程序组合是指把若干个产生式合成一个产生式，把简单的产生式合成复杂的产生式。程序组合的基本条件是有关联的两个产生式同时进入工作记忆，第一个产生式的行为项成为第二个产生式的条件项，第一个产生式的条件项保留，两个产生式的行为项合起来成为一个新的行为项，这就形成了一个新的产生式（皮连生，2004）。

应用举例

前述有关已知圆的周长求圆面积的产生式可以组合成一个复杂的产生式。

- 已知圆的周长，求圆面积。

P：如果　目的是求圆的面积 A
　　　　圆的周长为 P
　　那么　圆的直径为 D 为 P/π
　　　　圆的半径 r 为 $D/2$
　　　　圆的面积 A 为 πr^2

概念术语

信息加工　感觉登记器　感觉　知觉　自下而上的加工　自上而下的加工　知觉选择性　知觉理解性　知觉整体性　格式塔　知觉恒常性　注意　注意广度　注意的稳定性　注意的转移　注意的分配　无意注意　有意注意　有意后注意　工作记忆　保持性复述　精加工复述　块　组块　长时记忆　情景记忆　语义记忆　程序记忆　遗忘　衰退　认知结构　编码系统　有意义学习　下位学习　上位学习　组合学习　知识表征　特征表理论　原型理论　层次网络模型　命题　命题网络　表象　图式　产生式　陈述性知识　程序性知识　条件性知识　模式识别　动作序列

复习思考题

（一）选择题

1. 短时记忆的容量有一定的限度，其平均数量为（　　）个块。

A. 6±2　　B. 6±12　　C. 7±1　　D. 7±2

2. 给动物学家一块动物身上的骨头，他可以塑造出完整的动物形象。这属于知觉的（　　）。

A. 选择性　　B. 整体性　　C. 理解性　　D. 恒常性

3. 如右图所示，虽然这个图形不是封闭的，但我们知觉它时，通常不会把它知觉成四条分割的线段，而是把它知觉成完整的图形，这反映了知觉的（　　）特征。

A. 整体性　　B. 选择性　　C. 理解性　　D. 恒常性

4. 当物体移到距我们100米远处时，视网膜上的像相应缩小到距我们1米远时大小的1/100，但是我们知道该物体的大小没有变化，这称为（　　）。

A. 大小恒常　　B. 形状恒常　　C. 颜色恒常　　D. 亮度恒常

5. 人在知觉过程中，力求对知觉对象做出某种解释，使它具有一定意义，这反映了知觉的（　　）特征。

A. 理解性　　B. 选择性　　C. 整体性　　D. 恒常性

6. 知觉的条件在一定范围内改变时，知觉却保持相对稳定，这种特征是知觉的（　　）。

A. 选择性　　B. 整体性　　C. 恒常性　　D. 理解性

7. 人们进入百货公司，每个人注意的东西总不一样，这是知觉（　　）特征的表现。

A. 选择性　　B. 整体性　　C. 理解性　　D. 恒常性

8. 杨柳被教室窗外的小鸟吸引，不能专心听讲。这属于（　　）。

A. 注意分配　　B. 注意广度　　C. 注意分散　　D. 注意转移

9. 人根据任务把注意从一个对象转移到另一个对象上，这被称为（　　）。

A. 注意广度　　B. 注意稳定性　　C. 注意的分配　　D. 注意的转移

10. 幼儿通常很难长时间将注意保持在教师讲课的内容上，这属于（　　）差。

A. 注意的分配　　B. 注意的转移　　C. 注意的稳定性　　D. 注意的广度

11. 有预定目的，需要一定意志努力的注意被称为（　　）。

A. 无意后注意　　B. 有意后注意　　C. 无意注意　　D. 有意注意

12. 学生能够一边听课一边记笔记，这种现象属于（　　）。

A. 注意范围　　B. 注意稳定性　　C. 注意转移　　D. 注意分配

13. 短时记忆指的是信息保持时间（　　）的记忆。

A. 不超过2秒　　B. 不超过1分钟　　C. 超过1分钟　　D. 不超过5秒

14. 美国心理学家布鲁纳认为学习的实质在于（　　）。

A. 构造一种完形　　B. 形成刺激与反应间的联结

C. 主动地形成认知结构　　D. 对环境条件的认知

15. 提出认知结构学习论的心理学家是（　　）。

A. 布鲁纳　　B. 奥苏贝尔　　C. 加涅　　D. 桑代克

16. 未知概念是已知概念的上位概念，则对未知概念的学习属于（　　）。

A. 类属学习　　B. 总括学习　　C. 组合学习　　D. 命题学习

17. 在学过正方体、长方体等立方体的体积计算公式后，学习一般柱体的体积计算公式属于（　　）。

A. 组合学习　　B. 类属学习　　C. 下位学习　　D. 上位学习

参考答案：1.D；2.B；3.A；4.A；5.A；6.C；7.A；8.C；9.D；10.C；11.D；12.D；13.B；14.C；15.A；16.B；17.D

（二）论述题

1. 举例说明学习的信息加工过程。
2. 举例说明知觉的特征在教学中的应用。
3. 如何维持学生的注意？
4. 如何根据工作记忆的容量设计教学内容的呈现？
5. 举例说明什么是认知结构。
6. 举例说明三种认知同化的方式。
7. 列举三种知识的表征形式。
8. 说说陈述性知识和程序性知识的联系与区别。

拓展学习

陈琦，刘儒德．(2019)．当代教育心理学（第 3 版）（第 6 章）．北京：北京师范大学出版社．

奥姆罗德．(2015)．学习心理学（第 6 版）（第 7、8、9、10、11 章）．汪玲，李燕平，廖凤林等译．北京：中国人民大学出版社．

安德森．(2012)．认知心理学及其启示（第 7 版）（第 2、3、4、5、6、7 章）．秦裕林，程瑶，周海燕等译．北京：人民邮电出版社．

第六章

学习：复杂认知过程（上）

【本章提要】

概念学习
- ✧ 概念获得过程
- ✧ 概念教学策略
- ✧ 概念拓展与应用

问题解决
- ✧ 问题与问题解决概述
- ✧ 问题解决步骤与策略
- ✧ 问题解决能力的培养

学习迁移
- ✧ 学习迁移的含义及类别
- ✧ 学习迁移的机制
- ✧ 认知结构与迁移
- ✧ 为迁移而教

培养学生的复杂认知能力是教育的核心目标之一。学生不仅需要掌握基础知识和基本技能，更需要超越所学的具体信息，在新情境中应用它们解决问题，或创造一种新产品，或对它们进行批判和评价。这些复杂认知涉及概念学习、问题解决、学习迁移、创造性思维、批判性思维和自我调节学习。本章将聚焦前三者，下一章聚焦后三者。

第一节　概念学习

我们在前面两章接触过概念学习，了解了概念的界定、概念的种类、概念在头脑中的表征等知识，这里集中讨论概念的获得过程与教学策略。

一、概念获得过程

概念获得　学习者理解一类事物的共同的关键特征，并用符号代表具有这一特征的该类事物的过程。

概念获得（concept attainment）实质上是学习者理解一类事物的共同的关键特征，并用符号代表具有这一特征的该类事物的过程。例如，学习者理解了世界上有一类动物共有一个关键特征——长有羽毛，并用“鸟”这一符号来代表所有具有这一特征的动物。学习者的概念获得存在概念形成与概念同化两种方式。

（一）概念形成

> **概念形成**　学习者从同一类事物大量的不同例证中发现该类事物的关键特征的方式。

概念形成（concept formation）是指学习者从同一类事物大量的不同例证中发现该类事物的关键特征的方式。

应用举例

小学五年级英语课上，王老师对学生说："我心中有一个发音规则，请你们来猜猜。我一次给出一个正例和一个反例，请你们从中判断。"接着，他将黑板分为两个区域，分别标为"正例"和"反例"。接下来他在两个区域列举了三组例子。

正例	反例
fat（肥胖）	fate（命运）
rat（老鼠）	rate（比率）
hat（帽子）	hate（憎恨）

他问学生："现在大家猜猜我心里想的这个规则是什么。"

学生的第一个解释是："是不是'at'的发音?"王老师把"假设"写在黑板上，在简单讨论了假设的意义后，把"'at'的发音"列在下面。接下来的假设是："以't'结尾的单词中'a'的发音"和"中间字母为'a'的三字词的发音"。在讨论了这两个假设后，王老师又列出了一对正例和反例。

正例	反例
kit（成套用品）	kite（风筝）

王老师鼓励大家根据这些条件，重新考虑列出的所有假设，并讨论了一个新的假设"中间为元音、结尾为't'的三字词的发音"。然后学生讨论了更多的正例和反例。

正例	反例
tap（轻敲）	tape（磁带）
set（设置）	seat（座位）
bit（有点儿）	bite（咬）
rod（杆）	rode（骑）
tun（大酒桶）	tune（曲调）

最后，学生把他们的假设确定为"辅音＋元音（A、E、I、O、U）＋辅音的三字词的发音规则"。

王老师接着又给学生们举了一些例子，让学生们判断对不对。

mat（垫子）（√）	mate（伙伴）（×）
bet（打赌）（√）	beat（打败）（×）
hop（跳上）（√）	hope（希望）（×）
sit（坐）（√）	site（位置）（×）
pin（钉）（√）	pine（松树）（×）

王老师肯定了学生们的判断，然后请一些学生说出其他一些正例，其他学生判断他们说得对不对。

rap（说唱歌曲）	cap（帽子）
bed（床）	red（红）
hit（碰撞）	fit（适合）
hot（热）	dog（狗）
fun（乐趣）	sun（太阳）

☛**提示**

这一课例展示了概念形成的过程。赫尔（Clark L. Hull，1884—1952）通过这种范式来解释概念的形成。他在实验中给被试呈现一个例子，要求被试判断这个例子是否属于某个人工概念。如果被试判断正确，就告诉被试是对的，反之则告诉他错了。通过一系列的尝试反应和强化，被试将正确的反应与适当的刺激联结起来，形成了实验者所设置的人工概念。布鲁纳等后来提出假设检验理论来解释人工概念的形成过程。他们认为在概念形成过程中，学生并不是被动地、消极地等待各种刺激的出现以形成联想，而是积极地、主动地探究这一概念，通过一系列的假设-检验来发现这一概念。学生在形成概念的过程中，还会采取各种策略，以求加快发现这一概念的过程。有些学生能够说出正确的例子，在低水平上掌握这个概念或规则；有些学生不仅如此，还能将这个概念或规则准确表述出来，在高水平上掌握这个概念或规则。

学生的许多概念都是通过这种观察、概括和得到反馈的循环过程形成的。学生在日常生活中获得的一些概念，诸如“叔叔”，就是在成人引导下逐渐形成的。特别是当儿童先前知识比较具体而贫乏，理解能力也有限时，只能从大量的例子出发来形成一个概念。例如，对于“小汽车”这种具体概念，儿童最初听人指着某一设备说“小汽车”，可能将卡车、摩托车等都纳入“小汽车”的概念之中。随着时间的推移，这一概念逐步分化。他最终能够明确区分“小汽车”和非“小汽车”。对于“淘气”“干净”“有趣”等抽象概念，儿童也是从经验中进行观察概括形成的。

与概念形成相对应的教学方式是*概念发现学习*。在概念发现学习中，教师先向学生呈现某个概念的一些正例和反例，要求他们对这些例子的特征进行归纳、概括，从而发现一个概念，然后呈现其他例子以巩固学到的概念。这种方式又被称为*例子—规则—例子*。

（二）概念同化

概念同化 利用学习者认知结构中的先前概念，通过定义直接向学习者提示概念的关键特征的方式。

概念同化（concept assimilation）是指利用学习者认知结构中的先前概念，通过定义直接向学习者提示概念的关键特征的方式。例如，学生学习“三角形”这一概念时，教师直接告诉他们三角形的定义：“由三条直边围成的封闭的平面几何图形。”学生首先要接受新概念（三角形），并与自己认知结构中原有的知识（三条、直边、封闭、平面几何图形）联系起来，把新概念纳入原有上位概念（平面几何图形）中。像这样将新概念纳入原有上位概念的过程就是一个同化过程。在后续的学习之中，学生还需要精确分化新概念和原有的有关概念（如直角三角形、三条曲边围成的封闭图形、三条直边围成的有缺口的平面图形以及四边形）。他们还需要使一般三角形、直角三角形、等腰三角形、等边三角形等有关概念融合，贯通成一个整体结构。

与概念同化相对应的教学方式是*概念接受学习*。在概念接受学习中，教师先给学生呈现一个定义，要求他们识别正例和反例，然后分析这些例子是如何代表这一定义的。这种方式又被称为*规则—例子—规则*。在课堂教学中教师常常采用这种概念教学方式。这种教学方式效率较高，比较适合高年级或者有了一定的基础概念的学生。

二、概念教学策略

在概念的教学策略上，教师需要注意概念四个方面的要素：概念的名称、定义、特征和例证。

（一）概念名称

概念名称是表示概念的符号。在概念教学中，常常有一些概念可以用不同的符号或称谓来表示，如“长方形”又叫“矩形”，还有一些概念既有中文称谓，也有相应的专业符号，如“圆周率”和“π”。教师需要明确地告知学生一个概念的名称、别名，以及专业表示符号及其标准发音。

（二）概念定义

概念定义需要明确揭示概念的本质。一个好的概念定义应具有两个要素：一是指出新概念所隶属的更一般的类别；二是给出新概念的关键特征。例如，等边三角形是三条直边相等的三角形，是平面的、简单的封闭图形。在这个定义中，等边三角形隶属于三角形，具有三角形的一般特征——三条直边围成的封闭的平面图形，也具有等边三角形的关键特征——三条相等的边。

（三）概念特征

概念特征分为关键特征和无关特征。*关键特征*是所有概念实例共同具有的特征，*无关特征*是部分实例所具有的特征。大量的实验研究和教学经验证明，概念的关键特征越明显，概念就越容易掌握；反之，无关特征越多、越明显，概念就越难以掌握。在概念教学中，教师需要突出概念的关键特征，让学生注意概念的各种无关特征。例如，“鸟”这一概念的关键特征是长有羽毛，无关特征是会飞行等。许多鸟能飞，有些鸟（如鸭等）不能飞。相反，有些不是鸟的动物（如蜜蜂等）却能飞。

（四）概念例证

概念教学需要举例说明。在教那些对学生而言比较难的概念时，需要运用较多的例子。概念例证是概念的实例。属于概念外延的实例被称为正例。例如，鸟的正例有麻雀、乌鸦、鹦鹉等。作为概念的最佳代表的实例被称为原型。例如，一提起鸟，人们马上想到麻雀、乌鸦等。在无关特征上发生变化的正例被称为变式。例如，鸡、鸭和鸵鸟等是鸟的变式，这些鸟不具有“能飞”这一无关特征。原型的关键特征明显，因而显得简单、易学；有的变式因受无关特征的干扰，显得复杂、难学。不属于概念外延的实例被称为反例。例如，尽管蜜蜂、蜻蜓和蝙蝠都有翅膀、都能飞，但因为不长有羽毛，所以它们不属于鸟。

正例和反例在划分类别的界限时都是必不可少的。正例有利于概括，为了便于学生从例子中概括出共同的特征，最好同时呈现若干正例，这些正例具有共同的关键特征，但在无关特征上各不相同。例如，在教“鸟”这一概念时，可以列举麻雀、乌鸦、燕子、鸡、鸭、鸵鸟等，这些正例都具有关键特征（长有羽毛）。有些正例（麻雀、乌鸦和燕子）具有“能飞”这一无关特征，有些正例（鸡、鸭和鸵鸟）不具有“能飞”这一无关特征。只是列举具有某些无关特征（如“能飞”）的正例（如麻雀、乌鸦和燕子），则可能导致学生**概括不足**（undergeneralization），即把属于某一概念的成员排除在外（如把不能飞的鸡、鸭和鸵鸟排除在“鸟”之外），人为缩小概念的范围。反例则有利于辨别，帮助学生区分哪些实例属于某个概念，哪些实例不属于这个概念，从而深化学生对概念本质的认识，排除无关特征的干扰，防止学生**过度概括**（overgeneralization），即把不属于某一概念的成员包含进来，人为扩大概念的外延。例如，在教“鸟”这一概念的时候只列举正例，学生就可能将能飞的苍蝇和蚊子也包含到鸟的范围之中。

> **概括不足** 把属于某一概念的成员排除在外，人为缩小概念的范围。
> **过度概括** 把不属于某一概念的成员包含进来，人为扩大概念的外延。

在进行概念教学时，无论采用概念发现学习方式还是概念接受学习方式，举例都需要遵循由易到难、由简单到复杂的顺序。一般的顺序是：正例（原型—变式）—反例。也就是说，先举正例，后举反例。在正例中，先举原型，后举变式。不仅要举例，还需要引导学生对这些例子进行比较和概括。例如，在教“液体”这一概念时，先举原型“水”或“果汁”，然后举变式“黄油”和“沐浴露”等。这些变式在无关特征上各不相同，如黄油较厚、不透明，沐浴露则不能吃。这样可以防止概括不足。然后举个反例，如“沙子”“稀泥”，虽然它们也能倾泻，但不是液体。这样可以防止过度概括。简单的例子通常可以用来帮助学生获得某个概念，比较复杂的例子才是检验概念是否真正获得的标尺。

三、概念拓展与应用

学生初步获得某个概念后，需要将该概念与其他概念关联起来，扩展对该概念的理解。更为重要的是，要让学生在不同的问题情境中应用概念解决问题，进一步深化对概念的理解。

（一）概念关系

学生获得某一概念之后，可以在这一概念与其他相关概念间建立联结，建构起概念之间的关系网络。教师可以采用许多方法来帮助学生建立概念关系。由诺瓦克（Novak，

1990）发展出来的概念关系图就是其中的一种。**概念关系图**（concept mapping）是一种利用地图的某些性质，以网络的形式来图解概念之间关系的方法。其中的网络由节点和连线组成，节点表示概念，连线表示概念之间的关系（如图 6－1 所示）。建构概念关系图的过程是一个把自己头脑中的知识外显化的过程，它需要遵循一定的步骤（Mintzes，Wandersee，& Novak，2000）：（1）选择核心概念（一般上位的概念列在最上面）；（2）选择相关的概念，并将之放在不同的层次上；（3）添加概念之间的连线，并标明文字说明；（4）反思。能够熟练制作某一种或几种概念关系图后，也就不拘泥于一种形式，可以采用综合的模型。

概念关系图 一种利用地图的某些性质，以网络的形式来图解概念之间关系的方法。

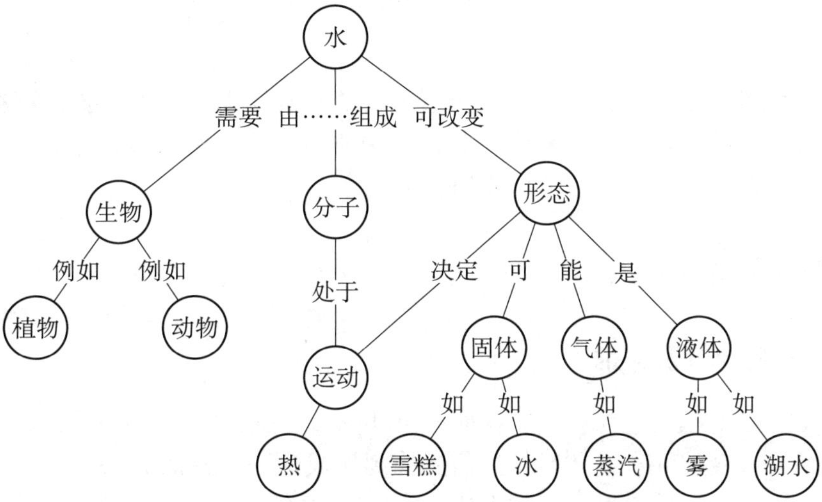

图 6－1 概念关系图示例

概念关系图可以由教师提供给学生，也可以由教师指导学生自己制作。通过制作概念关系图，学生将他们对概念的理解可视化（Spiegel & Barufaldi，1994），从而起到巩固概念和拓展概念的作用。

概念关系图不仅是一种有效的教学工具，也是一种重要的研究和评价工具。它可以用在教学的不同方面：（1）在新旧概念之间建立联系；（2）交流复杂的观点；（3）形成观点（利用概念关系图进行头脑风暴）；（4）评价理解概念的程度；（5）诊断错误概念。如果学生在做概念关系图时遗漏了某些概念、某些连线，就表明他对这一概念缺乏足够的理解（Wandersee，1990）。

（二）概念应用

学生获得某一概念之后，需要在知觉水平和思维水平上加以应用，不断丰富并深化对概念的理解。

1. 知觉水平

学生一旦获得某个概念，遇到同类事物的其他特例时，就能够将这一特例看作所学概念的正例，将它归入相应的知觉类别中。例如，学生学习三角形的稳定性之后，看到自行车，能够识别出其中的三脚架。已经获得的概念以后在新的地方出现时，学生不必经过一系列的认知过程，可以直接从知觉上觉察它们的意义。

2. 思维水平

学生将新的概念归属于原有的较高层次的概念，或者识别某一类已知事物的一个不大明显的成员，都属于在思维水平上的运用。现实生活中的许多实际问题常常没有明确的规则和确定性。学生面对这些比较复杂的情境，不能简单套用原来的解决方法，而是要针对新问题，精心组织、处理大量结构不良领域的知识，在原有经验的基础上重新做具体分析，建构新的理解方式和解决方案。

第二节　问题解决

学校不可能教给学生未来生活和工作所需要的所有知识，学生需要使用在课堂上所学的有限的知识和技能，解决未来生活和工作中所面临的、从未回答过的问题。解决复杂的、开放性的问题的能力是教师重要的教学目标之一。

一、问题与问题解决概述

（一）问题的含义及类别

问题　一种情境：试图达成某一目标并需要找到达成这一目标的方法。

界定良好问题　具有明确的初始状态、目标状态以及解决方法的问题。

界定不良问题　没有明确的初始状态、目标状态或解决方法的问题。

问题解决　找到克服问题障碍的方法，并将问题从初始状态转变为目标状态的过程。

问题（problem）是指这样一种情境：试图达成某一目标并需要找到达成这一目标的方法。问题一般涉及以下三个成分：（1）给定信息，对问题起始状态的描述；（2）目标，对所要达成的结果状态的描述；（3）障碍，从问题的初始状态达成结果状态所需解决的因素。根据这三个成分，问题实质上就是给定信息与目标之间有某些障碍需要加以克服的情境。

问题可以分为界定良好问题和界定不良问题。**界定良好问题**（well-defined problem）具有明确的初始状态、目标状态以及解决方法。例如，让学生进行加减乘除的运算，在考试中进行单项选择，或者解决一个复杂的物理问题，等等。在这些问题中，学生可以根据给定信息和目标，选用明确的解决方法。**界定不良问题**（ill-defined problem）没有明确的初始状态、目标状态或解决方法。例如，让学生考察当地城市的污染状况并写出一篇论文。在这个问题中，所要达成的目标并不明确（文章最终是什么样的），问题的初始状态信息也是缺失的（城市的污染状况怎么样），并且存在多种可能的解决方案（可以实地考察、调查，也可以查阅数据、文献等）。学生在学科学习中遇到的绝大多数问题是界定良好问题，而真实世界中的问题常常是界定不良问题。

（二）问题解决的定义及特点

问题解决（problem solving）是指找到克服问题障碍的方法，并将问题从初始状态转变为目标状态的过程。根据加涅对学习的分类，问题解决的实质是形成高级规则。学生需要组合已经习得的规则，形成一个新的高级规则，将问题的初始状态转变为目标状态。例如，教师要求学生证明完全平方公式。

$(a+b)^2=a^2+2ab+b^2$（a 和 b 都是有理数）

如果学生以前已经获得这些规则，即：

$a\times b=ab$（两个符号相同的单项式相乘，其积为正）

$ab=ba$（乘法交换律）

$ab+ab=2ab$（合并同类项）

$(3a+5b+6c)\times 3a=9a^2+15ab+18ac$（多项式乘单项式，即多项式的每一项乘以单项式）

那么学生可以根据这些规则，将要求证明的式子展开，即：

$$
\begin{aligned}
&(a+b)(a+b)\\
=&(a+b)\times a+(a+b)\times b\\
=&a^2+ba+ab+b^2\\
=&a^2+ab+ab+b^2
\end{aligned}
$$

从而整理出：

$$(a+b)^2=a^2+2ab+b^2$$

在这个例子中，学生结合先前获得的规则，对 $(a+b)(a+b)$ 进行了运算，从而获得了完全平方公式这一新的高级规则。

问题解决具有一些共同的特点：(1) 问题解决是解决新的问题，如上例，学生是初次遇到这个问题。如果不是第一次试着解答完全平方公式这个问题，而是第二次、第三次甚至多次解答过，就称不上问题解决，只能说是一种操练。(2) 在问题解决中，学生要对先前掌握的简单规则重新组合，使其适用于当前问题。原先习得的简单规则是解决问题过程中的思维的素材。(3) 一旦问题得到解决，学生的能力就会随之发生变化。在解决问题时产生的高级规则（如完全平方公式）存储下来构成学生认知结构的一个组成部分，以后学生遇到同类情境时，借助回忆即可回答而不再视其为问题了。

（三）问题解决的实质

对于问题解决的实质，心理学上存在三种基本的观点。

1. 试误说

桑代克的**试误说**（trial and error theory）认为，问题解决是由刺激情境与适当反应之间形成的联结构成的，这种联结是通过尝试错误逐渐形成的。问题解决过程首先要通过一系列盲目的操作，不断地尝试错误，发现一种解决问题的方法，即形成刺激情境与反应的联结，然

> **试误说**　由桑代克提出，这种理论认为，问题解决是由刺激情境与适当反应之间形成的联结构成的，这种联结是通过尝试错误逐渐形成的。

后再不断重复、巩固这种联结，直到能立即解决问题。

2. 顿悟说

顿悟说 由格式塔心理学家苛勒提出，这种理论认为，个体遇到问题时，会重组问题情境的当前结构，以弥补问题的缺口，达到新的完形，从而联想起一种可行的解决方案。

问题空间 对问题的表征或理解，由问题的初始状态、目标状态和操作三部分构成。

格式塔心理学家苛勒的**顿悟说**（insight theory）认为，个体遇到问题时，会重组问题情境的当前结构，以弥补问题的缺口，达到新的完形，从而联想起一种可行的解决方案。这一过程的突出特点是顿悟，即对问题情境的突然领悟。

3. 信息加工论

信息加工论把问题解决看作信息加工系统（即大脑或计算机）对信息的加工，即把最初的信息转换成最终状态的信息。纽厄尔和西蒙（Newell & Simon，1972）认为，问题一般包括三个方面：（1）初始状态——初始时的不完全的信息或令人不满意的状况；（2）目标状态——希望获得的信息或状态；（3）操作（operator，又叫算子）——为了从初始状态迈向目标状态可能采取的步骤。这三部分加起来构成了**问题空间**（problem space），这就是对问题构成的一个表征。例如，我们在玩魔方时的问题是：初始状态是各面的颜色混杂，目标状态是各面分别为同一种颜色，从初始状态转变为一个又一个中间状态，直到转变为目标状态。从初始状态到中间状态再到目标状态的一次次旋转就是操作。

根据信息加工论，问题解决的首要环节是理解问题或表征问题，即对问题情境建构起一个心理表征（或心理模型），也就是问题空间（Newell & Simon，1972；Jonassen，2000）。然后，问题解决者需要通过活动来实施对所建构的问题空间的操作方法（Jonassen，2000），将该问题空间的初始状态逐渐转变为目标状态。

二、问题解决步骤与策略

（一）问题解决步骤

问题解决可分为特殊问题解决与一般问题解决。特殊问题解决专用于某一具体的领域的问题。例如，使用公式计算梯形面积，根据规范的格式修改论文，等等。一般问题解决通用于各种不同领域的问题。有研究者提出，各种不同领域的问题解决存在五个重要步骤，他们将这五个步骤的首字母简缩为 IDEAL（见表 6-1；Bransford & Stein，1993）。

表 6-1 问题解决的五个步骤

字母	英文	步骤	描述
I	Identify	发现问题与机会	确定是否存在问题
D	Define	界定目标与表征问题	关注相关信息和无关信息，理解问题，激活相关的先前知识框架

续表

字母	英文	步骤	描述
E	Explore	探索可能的问题解决策略	思考各种可能的解答策略
A	Anticipate	预期结果并实施策略	权衡各种解答策略的可能结果，执行所选的解答策略
L	Look	回顾与学习	评价问题是否得到有效解决

在 IDEAL 或类似的问题解决步骤中，学生首先要仔细审题，如要解决的问题是什么、可利用的资源和信息是什么、如何表征问题（如使用草图、提纲或流程图等），然后确定要达到的目标，并思考如何达到目标，选用相关的解答策略，最后评价是否成功解决问题。

（二）问题解决策略

在一般问题解决过程中，学生可以采用两种策略来探索解答：算法式与启发式。**算法式**（algorithm）是指问题解决中要达成目标的一系列步骤。例如，从 1 开始加 2、加 3……一直连加到 100，只要按照顺序正确进行连续的加法计算，就能获得正确答案。这种解决问题的过程可能需要花一定时间，但只要步骤的顺序以及每一步的程序正确，就能得到正确答案。

启发式（heuristic）是指这样一种通用性的问题解决策略：能引导学生探寻最接近最佳解答的解答。启发式是一种利用经验、有根据的推测或者常识来解决问题的策略。算法式与启发式的关系类似于精确与近似的关系。例如，学生估算一道乘法题的近似结果（如 19×21≈400），就是在使用启发式策略。启发式策略有助于缩小寻找正确解答的范围（Stanovich & West，2000），提高解决问题的效率。下面是人们在问题解决中常用的三种基本启发式策略。

算法式 问题解决中要达成目标的一系列步骤。

启发式 一种通用性的问题解决策略：能引导学生探寻最接近最佳解答的解答。

手段-目的分析 一种问题解决策略：将问题解决的目标分解成一个一个子目标，从初始状态出发逐步完成它们，不断缩小与目标的距离，直到达成目标状态。

逆向工作策略 一种系统化策略：从问题的最终目标开始，向前倒推各个子目标以及达成这些目标所需要的步骤。

1. 手段-目的分析

手段-目的分析（means-end analysis）是这样一种问题解决策略：将问题解决的目标分解成一个一个子目标，从初始状态出发逐步完成它们，不断缩小与目标的距离，直到达成目标状态。例如，我们要去北京八达岭长城参观，我们先从家里（初始状态）乘坐公交（手段 1）到达本地的火车站（子目标状态 1），乘坐高铁（手段 2）到达北京火车站（子目标状态 2），打车（手段 3）到达北京北站（子目标状态 3），乘坐高铁（手段 4）到达八达岭长城站（子目标状态 4），步行（手段 5）到达长城（目标状态）。

2. 逆向工作策略

逆向工作策略（working-backward strategy）是这样一种系统化策略：从问题的最

终目标开始，向前倒推各个子目标以及达成这些目标所需要的步骤。例如，学生在4周之后要提交论文，那就需要在倒数第1周进行修改，倒数第2周完成初稿，倒数第3周准备相关资料，倒数第4周完成写作计划。几何证明中的逆向反推法和日常生活中的最后期限法就是这样一种策略。

类比思维 一种问题解决策略：在与当前问题情境最为相似的其他情境中寻找解答。

功能固着 无法采用一种新的方式来使用一个物体或工具的心理倾向。

反应定式 用最熟悉的方式对问题做出反应的心理倾向。

3. 类比思维

类比思维（analogical thinking）是这样一种问题解决策略：在与当前问题情境最为相似的其他情境中寻找解答。例如，学生分析当地河流的污染源，可以参考其他类似地区的河流的污染源是什么。类比的两个情境距离越遥远，解答就越可能有创造性。例如，工程师们通过分析蝙蝠的导航机制，发明了探测潜艇方位的声呐系统。

（三）问题解决障碍

在解决问题的过程中可能存在一些障碍，这些障碍的普遍原因就是缺乏思维的灵活性。

1. 功能固着

功能固着（functional fixedness）是指无法采用一种新的方式来使用一个物体或工具的心理倾向（Duncker & Lees，1945）。例如，需要在纸上画一条直线，但没有直尺可用，想不到把手边的书的侧边当作直尺来画直线。看到某一物品的惯常的用途后，就很难看出它的其他用途。而且，初次看到的用途越重要，就越难看出其他用途。

2. 反应定式

反应定式（response set）是指用最熟悉的方式对问题做出反应的心理倾向。例如，请按照顺序依次求解下面四道一元一次方程题：

$$6(x+2)-3(x+3)=9$$
$$5(x-1)-2(x+1)=2$$
$$(x+1)-2(x-1)=1-3x$$
$$7(x-2)=3(x-2)+16$$

请问第四道题是如何解决的？是否依然受到前面三道题的影响，先将括号打开，然后合并同类项？实际上，第四道题的简便算法是先将（$x-2$）看作一个单位，进行合并，等式两边同时除以4，然后移项，获得 x 的解。有的人由于受到前面三道题的影响，形成了一定的反应定式，在第四道题上仍然采用常规解法。

教师可以利用反应定式，帮助学生解决问题。例如，当学生无法采用某种方法解决问题时，教师可以先给学生提供几道简单一些、明显能够采用这种方法的习题做铺垫，让学生启动并熟悉这种方法，然后再提供稍难一点、线索隐蔽一点的题目，引导学生采用这种方法解题。与此同时，教师要预防定式造成学生思维刻板化，不能转换视角来解决问题。

3. 信念坚持性

信念坚持性（belief perseverance）是指即便在相反的事实面前也仍然坚持自己信念的一种心理倾向。例如，学生过度自信，觉得自己能够快速完成写作作业，可当实际的写作时间是预期时间的两倍时，仍然倾向于保持高度的自信，在以后的写作任务中也无法对自己的预期进行调整（Buehler，Griffin，& Ross，1994）。

信念坚持性　即便在相反的事实面前也仍然坚持自己信念的一种心理倾向。

三、问题解决能力的培养

学生解决问题的能力往往是在一个又一个特定领域（如语文、数学或科学）中发展起来的，成功的学习者往往在所在领域经历了一个从新手到专家的成长过程。

（一）新手和专家的差别

新手与专家的问题解决策略存在许多差异。新手倾向于随心所欲地使用一些问题解决策略，对于他们正在做什么或为什么这么做缺少真正的理解。而专家获得了某一特定领域的大量知识和经验，经历了这一领域中许多不同的问题解决过程。新手和专家的差别主要表现在以下三个方面。

1. 领域知识存储

有效的问题解决是以丰富的领域知识存储为基础的。专家拥有某一领域的大量知识、事实、概念和程序。这些知识不仅包括陈述性知识——事实和言语信息，还包括以自己的方式存储的程序性知识——有关在什么情境下采取什么行动的策略知识。这些知识都被精细加工和组织化，能在需要的时候很容易地从长时记忆中提取出来。因此，他们对该领域信息的记忆能力比新手要强。

2. 问题解决过程

新手先明确目的，从尾到头地解决问题，而专家立即进行推理，或者搜集信息，从头到尾地解决问题；新手需要很多中间过程，而且要有意识地注意这些过程，而专家无须注意中间过程，可以很快地解决问题；新手更关注信息的细节，而专家不只是关注表面信息，更善于发现信息背后所隐含的结构，看到信息的全貌，思考问题所隐含的深意，在更深层次上处理问题。

3. 问题解决优势

新手更多地依赖规则和程序来解决问题。而专家在所擅长的领域里通过处理各种问题积累了大量的经验，他们能够根据先前经验来自动地解决这一领域中的问题，而且这种自动化式的问题解决不再需要付出很大的努力，他们经历的是一种再认的过程。他们在理解问题的阶段往往能够更多地利用直觉，激活先前的相关图式，直接启动先前的解答。

专家解决问题有时候也有其隐患。一方面，专家可以通过自动化使问题的解决变得容易；但另一方面，这也可能使专家的思维变得僵化，只以一种固有的、习以为常的方式来看待一类问题，而不能换一个角度进行思考。

（二）问题解决能力训练

在实际教学中，教师需要结合各门学科的内容来训练学生问题解决的思维过程与解答策略，提高学生的问题解决能力。

1. 样例学习

样例学习 给学习者呈现成功的问题解决的样例，让学习者从样例中学习问题解决的步骤和策略。

基于问题的学习 一种由理解和解决问题的活动过程构成的学习方式。

研究证明，样例学习是培养问题解决能力的重要途径之一（Cooper & Sweller，1987）。**样例学习**（learning from worked examples）就是在样例中学习，样例（worked examples）就是例题，是指为学习者出的题目。在样例学习中，学习者通过对例题的观察和思考习得解题规则和策略。样例一般包括三个部分：问题、解决问题的方法和评论。问题部分陈述问题的条件和目标；解决问题的方法部分呈现解答步骤；评论部分解释采取每一步骤的理由或根据，它可以与前两部分一同呈现，也可以由示范者进行口头讲解。例如，对“$3(2x-3)+5(2x-3)=8$”这一方程求解，解题方法与评论部分可以是：

$8(2x-3)=8$	观察方程结构，将（$2x-3$）看作一个单位项，合并同类项
$2x-3=1$	系数化为1
$2x=4$	移项
$x=2$	系数化为1

这样，解题方法和评论部分将示范者的解题步骤及思维过程外化出来，成为学习者的观察对象，方便学习者进行观察学习，获得相应的问题解决技能。

在教学中，教师需要列举多个样例。这些样例需要在结构特征（涉及样例所共有的原理、规则或策略）上相同，在表面特征（涉及样例的内容与形式）上有所变化（Paas & Van Merriënboer，1994；Quilici & Mayer，1996）。

教师可以采取一些措施来帮助学生对样例进行自我解释。例如，教师先示范解释样例中的步骤，然后要求学生模仿教师进行自我解释，最后甚至要求学生充当教师角色向其他学生进行自我解释、设计包含自我解释的样例等。

2. 基于问题的学习

基于问题的学习（problem-based learning，PBL）是一种由理解和解决问题的活动过程构成的学习方式（Barrows & Tamblyn，1980）。这种学习方式最初是在医学教育中发展起来的。传统医学教育存在重基础知识、轻应用实践的问题，学生为了应付考试记住了一些基本的医疗知识，但是他们并不知道如何把这些知识运用到实际工作中。巴罗斯（Barrows，1985）在医学教学中提出了基于问题的学习，旨在培养学生思考实际问题的能力。基于问题的学习包含下面的基本过程（Barrows & Tamblyn，1980）：

（1）组建学习小组。教师根据合作学习的一些规则和模式，将学生分组，并明确组员的责任（如组织工作、记录工作以及汇报工作）。

（2）启动一个新问题。教师向学生呈现一个复杂的真实问题。例如，让学生看报纸上有关有呼吸问题的病人的报道。教师让学生扮演一定的角色，并产生相应的产品。例如，在关于人工肺的问题中，期望学生制作出一个原型模型，或者向当地政府提交一份有关划分环境敏感地区的建议报告。

在明确任务之后，小组进行研讨。记录员在白板上记录小组对问题的解决过程及思维过程，也就是要在白板上罗列出有关这个问题的事实、组员们的想法和假设、所确定的学习议题以及计划采取的行动。表 6－2 罗列了某一（中学生）小组在解决人工肺问题时的整个思维过程的一部分。

表 6－2 基于问题的学习过程示例

事实	想法	学习议题	行动计划
横膈膜是呼吸所用的主要肌肉	人工肺能跟真的肺一样吗?	二氧化碳如何被排出体外	找到一些像海绵一样的、具有弹性和吸收性能的物质
横膈膜胀大，导致肺部的压力不同	要不要为不同年龄的人建造不同的肺	身体需要多少氧气	解剖一只哺乳动物
成人的肺能容纳 3 升空气	需要确保身体获得了所有所需空气	我们如何测量身体是否获得了足够的氧气	

一旦小组认识到某些知识的缺乏致使问题解决活动无法进行下去，小组成员就需要分散开来，从事独立的查询研究，完成所承担的学习议题。通过第一轮问题解决活动，共同拟出总问题的目标、学习议题、可能的结果，确定学习资源，确定工作步骤和时间期限，分派学习议题。

（3）新一轮问题解决。在新一轮问题解决阶段，组员们重新集合，交流各自学到的知识，并用新学到的知识重新分析问题、考虑他们的假设、提出新的假设。在这一过程中，组员们不仅要分享彼此学到的知识，更为重要的是，他们还要评价自己的信息以及其他组员的信息。

（4）展示成果。学生在报告他们的结论时，可以采用各种不同的形式、工具和技能，如数学分析、图表呈现、口头表达，甚至戏剧表演等，来展示他们的理解，这有助于他们学习一定的交流和解释技能。

（5）在问题解决之后进行反思。在问题解决后所进行的反思中，学生有意识地对他们所解决的问题进行反思和抽象，总结知识（例如发展定义、图解、列表、概念、要旨以及原则等）。他们要考虑当前的问题与以前的问题之间有什么联系，这个问题与其他问题有什么相似之处和相异之处。这种反思有助于他们概括并懂得什么时候可以应用这种新知识。同时，通过评价自己和同伴的成果，他们还要反思自我导引学习的有效性和合作解决问题的有效性，这样的评价对发展学生的高层次思维技能是非常重要的。

项目式学习 学生通过完成与真实生活中的问题相似的项目来获得新知识、新技能的一种学习方式。

学习迁移 一种学习对另一种学习的影响。

正迁移 一种学习对另一种学习的积极影响。

负迁移 一种学习对另一种学习的消极影响。

与基于问题的学习相似的另一种学习方式是**项目式学习**（project-based learning）。它是学生通过完成与真实生活中的问题相似的项目来获得新知识、新技能的一种学习方式。这种学习方式备受我国当前基础教育的重视。2019 年，中共中央、国务院印发的《关于深化教育教学改革全面提高义务教育质量的意见》提出"探索基于学科的课程综合化教学，开展研究型、项目化、合作式学习"。《义务教育课程方案（2022 年版）》提出，要探索大单元教学，开展主题化、项目式学习等综合性教学活动。项目式学习的基本做法是：针对课程内容设计出一个个学习单元——项目，每个项目围绕着一个具有启发性的问题展开，学生以合作的方式来分析问题、搜集资料、确定方案步骤，直至解决问题。作为这种学习活动的结果，学生通常要形成能表达自己理解的实际产品，如报告、模型、表演、多媒体演示软件、网站等。项目式学习也被看作一种广为采用的探究性学习的具体模式，有助于学生整合各科知识，发展解决实际问题的能力。

第三节 学习迁移

学校教育的目的是让学生掌握一定的知识和技能，并能够将它们应用到学校以外和未来的生活与工作之中，这就涉及学习迁移的问题。学习迁移说起来容易做起来难。教师不要指望在教学完成之后学生就能自动地将所学的知识和技能迁移到实际情境之中。教师需要了解学习迁移的本质，并明确训练学生进行迁移。

一、学习迁移的含义及类别

学习迁移（transfer for learning）是指一种学习对另一种学习的影响。学生学习一种知识、技能、策略、态度和行为会对他学习另一种知识、技能、策略、态度和行为产生影响。例如，学生学习汉语拼音会对学习英语字母和音标产生影响，学习打乒乓球会对学习打网球产生影响。

（一）正迁移与负迁移

正迁移（positive transfer）是一种学习对另一种学习的积极影响。例如，英语学习促进了对法语的学习。正迁移可能表现为使另一种学习变得更容易了，学习效果更好了，或者学习时间缩短了。**负迁移**（negative transfer）是一种学习对另一种学习的消极影响。例如，学习骑自行车阻碍了学习骑三轮车。负迁移可能表现为使另一种学习变得更困难了，学习效果更差了，或者学习时间延长了。如果一种学习对另一种学习没有产生影响，那就是零迁移（zero transfer）。例如，学生对数学的学习并没有影响他对语文的学习。

（二）顺向迁移与逆向迁移

如果先前的学习对后来的学习有影响，就是**顺向迁移**（forward transfer）。例如，学生掌握一个原理或策略（如勾股定理）后，一旦遇到适当的情境就能加以应用。如果后来的学习对先前的学习产生了影响，就是**逆向迁移**（backward transfer）。例如，学生学习如何解决眼前的问题时，深化了对过去所学相关知识的理解。

顺向迁移　先前的学习对后来的学习的影响。

逆向迁移　后来的学习对先前的学习的影响。

特殊迁移　某一领域或课题的学习直接对学习另一领域或课题所产生的影响。

一般迁移　又称为非特殊迁移，是获得一种原理、策略或者态度对其他学习的广泛的影响。

近迁移　将所学的经验迁移到与原初学习情境比较相似的情境中。

远迁移　将所学的经验迁移到与原初学习情境极不相似的情境中。

（三）特殊迁移与一般迁移

特殊迁移（special transfer）是某一领域或课题的学习直接对学习另一领域或课题所产生的影响。例如，掌握 20 以内的加法可以促进对多位数加法的学习，这种影响发生在数学加法学习之中。**一般迁移**（general transfer），又称为非特殊迁移，是获得一种原理、策略或者态度对其他学习的广泛的影响。例如，学生掌握了制订学习计划的方法，就对他的所有学习活动都产生了影响。

（四）近迁移和远迁移

学习迁移受制于迁移情境与学习情境的相似程度。**近迁移**（near transfer）指将所学的经验迁移到与原初学习情境比较相似的情境中。**远迁移**（far transfer）指将所学的经验迁移到与原初学习情境极不相似的情境中。例如，学生学习了解决有关汽车的路程问题的应用题后，能够利用时间、速度和路程之间的关系解决飞机、自行车、轮船或者步行等情境下的路程问题，这属于近迁移；如果能够利用这种关系解决有关工程问题（这种问题隐含着天数、每天完成工作的数量与总工作数量之间的关系）的应用题，就属于远迁移。近迁移情境与远迁移的差异可能表现在很多方面，如主题、情境特征和形式等（见表 6－3）。

表 6－3　近迁移与远迁移的区分

领域	描述	近迁移举例	远迁移举例
学科问题	迁移到相似或不同的主题中	在解决物理课上的等式时使用微积分课上的知识	在英语课辩论写作任务中应用有关科学方法的知识
物理情境	迁移到相似或不同的物理情境中	使用液体度量的知识解决数学应用题（两者都是学业目的）	使用液体度量知识在家里烘焙蛋糕
功能情境	迁移到相似或不同的目的中	使用数学课上学习的百分数知识解应用题（两者都是理论目的）	使用百分数计算的知识（理论目的）算出最喜爱选手的击球率（娱乐目的）
时间情境	迁移在不同的时间长度发生	经过一段短暂时间（同日或次日）进行知识迁移	经过更长时间（几周、几月或几年）进行知识迁移

续表

领域	描述	近迁移举例	远迁移举例
社会情境	迁移到相似或不同的社会情境中	在学习情境和迁移情境中都进行独立的工作	使用从团体活动中学到的知识进行独立研究
形式	迁移以相似或不同的形式发生	向朋友描述所听的一个有关小猪解剖的讲座（都是听觉形式）	听一个有关小猪解剖的讲座，并能动手操作（听觉和动作）

资料来源：Barnett & Ceci，2002，第612～637页．

（五）低通路迁移和高通路迁移

低通路迁移 经过高度训练的技能的自动化迁移。

高通路迁移 有意识地将在某一情境中习得的知识和策略应用到不同的情境中。

形式训练说 一种经典的学习迁移理论，认为一种官能可以像肌肉一样通过练习得到增强，从而使这种官能以及包含这种官能的活动得到一定程度的提高。

低通路迁移（low-road transfer）指经过高度训练的技能的自动化迁移。例如，我们将在各种情境中经过反复练习而获得的阅读、写字和计算方面的技能自动化地迁移到校内外各种其他情境中。自动化是低通路迁移的特征，它是一种技能在各种情境和条件下过度练习的结果（Salomon & Perkins，1989）。

高通路迁移（high-road transfer）指有意识地将在某一情境中习得的知识和策略应用到不同的情境中。例如，学生在解决一道应用题时用到了画图进行题意理解的策略，他可以在一道新的应用题中采用这个策略。有意抽象（mindful abstraction）是高通路迁移的特征。有意抽象是指从学习情境中抽象出规则、概念或程序，将它们应用到新的情境之中。例如，学生利用做笔记的策略来阅读一篇新文章。类比迁移（analogical transfer）是高通路迁移的一种。例如，学生把原子中的电子轨道（新知识）与太阳系中的行星轨道（已有知识）进行类比。在这个例子中，学生有意地利用已有知识创造或使用一个类比来帮助理解一个新概念。

二、学习迁移的机制

对于为什么发生迁移这一问题，心理学家提出了各种不同的理论。这些理论可以概括为三种：第一种理论强调学习者因素的作用；第二种理论强调情境因素的作用；第三种理论强调主客体相互作用的过程。

（一）形式训练说

形式训练说（formal discipline theory）的基础是官能心理学。官能心理学假定，人的大脑的许多区域代表了许多不同的官能（faculties），如注意、意志、记忆、知觉、想象、推断和判断等，人的心智（mind）是由许多不同的官能组成的，不同的官能活动相互配合就构成各种各样的心理活动。形式训练说认为，各种官能可以像肌肉一样通过练习得到增强（能力）。例如，拉丁语和希腊语等古典语言与数学中具有训练记忆、推理和判断等心理官能的形式。由于对某种官能施加了训练，这种官能以及包含这种官能的活动就得到一定程度的提高。学校重视古典语言和数学的教学，希望借此强化学生的思维，甚至规范学生的言行。因为这种学说缺乏科学事实的支持，所以只是在早期有较大的影响。

（二）相同要素说

桑代克提出的**相同要素说**（identical element theory）认为，一种学习之所以能够对另一种学习产生影响，是因为两者有相同的要素。例如，学会加法有助于学习乘法，但是仅限于乘法中能用加法处理的内容。桑代克曾经做过一个实验来证明迁移的关键是相同要素而非形式训练。他训练被试估计正方形的面积大小，结果发现，这种训练只能提高被试对边长不同的其他四边形面积的估计成绩，而不能促进对三角形面积大小的估计。这一结果表明，只有当迁移情境与学习情境具有相同要素（正方形）时，迁移才能产生。从这一实验可以看出，桑代克所说的相同要素是指学习任务中共同的刺激和反应的联结。

> **相同要素说**　桑代克提出的学习迁移理论。这种理论认为，一种学习之所以能够对另一种学习产生影响，是因为两者有相同的要素。
>
> **概括化理论**　由贾德提出的一种经典的学习迁移理论。这种理论认为，在经验中学到的原理才是迁移发生的关键。

后来，伍德沃斯和桑代克（Woodworth & Thorndike，1901）把相同要素改为*共同要素*（common element），认为在两种活动中有共同的成分才能发生迁移。共同成分不仅包括共同的内容或本质，如阅读和作文之间能产生迁移是因为使用了相同的文字，还包括共同的程序，如有些习惯、态度、情绪、原则、过程和策略等通用于不同的情境中。

桑代克的相同要素说在当时的教育界曾起过积极的作用，使学校脱离了那种在形式训练说影响下不考虑实际生活只注重所谓的形式训练的教学状况，在课程方面开始重视应用学科，教材的安排也尽量与将来的实际应用相结合。

（三）概括化理论

贾德（Judd，1908）以实验研究了*原理*（principle）和*概括性*（generality）的迁移，提出了**概括化理论**（generalized theory）。这种理论认为，在经验中学到的原理才是迁移发生的关键。迁移能否发生，关键不在于任务之间的表面相似性，而在于被试是否获得了对有关知识的概括化的理解。贾德曾做过一个著名的水中打靶实验，发现学习了光折射原理的被试在增加水中目标的深度后，其成绩明显优于控制组。他对结果的解释是，实验组在理论的高度上把握了实际情况后，就能利用概括了的经验迅速地解决需要按实际情况进行分析和调整的新问题。根据迁移的概括化理论，对原理了解、概括得越好，对新情境中学习的迁移越好。但应看到，原理的概括有着较大的年龄差异，同时，应注意到在对知识进行概括时常会出现过度概括现象，或者是错误的概括造成对学习的定式，从而导致负迁移的产生。

三、认知结构与迁移

在现代学习理论家们看来，学习和学习迁移遵循同样的机制。例如，布鲁纳认为，迁移可以被看作学习者把习得的认知结构用于新的事例。奥苏贝尔认为，一切有意义的学习必然包括迁移，因为一切有意义的学习都是在原有学习的基础上产生的，不受原有认知结构影响的有意义学习是不存在的。奥苏贝尔（1968/1994）分析了认知结构的不同特征对知识理解、保持与迁移的影响。

（一）固着观念

固着观念 认知结构中对新知识起固定作用的适当观念。

固着观念（anchoring idea）指认知结构中对新知识起固定作用的适当观念。例如，在学习者获得了"力"的基本概念之后，他就可以更好地理解"浮力"的特征和规律。在奥苏贝尔看来，对教材进行机械学习的主要原因之一就在于学生的认知结构中还没有可以同新内容建立联系的有关观念，使得教材失去了潜在意义。

（二）可辨别性

可辨别性指新材料与原有观念之间区别的程度。人在理解活动中有简化理解对象的趋势，当新学习的内容与原有观念有些相似而又不完全相同（如加速度与速度）时，新知识常常被理解（还原）为原有观念。有时学习者虽然意识到新旧知识之间有些差别，但又无法说明它们的差别在哪儿（如"匀变速直线运动"与"匀速直线运动"的差别），则难以对新知识形成清晰的理解，更难以形成稳定、持久的记忆。为了提高新旧知识之间的可辨别性，教师可以通过对比的方法，明确两者之间的不同之处。

（三）清晰稳定性

认知结构中的固着观念是否清晰、稳定也影响学生能否对新旧观念做出区别。例如，对化学知识掌握得比较好的学生可以更好地理解医学知识。在教学中，在让学生学习一种观念之前，教师有时需要先引导学生复习原有知识，使其更加清晰、稳定。

四、为迁移而教

教学的目的就是促进学生的有效迁移。对学生迁移能力的培养可以从一般迁移和特殊迁移两个方面入手。在一般技能方面，人们尤其强调元认知的训练；在具体内容知识的学习方面，尤其强调有意义的理解学习。迁移教学需要将两方面进行整合，即在具体的学习活动中或结合具体的学科来训练具有广泛适用性的一般技能，或综合教授各种类型的内容知识、程序性知识与策略等，同时对良好个性的培养也给予必要的关注。在促进迁移的教学中，教师要注意以下事项。

（一）制定明确、具体、现实的教学目标

在每个新单元的教学之前为学生确立具体的教学目标，如有可能，可让学生一起参与教学目标的制定，并让学生了解某一阶段学习的目标。明确而具体的教学目标可以使学生对与学习目标有关的已有知识形成联想，即有一个先行组织者，会有利于迁移的发

生（陈琦，刘儒德，2019）。

（二）注意教学材料和教学内容的编排

在教学材料和教学内容的编排上，要注意在各个教学单元相对独立的前提下，体现出各单元和各部分内容之间的内在逻辑联系与前后衔接，切忌造成各部分内容之间的相互割裂。教学层次要合理，在选择教材和教学内容时也应注意避免选择内在逻辑性差的教材和内容。在教学中要充分利用教学材料中的内在联系。例如，在小学两步应用题教学中，应充分利用教材中两步应用题与一步应用题间的逻辑联系，引导学生进行积极的迁移。对缺乏内在联系的教材，则利用教学手段进行弥补。

（三）教学对学生有意义

有研究表明，学生对材料的理解程度以及教学方式的有意义程度对迁移有直接的影响（Bereiter，1995；Mayer & Wittrock，1996）。不管学生记得有多清楚，通过死记硬背获得的知识都难以迁移到新的情境中。没有理解只是机械地记忆，这种记忆很难持久；没有经过熟练化，甚至是“过度学习”的理解，不能运用自如，迁移的效果也会大打折扣。

教学对学生有意义包括：所呈现的教学内容要有价值，要对学生离开学校走入社会有所帮助。在强调终身学习的今天，学生今后的学习更依赖于在学校学到的知识的正迁移。另外，这种意义性还包括：教学过程有趣味性，符合学生的特点和接受能力，如可以采用生活中的真实例子。内容越能激起学生的主动探究，学生的卷入程度就越深，学得就越牢固，也就越容易产生正迁移。

（四）在各种情境下呈现多种实例

20 世纪六七十年代，美国学者罗耶（Royer，1979）提出的认知迁移理论从信息加工的角度，认为迁移的可能性取决于在记忆搜寻过程中遇到相关信息或技能的可能性。因此，在教学中帮助学生建立抽象的知识结构和认知图式时，应给学生呈现最大范围的实例和这些知识的应用情境，以使学生了解课堂中习得的知识是如何应用的。而且，这些例子最好与真实的生活背景相联系（斯莱文，2016）。例如，与驾驶了好几年车，但只开一种车型的驾驶员相比，那些只当了几周泊车员，但具有驾驶各种车的经验的人更容易适应新的、不同款式的车（至少在停车场是这样）。因此，呈现各种各样的正例和反例，特别是让学生自主举例证明，有利于学生了解概念原理的适用性，刺激学生在解决问题时多做尝试。在新环境中运用知识的能力部分依赖于知识、技能获得时环境的多样性。在学生自主寻找例子时应注意考查学生对原理的把握程度。除了提供各种各样的例子，还要指出每个例子是如何体现概念的本质特征的，这也同样重要。

（五）有意识地教学生学会如何学习，灵活运用各种策略

阅读理解的实验表明，使用了元认知策略的学生，不仅对当前任务做出正确反应的概率明显提高，而且更多地把这种学到的策略迁移到了他们在常规课堂的其他学习中

(Brown & Palincsar，1982)。但是当前学生对策略的重视不够，可能是因为学习策略太费时间，或者没有意识到策略能给他们的学习带来哪些变化（Shunk，2000）。这就需要教师采用灵活多样的方法使学生加强对策略的重视，以使学生达到灵活运用的程度。

延伸阅读

“攻城”与“治病”的迁移研究

研究发现，学生主观意识的参与对迁移有重要影响。学生是在一定的情境中建构对知识内涵的理解的，如果没有意识到新情境与原有知识之间的关系，就很难自动地发生迁移。

在实验的学习阶段，被试先熟悉一个有关某将军带领部队攻占城市中心要塞的故事。故事描述了某城市中心有一要塞，从该要塞中延伸出许多条道路，并埋有地雷。若把部队集中起来从一条道路进攻，则易触发地雷。将军成功地解决了这一问题，他将大队人马分成小分队，并派遣到各条道路上，最后同时聚集到要塞并攻占了要塞。攻克这个要塞的策略是：先将兵力分散渗透，然后在目的地聚合起来。通过这个例子，被试理解了图式知识的内涵——“通过聚合微弱力量取得强大的正面效果与微弱的负面效果”。在随后的迁移阶段，被试面对的是一个经典的放射治疗问题。这个问题是由邓克尔（Karl Duncker，1903—1940）于1935年提出的，讲的是如何用射线治疗患者体内的肿瘤，而又要确保肿瘤周围正常组织不受过分损伤。实验结果表明，在没有任何提示的情况下，70%的人都不能主动、自觉地把将军攻占要塞的策略迁移到射线治疗肿瘤的问题上面。许多被试只有在被暗示要塞问题可能与邓克尔问题相关的情况下，才找到对这一“迁移问题”的解答。

资料来源：刘儒德，2001，第106～112页.

概念术语

概念获得　概念形成　概念同化　概括不足　过度概括　概念关系图　问题　界定良好问题　界定不良问题　问题解决　试误说　顿悟说　问题空间　算法式　启发式　手段-目的分析　逆向工作策略　类比思维　功能固着　反应定式　信念坚持性　样例学习　基于问题的学习　项目式学习　学习迁移　正迁移　负迁移　顺向迁移　逆向迁移　特殊迁移　一般迁移　近迁移　远迁移　低通路迁移　高通路迁移　形式训练说　相同要素说　概括化理论　固着观念

复习思考题

（一）选择题

1. 在学习知识的过程中，掌握同类事物的共同的关键特征和本质特征属于（　　）。

A. 概念学习　　B. 意义学习　　C. 命题学习　　D. 符号学习

2. 在教“鸟”这个概念时，用麻雀、燕子说明“前肢为翼，无齿有喙”是鸟这个概念的本质特征，这是适当地运用了（　　）。

A. 命题　　B. 案例　　C. 反例　　D. 正例

3. 等腰三角形、等边三角形、直角三角形等都是三角形的（　　）。

A. 反例　　B. 变式　　C. 概括　　D. 抽象

4. 数学教师在教应用题时，一再强调要学生看清题目，必要时可以画一些示意图，这样做的目的是（　　）。

A. 牢记题目内容　　B. 很好地完成对心理问题的表征

C. 有效地监控解题过程　　D. 熟练地使用计算技能

5. 个人应用一系列的认知操作，将问题的起始状态转变为目标状态的过程，叫作（　　）。

A. 发现问题　　B. 理解问题　　C. 问题检验　　D. 问题解决

6. 看到某件物品时常被其惯常的用途束缚，很难想到它别的方面的功能，这种现象被称为（　　）。

A. 习惯　　B. 功能固着　　C. 定式　　D. 定向

7. 将能达到目标的所有可能的选择都找出来，试遍所有可能，总会找出解决问题的方法，这种方法被称为（　　）。

A. 启发式　　B. 推理式　　C. 算法式　　D. 演绎式

8. 受先前经验影响所形成的、往往不被意识到的一种倾向性或心理准备状态叫（　　）。

A. 潜意识　　B. 前意识　　C. 定式　　D. 潜伏学习

9. 下列过程属于问题解决的是（　　）。

A. 吃饭穿衣　　B. 漫无目的的幻想

C. 猜谜语　　D. 回忆电话号码

10. 注重训练的形式而不注重内容的学习迁移理论是（　　）。

A. 关系转换理论　　B. 经验类化理论

C. 相同要素说　　D. 形式训练说

11. 从迁移的观点来看，“温故而知新”属于（　　）。

A. 顺向负迁移　　B. 逆向负迁移　　C. 逆向正迁移　　D. 顺向正迁移

12. 美国心理学家桑代克反对形式训练说，提出了迁移的（　　）。

A. 相同要素说　　B. 概括化理论　　C. 关系转换说　　D. 学习定式说

13. “一题多解”的教学方式主要用于训练学生的（　　）思维。

A. 直觉　　B. 发散　　C. 动作　　D. 集中

14. 学生在解决一个问题之后，遇到类似的问题还会采取先前的思维模式去解题，这种现象属于（　　）。

A. 原型启发　　B. 定式　　C. 迁移作用　　D. 功能固着

参考答案：1. A；2. D；3. B；4. B；5. D；6. B；7. C；8. C；9. C；10. D；11. D；12. A；13. B；14. B

（二）论述题

1. 举例说明概念形成与概念同化的过程。
2. 举例说明概念教学策略在实际教学中的应用。
3. 界定良好问题与界定不良问题有什么区别？
4. 问题解决包括哪些环节？
5. 举例说明问题解决的算法式与启发式。
6. 如何培养学生的问题解决能力？
7. 什么是学习迁移？
8. 列举至少三种学习迁移的类型。
9. 简述学习迁移的经典理论。
10. 在教学中如何促进学生的学习迁移？

《拓展学习》

陈琦，刘儒德．(2019)．当代教育心理学（第3版）（第9、10章）．北京：北京师范大学出版社．

伍尔福克．(2015)．教育心理学（第12版）（第9章）．伍新春，张军，季娇译．北京：中国人民大学出版社．

奥姆罗德．(2015)．学习心理学（第6版）（第15章）．汪玲，李燕平，廖凤林等译．北京：中国人民大学出版社．

第七章

学习：复杂认知过程（下）

【本章提要】

创造性思维

- 创造性思维的含义及特征
- 创造性思维训练

批判性思维

- 批判性思维的含义及技能
- 批判性思维的训练途径
- 批判性思维训练中的注意事项

自我调节学习

- 自我调节学习与学习策略的内涵
- 认知策略
- 元认知策略
- 资源管理策略

在当今世界，各国之间的科技竞争实质上是创新能力的竞争。创新驱动着社会各行各业的进步和发展。因此，学生不能只是传承已有的文明成果，更重要的是将来能够创造新的有价值的产品。在大数据时代，人们身处自己构筑的网络茧房和信息回音室之中，被自己所需要的信息包围。因此，无论在校内还是校外，学生都需要具备良好的批判性思维能力，来判断这些信息的可靠性和可信度。在知识爆炸的信息社会，知识学不胜学，学会学习是学生必须具备的核心素养之一。本章将聚焦创造性思维、批判性思维和自我调节学习，继续探讨复杂认知过程。

第一节　创造性思维

习近平总书记曾强调，创新是一个民族进步的灵魂，是一个国家兴旺发达的不竭动力[①]。创新是科学家精神和科学精神的重要组成部分[②]。习近平总书记在党的二十大会议上提出，着力造就拔尖创新人才[③]。如何培养学生的创造性，目前已是一个全球性的问题。我国《义务教育课程方案和课程标准（2022 年版）》强调培养学生的创新意识、创新精神、创新思维和创新能力。“为创造性而教”已经成为学校教育的主要目标之一。

---

① 本书编写组．不忘初心：坚守中国共产党人的精神家园．北京：人民出版社，2016，第 94 页．

② 科学技术部编写组．深入学习习近平关于科技创新的重要论述．北京：人民出版社，2023，第 377 页．

③ 高举中国特色社会主义伟大旗帜　为全面建设社会主义现代化国家而团结奋斗——在中国共产党第二十次全国代表大会上的报告．求是网，2022－11－01.

一、创造性思维的含义及特征

（一）创造性与创造性思维的含义

创造性 产生新异、有价值产品的能力，往往涉及产品、个性和过程三个方面。
创造性思维 在个人已有经验的基础上，发现新事物、创造新方法，解决问题的思维过程。
发散思维 产生尽可能多的观点和答案的能力。
聚合思维 确定唯一答案的能力。
流畅性 在限定时间内产生观念数量的多少。

创造性（creativity）是指产生新异、有价值产品的能力，往往涉及产品、个性和过程三个方面。创造性的产品具有新颖性，且在一定范围内有用。有研究者概括了四种创造性（Kaufman & Beghetto，2009，2013）：第一种是大创造性（big-c creativity），涉及杰出天才的卓越创造，如牛顿、爱因斯坦、贝多芬、狄更斯等人的创造。第二种是专业创造性（pro-c creativity），涉及尚未达到杰出地位的专业领域的创造，如编一个剧本、写一个脱口秀段子、谱一支曲子等。第三种是小创造性（little-c creativity），涉及所有常人的日常创造，如在相册中排列家庭照片、在微信中撰写一个段子、炒出一个新的菜、做出一个旅游行程安排等。第四种是迷你创造性（mini-c creativity），指对经验、行为和事件的新颖且具有个人意义的解释。它是人在学习过程中固有的创造力，例如学生在学习新概念或造出新比喻时的创造性体验（如我长大了要成为一个蘑菇公主）。

创造性个性特征涉及很多方面。威廉姆斯（Frank E. Williams）将创造性个性特征概括为好奇心、想象力、冒险性和挑战性四个方面（陈龙安，1999）。近年来，心理学家们不再研究笼统的创造性个性特征，转而开始研究一些具体的创造性个性特征，诸如好奇心、对经验的开放性、模糊容忍性、冒险性、意志力、独立性、自信和玩兴（playfulness），使这些特征具有可理解性和操作性（孙汉银，2016）。

创造性过程重在创造性的思维过程。**创造性思维**（creative thinking）是在个人已有经验的基础上，发现新事物、创造新方法，解决问题的思维过程。创造性思维和再造性思维相对，再造性思维是重复过去在类似情境中学会的方法来解决问题，而创造性思维要求打破惯常的解决问题的方式，将过去的经验重新加以综合，给问题以新的解答。创造性思维通常表现为发散思维。**发散思维**（divergent thinking）是指产生尽可能多的观点和答案的能力。但创造性思维并不完全等同于发散思维，而是发散思维和聚合思维的统一，**聚合思维**（convergent thinking）是确定唯一答案的能力（Woolfolk，2018）。

（二）创造性思维的特征

创造性思维可通过文字和图形两种形式的测验加以测量（引自 Woolfolk，2018）。在文字测验中，可能要求尽可能多地列举一块砖头的用途，或是考虑如何把一个普通的玩具变得更有趣。在图形测验中，可能要求在30个圆或椭圆的基础上进行创作，画出不同的图形。所有的答案都按照创造性思维的三个特征——流畅性、灵活性和独创性进行评分。

流畅性（fluency）是指在限定时间内产生观念数量的多少。在短时间内产生的观念越多，思维流畅性就越高。**灵活性**（flexibility）是指摒弃以往的习惯思维方法并开创不同思维方向的能力。例如，让被试尽可能多地举出报纸的用途，他会产生“学习”“包东西”“当坐垫”“折玩具”“剪成碎片扬着玩”“裹在身上取暖”“用来引火”等各种各样的答案。如果他在短时间内产生了“包花生米”“包豌豆”“包瓜子”“包饼干”“包书”等观念，说明他的思维流畅性很高，但灵活性却不高，因为只涉及报纸的一种用途。**独创性**（originality）是指产生不寻常的反应和不落常规的能力。例如，被试提出报纸可以裹在身上取暖。如果提出这种想法的人很少，那么这个观念的独创性就很高。同样，在图形测验中，创造力强的学生总是能画出一些独特的图形，而创造力较弱的学生画出的图形则比较普遍（如图 7－1 所示）。

灵活性 摒弃以往的习惯思维方法并开创不同思维方向的能力。

独创性 产生不寻常的反应和不落常规的能力。

头脑风暴法 一种提升创造性的方法，其核心思想就是先尽量产生各种想法，然后对这些想法进行评价和加工。

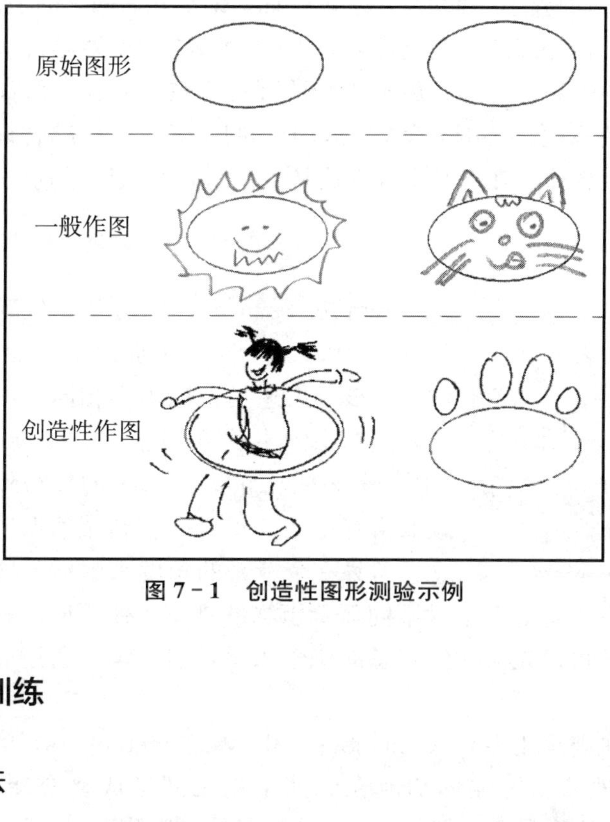

图 7－1 创造性图形测验示例

二、创造性思维训练

（一）脑激励法

大海上，一枚水雷正在接近一艘下锚的舰艇，舰艇已经来不及逃走，怎么办？

水手们想出许多主意，都被否决了。一个水手开玩笑说：“干脆大家到甲板上，把水雷吹走。”

这个显然不切合实际的建议，引发了另一个水手的奇想：搬水管来冲，把它冲走！

这个办法果然灵验，水雷被冲走了，舰艇保住了。

头脑风暴法（brain storming）的核心思想就是把产生想法和评价想法区分开来

(Osborn，1963)。脑激励法的原则就是尽可能多地产生想法，不管这个想法初看起来如何片面。只有当所有可能的建议都已提完时，才开始对这些想法进行评价、讨论和批评。使用这种方法，一方面可以鼓励学生多提想法，另一方面也可以防止他们因怕说错受批评而不敢说。在这种情况下，一种想法可能会启发另一种想法；同时，有些初看起来似乎荒谬但又真正体现创造性的想法不致被扼杀。也许更重要的是，人们不会因怕受到批评而放弃可能的创造性解答。当所有的想法都列完后，人们就可以评价、修改和合并这些想法并产生一个创造性的答案。

在课堂教学中，教师可采用脑激励法，组织小组讨论来解决问题。在小组讨论中，当学生看到其他学生积极发言时，自己也会积极思考。而且，通过集体讨论，每个学生从各自不同的角度提出不同的见解，可以大大拓宽解决问题方法的范围。有时，一个学生的发言能启发另一个学生悟出改进或解决问题的方法。有研究发现，当学生的智商都差不多时，采用小组讨论的方式效果最好。因为在这种情境里，学生对问题发表见解的机会都是同等的。当然，小组讨论对创造性思维也有不利的一面，即某几名同学的发言可能会支配其他同学的思维。而且也有研究表明，具有高度创造性才能的人往往喜欢独自思考和工作。

个人也可以和小组讨论一样，用脑激励法开展创造性工作。假如想写一篇文章，不妨先列出所有想到的标题、大纲、美妙的句子、例子等，然后综合评价，决定取舍，最后有机地整理出一篇佳作。在对某个计划无从着手时，个人脑激励法尤其有用。

（二）分合法

> **分合法** 一套团体问题解决的方法，其核心思想是把原本不相同、不相关的元素加以整合，使熟悉的事物变得新奇，使新奇的事物变得熟悉。
>
> **狂想类比** 尽可能以不寻常的思路去创造性地思考解决问题的方法。

分合法（synectics）是戈登（William J. J. Gordon，1919—2003）于1961年提出的一套团体问题解决的方法，其核心思想是把原本不相同、不相关的元素加以整合，使熟悉的事物变得新奇，使新奇的事物变得熟悉（引自陈龙安，1999）。熟悉的事物陌生化要求学生用新颖而富有创意的观点去重新了解旧问题、旧事物、旧观念，从另一个新奇的角度来解释一些熟悉的概念。而熟悉陌生事物的目的在于增进学生对不同新奇事物的理解，使不同的材料主观化。面对陌生事物或新观念时，可以先从学生熟悉的概念入手，引导学生通过分析法和类比法来尽快熟悉陌生事物。

戈登的分合法主要运用类比（analogies）和隐喻（metaphors）的技术来帮助学生分析问题，形成不同观点。隐喻的功能在于使事物之间形成概念距离（conceptual distance），以激发学生的新观念。例如，"假设教室是电影院"，让学生以新的途径去思考熟悉的事物。相反，也可以让学生用原有方式去思考新的主题。例如，以人体比拟交通运输系统。这种概念距离的形成，使学生能够自由地思考其生活中的活动或经验，发挥想象力，增强领悟力。

除此之外，戈登还提出了以下四种类比的方法。

1. 狂想类比

狂想类比（fantasy analogy）是让学生考虑解决问题的方法，尽可能以不寻常的思路去创造性地思考解决问题的方法。在学生产生各种不同的狂想观念之后，教师再带领学生进行观点的实际分析与评价，然后决定何种方式为最有效的途径。这种类比方法常用的句型是："假如……就会……""请尽量列举……"。例如，教师问学生："将球场上的一块大石头搬走，可以用什么方法?"学生通过狂想类比提出下列解答："用大气球把它吊走""用大象搬""用好多小蚂蚁来搬"等等。然后教师带领学生对观点进行实际分析与评价。

2. 直接类比

直接类比（direct analogy）是将两种不同的事物彼此加以隐喻或类比，借以触类旁通，举一反三。运用这种策略，要求学生找出与问题情境相类似的实际生活情境，或直接比较类似的事实、知识或技术。例如，将电话比作听觉系统的构造、用电脑比拟人脑的构造等。直接类比主要是简单地比较两种事物或概念。它的作用在于将真正的问题情境或主题的要素，转换到另一个问题情境或主题中，以便对问题情境或主题产生新观念。例如，教师让学生仿照这样一句话讲述一个道理："我若能说万人的方言，并天使的话语，却没有爱，我就成了鸣的锣、响的钹一般。"有的学生说："我如果有娴熟的驾驶技能，能在车流中穿梭自如，却不为驾车的新手着想，那么我比会叫的喇叭好不到哪里去。"（斯塔科，2003，154 页）

> **直接类比** 一种直接用一种事物比拟另一种事物的创造性思维方法。
> **拟人类比** 一种以拟人的方法对事物进行类比的创造性思维方法。
> **符号类比** 一种运用符号对事物进行象征性类比的创造性思维方法。

狂想类比与直接类比的主要区别在于前者纯属幻想虚构，不依据事实而定，而后者则要求必须有与问题情境相类似的实际生活情境。例如，把母鸡比作"下蛋的工具"，母鸡就因此被赋予了"工具"所具有的一切特征。

3. 拟人类比

拟人类比（personal analogy）即将事物"拟人化"或"人性化"。拟人类比有四个卷入水平（Joyce，Weil，& Showers，1992）：(1) 第一人称描述事实。例如，在描述一只刺猬的时候，学生可以说："我有很多刺。"(2) 第一人称认同情绪。例如，"在田野中散步让我感到很愉快"或"我的刺让我有安全感"。(3) 对有生命物体的共情认同。例如，展示对刺猬的生活、感受和两难困境的洞察与体会，如"我对自己困惑不已。有时候我喜欢我的刺，身上长满刺让我觉得很安全。有时候我不喜欢，因为别人都无法靠近我。我和其他刺猬朋友也不能靠近，因为我们会弄伤对方。我真想把刺卸下来"。(4) 对无生命物体的共情认同。通过拟人类比，学生能够表达与无生命物体建立起的同样的共情联系。例如，可以表达飞机即将起飞时的兴奋喜悦之情、夏日被束之高阁的滑雪板的孤寂之心。这是拟人类比的最高水平。

拟人类比可为班级讨论、个人写作或艺术互动打下基础。例如，教师要求学生写一篇作文，想象一棵树生病了会怎么样。学生把自己想象成一棵生病了的小树，将自己平时生病时的症状和感受都赋予了这棵小树，因此写得生动感人。

4. 符号类比

符号类比（symbolic analogy）是运用符号对事物进行象征性的类比。例如诗词的表达，利用一些字词，可以引申出或解析某一较高层次的意境或观念。符号类比是一种

“直指人心，立即感悟”的作用方式。例如，有的漫画家在人物的眼睛里画上“＄”的符号，便生动地刻画出了该人物贪婪的形象。又如，一些故事或影片取名为“公开的秘密”或“真实的谎言”等，这种看似“矛盾”的符号可以对人造成巨大的冲击，让人产生广阔的联想空间。

教师在教学中可以抛给学生一些矛盾的主题，让学生进行思考和写作。例如，让学生思考：“什么动物是顺从独立的？”“什么行为像活着的死亡？”

（三）自由联想

自由联想 一种以不同的方式自由地对刺激做出反应的创造性思维训练技术。

自由联想（free association），即教师提供一个刺激，让学生以不同的方式自由反应。例如，教师提出一个“鸟”字，学生通过自由联想，可能列举出“小鸟”“飞机”“天空”“羽毛”“翱翔”等词。在这样的活动中，学生可以从已学过的知识、已有的经验出发，运用联想技巧，去寻找并建立事物间新奇而富有意义的联结关系。教师对于学生所提的看法或意见，不予建议或批评，完全让学生依据自己的方式，自由提出各种不同的想法及观念。当学生提出独特的、少有的构想时，教师则给予鼓励。自由联想技术用在字词方面就是字词联想，用在图画上就是图画联想，当然也可以应用在其他方面。在语文教学中，教师可以进行许多有关字词的自由联想活动。例如，让学生进行成语接龙比赛，接得越多越好：天下为公—公正廉明—明察秋毫—毫不在意—意气风发—发扬光大—大公无私……再如，让学生用自由的方式扩写短句：一只小鸟；一只快乐的小鸟；树上一只快乐的小鸟；树上一只快乐的小鸟，啾啾地唱歌；榕树上一只快乐的小黄鹂鸟，啾啾地唱歌，告诉大家“春天来了”……

应用举例

一位教师上了这样一节语文课。他一上课就在黑板上写了一个算式“1＋1＝1”。

同学们说：“老师，您写错了，1加1怎么等于1呢？”

老师说：“这在数学上是不成立的，但大家想想，在生活中是否存在类似的现象。”

想了一会儿，有一位学生说：“一群羊＋一群羊＝一群羊。”

老师说很好，请大家接着说。

又有学生说：“一勺糖＋一杯水＝一杯糖水。”

同学们恍然大悟，受到启发，开始试探着说了起来。

有学生说：“1＋1＝14，因为一周加一周等于14天。”

有一个调皮的学生小声说：“1＋1＝3，因为一个男的加一个女的，生一个娃，总数等于3。”引得全班同学哈哈大笑。

老师说：“看来1＋1的答案是多种多样的。下面，请大家看看，怎么解释这个算式。”说着，老师在黑板上写下了“1＋1＋1＝0”。

由于受到前面算式的启发，同学们你一言我一语地说了起来。

“一滴水，又一滴水，再一滴水，落入泥土皆不见。”

“天降鹅毛大雪，一片一片又一片，飞入梅花皆不见。”

“家长批评孩子，说了一遍一遍又一遍，教育的效果等于零。”

“一个和尚挑水吃，两个和尚抬水吃，三个和尚没水吃。”

…………

老师说：“很好，大家的思路打开了，今天我们的作文任务就是，请大家自己想一个算式，围绕这个算式阐发自己的解释和观点。”

同学们听后就写了起来。最后，老师让部分学生交流自己的作文。其中有个学生的标题是“99＋1≠100”。他解释说，有100个人组成一个乐队，99个演奏员，1个指挥员，如果指挥不当，乐队就乱套了；如果指挥有方，就能演奏出和谐美妙的旋律。同样的道理，100个非常有能力的人在一起，如果领导无方，99＋1的力量就小于100；如果领导得力，99＋1的力量就远远大于100了。

资料来源：华长慧，2000，第48～50页.

自由联想技术的一个变式是检核表技术（check-list technique），就是根据一个与问题有关的列表对刺激进行联想，这实际上是一种定向联想技术。例如，教师要求学生寻找一个词的同义词和反义词，或者要求学生联想对偶词。例如：冷—热，快—慢，好—坏，是—非，对—错，美—丑，善—恶；月亮—太阳，白天—黑夜，高山—大海，森林—沙漠；眼高手低，口是心非，大公无私，欲擒故纵，无中生有，破涕为笑……教师可以在教学中使用完形填空来促进学生的定向联想。例如，在教完《蝙蝠与雷达》课文后，学生明白了飞机靠雷达在夜间飞行是人们从蝙蝠身上得到的启示。教师为了激发学生的科学兴趣，向学生呈现这样一道填空题：“人们从（　　）身上得到启示，发明了（　　），使（　　）。”这道题可以引导学生从各个方面观察周围事物并从中得到启示，并且能训练学生的语言表达能力。

行动指南

我国教育工作者、创造学研究专家许立言和张福奎（1983）根据我国青少年的特点，提炼出了12种“聪明的办法”，用以指导儿童青少年的创造发明。

1. 加一加：在这件东西上添加些什么，会有什么结果？
2. 减一减：在这件东西上减去些什么，会怎么样？
3. 扩一扩：使这件东西放大、扩展，结果会如何？
4. 缩一缩：使这件东西压缩、缩小，会怎么样？
5. 变一变：改变一下形状、颜色、音响、味道、气味、次序，会怎么样？
6. 改一改：这件东西还存在什么缺点？有改进这些缺点的办法吗？
7. 联一联：把某些东西或事情联系起来，能帮助我们达到什么目的吗？
8. 学一学：有什么事物可以让自己模仿、学习一下吗？
9. 代一代：有什么东西能代替另一样东西吗？
10. 搬一搬：把这件东西搬到别的地方，还能有别的用处吗？
11. 反一反：如果把一件东西、一个事物的正反、上下、左右、前后、横竖、里外颠倒一下，会有什么结果？

12. 定一定：为了解决某个问题或改进某件东西，为提高学习、工作效率和防止可能发生的事故或疏漏，需要规定些什么吗？

第二节　批判性思维

批判性思维在社会生活中具有重要的意义。在信息社会里，信息是首要的资源，谁能以更为恰当的方式获取和评价信息，谁就更可能获得成功、更有力量。可是，在学校里，人们一般只倾向于关心如何教学生识字、阅读和理解，而忽略了教学生分析、评价他们读到的东西，超出给定的信息而产生一个新的观点。学校的传统做法显然不能满足信息社会的以上要求。我们在强调培养学生解决问题的能力、学习能力、创造性以及信息处理能力的同时，还应将批判性思维的培养置于一定的重要地位。

一、批判性思维的含义及技能

我们的生活中到处可见各种宣传媒介，如广告、新闻报道、科学评论等。我们不得不随时对它们做出评价。例如，某种护肤霜的广告说，99%的用户都取得了明显的增白和柔嫩皮肤的效果，并列举了不少个案。你挡不住诱惑，想要购买，然而你是否问过自己：该公司调查了哪些人？是如何挑选的？公司的调查过程是怎样进行的？那些个案是真的吗？为什么这种护肤霜如此流行？……在每天的工作和生活中，我们都要解决各种问题，大多数问题有好几种解决方案。那么，你能否比较、分析和判断哪一种方案最有效呢？在更加强调合作的信息社会里，我们每天都离不开社会交往。那么，在和他人交往时，你能否随时识别他人观点中所包含的立场、假设和谬误呢？**批判性思维**（critical thinking）是指对做什么和相信什么做出合理决策的能力（Ennis，1989）。批判性思维能够帮助我们识破误导性的广告，衡量竞争双方的证据，看出辩论中的假设或谬误等。

批判性思维　对信息的正确性、真实性、性质和价值等方面做出个人的判断，从而对做什么和相信什么做出合理决策的能力。

人们在教学实践中，对批判性思维存在一些误解。例如，将思维教学等同于批判性思维教学，将教逻辑思维等同于教批判性思维，将批判性思维训练等同于思维技能的操练，等等。其实，批判性思维有着更丰富的内涵。

批判性思维包括批判精神和智力技能两个组成部分（Oxman-Michelli，1992）。批判精神左右着一定的心向，即一定的态度和倾向，促使个人朝某个方向去思考。一个人要想成为一个批判性思维者，不仅要获得批判性思维技能，还要获得使用这些技能的准备状态、意愿和倾向。批判精神包含这样一些要素：（1）独立意识；（2）头脑开放；（3）全心全意；（4）智力责任；（5）尊重他人。批判精神与学生对教育过程的看法有着密切的关系，如对学业任务的性质、作为学习者自身的作用、知识的性质等的看法。

关于批判性思维包含哪些智力技能，人们从不同的学科领域出发，提出了不同的看法。

有人根据一般性的分析，提出批判性思维包含一些基本的技能（Beyer，1988；Knee-dler，1985）。其中，尼德勒所提供的批判性思维基本技能一览表较有代表性（见表 7-1）。他认为，批判性思维包含 12 种基本技能，这些技能可以分为定义和明确问题、判断相关信息以及解决问题/做出结论三个方面。

表 7-1 批判性思维基本技能一览表

定义和明确问题
1. 识别中心论题或问题。能识别一篇文章、一个评论、一幅政治讽刺画的中心大意或包含在评论中的理由和结论。
2. 比较异同点。能比较各种人物、观点、同一时刻或不同时刻的情境的相同点和不同点。
3. 确定信息是否相关。能识别可证实的和不可证实的、相关的和不相关的信息之间的差别。
4. 形成适当的疑问。这个疑问能引导人们更深刻、更清楚地理解某个问题或情境。
判断相关信息
5. 区别事实、观点和合理的判断。能运用某个标准去判断某个观察和推理的质量。
6. 核查一致性。能确定某种论述或符号在上下文中是否彼此一致，例如，一场政治辩论中的不同观点是否和中心议题相关和一致。
7. 识别字里行间的假设。能识别那些没有明确表述但可推想得到的假设、观点和结论。
8. 识别原型和套话。能识别某个人、团体或观点的陈词滥调或惯用语，这些套话的含义一般都是恒定的。
9. 识别偏见、情感因素、宣传以及语义倾向性。能识别包含在文字或图表中的偏见，确定信息来源的可靠性。
10. 识别不同的价值系统和意识形态。能识别不同的价值系统和意识形态之间的异同。
解决问题/做出结论
11. 鉴定材料的适当性。能确定所提供的信息在质和量上是否足以证明一个结论、决定、概括性的命题或似乎合理的假设。
12. 预测可能的后果。能预测某个事件或一系列事件的可能的后果。

这些技能并不是一系列按顺序进行的步骤，而是为了评价信息是否确实而采取的一系列可能的方法。从这些技能中可以归纳总结出几种一致的成分，例如，抓住中心思想和议题，判断证据的准确性和可靠性，判断推理的质量和逻辑一致性，察觉出那些已经明说或未加明说的偏见、立场、意图、假设以及观点，评价信息的价值和意义，预测可能的后果。概括起来，批判性思维就是对信息的正确性、真实性、性质和价值等方面做出个人的判断。

二、批判性思维的训练途径

批判性思维的训练存在两种可能的途径，一种是使用专门设计的教授学生批判性思维的课程，另一种是将批判性思维教学融入常规课程之中。

（一）一般性思维技能训练课程

批判性思维的训练课程非常多，下面介绍几种知名的课程。

1. CoRT 教程

德·波诺（De Bono，1983）的 CoRT（Cognitive Research Trust，认知研究基金）

教程教学生如何看待他们可能在校外面临的问题，并对问题进行独特的解答。教程包括广度、组织、交互、创造力、信息和感觉、行动共6个单元，每单元包括10课，每一课都集中训练表征或分析某一问题情境的特定策略。每一课开始，先由教师简要解释所要学习的认知技能。例如，结合实例解释什么叫“处理各种想法”，然后让学生分组练习问题的解答。几分钟过后，各组汇报自己的进展，在教师的组织下进行讨论。大多数例题都来自实践和现实生活，而不是人为编制的智力测验性质的测题或游戏。

应用举例

人们对于一种观点的本能反应是喜欢或者不喜欢、赞同或者不赞同，这会导致看问题的片面性。PMI思维方法是一种对观点或建议进行全面分析的思维方法。P（plus）即优点或有利因素；M（minus）即缺点或不利因素；I（interest）即兴趣点，也就是让人感兴趣的方面，或者既不是优点也不是缺点的方面。

问题：当你在公共汽车上被挤得连呼吸都有些困难的时候，车却在拥挤的道路上缓缓前行。有人向你提出一个解决问题的办法：“要是能把车上的座位都拆掉就好了，可以多装些人。”你对这个方法持什么态度？

P（有利因素）

1. 每辆车上可以装更多的人。
2. 上下车更容易。
3. 制造和维修公共汽车的价格会更便宜。

M（不利因素）

1. 如果公共汽车突然刹车，乘客会摔倒。
2. 老人和残疾人乘车时会遇到很多困难。
3. 上车携带挎包或者小孩会有诸多不便。

I（兴趣点）

1. 可生产两种类型的公共汽车，一种有座位，另一种没有座位。
2. 同一辆公共汽车可以有更多的用途。
3. 公共汽车上的舒适度并不重要。

很多人一眼就会看出这个观点很荒谬，但它却已经被运用到实践中了，而且确实在一定程度上缓解了交通问题。在有的国家，上班高峰期的公共汽车确实是无座的，目的是多拉一些乘客，因为此时人们最急迫的需要是按时上班而不是舒适程度。其他时间的公共汽车是有座位的，以方便老人、妇女和小孩，那些无座的公共汽车此时则被当作卡车来用。

资料来源：德·波诺E，德·波诺P，2002，第5～12页.

2. 思维工具强化教程

以色列教育家弗斯坦（Feuerstein，1980）的思维工具强化（instrumental enrichment）教程是目前最广为人知并且得到广泛研究的思维技能训练课程。弗斯坦曾从事特殊教育工作，他研究发现，有学习障碍的学生往往来自父母不向儿童解释或讨论事情的家庭。对他们来说，生活中的日常事件似乎没有任何意义和目的，因为没有人就这些事件向他们提供任何解释，因此他们在对新问题或新学习任务做出反应时会发生困难。例如，家中讨论去海滩旅游，就是儿童学习制订计划的机会，家长对儿童说：“带上你的提桶和小锹，到了海滩你才能建造沙子城堡。”又如，家长对儿童说“请你到商店买三瓶牛奶，以免明天一大早出发时商店还没开门”，就比单纯说“请你到商店买三瓶牛奶”更能显示出预先计划的作用。这样做可以使儿童认识到周围事件的意义以及人的行为目的或动机。弗斯坦的思维工具强化教程就是为了弥补许多家庭教育的上述缺陷，给儿童提供讨论和解释周围世界的机会，使思维的工具逐渐丰富起来。

思维工具强化教程包括一系列专为发展不足或学习无能的青少年设计的练习，分为15种工具，如点的组织、分析知觉、连环图解、空间定向、比较、家庭关系、数列、演绎推理、分类、指导语执行、时间关系、传递关系以及表征模板设计等，每种工具都包含一种或几种思维策略或认知技能。

应用举例

连环图解（illustrations）任务旨在训练学习者在阅读图例时意识到问题的存在，打破心理平衡，从而寻求解答。

图 7-2　连环图解示例之一

学习者需要比较前后图解中的信息，利用过去的经验和必要的思维技能，来揣摩在图解中并没有显示出来但我们又必须加以理解的原因，从而解决问题。这些思维技能包括对细节的敏锐知觉，将这些图解看作相互联系的前后有序的整体，比较并分析从一幅图到另一幅图的转变，知道哪些因素保持不变、哪些因素发生变化。

在图 7-2 所示的连环图解中，学习者必须注意到，在所有的图解中，男子还是那位男子，箱子还是那个箱子。但学习者需要意识到在这位男子身上发生了一些变化，并需要寻找发生变化的原因。为了解决这一问题，学习者必须找到一些重要细节，而且意识到这些图解已经提供了他所需要的所有信息，不能考虑图解之外的任何事实。

学习者比较第一幅图与最后一幅图。在第一幅图中，这位男子吹着口哨，踱着方步，左手拿着花，右手单指擎着箱子，保持着箱子的平衡。很明显，他感到托拿箱子易如反掌。但在最后一幅图中，花被丢在地上，男子面带苦楚，气喘吁吁，额头上汗如雨下，弓腰塌背，肩扛箱子，双手相扶，艰难地迈着步子。很显然，这是一个沉重的负担。

在一般情况下，人们常常将这一转变归因于箱子变重了（如“这位男子往箱子里添加了重物”），或者更换了箱子（如“这是另一个箱子”），或者其他条件的变化（如“搬东西时间长了就会感到重些”）。但学习者必须看到在各幅图解中，箱子的重量、箱子本身以及时间长度并没有被描述得有什么不同。只有当学习者知觉到这些因素时，他才能提出一个真正的问题：“这位男子为什么会有这种变化?”通过推断，学习者最终总结出，正是箱子的称重与男子对重量的意识影响了他的举动。也就是说，对客观现实的了解转变了这位男子对箱子重量的知觉。学习者掌握了这一原理后，就可将它应用到其他情境中。例如：“只有当我听到电台说我们正在经受着打破纪录的热浪时，我才真的感觉到天气好热。”“只有当所有人都告诉我，我的脸色有多差时，我才开始感觉到我真的病了。”

图 7－3　连环图解示例之二

当学习者已经能够应用这些必要的认知技能来解读这些图解后，再给他们呈现一些变式任务（见图 7－3），要求他们利用前后联系、注意细节、使用相关线索和比较等技能来理解每套连环图解中发生的转变。

资料来源：Feuerstein，1980，第 230～238 页．

思维工具强化教程一般每周 3～5 小时，持续至少 2 年。在每一次练习中，教师先引入问题，让学生各自解答；然后，全班讨论问题解决的方法；最后，教师进行总结。这样，学生能够接触到许多新颖的问题，同时，能将自己的方法与他人的方法进行比较。这样做有助于教会学生如何运用和评价表征及解答问题的各种思维策略。思维工具强化教程有一个重要的特点，就是运用“架桥”的方法将该教程中所教的知识技能和真实世界的问题联系起来。

3. 儿童哲学课程

儿童哲学（philosophy for children）课程是李普曼（Matthew Lipman，1923—2010）为小学阶段的学生设计的，但也适用于所有其他年级。他试图通过这样一些方面来发展学生的批判性思维能力：（1）概念；（2）概括；（3）因果关系；（4）逻辑推理；（5）一致性与自相矛盾；（6）类比；（7）部分-整体与整体-部分联系；（8）问题的形成；（9）逻辑表述的转换；（10）原理在实际生活情境中的应用。

在李普曼的课程中，儿童在相当多的时间里都在思考有效思维的方法与无效思维的方法之间的异同。这种课程以短篇故事为背景，教授学生解决问题的技能。这些故事是根据各种哲学观点和议题编写的。这些哲学观点和议题描绘了儿童对日常问题和情境的思维活动。儿童读完一系列故事之后，进行课堂讨论和练习。李普曼的假设是，儿童天生就对诸如真理、公平价值和伦理之类的哲学问题感兴趣，而且，儿童能够也应当学会探究自己的观点，考虑论据、鉴别和做出结论。

（二）结合常规课程训练批判性思维

研究者们已经认识到教授批判性思维必须与某种知识内容联系在一起，于是开始将思维技能的教学与特定领域的教学相结合。人们在小学、中学、大学以及成人教育中，结合物理、生物、语言、社会科学、美术、经济以及德育等课程，进行了各种各样的尝试。这种结合模式的结果是比较令人鼓舞的。

教师应当首先教授学生有关某一学科如历史、文学和社会学等的结构和哲学，教学生考察争论各派所采用的方法和所引用的证据。下面就是一个在常规历史课中教授批判性思维技能的例子（Beyer，1985），教师要集中训练学生察觉偏见的技能，这是许多专家所列的批判性思维技能中的一个重要成分。

第一步，教师向学生简短地介绍本课的目的（学会如何察觉历史文件中的偏见）。教师给偏见下一个定义，并列举文字材料中的几个例子加以说明。

第二步，教师给学生提供一段文字，让他们进行练习，旨在让学生尽可能地看出这段文字中的偏见。

例 1 这些纺织主雇用了成千上万的悲惨的工人。这些工人每天要持续工作 14 个小时，被套上链索，不管酷暑还是严冬，从零下 8℃到 44℃……那么，这些注定要日日辛劳的可怜的人们的情景应当是这样的吗？任何一个人，只要是有良心的人，能不咒骂如此无情、如此残酷的制度吗？这些可怜的人没有凉爽的屋子休息……并且从没有水喝……甚至连雨水也不能喝。根据主人的命令……任何开着窗户的纺织工人，一经发现，就被处以重罚。

第三步，学生反思他们刚才所读的内容。教师问这段文字是否带有偏见，学生会异口同声地喊“有”。作为有偏见的证据，他们可能会列举一些带有感情色彩的词句，如“悲惨的工人”“注定要日日辛劳”；他们也可能会注意到过分概括（“任何一个人……”“任何开着窗户的纺织工人……”），或者反问句“任何一个人，只要是有良心的人，能不……吗？”。列举出这些例子之后，学生可能注意到了它们的相同之处。什么情形能用像“悲惨的工人”或“注定要日日辛劳”这样的词句来描述？从这个讨论中，引导学生对带有情绪色彩的语言特征进行总结。

第四步，让学生应用这类语言特征分析一段新的文字。

例 2 我参观了许多工厂……我从来没有看见过心情不好的儿童。他们看起来似乎永远是那么欢乐和活泼，轻轻松松地蹦跳着，享受着小孩好动的天性。……

第五步，总结他们所学的技能：在察觉偏见时要寻找什么样的线索？应该遵循一个什么样的一般过程？

这个例子启发我们，在实际教学中，我们可以通过阅读教学，培养学生的批判性阅读技能，而不只是教学生从字面上理解和解释读物。要在理解和解释的基础上引导学生对读物的性质、价值、精确性和真实性等方面做出个人的反应和判断。

除了结合每一门具体的课程外，人们还强调设计跨学科的课程，来培养学生的批判性思维。跨学科的课程以批判性思维为教育目标，教学生如何从不同的角度来思考和判断问题，如何跳出预想的有限的思维模式，培养学生的批判精神，使学生对所接受的知识和理论进行质疑。

不管采用哪种途径，教授学生批判性思维的关键在于：一方面帮助学生使用前面所介绍的各种批判性思维技能，另一方面帮助学生搞清楚什么时候适合使用什么技能。

三、批判性思维训练中的注意事项

在各科教学中，培养学生批判性思维的方法是很多的。教师可以根据具体的情况进行创造，如样例研究、写论文、辩论、小组讨论等。教师无论采用什么方法训练学生的批判性思维，都要注意以下几个方面的问题。

（一）在学生比较熟悉的主题中，学生最容易获得批判性思维技能

批判性思维技能的培养完全可以从低年级的年幼儿童做起，关键是对提供的材料，学生是否熟悉和感兴趣。如果对提供的主题，学生比较熟悉，那么批判性思维技能就较容易获得。例如，在一年级的课外读物中，有一个关于运货车拉狗下山的插图故事。几幅插图分别描绘的是：一条狗坐进运货车中；一个女孩坐在山顶上推了一把车；这条狗自己从陡峭的山顶坐车下来。苏姗在阅读时，脱口而出："不可能，狗是不可能自己坐在运货车里下山的。它会跳出来的，我的狗就不会坐在运货车里让我拉着它。"苏姗进行了评论性的阅读，她用个人的经验评论这个故事。再如，有一位小学三年级的学生对恐龙非常感兴趣。他在阅读有关恐龙的课外书籍时，对世界上最长的恐龙有多长提出了疑问，因为不同的书所列的数据不一样。到底相信谁的呢？这些数字是如何得来的呢？这个学生通过对数据的真实性和来源进行比较，提出了自己的疑问。在高年级，随着学生知识的增长，可以采用的材料会越来越多，教师要善于利用学生熟悉的材料，来培养学生的批判性思维。

（二）提供各种不同的两难材料，进行反复的练习

为了培养批判性思维，学生需要进行大量的练习，这和其他任何教学目标都是一致的。教师不管选择什么方法，都要进行一些额外的指导性练习，只上一课是永远不够的。在不同的年级，教师可以进行有计划的批判性思维训练。教师可以给学生提供大量的两难材料、逻辑的和非逻辑的评论、有效的和误导性的广告等；可以按班级的学习水平组织学生对不同课文的作者的背景、地位，与主题有关的经验、偏见展开讨论，并举行专题性的小组讨论，搜集有关的参考书，等等；可以引导学生对目前的广告、新闻、社论、漫画等进行评价。除非学生已经过度学习并且相当地自动化，否则学生是不可能将这些技能迁移到新的情境中的。比如学生只能运用某种技能去评价一篇社会研究的文章，而不会运用它去评价朋友的辩解或玩具商的宣传，或者去评价一份饮食计划。批判性思维技能能否迁移，与是否在不同背景下反复训练是有很大关联的。

（三）创设良好的培养批判性思维的课堂气氛

良好的课堂气氛和教育环境对批判性思维的培养具有重要的作用。教师应当创造良

好的课堂气氛和教育环境，给学生提供发展批判性思维技能和批判精神的机会。

教师一定要问学生大量的问题，要求学生分析、应用和评价信息，站在反方立场上引导和测试学生，要求他们给出论据支持他们的答案和结论。强调不要只是给出正确的观点，还要说出理由，必要时可以在课本之外引用所需的补充材料。

批判性思维是一个积极的建构争论的过程。课堂上要以论题为中心，强调争论。争论时，允许学习方式和能力存在差异；允许学生对争论过程做观察、相互作用和内化。教师要少一点权威，少用考试来驱动学生学习；要鼓励学生接受发散式的观点和自由的讨论；要让学生在向别人的观点和理由提出挑战时感到安全。学生一定要学会相互尊重和评价，这样他们才能相互学习。教师要鼓励他们参与对立的讨论、辩论活动以及解决问题和决策活动。通过变换不同的教学活动，教师能够帮助学生在各种不同的领域学会批判性思维。当然，这样做对教师是一个挑战，因为教师对探究方法可能既无准备也不适应，而且学校的传统和管理方式不易改变。

第三节　自我调节学习

自从美国心理学家班杜拉在 20 世纪 70 年代提出自我调节学习的概念以后，该概念日益受到人们的重视。人们对它及其相关概念进行了大量的理论与实证研究，积累了丰富的相关理论知识。

一、自我调节学习与学习策略的内涵

（一）自我调节学习的内涵

自我调节学习（self-regulated learning，SRL）指学习者主动激励自己并且积极使用适当的学习策略的学习。它不仅可以被看作一种动态的学习过程（或活动），也可以被视为一种相对稳定的学习能力。

> **自我调节学习**　学习者主动激励自己并且积极使用适当的学习策略的学习。

在自我调节学习过程中，学生首先为自己确定学习目标，然后监视、调节、控制自己的认知、动机和行为（Pintrich，2000）。齐默尔曼（Zimmerman，2002）提出了自我调节学习的三阶段循环模式（见图 7－4），将自我调节学习分为计划、行为表现和自我反思三个阶段，突出强调非认知因素在自我调节学习中的重要性。

在现实中，很多学生没有自我调节学习的能力。例如酷爱流行音乐的高中生小蓉，期中考试前的两个星期才开始学习，一边学习一边听音乐，美其名曰“自我放松”。她暗自发誓要考出好成绩，至于好到什么程度就没想太多了。复习时，她总感觉时间不够用，抓到什么科目就复习什么科目。对于小蓉来说，文科科目只要死记硬背就可以，数学、物理就很麻烦了。她觉得自己缺乏学习数学的能力，不愿意在上面花费很多时间，遇到自己不会解的题目，也不好意思去问同学或者老师，害怕别人笑话自己的问题太简单。

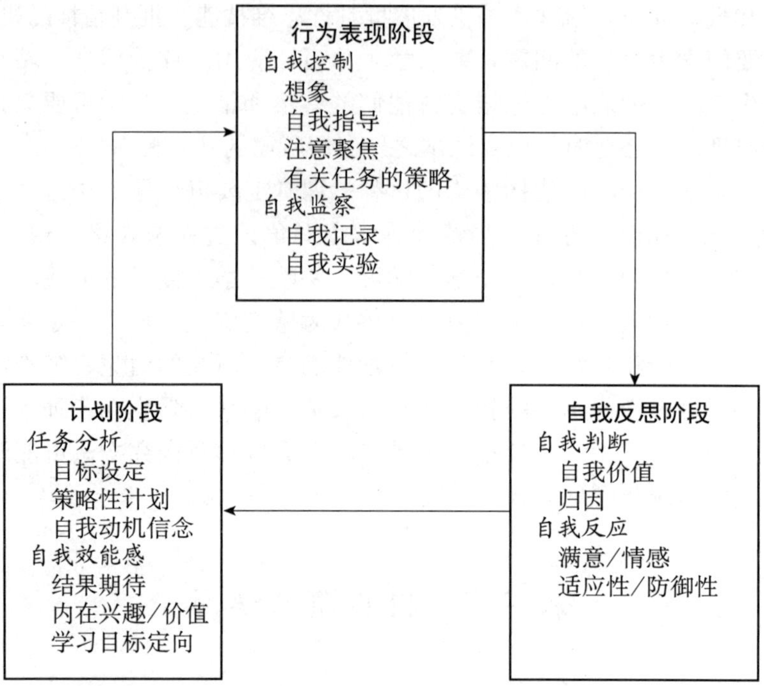

图7-4　齐默尔曼的自我调节学习模式

资料来源：Zimmerman，2002，第64～70页.

最后，小蓉期中考试成绩很不理想，尤其是数学。得知成绩后，她对自己很失望，一说起学习就头疼，觉得自己再也不可能学好数学了。

根据齐默尔曼的模型，教师可以帮助小蓉培养自我调节学习能力。在计划阶段，小蓉要给自己设置清晰、具体、合理的目标，并思考运用哪些学习策略来实现这些目标。她要对自己有信心，相信自己将要使用的学习策略是有效的，是能提高自己对知识的理解和考试成绩的。在行为表现阶段，小蓉面临各种各样的挑战。她可以运用想象、自我指导、注意聚焦等技术来进行自我控制。在这个阶段，自我监察就像第三只眼，她需要观察自己学习策略的使用情况，例如，记录自己的学习时间、学习效果，并根据学习的效果来调整学习策略。最后，小蓉要不断地反思自己的学习结果，尝试着把学习的成功归因于努力和良好的学习策略，从而建立良好的自我效能感。

（二）学习策略的内涵

自我调节学习的重要条件是学习者使用学习策略来调控自己的学习。优秀的学习者应该能使用各种不同的策略来存储和提取信息，努力使学习环境适合自己的需求和目标，对自己的学习非常负责。

> **学习策略**　学习者为了提高学习的效果和效率，有目的、有意识地制定的有关学习过程的复杂的方案。

学习策略（learning strategies）指学习者为了提高学习的效果和效率，有目的、有意识地制定的有关学习过程的复杂的方案。学习策略是有效学习所必需的。所谓策略，实际上是从效果和效率的角度而言的。例如，记忆一列英语单词，如果一遍又一遍地朗读，只要有足够的时间，最终也能记住，但是，保持时间不会太长，记忆也不会很牢靠；相反，如果采用分散复习或尝试背诵的方法，记忆的效果和效率一下子就会得到很大的提高。

学习策略是由两种相互作用的成分组成的：一种是基本策略（primary strategies），被用来直接操作学习材料，如领会和记忆策略；另一种是辅助策略（support strategies），被用来维持合适的学习心理状态，如集中注意策略。迈克卡等（McKeachie，Pintrich，Lin，Smith，& Sharma，1990）区分了三种学习策略（见图 7－5）。

学习策略	认知策略	复述策略	如重复、抄写、记录、画线等。
		精细加工策略	如释义、口述、总结、做笔记、类比、举例、提问、答疑等。
		组织策略	如组块编码、选择要点、列提纲、制作关系图等。
	元认知策略	计划策略	如设置目标、浏览、设疑等。
		监控策略	如自我测查、集中注意、监察领会状态等。
		调节策略	如调整阅读速度、重新阅读、复查、使用应试策略等。
	资源管理策略	时间管理策略	如建立时间表、设置进度目标。
		学习环境管理策略	如寻找固定地点、安静地点、有组织的地点等。
		努力状态管理策略	如将成败归因于努力、调整心境、自我强化、自我坚持等。
		社会支持管理策略	如寻求教师/伙伴帮助、获得个别辅导、采用同伴/小组学习等。

图 7－5　学习策略的分类

二、认知策略

在本书第四章有关学习结果的分类中，我们已经接触到了认知策略。认知策略体现为加工信息的一些方法和技术，这些方法和技术有助于学习者有效地从记忆中提取信息。认知策略主要包括复述、精细加工和组织策略。

（一）复述策略

复述策略（rehearsal strategies）指在工作记忆中为了保持信息，运用内部语言在大脑中重现学习材料或刺激，以便将注意力维持在学习材料之上的策略。在某些简单的任务中，如查找一个电话号码，人们会用到复述策略。为了在长时记忆中建立信息，人们也需要使用复述策略。

> **复述策略**　在工作记忆中为了保持信息，运用内部语言在大脑中重现学习材料或刺激，以便将注意力维持在学习材料之上的策略。

复习是复述策略的一种重要形式，它对学习有重要的促进作用。良好的复习策略有及时复习、分散复习、复习形式多样化、尝试背诵、自问自答等。

1. 及时复习

心理学家艾宾浩斯等发现，遗忘的进程是先快后慢。在识记后的 20 分钟，就差不多遗忘了 40%左右，不过几天，就忘得差不多了。如果过了很长时间，一直等到考试前才复习，就几乎等于重新学习了。复习的黄金 2 分钟是指学习后 10 分钟就进行复习，只用 2 分钟复习就能取得良好效果。

2. 分散复习

分散复习指每隔一段时间重复学习一次或几次。对于大多数学习，分散复习更有益于长期保持。学习之后要复习四五次才能将所学内容长期牢固地存储在头脑里。大体的时间安排为：10分钟、一天、一周、一个月、两个月、半年之后对同一材料各复习一次。

3. 复习形式多样化

将所学的知识用实验来证明、写成报告、做出总结、与他人讨论以及向别人讲解等，比单调重复更有利于理解和记忆。某一领域的专家之所以能记得住许多专业知识，是因为他们在反复地应用这些知识。只有善于在不同的情境下反复应用所学的知识，才能加深对知识的理解和保持。

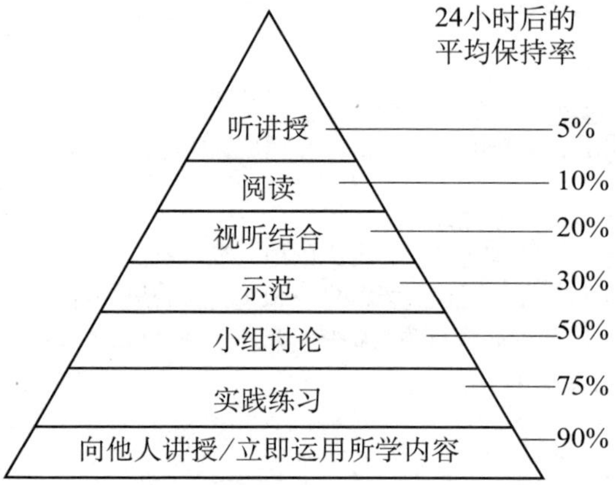

图7-6 学习金字塔

资料来源：戴维·A. 苏泽，2001/2005，第75～76页.

图7-6呈现的学习金字塔是20世纪60年代美国缅因州贝瑟尔（Bethel）国家培训实验室提出来的。这个金字塔显示了24小时后学生对以不同学习方法学到的内容的平均保持率。位于塔尖的是听老师讲授，一天之后学生只能记住5%。从塔尖往下，学生投入学习的程度越来越高，对内容的保持率也越来越高。塔底是向他人讲授或者立即运用所学内容，一天之后能够保持90%。俗话说："教一年等于学三年。"让学生记住知识的最好方式不是一味地简单重复，而是让学生有机会讨论、讲解和应用所学知识。

4. 尝试背诵

复习时可以采取阅读与回忆相结合的方法。阅读几遍后觉得自己记住了，就合上书，回忆书中的内容，回忆时用自己的话说出来效果更好。回忆后再对照书或笔记查看哪些地方有错、有难点，就多下点功夫，直到熟练回忆出为止。

5. 自问自答

复习时可以一边阅读，一边自己提问题自己回答，而后根据回答或背诵的情况，检查自己的错误和薄弱环节，以便重新分配学习的内容。

行动指南

画线是一种最常用的学习策略之一。它可以帮助我们快速找到和复习课文中重要的信息。但在使用画线策略的时候，我们应该只画出确实重要的信息。如果什么都画，这个策略就失去价值了，因为画出无关信息会干扰我们，使我们无法将注意力真正集中到重要信息上，从而影响回忆的效果。另外，单独或一味地使用画线策略，并不是学习材料的好方法，因为画线并不能提供思考材料的机会。将画线与其他策略，如在画线的旁边做注释结合起来使用可能会收到更好的效果。

- 圈出不知道的术语。
- 标出定义。

- 标出例子。
- 列出观点和原因。
- 标出事件的序号。
- 在重要段落前加某种符号。
- 在混乱部分加问号。
- 标出可能的测验项目。
- 画箭头表明事件或观点之间的关系。

（二）精细加工策略

精细加工策略（elaboration strategies）指一种将新学材料与头脑中已有知识联系起来，从而增加新信息的意义的深层加工策略。记忆术就是一种典型的精细加工策略。**记忆术**（mnemonics）指一种通过给识记材料安排一定的联系以帮助记忆并提高记忆效果的方法。记忆术的基本原则是通过精细加工和联想使无意义的材料意义化，使抽象的内容形象化，使分散而无内在联系的材料系统化。一个新信息与其他信息的联系越多，能回忆出该信息的原貌的途径就越多，也就是可供提取的线索越多，回忆就越容易。因此，它是一种理解性的记忆策略，和复述策略结合使用，可以显著提高记忆效果。

精细加工策略　一种将新学材料与头脑中已有知识联系起来，从而增加新信息的意义的深层加工策略。

记忆术　一种通过给识记材料安排一定的联系以帮助记忆并提高记忆效果的方法。

位置记忆法　一种传统的记忆术：学习者在头脑中创建一个熟悉的场景，在这个场景中确定一条明确的路线，在这条路线上确定一些特定的点，然后将所要记的项目全部视觉化，并按顺序将这条路线上的各个点联系起来。

1. 位置记忆法

位置记忆法（loci method）是一种传统的记忆术。这种技术在古罗马不用讲稿的演讲中曾被广泛使用，而且沿用至今。使用位置记忆法时，学习者在头脑中创建一个熟悉的场景，在这个场景中确定一条明确的路线，在这条路线上确定一些特定的点，然后将所要记的项目全部视觉化，并按顺序将这条路线上的各个点联系起来。回忆时，按这条路线上的各个点提取所记的项目。位置记忆法对于记忆有顺序的系列项目特别有用。古罗马元老院的政治家们常常用此法记住自己演说的要点。他们常常在自己的身体上、房间里确定许多特定的点来加以利用。

2. 缩简和编歌诀

缩简就是将识记材料的每条内容简化成一个关键的字，然后把它想象成自己熟悉的事物，从而将材料与过去经验联系起来。有时，可以将材料缩简成歌诀。歌诀韵律和谐，抑扬顿挫，非常有助于记忆。

应用举例

二十四节气歌："春雨惊春清谷天，夏满芒夏暑相连，秋处露秋寒霜降，冬雪雪冬小大寒。"

第一句指：立春、雨水、惊蛰、春分、清明、谷雨。第二句指：立夏、小满、芒种、夏至、小暑、大暑。第三句指：立秋、处暑、白露、秋分、寒露、霜降。第四句指：立冬、小雪、大雪、冬至、小寒、大寒。

3. 谐音联想法

学习一种新材料时运用联想，通过谐音将新材料与自己熟悉的意义联系起来，对记忆也很有帮助，这种方法称为谐音联想法。例如，有的学习者将“$\sqrt{2}=1.141\ 4\cdots$”联想成“意思意思而已”。

应用举例

有一位私塾先生，每天让学生背圆周率（$\pi=3.141\ 592\ 653\ 589\ 793\ 238\ 462\ 6\cdots$），自己却到山上寺庙里与一个和尚饮酒。学生们总背不会，一天，有一个学生编了一段顺口溜，学生们很快就背会了，结果使先生大吃一惊。这段顺口溜是：“山巅一寺一壶酒，尔乐苦煞吾，把酒吃，酒杀尔，杀不死，乐尔乐。”

4. 做笔记

在阅读和听讲中，用得比较普遍的学习策略是做笔记（note taking/making）。在学习时做笔记，能促进新信息的精细加工和整合。

做笔记这种策略可能对有些材料很有效，它要求学习者对材料的中心思想进行心理加工，并要求学习者决定记什么。但笔记的种类会影响整合和组织信息的方法。逐字逐句地做笔记是对材料的详细编码，做总结性笔记将促进对材料的再组织和整合。用自己的话做简要笔记，组织和总结演讲中的要点，可以使笔记更适合自己。用自己的话做笔记（用不同的词表达中心思想）和为了准备教别人而做笔记是很有效的，它们要求对信息进行高水平的心理加工。对于复杂的理论性材料，当关键的任务是找出思想大意时，做笔记似乎效果最佳。要求有一定心理加工的笔记比纯粹笔录阅读材料要有效得多。为了增强学生做笔记的能力，教师在讲课或阅读之前，可以给学生提供一个“梗概”，这等于是给学生一个类目，引导他们做笔记。

虽然做笔记有助于信息的编码加工，但是最有效的运用还是与复习相结合。有些学生并未意识到做笔记需要进行这样两个步骤：记下演讲中的信息，然后理解所记的信息。停留在第一步并不是一种有用的学习策略。学生自己做笔记并且进行复习，比只做笔记不复习和借别人的笔记复习要学得好。复习笔记的益处在于能对材料进行进一步精细加工和整合。因此，学生不仅要反复地看笔记，还要积极地思考笔记中的观点，和其他所学的信息进行联系。

5. 提问策略

提问是一种有助于学生学习课文、演讲以及其他信息的策略。学生要不时地停下来评估自己对课文或老师讲解的理解。许多研究者曾训练学生寻找故事中的角色、情景、问题和问题解答，一开始提一些具体的问题，然后让学生找出这些关键要素。有研究发现，如果在学生阅读时教他们提一些有关“谁”“什么”“哪儿”“如何”的问题，他们能领会得很好（Paris，Cross，& Lipson，1984；King，1992）。还有研究者给学生一张单子帮助他们构思创作，这张单子教学生向自己提出以下一些问题：“我写给谁看?”“要解释什么?”“有什么步骤?”等等（Englert，Raphael，Anderson，Anthony，& Stevens，1991）。通过这种方式，训练学生在活动中自己和自己谈话，自己问自己或彼此之间相互问老师要问的问题。结果表明，学生能在解数学题、拼写、创作和许多其他课题中成功地进行自我谈话。在介绍教学材料之前提问，有助于学生学习与问题有关的信息，但不利于学习与问题无关的信息。解决这一问题的方法就是提出与所有重要信息有关的问题。

行动指南

PQ4R 方法是一种能非常有效地帮助学习者理解和记忆的学习技术。PQ4R 分别代表预览（preview）、设问（question）、阅读（read）、反思（reflect）、背诵（recite）和回顾（review），具体应用流程如下：

- 预览：快速浏览材料，对材料的基本组织主题和副主题有一个了解。注意标题和小标题，找出你要读的和学习的信息。
- 设问：阅读时自己问自己一些问题。根据标题用“谁”“什么”“为什么”“哪儿”“怎样”等疑问词提一些问题。
- 阅读：阅读材料时，不要泛泛地做笔记。尝试回答自己提出的问题。
- 反思：通过以下途径，尝试理解信息并使信息有意义。(1) 把信息和你已知的事物联系起来；(2) 把课本中的标题与副标题和主要概念及原理联系起来；(3) 消除对呈现的信息的分心；(4) 用这些材料去解决联想到的类似的问题。
- 背诵：通过大声陈述和一问一答，反复练习，记住这些信息。你可以使用标题、画线的词和对要点所做的笔记来提问。
- 回顾：积极地复习材料，主要是问你自己问题，只有当你肯定自己回答不出来时，才重新阅读材料。

资料来源：Thomas & Robinson，1972，第 147～150 页 .

（三）组织策略

组织策略（organizational strategies）指整合所学新知识之间、新旧知识之间的内在联系，形成新的知识结构的策略。组织策略和精细加工策略是密不可分的，如做笔记和写提要等实际上是两者的结合。下面是一些常用的组织策略。

> **组织策略** 整合所学新知识之间、新旧知识之间的内在联系，形成新的知识结构的策略。

1. 列提纲

列提纲（outlining）是以简要的语词写下主要和次要的观点，也就是以金字塔的形式呈现材料的要点。列提纲时，先对材料进行系统的分析、归纳和总结，然后用简要的语词，按材料中的逻辑关系，写下主要和次要观点。所列出的提纲要具有概括性和条理性，但其效果取决于学习者是如何使用它的。一种有效的方法是让学生每读完一段后就用一句话做概括；另一种方法是让学生准备一个提要来帮助别人学习这些材料，这样可以促使学习者认真考虑什么重要、什么不重要。

2. 形成系统结构图

学完一门学科知识，可对学习材料进行归类整理，将主要信息划分为不同水平或不同部分，然后形成系统结构图。复杂的信息一旦被整理成一个金字塔式的层次结构，理解和记忆起来就容易多了。在金字塔结构里，较具体的概念要放在较抽象的概念之下（见图7－7）。

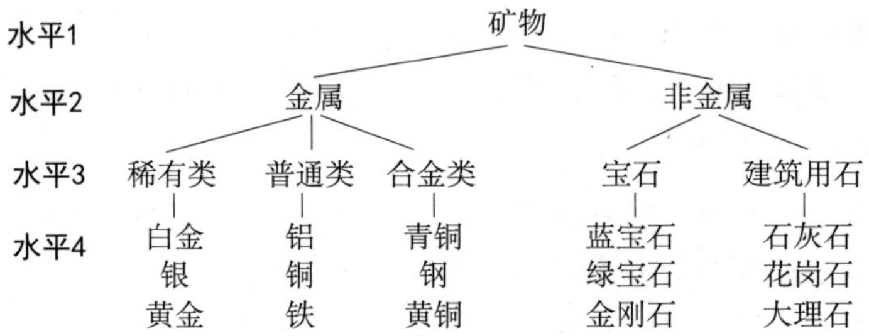

图7－7　矿物的系统结构图

3. 制作表格

首先对材料进行全面的综合分析，然后抽取主要信息，并从某一角度出发，将这些信息全部陈列出来，力求反映材料的整体面貌。例如，学习中国历史时，可以时间为轴，将朝代、主要历史人物、历史事件全部展现出来，制成一张中国历史发展一览表。一览表还可以表示人物之间的关系，如《红楼梦》一书，人物众多，关系复杂，散见于各章，鲁迅先生综合各章信息后，制作了一张主要人物关系表。

三、元认知策略

元认知　对认知的认知，是个体关于自己认知过程的知识和调节这些过程的能力。

元认知知识　有关认知的知识，即关于个人的认知活动以及影响这种认知活动的各种因素的知识。

元认知（metacognition）是对认知的认知（Flavell，1976），具体地说，是个体关于自己认知过程的知识和调节这些过程的能力。在弗拉维尔之后，研究者们纷纷从各自的研究思路出发，提出对元认知的理解。尽管研究者们对元认知的表述不甚相同，但他们都一致认为，元认知实际上包含元认知知识和元认知控制两个部分。

元认知知识（metacognition knowledge）是有关认知的知识，即关于个人的认知活动以及影响这种认知活动的各种因素的知识，具体来说，可分为三个方面。

（1）关于个人的知识（person knowledge），即关于自己与他人作为认知思维者的主体的一切特征的知识，具体来讲，包括三方面的知识：①关于个体内差异的认识，包括正确地认识自己的兴趣、爱好、学习习惯、能力及其限度，知道如何克服自己在认知方面存在的不足，并且认识自己的学习观和知识观等。例如，“我擅长记忆图解材料”或“我不擅长理解课本内容”。高年级学生甚至知道自己在一段时间内能够掌握多少信息。②关于个体间差异的认识，包括知道人与人之间在认知方面以及其他方面存在种种差异。③关于主体认知水平和影响认知活动的各种主体因素的认识，包括知道记忆、理解有不同的水平，知道注意在认知活动中的重要性，知道人的认知能力是可以改变的。

（2）*关于任务的知识*（task knowledge），即对学习材料、学习要求和学习目的的认知。最重要的任务知识涉及对任务难度的感知。学生往往基于三个方面的因素来判断任务难度：①内容。例如，“这是一个有关英语的不规则动词的说明”。②长度。例如，“这个单词很长”。③任务类型。例如，“在考试中，选择题需要对信息进行再认，而简答题和论述题则需要对信息进行回忆”。

（3）*关于策略的知识*（strategy knowledge），即个体意识到自己对学习策略的选取、调节和控制有所认识。一般来说，年幼儿童不擅长使用策略知识。3 岁幼儿可以在一个特定的任务上学会一种策略，但不会自发地将这种策略应用到类似任务上（Flavell et al.，2002）。到 8 岁时，儿童不用他人推动就能自发地使用策略（Beal，1987）。小学高年级学生开始认识到在某种情境下使用哪种策略效果更好（Flavell et al.，2002）。

元认知控制（metacognition control）是学习者努力控制自己的认知、信念、情感和价值观的一种目的性行为，它是指学习者在进行认知活动的过程中，对自身认知活动所进行的积极的、自觉的监视、调节与控制。它包括认知活动前制订计划，认知活动中实施监控、评价和不断反馈，认知活动后对结果不断检查、调节和修正。

> **元认知控制** 学习者在进行认知活动的过程中，对自身认知活动所进行的积极的、自觉的监视、调节与控制。
>
> **计划策略** 根据认知活动的特定目标，在一项认知活动之前计划各种活动，预计结果、选择策略，想出各种解决问题的方法，并预估其有效性。
>
> **监控策略** 在认知活动的实际过程中，根据认知目标及时评价、反馈自己认知活动的结果与不足，正确估计自己达到认知目标的程度、水平，并且根据有效性标准评价各种认知行动、策略的效果。

（一）计划策略

计划策略（planning strategies）指根据认知活动的特定目标，在一项认知活动之前计划各种活动，预计结果、选择策略，想出各种解决问题的方法，并预估其有效性。计划策略包括设置学习目标、浏览阅读材料、产生待回答的问题以及分析如何完成学习任务。给学习做计划就好比足球教练在比赛前针对对方球队的特点与出场情况提出对策。不论是完成作业，还是为了应付测验，学生在每一节课都应当有一个一般的“对策”。成功的学生并不只是听课、做笔记和等待教师布置测查的材料。他们会预测完成作业需要多长时间，在写作前获取相关信息，在考试前复习笔记，在必要时组织学习小组，以及使用其他各种方法。换句话说，成功的学生是积极的而不是被动的学习者。

（二）监控策略

监控策略（monitoring strategies）指在认知活动的实际过程中，根据认知目标及时评价、反馈自己认知活动的结果与不足，正确估计自己达到认知目标的程度、水平，并且根据有效性标准评价各种认知行动、策略的效果。监控策略包括阅读时对注意力进行跟踪、对材料进行自我提问，考试时监视自己的速度和时间。这些策略使学习者警觉自己在注意和理解方面可能出现的问题，以便把它们找出来并加以修改。例如，学习者为了应考而学习时，会向自己提出问题，并且会意识到某些章节自己并不懂、自己的阅读和记笔记方法对这些章节行不通，需要尝试其他的学习策略。

（三）调节策略

调节策略 根据对认知活动结果的检查，如发现问题，则采取相应的补救措施，根据对认知策略的效果的检查，及时修正、调整认知策略。
资源管理策略 辅助学生管理可用环境和资源的策略。

调节策略（regulation strategies）指根据对认知活动结果的检查，如发现问题，则采取相应的补救措施，根据对认知策略的效果的检查，及时修正、调整认知策略。元认知调节策略与监控策略有关。例如，当学习者意识到他不理解课程的某一部分时，他就会退回去读困难的段落；在阅读困难或不熟的材料时放慢速度；对他不懂的课程材料进行复习；测验时跳过某个难题先做简单的题目；等等。调节策略能帮助学生矫正其学习行为，补救其理解上的不足。

元认知策略的几个方面总是相互联系、一起运作的。在学习过程中，学习者一般先认识自己的当前任务，使用一些标准来评价自己的理解，预计学习时间，选择有效的计划来学习或解决问题；然后执行学习计划，同时监视自己的进展情况，根据监视的结果采取补救措施。

应用举例

一个周四的晚上，某初中生正在为第二天的历史考试做最后的复习准备。在上一个星期六的晚上，她为自己如何准备这次考试制订了一周的学习计划，并且确定了学习的目标。她首先明确了哪些是必须学的内容，自己应该如何学，在什么时候完成什么学习任务。她从星期一开始学习，主要掌握学习要点和重要的历史事实。她对课本中的每一页逐一进行复习，并且通过向自己提问考试中可能出现的题目来监控自己的学习质量。周三晚上，她意识到所学的几个历史事件记起来有困难，于是她画了一个表格，把几个事件的背景、过程、结果和影响等方面列出来。通过进行比较、对比记忆，她觉得考试碰到这些内容时，回答就不会有什么困难了。大约8点钟，姐姐回家了，带来了几个同事，在客厅里大声说话。她让姐姐叮嘱同事们要小声交谈，并且关上自己房间的门继续学习。学习了一个小时后，她发现自己的笔记上有些内容记得不详细，于是给同学打电话，把这些内容补充完整。大约9点30分，她感到自己有些疲劳，不能很好地集中注意力，于是休息了15分钟，之后继续完成当晚要完成的学习任务。

四、资源管理策略

资源管理策略（resource management strategies）是辅助学生管理可用环境和资源的策略。它有助于学生适应环境并调节环境以适应自己的需要，对学生的动机具有重要的作用。它包括学习时间管理、学习环境设置、学习努力和心境管理、学习工具利用以及社会性人力资源利用等。其中，学习环境设置策略主要表现为善于选择安静、干扰较小的地点学习，充分利用学习情境的相似性，等等。学习努力策略主要指掌握一些方法来排除学习干扰，使自己的精力有效地集中在学习任务上。这里重点阐述时间管理策略和学业求助策略。

（一）时间管理策略

时间是极其重要的学习资源，有效的时间管理可以促进学习，并增强自我效能感；无效的时间利用则削弱信心，降低学习效率。齐默尔曼（Zimmerman，2002）把学习时间管理视为一种有效的自我调节学习策略。他认为，自我监察是时间管理中的重要因素，如果学生没有意识到自己的时间使用情况，就不可能计划和合理使用自己的时间。

行动指南

以下列出的是一些有效的时间管理策略。

- 确立有规律的学习时段。如果每天预留固定的几个小时来学习，那么学习就不需要每天重新计划，而会成为一种习惯化的活动。
- 确立切合实际的目标。很多学生倾向于低估完成一个学习任务所需的时间，因此他们应该稍微高估所需的时间，直到有比较精确的估计能力为止。
- 使用固定的学习区域。当学生在一个采光良好、远离噪声、没有分心因素、能够集中注意力的地方学习时，他们的时间利用会更有效。有些学生发现图书馆是学习的好地方，而有些学生则在家里营造一个高效读书空间。
- 分清任务的轻重缓急。当学生有很多事情需要做时，应分清事情的轻重缓急，先完成相对重要的事情。通常来说，先解决困难的科目，然后完成相对容易的科目，因为人们的注意力往往在开始的时候更为专注。可以运用“重要”和“紧急”两个维度进行自我判断（见图 7－8）。

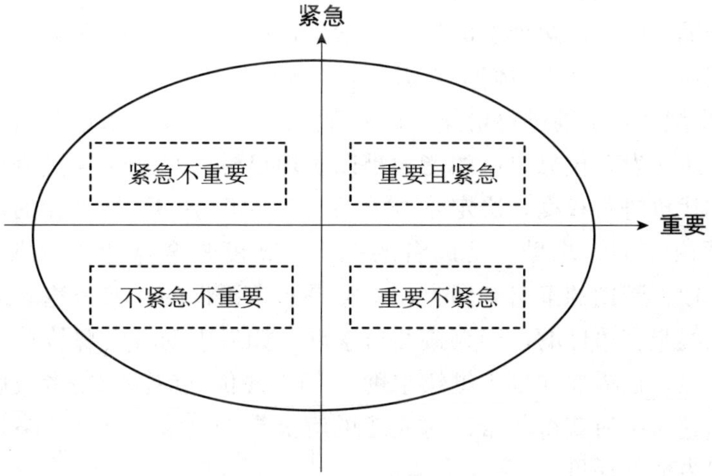

图 7－8　时间管理简图

- 学会对分心的事物说“不”。当朋友、兄弟姐妹或其他人想和自己聊天，或者想让你完全摆脱学习时，学生必须准备好以一种并不冒犯的方式对他们说“不”。
- 自我奖励学习上的成功。学生可以把完成学习任务后就可从事自己喜欢的其他活动作为条件，来提高自己的注意力。喜欢的其他活动包括吃零食、看电视、拜访朋友或者与朋友聊天等。但关键是要保证各种奖励是在实现学习目标之后才可以得到的。

（二）学业求助策略

学业求助策略 学生在学习上遇到困难时，向他人请求帮助的行为。

执行性求助 也称方便性求助，是指学习者面临自己不能解决的学习困难时，请求他人“替”自己解决困难。

工具性求助 也称适应性求助，是指学习者遇到学习困难时，借助他人的力量以达到自己解决问题或者实现目标的目的。

在学习的过程中，学生总会碰到各种各样的困难，其中，有些困难是自己无法解决的。在这种情况下，学习者需要向他人寻求帮助。**学业求助策略**（help-seeking strategies）指学生在学习上遇到困难时，向他人请求帮助的行为。它是一种重要的社会支持管理策略。

奈尔森-黎高（Nelson-Le Gall，1985）按照求助者的目的将学业求助划分为两大类。一种是**执行性求助**（executive help-seeking），也称方便性求助（expedient help-seeking）（Fong et al.，2023），它是指学习者面临自己不能解决的学习困难时，请求他人“替”自己解决困难。这种求助类型的学生只想要答案或者希望尽快完成任务，自己不做任何尝试就放弃了获得成就的能力，选择了依赖而非独立掌握。另一种是**工具性求助**（instrumental help-seeking），也称适应性求助（adaptive help-seeking），它是指学习者遇到学习困难时，借助他人的力量以达到自己解决问题或者实现目标的目的。适应性求助的目的是独立地学习，而不是仅仅获得正确答案。因此，使用工具性求助策略的学生，在自己能够解决问题的时候会拒绝他人的帮助，在需要帮助时又能够主动寻求他人的帮助。除了这两种求助类型的学生，也有一些学生在遇到无法独立解决的困难时选择了回避求助，因为他们担心别人会认为他们很笨。

奈尔森-黎高把学业求助过程划分为几个阶段：（1）意识到求助的需要。个体意识到任务的复杂和困难，发现仅靠自己的能力难以实现目标。（2）决定是否求助。个体对求助行为的受益和代价进行权衡，决定是否求助。（3）识别和选择潜在的帮助者。做出求助决定后，需要决定向谁求助，帮助者的能力、态度是个体选择帮助者的主要标准。（4）取得帮助。取得帮助的策略有两类，一类是非言语性的，如表达求助的目光、困惑的表情等；另一类是言语性的，即直接开口求助。如果求助者发现从某人那里得到的帮助不能令自己满意，还需要向别人继续求助。（5）评价反应。求助者最后还需要对求助结果进行评价，这包括所获得的帮助对问题的解决是否足够、求助策略是否有效、他人对求助的反应等方面的评价。

概念术语

创造性 创造性思维 发散思维 聚合思维 流畅性 灵活性 独创性 头脑风暴法 分合法 狂想类比 直接类比 拟人类比 符号类比 自由联想 批判性思维 自我调节学习 学习策略 复述策略 精细加工策略 记忆术 位置记忆法 组织策略 元认知 元认知知识 元认知控制 计划策略 监控策略 调节策略 资源管理策略 学业求助策略 执行性求助 工具性求助

复习思考题

（一）选择题

1. 创造性思维的主要特征有三个：灵活性、独创性和（　　）。

A. 多样性　B. 迅速性　C. 流畅性　D. 价值性

2. 个人面对问题情境时，能独具慧眼，想出不同寻常的高见，具有新奇性。这反映了创造性思维的（　　）特征。

A. 灵活性　B. 流畅性　C. 独创性　D. 先进性

3. 要求学生尽可能多地列举由“大地”一词所想到的事物，是为了训练学生的（　　）。

A. 发散思维　B. 推测与假设　C. 好奇心　D. 独立性

4. 计划安排每天的自习时间表，属于学习策略中的（　　）。

A. 组织策略　B. 认知策略

C. 精细加工策略　D. 资源管理策略

5. 学习策略中的元认知策略，包括制订认知计划（计划策略）、监视计划执行（监控策略）和（　　）。

A. 调节策略　B. 精细加工策略

C. 组织实施策略　D. 价值性

6. 学习策略中的认知策略可分为复述策略、精细加工策略和（　　）。

A. 计划策略　B. 组织策略　C. 调节策略　D. 监控策略

7. 把《辛丑条约》的内容记为“钱禁兵馆”，主要是运用了以下记忆术中的（　　）。

A. 位置记忆法　B. 关键词法

C. 缩减法　D. 视觉想象

8. 学生在记忆《南京条约》中的内容时，将其总结为“割地、赔款、通商”，这属于学习策略中的（　　）。

A. 复述策略　B. 元认知策略

C. 精细加工策略　D. 组织策略

9. 在教室里要有良好的学习环境，例如，流通的空气、适宜的温度、明亮的光线以及和谐的色彩等；还要设计好学习的空间，例如，空间范围、室内布置、用具摆放等。这属于学习策略中的（　　）。

A. 复述策略　　　　B. 精细加工策略
C. 资源管理策略　　　　D. 组织策略

10. 看完文章时，以金字塔的形式把要点呈现出来，这种编码策略叫作（　　）。
A. 形成系统结构图　　　　B. 列提纲
C. 运用理论模式　　　　D. 制作表格

11. 充分利用学生头脑中生动、鲜明的形象来帮助记忆，这是使用了（　　）。
A. 组织策略　　　　B. 精细加工策略
C. 元认知策略　　　　D. 复述策略

12. 老师在教授课文时采用列提纲的形式来写板书，老师使用的学习策略是（　　）。
A. 精细加工策略　　　　B. 组织策略
C. 元认知策略　　　　D. 阅读理解策略

13. 以下属于元认知计划策略的是（　　）。
A. 设置学习目标　　　　B. 对材料进行自我提问
C. 测验先做简单题目　　　　D. 考试时监视自己的速度和时间

参考答案：1.C；2.C；3.A；4.D；5.A；6.B；7.C；8.C；9.C；10.A；11.B；12.B；13.A

（二）论述题

1. 举例说明创造性思维的特征。
2. 举例说明如何利用脑激励法培养学生的创造性思维。
3. 举例说明如何利用分合法培养学生的创造性思维。
4. 列举批判性思维的技能。
5. 训练学生的批判性思维的途径有哪些?
6. 说出一种自我调节学习过程的模型。
7. 简述学习策略的类型。
8. 分别列举至少三种复述策略、精细加工策略和组织策略。
9. 举例说明元认知计划、监控和调节策略。
10. 怎样帮助学生进行时间管理?

拓展学习

陈琦，刘儒德．(2019)．当代教育心理学（第3版）（第12章）．北京：北京师范大学出版社．

奥姆罗德．(2015)．学习心理学（第6版）（第14章）．汪玲，李燕平，廖凤林等译．北京：中国人民大学出版社．

第八章

知识建构与全人教育

【本章提要】

知识的个人建构

- ✧ 建构主义的基本观点与思想渊源
- ✧ 生成学习理论
- ✧ 认知灵活性理论

知识的社会建构

- ✧ 意义的社会建构
- ✧ 认知学徒制
- ✧ 教学支架
- ✧ 情境性学习

人本主义学习理论

- ✧ 马斯洛的学习理论
- ✧ 罗杰斯的学习理论

学生不能只是单纯地接收信息，必须用自己的头脑来发现和转换复杂的信息，赋予信息个人意义，建构起自己的知识。围绕这一主题的学习理论被统称为建构主义。建构主义的种类和派别众多。一些建构主义学家关注个体学习者是如何通过自身与环境的互动创造知识的——这个取向被认为是个人建构主义。另一些建构主义学家强调个体学习者是在一定社会文化背景下与他人的互动之中发展高级心理机能的——这个取向被称为社会建构主义。本章前两节将分别从这两个视角介绍学生的知识建构过程。教育不仅要促进学生的知识建构，更要让学生成为一个真正意义上的、功能健全的人。人本主义关注人的本性和潜能、尊严和价值，倡导全人教育和情感教育。本章最后一节将介绍人本主义理论关于学习和教育的主要观点。

第一节　知识的个人建构

请看图 8－1：你看到了一只老鼠，还是一个戴眼镜的秃头男人？实际上，对于这幅图的理解取决于你从头脑中提取出来的经验。如果你是第一次看到这幅图，当问你是否看到一只老鼠时，你的脑海里自然浮现出了关于老鼠的形象，并将其与这幅图进行匹配；而当问你是否看到一个戴眼镜的秃头男人时，与之相对应的形象和信息也以同样的方式被提取和表征。

图 8－1　你在这幅图里看到了什么？

资料来源：Bugelski & Alampay，1961，第 205～211 页．

一、建构主义的基本观点与思想渊源

上述例子说明，人在接触新的信息（知识）时，并不只是被动地接触这些信息，而是基于已有的知识经验与客观呈现的信息进行互动，主动建构起自己对于信息的理解。

（一）建构主义的基本观点

建构主义的核心理念是：学习者主动建构自己的知识，而非被动地从环境中接受知识（费兹科，麦克卢尔，2005/2008）。建构主义对知识、学习和教学做出了新的解释。

1. 建构主义知识观

个体对事物的理解不仅取决于事物本身，还取决于个体原来的知识经验。不同的人由于原有知识经验的不同，对同一事物会有不同的理解。建构主义在某种程度上对知识的客观性、可靠性和确定性提出了怀疑，强调知识的相对性、动态发展性、相互关联性和复杂性。

2. 建构主义学习观

学习不只是知识由外到内的转移和传递，更是学习者主动地建构自己的知识经验的过程，即通过新经验与原有知识经验的相互作用，来充实、丰富和改造自己的知识经验的过程。学习者的这种知识建构过程具有三个重要特征。

（1）主动建构性。面对新信息、新概念、新现象或新问题，学习者需要充分激活头脑中的先前知识经验，通过高层次思维活动，对各种信息和观念进行加工转换，解释有关的现象，形成新的假设和推论，并且需要对学习活动进行积极自主的自我管理和调节。

（2）社会互动性。学习是通过对某种社会文化的参与内化相关的知识和技能、掌握有关的工具的过程，这一过程常常需要通过**学习共同体**（learning community）的合作互动来完成。学习共同体是由学习者及其助学者（包括教师、专家、辅导者等）共同构成的团体。学习就是学习共同体中多向的交流、协商与对话。

> **学习共同体** 由学习者及其助学者（包括教师、专家、辅导者等）共同构成的团体。学习就是学习共同体中多向的交流、协商与对话。

（3）情境性。知识存在于具体的、可感知的活动之中。它不是一套独立于情境的符号（如名词术语等），不可能脱离活动情境而抽象地存在。它只有通过实际情境中的应用活动才能真正被理解。

3. 建构主义教学观

由于知识的动态发展性和相对性以及学习的建构过程，教学不再是传递客观确定的现成知识，而是要为学生创设理想的学习情境，激发出学生原有的相关知识经验，促进知识经验的“生长”，促进学生的知识建构活动，以促成知识经验的重新组织、转换和改造。

综上所述，当代建构主义者对学习和教学做了新的解释，强调知识的动态发展性，强调学生的经验世界的丰富性和差异性，强调学习的主动建构性、社会互动性和情境性。学生是自己的知识的建构者，教学需要创设理想的学习环境，促进学生的自主建构活动。

（二）建构主义的思想渊源

教育中的建构主义是在皮亚杰、维果斯基、布鲁纳、杜威以及人类学家莱夫（Jean Lave）等的理论基础上发展起来的。

皮亚杰的建构主义是建立在对西方传统认识论的批判和继承之上的。在西方传统认识论中，历来存在经验论与唯理论之争。争论的焦点问题是：人的具有普遍必然性的认识是如何获得的？以英国哲学家洛克的"白板论"为代表，经验论认为人的知识来自人的感知经验；以莱布尼茨的"天赋观念说"为代表，唯理论认为人的认识的普遍性是先天就有的。康德的先验认识论调和了经验论和唯理论。他认为，感知所得到的经验材料与"先验自我"所产生的逻辑形式（如同一律等）两者相结合，导致了普遍必然性的认识。

经验论和先验论（以及遗传论或成熟论）在认识的起源问题上，其实都是一种预成论：经验论认为认识预成于外，先验论认为认识预成于内。如果做个形象的比拟，经验论就相当于照相机理论，先验论就相当于电影放映机理论（李其维，1999）。照相机理论把人脑比拟为一部照相机，其功能就是拍照。在我们的头脑之外，存在着一个现实的世界，它完全独立于我们的感知过程。儿童的头脑像照相机一样，拍下了外界现实的照片，而这些照片又存储在记忆之中。电影放映机理论把人脑比拟为一部放映着电影胶卷的机器。婴儿带着一个内置的胶卷库来到世界。这些胶卷不是一张张白纸，而是记录着内容。这些内容是个体天赋才能的一部分。个体后天对外界事物的学习就等于通过放映机放映这些胶卷，并在荧幕上显示出图像来。这个银幕就是世界本身。在电影放映机理论看来，人们从来就没有学习什么新的东西，因为在我们的头脑之外别无他物。整个世界只不过是我们自己心理过程的产物。

皮亚杰的建构主义认识论与预成论是截然不同的，它是一种渐成论。皮亚杰继承了康德的形式论，抛弃了他的先验论。皮亚杰认为，认识既不发端于客体，也不发端于主体，而是发端于联系主体、客体并使其相互作用的动作（活动）过程之中。例如，一个五六岁小孩在沙滩上玩石子，他可能把石子从一个容器倒入另一个容器，用手去感觉它，甚至把它放入自己的口中。经过诸如此类的动作，他便发现和建构起有关石子的经验，如石子是"平滑的""光亮的""可移动的"以及"石子越大就越重"等。从这些经验体验中，儿童建构起了有关外在物体物理属性的知识经验。当把10个石子排成一行时，他发觉无论从哪端开始数起，这堆石子都是10个。然后，他又把它们排成另外的形状，数出来的数目仍然不变。经过诸如此类的动作，他发现这些石子的总和与它们空间排列的位置无关，与它们被计数的次序也无关。儿童从对自己的这些数数动作的反思和概括中，建构起了逻辑-数学知识。无论是物体的物理属性还是逻辑-数学关系，都不事先存在于石子之中，也不事先存在于儿童的头脑之中，而是通过儿童作用于石子的活动和思考建构起来的。如果还用一个类比来说的话，人的知识不是被动记录现实的一种心理复制品，不同于照相机复制景物，也不是对现实凭空投射自己的先验的知识，而是用艺术家的创造性手法，生动地解释现实，并建立它的表象，学习者头脑中存储着一幅幅个性化的画作（Labinowicz，1987）。

经验性学习 杜威提出的概念，强调教育必须建立在经验的基础上，教育就是经验的生长和经验的改造，是在经验中、由于经验和为着经验的一种发展过程，学生从经验中产生问题，而问题又可以促使他们去探索知识，产生新观念。

个体建构主义 一种建构主义理论，强调个体通过自己的探索、发现来建构知识。

激进建构主义 极端的个体建构主义理论，认为每个人都从自己的经验中而不是通过被动接受或交流来建构有关自己现实世界的知识和信念，这些知识和信念不是为了发现本体论意义上的现实世界，而是为了帮助个体更好地适应环境、解决问题。

社会建构主义 一种建构主义理论，强调个体的学习与发展是社会文化和社会互动内化的结果。

杜威（1991）的**经验性学习**（experiential learning）概念强调，教育必须建立在经验的基础上，教育就是经验的生长和经验的改造，是在经验中、由于经验和为着经验的一种发展过程，学生从经验中产生问题，而问题又可以促使他们去探索知识，产生新观念。杜威的理论启示建构主义者们，知识是个体在自身经验的基础上对经验进行建构产生的，而非复制而来的。

皮亚杰的建构主义理论被称为建构主义第一次浪潮（first wave of constructivism）或**个体建构主义**（individual constructivism）（Paris，Byrnes，& Paris，2001；Woolfolk，2018）。以冯·格拉塞斯菲尔德（Ernst von Glasersfeld，1917—2010）为代表的**激进建构主义**（radical constructivism）将个体建构主义推到了极端。这一理论认为，每个人都从自己的经验中而不是通过被动接受或交流来建构有关自己现实世界的知识和信念，这些知识和信念不是为了发现本体论意义上的现实世界，而是为了帮助个体更好地适应环境、解决问题。个体只有当遇到"适应困难"的时候，才能最大限度地激发学习动机进行学习，来扩展自己的经验世界。激进建构主义的这些观点对数学和科学教育产生了巨大的冲击，它反对教师一味地灌输知识、学生纯粹抽象地接受知识，倡导为学生创建真实的情境，让学生在先前知识经验的基础上，在探索学习和发现学习的活动中积极主动地建构、理解知识，强调教师要更多地聚焦于学生获得知识的过程，而不是获得知识这一结果（Glasersfeld，1990）。但是，激进建构主义也存在巨大的困境。如果每个人的知识只要能够帮助他适应自己的环境，就是有效的，那么，学生只要不存在适应困难，就没有必要努力学习了。而且，每个学生的观念都是同等有效的，没有客观的是非对错标准，学生就算努力学习也不能增进理解（伍尔福克，2012/2015）。"我们可能只能让学生继续相信他们所相信的东西。"（Moshman，1997，p. 230）

当代建构主义观点更多地来源于维果斯基的社会文化理论。这一理论强调文化工具、社会互动和活动塑造了个体的发展与学习。知识是由文化工具（如电脑、语言、符号、地图、概念和策略等）组成的，这些工具存在于社会之中，个体通过与社会其他成员的互动活动将这些工具内化到头脑之中，从而发展了自己的高级心理机能。维果斯基的理论被称为建构主义的第二次浪潮（second wave of constructivism）或者**社会建构主义**（social constructivism）（Paris，Byrnes，& Paris，2001；Prawat，1992；Woolfolk，2018）。在维果斯基理论的基础上，人们进一步发展了社会建构主义，提出了情境性学习、分布式认知、认知学徒制、支架式教学等理论。

二、生成学习理论

根据学习的信息加工理论，学习就是个体对信息的接收、转换、存储和提取的过程。如果把外部世界看作信息输入来源，一旦这些来源被感知（瞬时记忆）到并进入短时记忆中，人就会从长时记忆中提取信息并对这些来源进行理解，建构出能够存放在长时记忆中的意义。奥斯本和维特罗克（Osborne & Wittrock，1983）的**生成学习理论**（generative learning theory）揭示了人基于信息加工系统对信息的意义进行建构的过程。

生成学习理论　一种个体建构主义理论，认为人根据长时记忆中的知识经验主动地、有选择性地注意所知觉到的外界信息，并在工作记忆中通过先前知识经验与所选择的新信息的相互作用，生成对信息意义的理解，并将所生成的意义不断存储、整合到长时记忆中。

(一) 生成学习过程

生成学习理论认为，人根据长时记忆中的知识经验主动地、有选择性地注意所知觉到的外界信息，并在工作记忆中通过先前知识经验与所选择的新信息的相互作用，生成对信息意义的理解，并将所生成的意义不断存储、整合到长时记忆中（见图 8-2）。

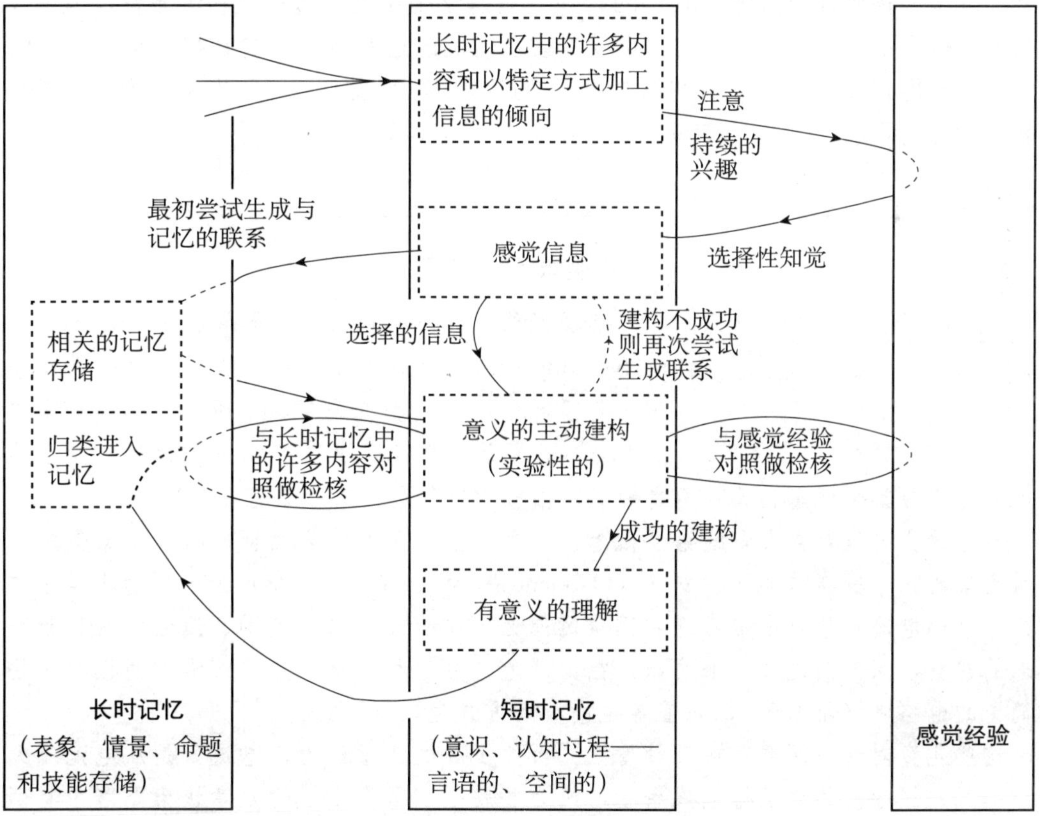

图 8-2　生成学习的基本过程

资料来源：Osborne & Wittrock，1983，第 489～508 页 .

（二）结构性与非结构性的先前知识经验

根据生成学习理论，学习者是在先前知识经验的基础上生成新信息的意义。学习者的先前知识经验既有结构性的知识经验，也有非结构性的知识经验。结构性的知识经验是通过正式学习获得的科学知识，而非结构性的知识经验则是通过非正式学习获得的日常概念。例如，儿童在正式的数学教学前，早就具有了非正式的数学思维。大多数儿童在入学前就会数数，但并非所有的儿童都了解数的实际意义。非正式数学思维中的一部分可以被正式的数学教学积极利用，而另一部分与新知识和技能不一致，则可能影响正式的教学，这部分常为一些教师所忽视。在理科教学中，日常概念与科学概念的矛盾最能说明原有认知结构在教学中的重要性。研究发现，理科教学的效果常常不能达到教师的预期，其原因可以归结为学生与教师在认知结构内容和学习策略信念两个方面的差异（Osborne & Wittrock，1983）。

第一，学生原有认知结构内容与教师的假想存在差异。（1）学生在学习前已经从不同途径获得了与教师头脑中和教科书中的观念完全不同的观念。例如，一些8～11岁的学生在学习自然科学前认为"蜡烛发出的光，晚上照得比白天远""摩擦只在移动物表面之间发生""电流到电灯泡里就用完了""软体虫不是动物"等。这些观念都是他们日常与社会环境和物质环境接触时获得的。（2）有些学生尽管受过一些科学教育，但还存在着与科学概念不一致的日常概念。也就是说，他们的这些日常概念在接受科学教育时很顽固，没有得到改变。（3）有些概念虽然通过教学有所改变，但并未全部改变，没有达到教师的计划要求。

延伸阅读

错误概念的转变

错误概念　或称为另类概念，指学习者持有的与当前科学理论对事物的理解相违背的概念。

错误概念（misconception）或称为另类概念（alternative conception），指学习者持有的与当前科学理论对事物的理解相违背的概念（Vosniadou，2008）。需要说明的是，这里的"概念"并不是本书前述的狭义上的概念，而是指与某个概念相关的所有知识，相当于观念或理念，甚至信念。

学生的头脑里存在大量的错误概念，涵盖自然科学的方方面面。心理学家们对此进行过大量研究。奥斯本和维特罗克（Osborne & Wittrock，1983）为了揭示小学生在科学概念（如电流）学习中常常遇到困难的原因，调查了美国、英国、澳大利亚和新西兰等地的儿童，问他们这样一个问题：在由电池、灯泡和连接电池与灯泡的两根导线构成的简单的电路中（见图8-3），直流电的流动方式是怎样的？

这些儿童对这一问题存在三种看法。大约1/3的儿童认为，电流只是从电池流到灯泡，而另一根导线是为了排泄残余物，或为了安全。另有1/3的儿童认为电路中有两股电流，分别从电池的两端出发，直接流到灯泡，相互接触使灯泡发光。还有1/3的儿童的观点与物理学家的观点一致，他们认为直流电始终沿着一个方向流动，从电池的一极到灯泡，再回到电池的另一极，在整个电路中，电流强度都是一样的。对于持前两种观

图 8-3　一个简单的电路

点的儿童，研究者在电路中接上一个安培表，让他们看到电流并不是像他们所说的那样流动的。这时，他们对这一结果做了特别的解释："哦，可能在学校中不是，但如果你跟我回家（到学校之外的真实世界中），你会看到电流是按照我说的那种方式流动的。"研究者把电路和安培表带到他的家中，重复演示，这时孩子常常会说："这是你的安培表，你的电池、灯泡和导线。"儿童再次从演示中做出了这样的推理：教师操纵的环境和学科知识是不真实的，它只是纯学术的，不能代表真实世界中发生的事情。

当这些事实资料不支持他们的观点时，他们常常怀疑这些事实资料，以避免冲突，保留他们自己的观点。在另外的情况下，学生面对新旧经验的不一致时，会体验到一种冲突。为了解决冲突，学生对原来的观念进行调整、改造，使其顺应于新情境，这一过程就是**概念转变**（conceptual change；Vosniadou，1994）。

> **概念转变**　个体原有的某种知识经验由于受到与其不一致的新经验的影响而发生的重大改变。

第二，学生具有的策略与教师认为他们应该具有的策略不同。例如，学生往往把每篇课文当作孤立的课文，而教师则认为他们应该能把课文联系起来理解；学生学习某篇课文的目的与教师认为其应有的目的不同；学生对教师认为的重点不一定感兴趣；学生对实验结果的理解与教师认为他们应该理解的也不尽相同。总之，无论是从内容上还是策略上，学生的实际认知结构与教师认为他们应该有的认知结构不相同，造成教学工作达不到理想的结果。每个学生都带着他原有的认知结构来听课，而未能同化新的信息，或者说新的信息未能与长时记忆中原有的信息成功地建立联系从而达到有意义的理解。

当代建构主义者与皮亚杰和早期的布鲁纳都高度一致地认为，学习不是对外界现实的直接复印，而是建构关于事物与过程的表征，是通过已有认知结构（包括原有知识经验和认知策略）对新信息进行加工而建构成这一心理表征（Cunningham，1991），但当代建构主义更多地强调在具体情境中形成的非正式的经验背景在建构中的作用，将它们看成建构的基础和目标（Winograd & Flores，1986；Duffy & Cunningham，1996）。

（三）生成学习策略

为了生成自己的理解，学生需要有意识地把自己的注意力集中在知识间的联系上，去思考、推断知识的真正含义。根据生成学习过程，学生需要努力建立两类联系：（1）当前学习内容的各个部分之间的联系（比如词、句、段以及更大的单元）；（2）当前学习内容与原有的知识、信念或经验之间的联系。

1. 建构新知识内部的联系

维特罗克（Wittrock，1991）提出，为了促使学生把当前内容的不同部分联系起来，在教学中可以采用如下策略：（1）加题目。为了给一篇文章加题目，学生需要把不同的内容综合起来，加以提炼。至于加什么题目，并没有标准答案，但要抓住中心，醒目而富有想象和创意。（2）列小标题。为了给一个或几个段落写小标题，学生需要综合这一部分的意思，这不仅可以用于语文教学，也可以用于其他社会学科和自然学科的教学。（3）提问题。针对当前的内容，学生提出自己想弄明白的问题，这就需要学生对内容进行综合和分析。提问题也可以用于多种学科。（4）说明目的。说明作者写这些内容的目的，这需要学生综合这段内容，结合前后文做出分析和推测。（5）总结或摘要。为全部内容写一份总结，或者更精要地概括它的中心意思，要尽量用自己的话来表达，而不是摘抄、罗列书上的原话，东拼西凑。要把内容的要点提炼出来，说清楚、说完整。这种方法可以用于语文、历史、地理、物理等学科的教学。（6）画关系图或列表。用画图或列表的方法概括、整理所学内容的要点，表现它们之间的关系，分析、比较相关概念的异同。

2. 建构新旧知识之间的联系

为了帮助学生把当前的学习内容与原有的知识、经验联系起来，教师可以采用以下策略：（1）举例。从原有经验中找到适当的例子，来解释说明当前的内容。（2）类比与比喻。用自己熟悉的事物来类比、比喻新学习的知识，比如用“水流”来类比“电流”。（3）证明。以原有知识、经验为基础来论证当前的概念、原理，为它们提供理由和证据。（4）述义。不是重复课本中的原话，而是用自己的话来表达所学知识的意思。（5）解释。用有关的知识经验来解释新学的知识，说明自己的具体理解。（6）推论。从所学知识出发，看看可以进一步推出什么结论。（7）应用。应用所学的知识来解决相关的问题，特别是与实际生活密切相关的问题，以及需要综合运用多种知识的问题。

三、认知灵活性理论

学习不是一次性完成的，而是一个不断深化的过程。斯皮罗等（Spiro，Feltovich，Jacobson，& Coulson，1991a）提出了*认知灵活性理论*（cognitive flexibility theory），重点解释如何通过不断深化的学习促进对知识的灵活应用。

（一）结构良好的知识领域与结构不良的知识领域

结构良好的知识领域　有关某一主题的事实、概念、规则和原理，它们是以一定的层次结构组织在一起的。

根据知识的性质及应用的复杂多变程度，斯皮罗等区分了两种知识领域。**结构良好的知识领域**（well-structured knowledge domain）是指有关某一主题的事实、概念、规则和原理，它们是以一定的层次结构组织在一起的，如求解正方形的面积，解决这样的问题可以直接套用相关的概念、规则或公式。**结构不良的知识领域**（ill-structured knowledge domain）是将结构良好领域的知识应用于具体问题情境中时产生的知识，即关于知识被应用的知识。结构不良的知识领域是普遍存在的，只要将知识应用到具体情境中，其内涵就将表现出一定的差异（Spiro，Feltovich，Jacobson，& Coulson，1991b），概念的意义存在于对概念的应用之中。例如，“火”的意义存在于对它的不同使用之中，在“火势凶猛”“火气很大”“日子红火”“大为光火”等词语中“火”的意义是各不相同的。

结构不良的知识领域具有以下两大特征：（1）概念的复杂性。知识被应用的每一个实例都同时涉及许多概念，而且这些概念之间是相互联系的。（2）实例的不规则性。每个实例所涉及的概念的数量和种类不同，而且，这些概念的地位、作用以及相互作用的模式也不尽相同。例如，世界上并不存在两个完全一样的病例，仅头痛就存在着二三百种原因，如神经系统、血液循环系统的问题等。

结构不良的知识领域　将结构良好领域的知识应用于具体问题情境中时产生的知识，具有概念的复杂性与实例的不规则性等特征。

初级或入门性知识获得　从认知灵活性理论中区分出来的一种学习类型，是对结构良好的知识领域的学习，只要求学生通过练习和反馈掌握一些重要的概念和事实，在测验中将所学的东西按原样再生出来。

高级知识获得　从认知灵活性理论中区分出来的一种学习类型，是对结构不良的知识领域的学习，要求学生通过在各种情境下应用知识解决问题，从不同角度表征知识，把握知识的复杂性以及相互联系，最终能够广泛而灵活地将知识应用到各种具体情境中。

认知灵活性　建构主义理论中的核心概念，指为了适应剧烈变化的情境要求，个体自然而然地以多种方式重组自己知识的能力。

（二）初级知识获得与高级知识获得

与两种知识领域相对应，斯皮罗等（Spiro et al.，1991b）区分了两种学习。**初级或入门性知识获得**（introductory knowledge acquisition）是对结构良好的知识领域的学习，只要求学生通过练习和反馈掌握一些重要的概念和事实，在测验中将所学的东西按原样再生出来（如背诵、填空、做简单的练习题等）。**高级知识获得**（advanced knowledge acquisition）是对结构不良的知识领域的学习，要求学生通过在各种情境下应用知识解决问题（Jonassen，1991），从不同角度表征知识，把握知识的复杂性以及相互联系，最终能够广泛而灵活地将知识应用到各种具体情境中。高级知识获得旨在培养学生的**认知灵活性**（cognitive flexibility），即为了适应剧烈变化的情境要求，个体自然而然地以多种方式重组自己知识的能力（Spiro & Jehng，1990）。

（三）随机通达教学

认知灵活性理论是以知识的双向建构为基础的，即认为知识的建构涉及两个方面：一方面是对新信息的意义的建构，另一方面是对原有经验的改造和重组（Spiro et al.，1991b）。认知灵活性理论进一步认为，在知识的获得与知识的应用中都存在这样的双向建构，而且更加重视知识应用中的双向建构。学习者并不是在知识获得过程中建立了供以后在知识应用时可以被直接套用的图式或命题网络，而是在知识获得过程中形成了对概念的丰富的、有着经验背景的理解，并且在应用知识时，能够面对新的问题情境，灵活地应用对知识的丰富理解建构起用于指导活动的图式。

随机通达教学 一种教学原则：对同一内容，学习者要在不同时间、在重新安排的情境中、带着不同目的以及从不同的角度进行多次交叉反复的学习，以把握概念的复杂性并促进迁移。

斯皮罗等（Spiro et al.，1991b）由此提出了**随机通达教学**（random access instruction）。在阐明这一教学原则时，他们运用了这样一个类比：在日常生活中，当我们在不同的时刻、不同的情境，带着不同的目的重游某一处风景时，我们会对这处风景产生不同的感受和认识。同理，对同一内容，学习者要在不同时间、在重新安排的情境中、带着不同目的以及从不同的角度进行多次交叉反复的学习，以把握概念的复杂性并促进迁移。这种反复绝非为了巩固知识技能而进行的简单重复，因为每一次学习的情境中都存在着互不重合的方面，可使学习者对概念获得新的理解。这种教学避免抽象地谈论概念一般如何被运用，而是把概念具体化到一定情境下的实例中，并且涵盖多种实例变式，分别显示概念的不同方面的含义以及与其他概念的联系。在这种学习中，学习者可以形成对概念的多角度理解，并与具体情境联系起来，形成背景性经验，为今后的灵活迁移做准备。

第二节　知识的社会建构

社会建构主义（social constructivism）关注学习和知识建构背后的社会文化背景与社会互动机制，倡导各种形式的文化参与、社会互动与合作学习（合作学习将在“有效教学”一章加以介绍）。

一、意义的社会建构

维果斯基作为一个苏联人，深受马克思主义的影响。根据马克思主义的观点，社会历史的变化显著影响了人的思想和行为，劳动实践与工具创造推动了社会历史的发展。维果斯基的社会文化理论（也称文化历史发展理论）将儿童的学习置于社会和文化背景之中，认为社会文化塑造着儿童的发展，强调文化工具、社会互动与活动在儿童学习和发展中的作用。社会文化确保儿童从上一代积累的智慧中获益，引导儿童的行为方向，鼓励他们注意某些特定的活动（而不做其他活动）。

文化对儿童的影响表现在两个方面：中介性学习经验与文化工具。社会文化为儿童提供了一个心理“透镜”，儿童通过此透镜对自身经验形成具有适当文化意义的解释。维果斯基提出，成人要帮助儿童将周围的事情与其意义联系起来。请看一个5岁的男孩与他妈妈在自然历史博物馆就某种史前动物所进行的交流与对话（奥姆罗德，2011，39页）。

男孩：哇，酷！看，巨大的牙齿。妈妈，看它巨大的牙齿。

妈妈：它看起来像剑齿虎。你觉得它是吃肉还是吃草？

男孩：妈妈，你看它嘴里的那些牙，可真大啊。

妈妈：它看起来像剑齿虎，对吗？你觉得它吃肉还是吃草？

男孩：哎哟，哎哟，哎哟。（指着牙齿，发出感叹）
妈妈：你想想，它吃肉还是吃草？
男孩：肉。
妈妈：如何得出这个结论？
男孩：因为它有尖利的牙齿。（发出咆哮的声音）

这位妈妈反复与男孩讨论共同经历的客观现象，帮助男孩了解世界的意义。这个男孩即使没有妈妈的帮助，也有可能从参观中了解剑齿虎的一些特征。不过，在妈妈的帮助下，他对自己的经历理解得更好。通过使用剑齿虎的标签与妈妈的帮助，他把牙齿的特征与觅食偏好联系起来。妈妈不断地提问“吃肉还是吃草”，引导男孩将牙齿的特征与食物联系起来，直到他最终做出了正确的判断：剑齿虎肯定吃肉。像这个例子中妈妈与男孩之间的这种互动叫作**中介性学习经验**（mediated learning experience），即成人以特殊（通常与文化相适宜）的方式帮助儿童解释一种现象或事件的互动。中介性学习经验鼓励儿童以一种特殊的方式去思考现象或事件：用符号或概念进行标识，识别背后的概念和原理，依据这种现象进行推理、做出结论，等等。

中介性学习经验　成人以特殊（通常与文化相适宜）的方式帮助儿童解释一种现象或事件的互动。
认知工具　具有符号性质或心理性质的文化工具，如符号、概念、理论或策略等。

社会文化为儿童传递使日常生活更加高效的文化工具。文化工具不仅包括客观的物理工具，还包括诸如概念、理论和策略等认知工具。成人不仅把解释经验的特别方式教给儿童，而且向儿童传递特定的工具，帮助儿童处理所遇到的各种情况与问题。有些工具，如剪刀、铲子、袋子、刀叉等，属于物理工具。有些工具是符号性的客观实体，如语言文字、符号系统、地图、电脑、印刷品。还有一些工具没有任何物理基础，如概念、理论、运算或策略等。后两者是具有符号性质或心理性质的工具，属于**认知工具**（cognitive tool）。不同文化传递着不同的认知工具。维果斯基认为，儿童认知功能的差异源自他们所处文化背景的不同。例如，如果地图上标出了儿童社区及家庭生活环境中的重要场所（如标出道路、地铁、超市、学校），儿童就容易获得浏览地图的能力（Liben & Myers，2007；Ormrod，2016）。儿童只有在具有精确的数量系统（以不同符号标识不同数量）的文化背景中才能学会数数与计算（如加法及其相关应用）（Cole，2006；Pinker，2007）。维果斯基认为，获得认知工具的儿童会大大提高思维能力，能够更有效地对事情和问题做出反应。儿童要获得自己所处文化环境的知识、技能和信念，中介性学习经验和认知工具是必不可少的。

儿童在与成人或其他更有智慧的同伴的互动活动中，逐渐将他们讨论和解释世界的方式融入自己的思维之中，开始使用他们使用、示范与分享的很多诸如符号、概念和策略等认知工具。请看一个9岁的男孩与妈妈在超市购物的过程（伍尔福克，2015，333页）。

男孩：（跑去推购物车）我们要用大一点的购物车吗？
妈妈：大的总比小的好。这是我们的购物清单，我们先去哪儿？
男孩：我们去买聚会要用的冰激凌（走向冷冻食品区）。

妈妈：哦！你还记得留在橱柜里的那盒冰激凌变成什么样了吗？

男孩：融化了。它不能放在外面太久。

妈妈：对。我们可能要在商场里待上一段时间。我们最好先去购买那些不会在我们购物过程中融化的东西。我们通常先买农产品。

男孩：什么是“农产品”？

妈妈：就是农民种出来的蔬菜和水果。

男孩：好的。清单上写了黄瓜。它们在这儿。等一等。有两种黄瓜，我们要哪一种？那种小黄瓜是本地黄瓜，什么是“本地”？

妈妈：“本地”是指离我们位置很近的周边地区。嗯，大黄瓜75美分一条，小黄瓜是每磅[①] 1.15美元，你来判断一下哪种更划算？

男孩：我猜大的更划算，对吗？或者小的更好？

妈妈：嗯。我想知道它们每磅的价格是否一样。你怎么算？

男孩：我不知道，大黄瓜没有标出每磅的价格，只给出了每条黄瓜的价格。

妈妈：医生想要知道你的体重有多少磅的时候，她会让你站在体重秤上。你要想知道一条大黄瓜多重，是不是可以把它放在那边的食物秤上称一下？

男孩：好的。它重1/2磅。

妈妈：半磅要75美分，那一磅需要多少钱？也就是由两个一半加起来需要多少钱？

男孩：75美分加75美分等于1.5美元，大黄瓜更贵一些。所以，买小黄瓜更划算，而且它们还是本地黄瓜。这也很好，对吗？

妈妈：也许吧。我喜欢支持咱们当地的农民。那些小黄瓜来自哪儿？看一下标签上的字。

男孩：弗吉尼亚——这个地方离我们远吗？

妈妈：不太近，大概有6个小时的车程。

在妈妈的指导下参与超市购物活动，这个男孩学习到了事先制订行动计划并预期后果（购物车空间与冰激凌融化）、词汇（“农产品”和“本地”）、数学（计算每磅价格）、问题解决（判断购买哪种黄瓜更划算）、地理知识（弗吉尼亚有多远）与标签信息（价格与产地）等。通过社会互动的活动与中介性学习经验，这个男孩理解了事情的前后关系与意义，将这些认知工具内化到自己的思维之中，将来可能在特定情境之中加以应用和迁移。

二、认知学徒制

学习本质上是一个文化参与的过程。所有文化都允许儿童（实际上是要求儿童）在

---

① 1磅约合0.45千克。

某种程度上参与成人的活动。儿童的参与程度受**有指导的参与**（guided participation）的调节（Rogoff，2003）。在童年早期，儿童的活动处于成人活动的边缘，随着儿童发展出更强的能力，他们在特定活动中逐渐扮演重要乃至核心的角色，直到成为熟练的参与者（Lave & Wenger，1991；Rogoff et al.，2007）。

有指导的参与　儿童在某种程度上对成人活动的参与，随着儿童能力的增强，儿童的参与程度不断提高，成人的指导程度不断降低。

合法的边缘参与　一种有指导的参与形式：学徒在师父的指导下，从最初的打杂开始，逐渐参与更高级的任务，获得高级的技能，从初学者或新手变成一个老手或专家，从一个实践共同体的边缘进入中心，进行更核心的参与。

认知学徒制　一种教学模式：知识经验较少的学习者在专家的指导下参与某种真实的活动，从而获得专家在完成任务的过程中向学习者展示的内在的相关知识、技能和思维过程。

最能体现有指导的参与的形式是学徒制（apprenticeship）。新手（徒弟）与熟练的师父长期在一起工作，如做木工、打铁、制作陶器甚至演奏乐器等，学习如何完成特定领域的真实的复杂任务。刚开始，徒弟从事一些边边角角的杂活，给师父打下手。师父给徒弟提供一般的结构与各种指导。随着徒弟能力增强，师父逐渐撤除支架，让徒弟承担更多责任。这一参与形式也被称为**合法的边缘参与**（legitimate peripheral participation；Lave & Wenger，1991）。

徒弟在学习过程中，不仅学到了师父的行为，也学到了相关的专业术语和思维方式。例如，熟练的编织师父教徒弟编织手艺时，就会使用该领域的一些术语，如拽线、接缝、编织等。与此相似，老师指导学生做科学实验时，就会用假设、证据、理论等词语帮助学生评价实验程序和结果（Perkins，1992）。

为了强调在学徒制中专家向新手展示专家对任务和活动是如何思考的，社会建构主义理论家们创造了**认知学徒制**（cognitiveapprenticeship）这一术语（Brown，Collins，& Duguid，1989）。认知学徒制具有以下某些或全部特征（Collins，2006；Collins，Brown，& Newman，1987；见表 8－1）。

表 8－1　认知学徒制的特征

特征	解释
示范	专家亲自示范并大声讲解过程，学习者观察与倾听。
教导与训练	学习者完成任务时，专家提供建议、暗示和反馈。
搭建支架	专家为学习者提供各种形式的支持，如简化任务，将任务分解为更小、更易处理的单元，提供一定铺垫。
联结	学习者解释做什么以及为什么做，专家对学习者的知识、判断和问题解决策略进行考察。
反思	专家要求学习者将自己与专家的表现进行比较，或者与标准程序或理想模式进行对照。
增加任务的复杂性和多样性	当学习者变得熟练时，专家让他们完成更加复杂的、更具挑战性的和变化多样的任务。
探究	专家鼓励学习者自己设计问题，拓展和精练已经获得的技能。

资料来源：奥姆罗德，2011/2015，第 249～250 页．

认知学徒制的工作强度很大，在课堂教学中并非总能行得通（DeCorte，Greer，& Verschaffel，1996）。但教师可以利用认知学徒制的这些特征来发展学生的问题解决技能和思维能力。

三、教学支架

根据维果斯基的理论，儿童在其最近发展区内，在更有能力的他人的协助和支持之下完成任务，最有可能获益。社会建构主义理论家们提出了多种辅助学习的技术，来帮助学生完成具有挑战性的任务，这些辅助技术可以统称为教学支架。

支架（scaffold）本是建筑行业中使用的脚手架，被用来暂时性地辅助建筑作业，一旦建筑完成就被撤除。社会建构主义理论家们借用它比喻教学中的支架作用（Wood，Bruner，& Ross，1976）。**教学支架**（scaffolding）是指在学习过程中给学生提供的一种暂时性的切合学生学习需求的支持，用来辅助学生逐步完成自己无法独立完成的任务，并伴随学生的进步而逐渐被撤去，直到学生能够独立完成该任务，内化相应的知识技能。请看下面这位数学老师是如何通过提问辅导学生做除法时的试商过程的（引自奥姆罗德，2011/2015，248页）。

> **教学支架**　在学习过程中给学生提供的一种暂时性的切合学生学习需求的支持，用来辅助学生逐步完成自己无法独立完成的任务，并伴随学生的进步而逐渐被撤去。

老师：（在黑板上写下）44除以6。什么数乘6最接近44？
学生：6。
老师：6乘6是多少？（写下6）
学生：36。
老师：36，还有更接近的吗？（擦掉6）
学生：8。
老师：6乘8是多少？
学生：64……48。
老师：48，太大了，你还能想到……
学生：6乘7等于42。

学生在老师的连续提问下完成了试商过程，下次就能将试商的策略应用到其他除法之中，进而独立完成除法任务，不再需要老师的支持。

教师可以采用各种形式的教学支架（Collins，2006；Rogoff，1990）。（1）示范：为正确地操作任务提供示范。（2）解释：说出相关步骤或解法的理由。（3）类比：做个类比，提示学生相关方法。（4）铺垫：提供一个简单的结构或者前提性问题。（5）分解：把复杂任务分解成较小的、简单的任务。（6）提供框架：为完成任务提供框架结构或指导大纲。（7）提供工具：提供数据处理、文字处理或者可视化的工具。（8）提示：促使学生将注意聚焦在任务的相关方面。（9）提问：促使学生以有效的方式思考任务。（10）反馈：经常对学生的进步给予反馈。例如，为了帮助学生按专家写作的方式去思考写作，发展更加娴熟的写作策略，有研究者向学生提示专业作者写作时使用的支架（Scardamalia & Bereiter，1985；Wong，Hoskyn，Jai，Ellis，& Watson，2008）。

- 我的目的是……
- 我的主要观点是……
- 这个例子……
- 我这样想的理由是……
- 为了生动，我将……
- 这不十分令人信服，因为……
- 我通过……把它们联系在一起……

提供教学支架的形式、数量和程度取决于学生的知识、能力、年龄和需要等因素（Lodewyk & Winne，2005；Ormrod，2016）。教师给学生提供超出其所需的支架会分散学生的注意（Van Merrienboer & Sweller，2005）。随着学生对新任务的不断适应，教师需要逐渐地调整教学支架，使学生最终能够独立完成任务。

四、情境性学习

随着认知科学的发展，人们越来越认识到，人的认知不只是头脑内部的信息加工活动，与所在的情境也是不可分离的。例如，你用电脑写作时头脑内部的认知加工活动与用纸笔写作时是不一样的。根据维果斯基的观点，这是因为环境给你提供的工具不同。人的认知和学习依赖于人所处的情境，这种观点被称为**情境性认知**（situated cognition）或**情境性学习**（situated learning）（Brown et al.，1989）。根据该理论，知识是在一定文化背景下的活动中产生的，不可能脱离活动情境而抽象地存在，知识的意义不完全是由脱离了情境的抽象的知识符号决定的，还受到学习和应用知识时的活动、背景和文化的影响。例如，沿街叫卖糖果的儿童能够很快运用数学公式算出物品的总价格以及找给顾客的零钱，但在数学课堂上却不会应用这些数学公式（Carraher，Carraher，& Schliemann，1985；Ormrod，2016）；木匠师傅可以学习并使用平衡与垂直等概念，但认识不到这些概念也适用于其他非木工制作的情境之中（Millroy，1991）。

> **情境性认知（情境性学习）** 人的认知和学习依赖于所处的情境；知识是在一定文化背景下的活动中产生的，受到学习和应用知识时的活动、背景和文化的影响。
>
> **分布式认知** 认知分布在个体内、个体间、媒介、环境、文化、社会和时间等之中。

与情境性认知相关联的另一个概念是分布式认知。**分布式认知**（distributed cognition）是指认知分布在个体内、个体间、媒介、环境、文化、社会和时间等之中（周国梅，傅小兰，2002）。例如，笔算比心算相对容易一些，这是因为在笔算中，个体能够将心算过程中的中间结果通过纸笔暂存于外部环境，减小了工作记忆的认知负荷。在笔算过程中，认知分布在个体头脑与外部环境之中。学习者可以将认知分配到不同情境因素之中。学习者可以利用工具，如计算器、电脑，来处理大量的数据和信息，也可以利用各种符号系统，如语词、图表、公式以及所处文化环境提供的其他认知工具，在心理上对环境事件进行编码和操纵，还可以与别人合作，各自承担一部分工作，共同解决复杂问题。例如，婚前与婚后男子的记忆偏向发生了变化，因为婚后妻子分担了丈夫从前需要记忆的一部分内容（如晚餐吃什么、衣服放在哪儿之类）。学习者甚至可以将认知分配到自己的身体之中。例如，当我们听不清楚从某处传过来的声音时，我们会转动头部，以便使双耳能够更好地确定声音的方位或更便于听清声音。这种现象被称为**具身认知**（embodied cognition）。

具身认知 具身认知是包括大脑在内的身体的认知。我们的身体的解剖学结构、身体的活动方式、身体的感觉和运动体验决定了我们怎样认识和看待世界。

情境性教学 让学生通过相互合作、共同完成真实性任务的过程来获得并应用知识。

抛锚式教学 将学习活动与某种有意义的大情境挂起钩来，让学生在真实的问题情境中进行学习。

与情境性认知或学习相对应，人们提出了大量**情境性教学**（situated instruction）模式。这种模式具有四个基本元素：真实的任务、情境化的过程、真实的互动合作和情境化的评价方式。首先，这种教学应使学习在与现实情境相类似的情境中发生，以解决学生在现实生活中遇到的问题为目标（Cunningham，1991）。学习的内容要选择真实性任务（authentic task），不能对其做过于简单化的处理，使其远离现实的问题情境。其次，这种教学的过程与现实的问题解决过程相类似，所需要的工具往往隐含在情境当中。教师并不是将提前准备好的内容教给学生，而是在课堂上展示出与现实中专家解决问题相类似的探索过程，提供解决问题的原型，并指导学生的探索。再次，学生相互合作，共同探索解答。最后，情境性教学不需要独立于教学过程的测验，在学习中对具体问题的解决过程本身就反映了学习的效果，或者进行与学习过程一致的情境化的评价。有研究者提出了一种特定的情境性教学模式——**抛锚式教学**（anchored instruction，又叫锚式教学；The Cognition and Technology Group at Vanderbilt，1997）。这种模式将学习活动与某种有意义的大情境挂起钩来，让学生在真实的问题情境中进行学习。教师首先呈现真实事件或真实问题，学生运用原有的知识去尝试理解情境中的现象和活动。教师逐步引导学生形成一些概念和理解，然后让学生用自己的理解方式去体验、思考并解决问题。这样的教学是以有感染力的真实事件或真实问题为基础的。这类真实事件或问题被形象地比喻为“抛锚”，因为一旦这类事件或问题被确定了，整个教学内容和教学进程也就被确定了（就像轮船被锚固定住一样）。

第三节 人本主义学习理论

人本主义心理学的学习理论从全人教育的视角阐释了学习者整个人的成长历程，重视如何为学习者创造良好的环境，让其从自己的角度感知世界，发展出对世界的理解，达到自我实现的最高境界。

一、马斯洛的学习理论

美国心理学家亚伯拉罕·马斯洛（Abraham Maslow，1908—1970）被公认为人本主义心理学的领导人物之一，马斯洛批判传统的学习是一种外在学习。**外在学习**（external learning）是单纯依赖强化和条件作用的学习。在外在学习中，学习活动不是由学生决定的，而是由教师强制的。学生只是对个别刺激做出零碎反应而已，学生所学的知识缺少个人意义。“学生学到的，顶多不过像是在他的口袋里装了几把钥匙或几个铜钱而已。学生所学的一切，对他个人的心智成长毫无意义。”（Maslow，1968，691 页）为了获得“一纸文凭”或“赚取学位”而学习反映了外在学习的弊端。

外在学习　单纯依赖强化和条件作用的学习。

内在学习　依靠学生内在驱动、充分开发潜能、达到自我实现的学习。

意义学习　一种与个人各部分经验都融合在一起，使个人的行为、态度、个性发生重大变化的学习。

马斯洛倡导内在学习。**内在学习**（internal learning）是依靠学生内在驱动、充分开发潜能、达到自我实现的学习。这是一种自觉的、主动的、创造性的学习模式，可促使学生自由地学他想学的任何课程，充分发挥想象力和创造性。

二、罗杰斯的学习理论

20 世纪 60 年代，罗杰斯将他的“来访者中心疗法”移植到教育领域，创立了“以学生为中心”的教育和教学理论，成为 20 世纪最重要的教育理论之一。

（一）情知统一的教学目标

罗杰斯认为，情感和认知是人类精神世界中两个不可分割的有机组成部分，两者融为一体。罗杰斯的教育理想就是要培养“躯体、心智、情感、精神、心力融为一体”的人，也就是既用情感的方式，也用认知的方式行事的情知合一的人。他称这种情知融为一体的人为全人（whole person）或功能完善者（fully functioning person）。我国的教育特别强调学生的全面发展，目标是培养德智体美劳全面发展的社会主义建设者和接班人①。

（二）意义学习

罗杰斯认为，学生学习主要有两种类型：认知学习和经验学习。其学习方式也主要有两种：无意义学习和意义学习。所谓**意义学习**（significant learning），是一种与个人各部分经验都融合在一起，使个人的行为、态度、个性发生重大变化的学习。它不仅能增长知识，而且会引起整个人的变化，对个人的生存和发展有价值。例如，学生学习“烫”字，明白了在生活中应避开开水、火源伤害。在这里，我们需要注意罗杰斯的意义学习和奥苏贝尔的有意义学习（meaningful learning）的区别。前者关注的是学习内容与个人之间的关系，后者则强调新旧知识之间的联系，并且只涉及理智，而不涉及个人意义。

罗杰斯的意义学习具有四个要素：（1）学习具有个人参与（personal involvement）的性质，即整个人（包括情感和认知两方面）都投入学习活动；（2）学习是自我发动的

① 习近平．习近平著作选读：第二卷．北京：人民出版社，2023，第 195 页．

(self-initiated)，即便在推动力或刺激来自外界时，也要求发现、获得、掌握和领会的感觉是来自内部的；(3) 全面发展，也就是说，它会使学生的行为、态度、人格等获得全面发展；(4) 学习是由学生进行自我评价的（evaluated by the learner），因为学生最清楚这种学习是否满足自己的需要，是否有助于获得想要知道的东西，是否能让自己明了自己原来不甚清楚的某些方面。

罗杰斯认为，认知学习和无意义学习、经验学习和意义学习是完全一致的。认知学习的很大一部分内容对学生自己是没有个人意义（personal significance）的，它只涉及心智（mind），而不涉及情感或个人意义，是一种“在颈部以上发生的学习”，与全人无关，是一种无意义学习。而经验学习以学生的经验生长为中心，以学生的自发性和主动性为学习动力，把学习与学生的愿望、兴趣和需要有机地结合起来，因而是有意义的学习，能有效地促进个体的发展。

从意义学习的观点出发，罗杰斯认为，凡是可以教给别人的知识相对来说都是无用的，而那些能够影响个体行为的知识只能靠个体自己发现并加以同化。教师的任务不是教学生学习知识（这是行为主义者所强调的），也不是教学生如何学习（这是认知理论所重视的），而是为学生提供各种学习的资源，提供一种促进学习的气氛，让学生自己决定如何学习。罗杰斯倡导一些学习的原则，这些学习原则的核心就是让学生自由学习。只要教师信任学生，信任学生的学习潜能，并愿意让学生自由学习，就会在与学生的交往中形成适应自己风格的、促进学习的最佳方法。

（三）以学生为中心的教学

罗杰斯对传统教育中的师生关系进行了猛烈的批判。他认为在传统教育中，“教师是知识的拥有者，而学生只是被动的接受者；教师可以通过演讲、考试甚至嘲弄等方式来支配学生的学习，而学生无所适从；教师是权力的拥有者，而学生只是服从者”。从教育政治的角度来看，这是一种壶与杯（jug and mug）的教育理论。教师（壶）拥有理智的、事实性的知识，学生（杯）是消极的容器，知识可以灌入其中。罗杰斯主张废除教师（teacher）这一角色，代之以学习的促进者（facilitator）。学生自身具有学习的潜能，促进者只需为他们设置良好的学习环境，提供各种学习资源，使他们知道如何学习，他们就能学到所需要的一切。

罗杰斯认为，促进学生学习的关键不在于教师的教学技巧、专业知识、课程计划、视听辅导材料、演示和讲解、丰富的书籍等（虽然这里的每一个因素有时候均可作为重要的教学资料），而在于特定的心理气氛因素，这些因素存在于“促进者”与“学习者”的人际关系之中。那么，促进学习的心理气氛因素有哪些呢？罗杰斯认为，这和心理咨询领域中咨询师对来访者的心理气氛因素是一致的，即以学生为中心的教学的三条原则：(1) **真诚一致**（congruence）：教师是一个表里如一、真诚、完整而真实的人，没有任何矫饰、虚伪和防御；(2) **无条件积极关注**（unconditional positive regard）：教师关心学习者的方方

> **真诚一致** 罗杰斯以学生为中心的教学的原则之一，指教师是一个表里如一、真诚、完整而真实的人，没有任何矫饰、虚伪和防御。
>
> **无条件积极关注** 罗杰斯以学生为中心的教学的原则之一，指教师关心学生的方方面面，尊重其情感和意见，接纳其价值观念和情感表现。

面面，尊重其情感和意见，接纳其价值观念和情感表现，而且这种感受并不以对方的某个特点、某个品质或者整体的价值为取舍、为依据。（3）**同理心**（empathy）：教师要了解学习者的内在反应与学习过程，设身处地，感同身受。在这样一种心理气氛下，教师就真的只是学习的促进者、协作者或者说学习者的伙伴、朋友，学习者才是学习的关键，学习的过程就是学习的目的。

> **同理心**　罗杰斯以学生为中心的教学的原则之一，指教师要了解学生的内在反应与学习过程，设身处地，感同身受。

马斯洛和罗杰斯从他们的自然人性论、自我实现论及“来访者中心疗法”出发，在教育实践中倡导以学生经验为中心的意义学习、内在学习和自由学习，对传统的教育理论造成了冲击，推动了教育改革运动的发展。人本主义的观点和主张从理论上无疑方向是正确的，值得我们思考和借鉴，但是在教育实践中实施起来也是相当不易的，即使在人本主义思潮鼎盛时期，他们自身的教学主张，如“开放学校”“开放课堂”等也没有得到真正实现。

概念术语

学习共同体　经验性学习　个体建构主义　激进建构主义　社会建构主义　生成学习理论　错误概念　概念转变　结构良好的知识领域　结构不良的知识领域　初级或入门性知识获得　高级知识获得　认知灵活性　随机通达教学　中介性学习经验　认知工具　有指导的参与　合法的边缘参与　认知学徒制　教学支架　情境性认知（情境性学习）　分布式认知　具身认知　情境性教学　抛锚式教学　外在学习　内在学习　意义学习　真诚一致　无条件积极关注　同理心

复习思考题

（一）选择题

1. 强调引导儿童从原有的知识经验中“生长”出新的知识经验的是（　　）。

A. 顿悟理论　　B. 行为主义学习理论

C. 信息加工学习理论　　D. 建构主义学习理论

2. 下列理论不属于社会建构主义的是（　　）。

A. 生成学习　　B. 认知学徒制　　C. 教学支架　　D. 情境性学习

3. 如果你要研究文化是如何影响儿童的认知发展的，你最有可能考虑的认知发展理论是（　　）。

A. 皮亚杰的理论　　B. 维果斯基的理论

C. 新皮亚杰理论　　D. 信息加工理论

4. 下列不是教学支架的例子的是（　　）。

A. 示范正确完成任务的方法

B. 提出引发思考的问题

C. 提供有助于完成任务的技术工具

D. 反复告知学生眼前的任务较难

5. 下列不是学习共同体的例子的是（　）。

A. 正在研究认知神经科学的一些研究生

B. 参加交通规则培训班的一些学员

C. 正在等待拐弯信号灯的司机们

D. 小学数学教研室的老师们

参考答案：1.D；2.A；3.B；4.D；5.C

（二）论述题

1. 简述建构主义的基本观点。
2. 简述建构主义的思想渊源。
3. 简述生成学习理论对教学的启示。
4. 简述认知灵活性理论的教学原则。
5. 举例说明中介性学习经验对课堂教学和家庭教育的启示。
6. 举例说明社会互动的内化过程。
7. 简述认知学徒制在教学中的应用。
8. 举例说明至少三种教学支架。
9. 简述情境性教学对教育改革的启示。
10. 简述人本主义学习理论对教育改革的启示。

拓展学习

陈琦，刘儒德．(2019)．当代教育心理学（第3版）（第7章）．北京：北京师范大学出版社．

伍尔福克．(2015)．教育心理学（第12版）（第10章）．伍新春，张军，季娇译．北京：中国人民大学出版社．

奥姆罗德．(2023)．学习心理学（第8版）（第10章）．陈陈，杨兰，张心玮译．北京：中国人民大学出版社．

第九章

学习动机

【本章提要】

学习动机概述
- ✧ 学习动机的含义及分类
- ✧ 学习动机的相关概念
- ✧ 学习动机的作用
- ✧ 学习动机的效果

学习动机理论：人本视角
- ✧ 需要层次理论
- ✧ 自我决定理论

学习动机理论：认知视角
- ✧ 自我效能感理论
- ✧ 成就动机与期望价值理论
- ✧ 目标理论
- ✧ 归因理论
- ✧ 自我价值理论与自我价值保护策略

学生在面对一项困难的学习任务时会做出怎样的选择？学生如何克服课堂上的分心？为什么有些学生即使做一件易如反掌的事情也会放弃？学生在日常学习过程中所表现出的这些问题都与学习动机密切相关。有效的教学需要教师调动学生的学习积极性，让学生愿意学习并且努力学习。本章将介绍学习动机的相关概念和基本理论，并在此基础上探讨如何培养和激发学生的学习动机。

第一节　学习动机概述

一所学校的图书馆举办了一项读书活动，鼓励学生从图书馆借阅图书。学生每读完一本书，图书馆的老师就在学生的读书记录卡上盖一个章。学生阅读完 20 本书，就可以获得一套乐高玩具。小康挑选那些薄薄的书，很快就读完了 20 本书。小静则挑选那些自己真正感兴趣的书，认真地感悟书中的思想感情，一本一本地读完了 20 本书。两人为什么会用不同的方式阅读了 20 本书呢？

尽管这两位同学都在坚持学习，但他们具有不同的学习动机，因此付出了不同的心理努力。学习动机不仅能够激发学生的学习行为，还能够影响学生在学习过程中掌握知识的多少。下面我们看看学习动机的含义、分类、相关概念以及对学习的作用。

一、学习动机的含义及分类

学习动机 通常是指引发、指导和维持学习行为的一种内部状态。

学习动机（motivation to learn）通常是指引发、指导和维持学习行为的一种内部状态。动机就像是汽车的发动机和方向盘（Gage & Berliner，1998），它不仅决定了汽车的动力大小，还决定了汽车的行驶方向。

自我测查

1. 你是否想在学习上成为班级第一名？
2. 你考试获得好成绩时，是否想得到老师的表扬？
3. 你是否认为，学习上碰到不懂的地方，只要努力钻研，就一定会弄明白？
4. 你是否想在和同学的学习竞争中获胜？
5. 你是否认为，只要用功学习，成绩就会有所提高？
6. 你是否认为，只要努力学习，即使不喜欢的功课，也会变得有兴趣？
7. 你在专心学习的时候，是否对周围发生的事不在意？
8. 你是否认为，平时好好学习，考试时就会得到好成绩？
9. 你是否认为，测验和考试的时候，可以不参加运动和游戏？
10. 你是否认为，学习紧张的时候，可以不和同学玩？
11. 你是否在疲劳的时候还想再查看一遍已经做完的功课？
12. 你是否想在平时就复习好功课，以便能随时回答老师的提问？

上述题目节选自学习动机诊断测验（MAAT）中与知识学习相关的成功动机测验，可以用来考查学生的学习动机强度，帮助老师进一步了解学生的动机情况。

资料来源：周步成，1991，第1～2页.

学习动机是一种内部状态，不仅体现为学生想要学习或者正在学习，更重要的是体现了学生所付出努力的性质。例如，读10遍课文可以反映学生正在坚持一项学习行为，然而，两个同样读了10遍课文的学生，动机的差异会影响他们真正投入的多少。动机水平较低的学生就是简单地重复阅读，而动机水平较高的学生会采取更加积极的学习策略，如推敲基本观点，概括段落核心思想，分析段落之间的主要关系，等等。学习动机的这种内部状态被描述为学生倾向于发现学习活动的意义和价值，并尽力从中获取预期的学业上的提高（Brophy，1988）。

不同类型的学习动机对学习的影响是不同的。研究者提出了很多不同的分类方式，其中最为常见而且对教学实践具有一定影响的分类方式就是将动机分为内部动机与外部动机。我们可以从以下两个例子中感受内外动机的差异。

- 小康并不喜欢写作。他选修写作课程的主要原因是这门课程没有期末考试，只需要提交一份期末作业就可以获得较高的成绩，而取得高分有助于奖学金的申请。
- 小静一直爱好写作。她的理想就是成为一名作家，写作这门课程可以帮助她掌握基本的写作方法，对她的职业非常有帮助。小静正在努力学习写作技巧，以使她的文章更加生动感人。

这两个例子中，小静学习写作的动机属于内部动机，她的行为是受自身因素的驱动，她热衷于写作这项活动，因为写作可以给她带来快乐，写作在她看来是一项非常重要的技能。而小康上这门课程的主要动机则属于外部动机，他的行为主要受到外部因素的影响，他学习写作只是为了更轻松地获得高分，他把完成这项任务看作一种能够达到特定目的的手段。由此可见，**内部动机**（intrinsic motivation）是一种以活动本身作为报偿的动机，内部动机的出现源于追求兴趣和锻炼能力等内部因素。相比之下，**外部动机**（extrinsic motivation）则是一种为了获得不同于所参与的行为本身的结果的动机，外部动机源于取得高分、获得赞赏、避免惩罚、取悦老师等与任务本身无关的其他原因。

内部动机 一种以活动本身作为报偿的动机。

外部动机 一种为了获得不同于所参与的行为本身的结果的动机。

兴趣 个体以积极情绪关注或参与某项事务或活动的心理倾向。

情境兴趣 由环境中的某些因素临时引起的兴趣。

当学生受到内部动机激发而参与课堂活动时，他们的行为更有可能受到动机的积极影响：他们愿意完成任务，渴望学习更多的课堂知识，更有可能进行有意义的学习，也更容易取得高水平的成就。内部动机能够激发学生学习知识的意愿，并促进学生学以致用，增加学生在课程完结乃至毕业之后仍然继续学习知识的可能性。相比之下，当学生受到外部动机影响去参与学习活动时，他们更多地处于一种被动的状态，更可能进行肤浅的信息加工，只对简单的任务感兴趣，并且设置较低的目标（Gottfried，Fleming，& Gottfried，2001；Reeve，2006）。当然，对于学习行为来说，外部动机也未必都是消极的，外部动机也是一种有效的外部强化形式，同样可能促使某些学生成功地完成课堂学习。在实际的学习中，很多学生参与学习活动都是受到内部动机和外部动机的双重影响（Covington，2000）。

二、学习动机的相关概念

学习动机对学习的影响并不是完全独立的，它与兴趣、情绪、学习需要以及诱因等诸多因素均存在密切的关系。

（一）兴趣

兴趣（interest）是个体以积极情绪关注或参与某项事务或活动的心理倾向。它是内部动机的主要形式之一。当我们从事一件自己感兴趣的事情时，我们往往会产生更高的认知唤醒水平，体验到愉悦、兴奋等情绪。兴趣通常可以分为两种类型，即情境兴趣和个人兴趣。其中，**情境兴趣**（situational interest）是由环境中的某些因素临时引起的兴趣。学习环境中的那些新奇的、独特的以及特别生动的因素都能够引发情境兴趣。例如，与人文（流行疾病、暴力事件、节日庆典）、自然（恐龙灭绝、天气、海洋生物）以及时事（电视节目、流行音乐、恐怖犯罪）等相关的主题都会引起学生的兴趣。某些由活动

> **个人兴趣** 对某一主题或者活动存在的一种长期的、相对稳定的兴趣。
>
> **好奇心** 一种对广泛的不同领域感兴趣的倾向。
>
> **情绪** 以生理唤醒水平、面部表情、姿势和主观感觉的变化为特征的某种状态。

和材料所激发的情境兴趣能够吸引学生短时间内的注意力。**个人兴趣**（individual interest）是指对某一主题或者活动存在的一种长期的、相对稳定的兴趣。抱有个人兴趣的学生会主动追求新的知识，对待学习的态度也更加积极。多数的个人兴趣是从情境兴趣发展而来的，有研究者提出了兴趣的四阶段模型（Renninger，2009）：（1）激发情境兴趣；（2）保持情境兴趣；（3）形成个人兴趣；（4）形成成熟的个人兴趣。无论是个人兴趣还是情境兴趣，都能够积极地影响学习。学习兴趣越高，坚持性越强，认知投入越多，记忆越充分，学习效果也就越好。

兴趣和知识通常能够相互影响。当学生对某个主题有较高兴趣时，就会激发他们对相关内容的学习和探索，从而获取相关的知识；反过来，知识的增多又使得学生体验到了更多的胜任感，这同样能够提高他们的学习兴趣。因此，即使有些学生一开始对某一部分学习内容或某项学习活动并不感兴趣，他们也可能在体验到成功后慢慢形成个人兴趣（Stipek，2002）。

与兴趣密切相关的另一个因素是好奇心。**好奇心**（curiosity）是一种对广泛的不同领域感兴趣的倾向（Pintrich，2003），属于16种人类的基本动机之一（Reiss，2004）。当学生对某些内容或问题感到好奇时，就开始萌生个人兴趣了。这些“感到好奇的问题和内容”有助于学生更加有条理地整理关于这一主题的知识。总之，好奇心的一个重要作用就是将暂时的情境兴趣转化为长久的个人兴趣。

（二）情绪

情绪（emotion）是以生理唤醒水平、面部表情、姿势和主观感觉的变化为特征的某种状态。它是与动机紧密相随的一个因素。

1. 情绪与动机的关系

情绪与动机是密不可分的。一方面，情绪影响动机。情绪经常会导致活动目标的变化。例如，你走进一家食品店，目标是要买一瓶矿泉水，突然，食品店里的一条大狼狗朝你狂吠，你可能会立即改变目标逃离食品店。在这一过程中，是“害怕”这一情绪把你的目标从购物变成了逃避危险。此外，学生还会根据自己在成功后的积极感受或者失败后的消极感受来调整自己的计划和目标（Mellers & McGraw，2001）。另一方面，情绪在影响动机的同时也会受到动机的反向作用。例如，学生更可能会因为出乎意料的成功而感到兴奋，也更可能会由于预期之外的失败而感受到强烈的消极情绪。另外，学生的具体情绪反应还取决于他们如何解释事情的结果，例如导致事情成功或者失败的主要责任人是不是自己、他人和环境是否对事件结果有影响等，都会改变学生的情绪反应。

情绪与动机是相互影响的。当学生在他所参与的事情中体验到快乐时，他们的内部动机就更有可能被激发出来（Pekrun，Goetz，Titz，& Perry，2002）；当学生体验到与高兴相关的情绪时，他们对自己能否完成任务会持更加乐观的态度（Harter，1988）。

2. 学业情绪

> **学业情绪** 与学生的学习过程和学业结果相关的各种情绪体验。
> **唤醒** 引起个体警觉、注意、清醒、激动、紧张等的一系列生理和心理反应。
> **焦虑** 个体对未知威胁情境的担忧而导致的紧张情绪状态。

学业情绪（academic emotion）是指在教学或学习过程中，与学生的学习过程和学业结果相关的各种情绪体验，包括高兴、厌倦、失望、焦虑、气愤等。学业情绪不仅包含学生在获悉学业成功或失败后所体验到的各种情绪，还包括学生在课堂学习、日常做作业，以及考试期间的情绪体验等（俞国良，董妍，2005）。积极的学业情绪有利于学生灵活地使用学习策略（如精细加工、组织信息和评价或元认知监控等策略），消极的学业情绪则会导致学生坚持刻板的策略（如简单的复述或算法式）。某些具体的情绪也会对认知加工产生影响。例如，厌倦会导致注意的减少，产生狭窄、肤浅的信息加工；而放松则与元认知策略、精细加工、组织、关键思维都呈正相关。此外，学业情绪还能够影响学生自我调节学习，积极情绪有利于自我调节学习，消极情绪则会使学生依靠外部因素来调节学习。

3. 唤醒

衡量情绪的重要指标之一就是唤醒水平。**唤醒**（arousal）是指引起个体警觉、注意、清醒、激动、紧张等的一系列生理和心理反应。当我们处于高唤醒水平时，我们的脑电波模式、血压、心率和呼吸频率都会出现明显的变化，同时在心理感受方面，我们也会体验到警觉、清醒甚至异常兴奋。

4. 焦虑

焦虑（anxiety）就是一种唤醒水平比较高的情绪，既包含认知成分也包含情感成分，其中认知成分主要表现为忧虑和消极的想法，例如，总是担心自己会失败，并且想象失败了会有多糟糕；情感成分则主要表现为掌心出汗、胃口不适、心率较快或者恐惧等情绪反应（Schunk，2000）。

较低水平的焦虑对学习是有益的，通常可以提高学习成绩，这种少量的焦虑属于*促进型焦虑*。促进型焦虑能够激发学生的学习行动。例如，学生会因为对考试的焦虑（少量而合理的）而坚持去上课，完成作业，并且在考试之前认真复习。而焦虑水平过高，则会干扰学习，带来巨大的反作用，此时的焦虑就属于*妨碍型焦虑*。妨碍型焦虑对学习行为的负面影响主要体现在以下三个阶段：（1）输入阶段，学生在学习新内容时，往往需要全神贯注，然而过高的焦虑水平会让他们事先就感到担忧、紧张，使他们无法集中注意力，导致遗漏很多重要的信息；（2）加工阶段，当学生需要进一步加工学习材料时，高焦虑会使得他们无法有效地使用学习策略，甚至导致他们学得越多，表现得越差；（3）输出阶段，在考试过程中，焦虑还会影响信息的提取，导致学生无法注意到考试中的重要信息。高焦虑的学生会表现出更多的分心行为，更倾向于采用无效的考试策略。例如，误解题目要求，不能有效分配时间，纠结于困难的题目而放弃简单题目，等等。不同的焦虑水平对任务表现的影响会随着任务难度的变化而有所不同，对于非常简单的任务，高水平的焦虑会起到一定的促进作用，例如，跑步就需要较高的焦虑水平才能一直坚持；而对于比较难的任务（需要投入大量认知资源才能完成的事情），则需要保持相对较低的焦虑水平，否则就会干扰任务的执行。

（三）需要、诱因和内驱力

需要 个体因感到某种缺乏或不平衡而力求获得满足的心理状态。

内驱力 机体的一种内部唤醒状态或紧张状态，表现为推动机体活动的内部动力。

诱因 能够激发起机体的定向行为，并能够满足某种需要的外部条件或刺激物。

期望 学生对学习活动所要达到目标的主观预期。

需要（need）是指个体因感到某种缺乏或不平衡而力求获得满足的心理状态。许多活动的引发都是从需要开始的。例如，体内细胞的营养缺乏属于一种基本的生理需要，而这一需要导致了寻找食物的行为。在需要和行为之间，还有一种激发的动机状态——**内驱力**（drive）。需要会引起特定内驱力的增强，从而激发某种行为，以实现特定的目标（满足需要）。当特定的目标实现后，就完成了全部的动机过程。在上文寻找食物的例子中，物质缺乏的需要导致了饥饿这一内驱力，进而产生了寻找食物的行为，以完成补充物质的目标。

需要和内驱力密切相关，但是也有所差异。例如，小玲在晚宴中吃了一大块牛排和一整份沙拉，同时还喝掉了一碗汤，吃得非常饱，足以满足她对食物的生理需要。然而晚宴过后回到宿舍，她的室友又给她带了一份她最爱吃的甜点，于是她又吃掉了这份甜点。那么，此时她吃掉甜点就不仅仅是源于内部需要了，还受到了外部刺激的“推动”。一个目标物除了满足需要的作用之外还有着某种诱惑力，这种外部力量就是**诱因**（incentive）的作用。

需要和诱因共同决定了动机的强度。例如，中等强度的需要（刚刚吃过饭，并不是很饿）与高强度的诱因（美味的甜点）结合能够产生较强的动机，而高强度的需要（非常饥饿）也可能会因为低强度的诱因（口感较差的粗粮）而只产生中等强度的动机。此外，同样的诱因对不同需要的人也会产生不同的激励效果。例如，老师对学生说“我希望你们都能够保证及时上交家庭作业，否则就会扣除你们的平时成绩”，此时的诱因就是“分数”，但是，一些学生可能并不关心分数，他们可能成绩一直比较差，因此逐渐认为分数对自己是不重要的。对他们来讲，“分数”这一诱因的激励作用就比较弱。另外，如果老师对学生说“你非常努力，做得不错”，这样的鼓励对那些认为任务很难的学生来说是一种奖励，具有激励作用，而对于那些认为任务很容易的学生来说则是一种惩罚，他们会觉得老师低估了他们的能力，那么这一诱因不仅不会对他们产生激励作用，反而可能阻碍他们的投入。总之，需要与诱因是紧密相连、相互作用的，二者共同驱动了人们的行为。

（四）期望

期望（expectancy）是指学生对学习活动所要达到目标的主观预期。例如，“这次考试我能取得一个好的成绩”。每个学生对自己都有不同的期望。有些学生在接受新的挑战性任务时会抱有积极的期望，他们相信自己经过努力可以获取任务的成功；而有些学生则对自己抱有消极的期望，认为自己很有可能会失败。

期望能够影响学习动机，当学生对一项学习任务抱有积极的期望时，他们的动机水平就比较高，反之则会降低动机水平。例如，如果一个人认为自己有能力在田径比赛中取得优异的名次，他就会积极报名参与运动会；而如果他认为自己无论如何都难以跑进决赛，则不会有很强的动机。此外，实际学习结果与期望存在差异，也会影响接下来的动机。例如，当一个人预期自己能够在比赛中获得冠军，而实际却没有进入八强时，这样的落差会让他体验到较强的挫败感，从而降低下次参加比赛的动机；反之，如果他预期自己很难进决赛，结果却获得了冠军，这种“意外的惊喜”则会显著提升他的动机水平。

三、学习动机的作用

动机对学习和行为有着多种多样的影响。首先，动机能够影响认知加工过程，它决定了学生注意哪些信息以及如何加工这些信息（Eccles & Wigfield，1985；Pintrich & Schunk，2002；Pugh & Bergin，2006）。例如，动机水平较高的学生会投入更多的认知努力，相比简单的重复背诵，他们更愿意真正地理解课程材料，进行有意义的学习，并且会考虑如何把知识运用到实际生活中去。其次，如前所述，动机还能够影响情绪体验。当外部刺激与自身需要一致时，个体就会产生积极情绪，表现出更高的学习兴趣；而当外部刺激不能满足自身需要时，个体则会体验到消极情绪，甚至可能出现厌学现象，进而影响学业成就。最后，动机还能够决定结果是得到强化还是惩罚。例如，学生取得学业成就的动机越强，考试获得好成绩时，他们就越会体验到奖励，从而使结果得到强化；而如果成绩差，他们就越会体验到惩罚。再如，对于一个不喜欢足球的女孩子来讲，是否加入足球队都没有什么关系；但是对于一个从小爱好踢球的男孩子来讲，能否加入足球队是至关重要的。以上这些例子均说明了动机对行为和表现的影响。总的来讲，动机的作用可以归结为以下三个方面。

（一）激发作用

当学生对某项知识产生兴趣和好奇心时，就会引发他们了解这一知识的动机，唤醒他们渴望学习的情绪状态，从而激发他们的学习行为。老师在讲授新知识之前往往都会先抛出一个“引子”来吸引学生的注意，这个“引子”就是利用了动机的激发作用。例如，一位教师在教“分数的约分”之前，先给学生展示了 1/2 块蛋糕、2/4 块蛋糕和 4/8 块蛋糕的大小，学生非常好奇为什么这些数字不同的蛋糕实际却一样大，这就激起了他们学习分数的动机。此外，动机还能够提升学生学习的准备状态，增强认知努力，进而提高学习效率。

（二）指向作用

学生会为自己设置目标，并为了实现这些目标而发起学习行为，动机则决定了学生会设置什么样的目标。不同的学习动机会让学生做出不同的选择，进而表现出不同的行为。例如，是选修物理课程还是选修摄影课程，晚饭之后的休息时间是用来玩游戏还是学习新的有挑战性的知识，等等。

（三）维持作用

动机会影响学生在学习过程中的努力程度和精力投入程度。动机决定了学生是热情地、全身心投入地参与一项学习内容，还是冷淡地、无精打采地完成一个学习任务。学习动机越强，学生的学习坚持性就越强，即使在完成任务的过程中受到干扰和挫折，也会坚持到任务结束，而坚持和毅力也是影响学习成绩的重要因素之一。

四、学习动机的效果

耶克斯-多德森定律 学习效果与动机之间呈现倒U形曲线关系，通常情况下，当个体具有中等程度的动机水平时学习效果最好。

动机是影响学习活动必不可少的因素之一，学习动机对学习行为的发起、选择和维持都有着重要的作用。那么，是不是学习动机越强学习效果就越好呢？**耶克斯-多德森定律**（Yerkes-Dodson law）告诉我们，动机与学习效果之间并不是完全的正比例关系，如图9-1所示，二者之间呈现倒U形曲线关系。通常情况下，学生在中等动机水平下表现最好，动机水平过高或者过低都会抑制行为表现。在动机水平很低时，学生的学习热情还没有被充分调动起来，无法进入最佳学习状态。随着动机水平的不断提升，能力发挥也不断增强，学习效果呈现上升状态。在动机高于一定水平之后，学生就会过于焦虑，导致学习效果下降。例如，在考试时，如果一个学生的动机水平很低，他就会感到疲倦，提不起精神，从而达不到应有的表现；而如果他动机水平过高，则会非常紧张，甚至出现过于焦虑的症状（手心出汗、无法集中注意力等），也无法正常发挥。

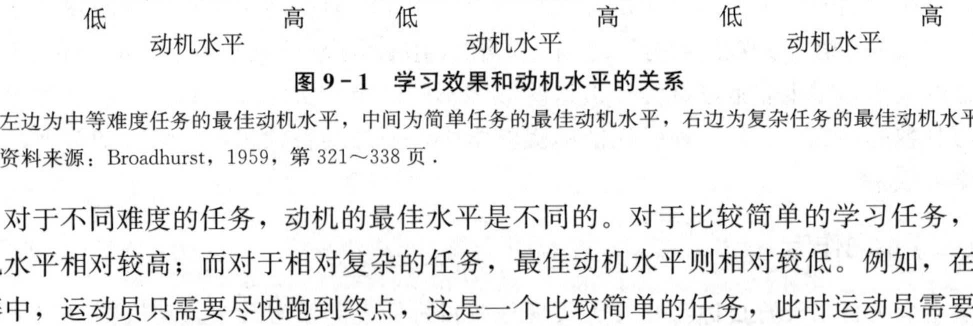

图9-1 学习效果和动机水平的关系

左边为中等难度任务的最佳动机水平，中间为简单任务的最佳动机水平，右边为复杂任务的最佳动机水平。

资料来源：Broadhurst，1959，第321～338页.

对于不同难度的任务，动机的最佳水平是不同的。对于比较简单的学习任务，最佳动机水平相对较高；而对于相对复杂的任务，最佳动机水平则相对较低。例如，在短跑比赛中，运动员只需要尽快跑到终点，这是一个比较简单的任务，此时运动员需要有很强的动机，才能发挥出自己的潜能，达到最佳效果。相比之下，如果是参加围棋比赛，所面临的任务则要复杂很多，每一步棋都需要精心策划，走错一步就可能满盘皆输，此时，选手如果过于紧张，就可能会出现失误，因此需要相对较低的动机水平。

学习动机的研究一直是教育心理学家们关注的焦点。早期行为主义理论强调行为是受到外界强化和惩罚驱使的；人本主义反对行为主义将人的行为看作外部环境的产物，认为人有自尊、自我实现的需要，应讨论人的内部动机对行为的决定性影响；认知取向的观点集中探讨人的内部认知因素是如何影响个体在学习行为中的选择的，如期望价值理论将学习动机看成期望和价值的函数，归因理论关注学习者对不同行为结果（成功和失败）的原因是如何看待的；社会认知理论则认为自我效能感是个体动机的重要来源；同样关注社会因素对学习动机影响的社会文化理论则认为参与学习群体、群体活动，维持自己的身份是学习动机的重要来源。本章第二、三节将重点介绍人本视角和认知视角的学习动机理论。

第二节　学习动机理论：人本视角

动机的人本主义观点注重激发学生内在的潜能和智慧，强调课堂活动要使学生获得自尊、胜任感，激发对学习的兴趣，最终达到自我实现。本节介绍人本主义的代表人物马斯洛提出的需要层次理论，以及德西和瑞安等后来提出的自我决定理论。

一、需要层次理论

亚伯拉罕·马斯洛是非常重要、有影响力的人本主义代表人物。他提出了*需要层次理论*（hierarchy of needs；Maslow，1954）。这一理论认为，人都是受七种基本需要驱动的，这些基本需要可以按照一定的顺序组成一个有层次的系统（见图 9－2）。

个体每天都沿着这个层次阶梯上上下下几个来回，达到不同的层次，然后返回底部。只有在较低层次的需要获得满足后，个体才会追求较高层次的需要。个体要先满足生理需要，才会追求安全需要，然后依次是爱与归属需要以及尊重需要。当这些需要获得了一定程度的满足时，个体才会追求认知需要和审美需要。例如，几个月前，当小华第一次去幼儿园的时候，他表现得非常焦虑，在妈妈离开的时候哭闹不止（安全需要没有得到满足）。而现在，他非常熟悉幼儿园的环境和规则，并且非常期待见到幼儿园的老师和小伙伴。最高层次的需要是自我实现需要，这种需要使得个体能够最大限度地发展他独特的个人潜能和天赋。

马斯洛将生理需要、安全需要、爱与归属需要以及尊重需要这前四种需要归为**缺失性需要**（deficiency needs）。这些需要涉及对个体生存至关重要的外界资源。个体产生这些需要时，主观上会体验到某种缺失感。只有这些需要获得满足，才能维持个体的身心健康。一旦缺失性需要获得满足，个体实现它们的动机就会减弱。马斯洛将认知需要、审美需要、自我实现需要这后三种需要归为**成长性需要**（growth needs）。这些需要虽不是

> **缺失性需要**　由马斯洛提出，是指个体渴求排除诸如饥、渴、疼痛和不安全等缺失状态的倾向，包括生理需要、安全需要、爱与归属需要以及尊重需要。
>
> **成长性需要**　由马斯洛提出，是指与个体成长有关的需要，包括认知需要、审美需要以及自我实现需要。

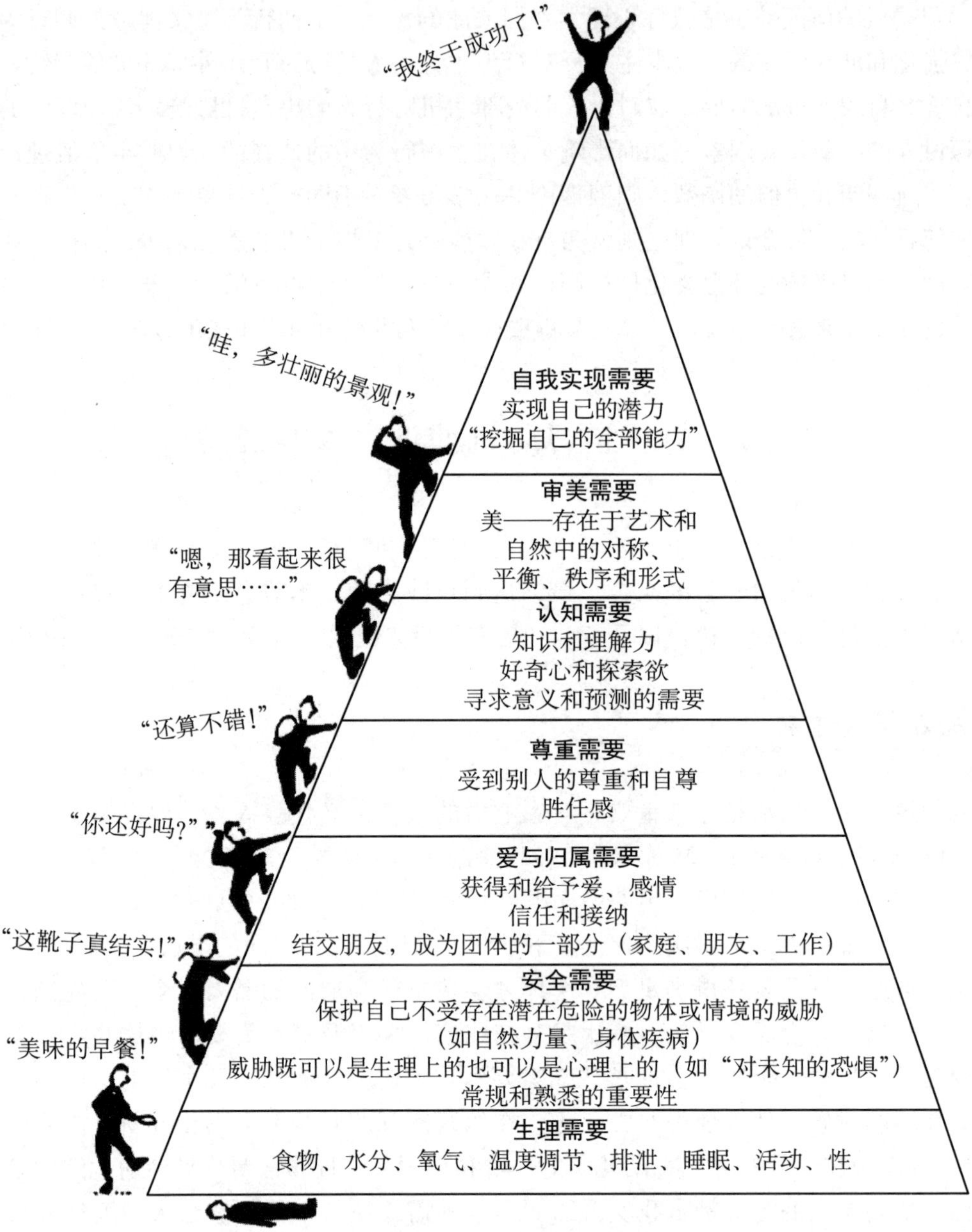

图9-2　需要层次图

资料来源：班森，2007，第108～109页.

我们生存所必需的，但对于我们适应社会来说具有很重要的积极意义。个体对成长性需要的动机并不会因为这些需要的满足而消失，反之，他会为追求更高的目标而努力，动机会不断增强。举例来说，峰峰从小学起就很喜欢数学，他从解决数学问题中得到无限的快乐。他读大学后，为了进一步学习数学，选择了高等数学课程。

马斯洛的理论并没有得到很多理论家的支持，最重要的原因是它并不符合很多现实的情境。在很多时候存在多种需要相互冲突的情况，我们会选择追求成长性需要而放弃短暂的缺失性需要，就像古希腊哲学家苏格拉底一样，为了追求他的哲学信仰，他自愿放弃了生命。但是，马斯洛的理论为我们提供了一个非常有用的视角，让教师在教育过程中能更全面地看待和分析学生的需要。学生的学习过程往往受到多种需要的综合影响，缺失性需要（身体状态、家庭关系、同伴关系、自尊、课堂环境等）和成长性需要（学习兴趣、个人理想等）都会时刻影响学生的学习行为。例如，当一个学生的父母过分看重分数，一旦考低分就要受到父母的打骂时，他是无法对学习产生强烈的热情，享受知识带来的快乐和满足的。这为实际的教学提供了重要的启示。每个学生都是带着独特的个人需要走进课堂的，在参与课堂活动的同时，学生会因为教师所创设的课堂氛围而激发出不同程度的动机，通过参与教师安排的课堂活动，学生的个人需要和动机可以获得不同程度的满足。

二、自我决定理论

美国心理学家德西（Edward L. Deci）和瑞安（Richard M. Ryan）从 20 世纪 80 年代开始关注动机问题，经过 30 多年的研究，他们提出了一系列颇有价值的观点，形成了一个新的具有人本主义倾向的动机理论——*自我决定理论*（self-determination theory, SDT）。这一理论假定：人是积极自主的有机体，具有与生俱来的心理成长倾向，会努力地应对环境中的持续的挑战，并将外部经验整合到自己的自我概念中，而这一成长和整合过程的动力来自人在社会环境中对三种基本的心理需要的满足。自我决定理论主要通过下列两个子理论阐述了个体是如何通过三种基本心理需要的满足来促进自我整合的。

（一）有机整合理论

自我决定理论关注的焦点是人类的行为在多大程度上是自愿的和自我决定的。该理论将行为分为两类，分别是自我决定行为和非自我决定行为。自我决定行为的活动及其过程完全是自我选择的，相反，非自我决定行为的活动则是由他人或事物所决定的，个体没有自主选择性。德西和瑞安（Deci & Ryan，1985）认为，行为由自我决定的个体在兴趣、自信、坚持性和创造力等方面的表现均好于行为非自我决定者。

根据个体自我决定的程度，自我决定理论把动机看作一个从无动机、外部动机到内部动机的连续体（Deci & Ryan，2008）。无动机是完全无目的、无意向、无自我控制的状态。外部动机通过外界环境的支配和控制来驱动个体的行为，通常需要个体付出一定的意志努力。内部动机因为内在兴趣和乐趣而驱动个体从事某种活动，提供了激发和激励个体行为的自然力量，并不需要外在的刺激、报偿和压力。

自我决定理论认为，人生来就有整合自己生活经验的倾向。如果个体在重要他人或群体的参照或鼓励下去从事自己没有兴趣的活动，个体会倾向于把最初的外部调节的活动内化，并整合到自我系统中，这就是*有机整合理论*（organismic integration theory）的内涵（Deci & Ryan，1987）。根据有机整合理论，外部动机的内化分为四种状态。

（1）**外部调节**（external regulation）。个体的行为主要是为了顺从外界压力，由外部的奖惩控制。行为主义的操作性条件作用大多关注这种类型的动机。例如，玲玲完成作业是为了获得家长的表扬或者避免与老师的冲突。

> **外部调节**　个体的行为主要是为了顺从外界压力，由外部的奖惩控制。

内摄调节　个体的行为是为了避免因为违反外在规则或要求而感到焦虑或羞愧，或是为了维护自尊和自我价值感。

认同调节　个体的行为受到个体对外在规则和要求的重要性的认识的控制。

整合调节　个体的行为是出于将外部规则完全内化，个体将外部规则整合成为自我的一部分。

（2）**内摄调节**（introjected regulation）。个体的行为受到外部控制，但也受到个体内部的奖惩的影响。换句话说，当外部规定的行为与个体的自尊或自我价值相关联时，个体就会遵循外部的规则或要求，但却没有内化这些规则或要求。如果遵守这些规则，个体就会感到自尊；如果违背这些规则，个体就会感到内疚和羞愧，因而是受外部控制的。例如，小杰并不喜欢体育，但却报名参加了学校组织的体育小组，因为他认为好学生就应该积极参与各项活动。

（3）**认同调节**（identified regulation）。当个体充分地认识到某种规则或行为对于自己的重要性，并从心底认同这些规则时，个体是有选择的自由的，行为更多受到个体的想法的控制。例如，小龙认可上一个好大学对自己的重要性，因此努力学习。

（4）**整合调节**（integrated regulation）是外部动机内化的最高程度，它与内部动机具有很多相似之处，但它还不是内部动机。内部动机完全出于追求活动本身带来的快乐，而整合调节是出于活动的结果对个体来说有价值（Deci & Ryan，1991）。例如，王洋特别喜欢看书，是因为他觉得看书可以让他获得丰富的知识，而不是因为看书本身让他感到非常快乐。

外部调节和内摄调节主要由外界的控制所驱使，个体更多的是迫于外界的压力而行动；认同调节、整合调节到内部调节都以内控为主，自我决定的成分占多数。从外部动机到内部动机，个体受到外界的控制和影响越来越小，个体自我控制和自我决定的程度越来越高。具体见表9-1。

表9-1　有机整合理论示意

	非自我决定——————————————————————————→自我决定					
动机	无动机			外部动机		内部动机
调节风格	无调节	外部调节	内摄调节	认同调节	整合调节	内部调节
动机来源	非个人	外部	靠外部	靠内部	内部	内部
调节因素	无目的	顺从	自我控制	个人重要性	一致性	兴趣
	无价值	外部奖惩	自我投入	价值意识	觉察	享受
	无能力		内部奖惩		自我整合	内在满足
	无控制					

资料来源：Ryan & Deci，2000，第68～78页.

（二）基本心理需要理论

自我决定理论认为，个体的内部动机以及外部动机内化的动力来自三种基本心理需要的满足。基本心理需要理论（basic psychological need theory）是自我决定理论的构成部分。这一理论认为，每个人都有很多与生俱来的需要，包括自主需要、胜任需要和关系需要（Ryan & Deci，2000）。**自主需要**（need of autonomy）是最为核心也是最重要的需要，指的是个体渴望根据自己的意愿而非外部奖励或压力做出行为。自主需要的满足会使个体感觉到自主感，感觉到自己的行为是受自己支配和选择的，而不受外部环境或压力的压制。

> **自主需要** 个体渴望根据自己的意愿而非外部奖励或压力做出行为。
>
> **胜任需要** 个体渴望自己是有能力的。
>
> **关系需要** 个体渴望自己和他人、世界相互关联，建立亲密的情感联结，对世界具有归属感和安全感。

胜任需要（need for competence）指的是个体渴望自己是有能力的。人为了生存，必须有能力应对生活中的各种挑战。人需要相信自己能够胜任某项活动，能够很好地适应环境。胜任感使个体产生自信和自我价值感，感觉自己重要、受人尊敬，从而愿意做出行为。

关系需要（need for relatedness）指个体渴望自己和他人、世界相互关联，建立亲密的情感联结，对世界具有归属感和安全感。人类的祖先无论觅食、生产还是繁衍都无法摆脱群体生活模式，这为人的关系需要奠定了基础，使得人需要来自周围环境或其他人的关爱、理解和支持，并渴望体验到一种归属感。

这三种基本心理需要的满足不仅可以促进个体内部动机的产生，还可以促进个体外部动机的内化。例如，个体一旦满足自主需要，就能自主地思考行为的价值；一旦满足胜任需要，就感觉自己有能力做到某种行为，这两者均能增加个体内化这种行为的可能性。个体一旦满足关系需要，就感觉自己归属于群体，为了保持与群体成员的关系，并得到群体的认可，就会认同并内化群体的价值观和行为。

延伸阅读

德西效应：外在奖励削弱内部动机

德西在一项实验中，让被试玩一个趣味智力游戏——索玛立方体（soma cube）。他将被试分成实验组和控制组，分别让两组被试在实验室玩同样的游戏三天。每天他都告知被试需要玩三次。在玩到第二次时，他会告知被试自己现在不得不暂时离开实验室十分钟，去记录一下数据。实验室中还摆放了《时代周刊》《纽约客》《花花公子》等杂志。当然，他没有离开实验室，只是躲在实验室镜子后观察。镜子是特殊制作的单面镜。实验者能看到被试，被试看不到他。实验者偷偷观察被试在等待期间会继续玩索玛游戏，还是立即去看杂志。两组的处理相同，在第一天和第三天都没有奖励，唯一区别是实验者会在第二天奖励实验组一美元，而控制组没有得到奖励。结果发现，实验组被试在十分钟期间仍然玩游戏的时间显著短于控制组被试。

德西认为，产生这一结果的原因在于，个体对于行为因果关系的知觉影响了个体自主需要的满足。只有当人在胜任的活动中感觉到自主性时，积极反馈才能提升内部动机。这一研究结果启发我们，当学生对学习活动或作业任务本身具有足够的内部动机时，千万不要提供外在的奖励，这样做会削弱学生的自主性，影响学生的学习动机。

资料来源：Deci，1975，第132～134页.

根据自我决定理论，教师在教学中需要给学生一定的自主权，设置有挑战性的任务，营造和谐的人际关系氛围，提供自主性支持，来满足学生的三种基本心理需要，促使学

生产生内在学习动机，并把学校与教师的外部要求和规则内化，自主地参与学习活动、完成学习任务。

第三节　学习动机理论：认知视角

个体行为不仅仅是对外界客观刺激的被动反应，还是个体对事物进行主观认知的产物。比如说，暑假里，你制订每天的学习计划，并不是为了父母的外部奖励，而是源于你对学习的兴趣和提高自己综合学习能力的期望。认知学派的心理学家们研究了认知对动机的影响，他们认同一个核心观点：个体对事物的认识是影响个体动机的重要因素。不同学者的研究侧重于个体认识的不同方面，包括学生的自我信念、学业成败的原因、任务对学生的价值、成就目标等。

一、自我效能感理论

当你面对一个挑战时，你会为了实现目标而不懈努力，还是在遇到挫折时选择放弃？你会坚定地认为自己可以做到，还是对自己的能力产生怀疑？你对自己在面对不同情境时的能力的信念，在其中扮演了重要角色，不仅会影响你对自我的信念，也会影响你在未来生活中是否能实现自己的目标。

阿尔伯特·班杜拉在20世纪80年代提出了自我效能理论，集中探讨了学生对自己能力的认知是如何影响其动机以及行为选择的，为更好地理解学生在学校中的成就行为提供了重要的参考依据。**自我效能感**（self-efficacy）是指个体对自己是否能完成某项任务和行为的一种主观预期（Bandura，1977）。换言之，自我效能感是在面对某一特定情境时，个体对自己是否能取得成功的判断。

自我效能感　由班杜拉提出，是指个体对自己是否能完成某项任务和行为的一种主观预期。

班杜拉发现，个体的自我效能感在目标、任务以及挑战的完成和实现过程中起到重要作用（Bandura，1995）。高自我效能感的个体会将挑战和任务看成需要克服的困难，对于他们参与的活动会全情投入，付出很大的努力，并具有很强的责任感和承诺感。他们在遇到困顿和挫折时能够很快恢复，继续投入努力。低自我效能感的个体在任务的选择上会避开有挑战性的任务，他们认为较难的任务和情境是超出自己能力、无法完成的。他们会更多地聚焦于个人的失败和缺点以及消极结果，在遇到挫折时会产生消极情绪，并很快对自己失去信心，最终放弃尝试。

班杜拉认为，自我效能感在童年早期儿童刚刚发展经验世界、处理各种任务和情境时就开始形成。然而，自我效能感的发展并不会随着年龄的增长而结束，而是会随着新知识的学习、新技能的获得、经验和理解的不断发展而持续发展，贯穿人的一生。自我效能感的形成主要受四个因素影响（Bandura，1994）。

（1）直接经验。直接经验（direct experiences）是自我效能感最重要的来源。形成高自我效能感最直接而有效的方法就是通过成功经验。成功的任务经验可以增强个体对自己能力的信心，进而使个体获得高自我效能感；相反，失败的任务经验会导致低自我效能感。

（2）替代经验。通过观察示范者的行为来获得替代经验（vicarious experiences）也会对自我效能感产生重要影响。个体观察到示范者成功完成某项任务时会提高自我效能感。例如，观察者看到与自己相似的他人在持续地投入努力后获得了成功，会使得观察者认为自己也具备成功完成类似任务的能力，从而提高自我效能感；反之，便会降低自我效能感。

（3）言语说服。言语说服（verbal persuasion）的方式可以使个体相信他们具备足够的技能和能力获得成功。我们可能都经历过这样的情景：你的好朋友、父母或老师，对你进行积极的言语引导、给予鼓励性的支持和有效的建议，帮助你获得了成功。他人的言语鼓励可以帮助个体克服对自我的怀疑，并且把注意力集中到目标问题的解决上。

（4）心理反馈。在面对具体情境时，个体的心理反应、情绪唤醒和压力水平也会影响自我效能感。个体的这些心理反馈（psychological feedback）会影响个体在特定情况下对自己的感觉和评价。例如，小超在课堂报告前感觉到非常紧张，这会导致他在此类情况下产生低自我效能感。当然，情绪和生理反应并不完全起到决定性作用，更重要的是个体对心理反应的知觉、解释和应对。在面对压力和挑战时，学习缓解压力以及调整情绪状态是可以提高个体的自我效能感的。

二、成就动机与期望价值理论

成就动机是动机心理学中不可忽视的课题。这一领域最早是由默里（Henry A. Murray，1893—1988）等开始进行研究的。另外，勒温（Kurt Lewin，1890—1947）及其同事最早将动机分为两个独立的维度：对于成功的期待以及对于失败的回避。他们认为这两种动机是驱使个体行为和决策的根本原因。到了20世纪50年代，麦克利兰（David McClelland，1917—1998）将对成就动机的研究发展成了系统的理论，而阿特金森（John William Atkinson，1923—2003）则采用实验等方法对该理论进行了证明。

（一）阿特金森的期望价值理论

成就动机（achievement motivation）是追求卓越、获得成功的动机（McClelland，Atkinson，Clark，& Lowell，1953）。阿特金森（Atkinson，1957）将成就动机分为两种：一种是**趋向成功动机**（achievement motive)，是指渴望成功应对挑战的意向。对于拥有高趋向成功动机的个体来说，愉悦感来源于个体经历的成功事件所具有的挑战性。另一种是**避免失败动机**（motive to avoid failure)，是指避免失败及其带来的羞愧和自责等情绪的倾向。具有高避免失败动机的个体更喜欢有确定结果的情境，在遇到不确定性时会表现出高度焦虑（Atkinson，1957，1964）。

> **成就动机** 追求卓越、获得成功的动机。
> **趋向成功动机** 渴望成功应对挑战的意向。
> **避免失败动机** 避免失败及其带来的羞愧和自责等情绪的倾向。

在学校情境中，学习者在两种成就动机上的差异体现在面对挑战情境和面对失败的反应上。具有高趋向成功动机的个体倾向于喜欢中等难度的挑战情境。在学校情境中，这些学生在遇到有难度但可完成的任务时，他们的动机会被最大限度地激发，而且他们会为自己的成就感到满意和自豪。具有高避免失败动机的个体倾向于喜欢确定的情境并且尽可能地避开有挑战性的任务，他们会被具有确定结果的任务吸引。在不确定情境中，具有高避免失败动机的个体会喜爱成功可能性非常大或非常小（几乎一定会成功或一定会失败）的任务。在面对失败时，两种动机的个体会表现出不同的行为：具有高趋向成功动机的个体更容易坚持，而具有高避免失败动机的个体会表现出放弃等行为。学习最有可能发生在具有挑战性的任务中，因此对于具有高避免失败动机的学生来说非常不利。在面对有挑战性的任务时，他们会被迫接受，但心里并不喜欢。

为了对这一理论进行进一步的解释，阿特金森提出了动机的期望价值理论，用量化的公式来表达成就动机的产生。他认为趋向成功的动机倾向等于对成就的需要、对行为成功的主观估计以及成功的诱因三者的乘积：

$$T_s = M_s \times P_s \times I_s$$

式中，T_s 是趋向成功的动机倾向；M_s 是个体对成就的需要，这是个体相对稳定的性格特质；P_s 是个体对实现目标任务可能程度的主观估计；I_s 是成功的诱因，也就是个体完成目标任务所获得的自豪感。需要指出的是，P_s 与 I_s 是此消彼长的关系：$I_s = 1 - P_s$。也就是说，任务成功的可能性越高，任务的难度越小，个体完成任务后所能感知到的成就感就越低；反之，任务难度越大，个体需要投入的努力越多，在实现后体验到的自豪感就越大。我们在现实生活中常常会遇到这样的例子：有的学生在做完超高难度的奥数题后，感觉到了强烈的自信和成就感；而在完成相对容易的英语考试后，并不会产生这样的感觉。

阿特金森认为，成就情境既可以引发个体趋向成功的动机倾向，也会引发避免失败的动机倾向。避免失败的动机倾向等于避免失败的动机、对失败可能性的主观估计与失败的诱因三者的乘积：

$$T_{af} = M_{af} \times P_f \times I_f$$

相似地，$I_f = 1 - P_f$，即失败的可能性越小，失败的诱因就越大。例如，王华在一次难度较低的期中考试中失败所带来的羞愧、自责等情绪会大大强于他在一次高难度学科竞赛中失利。

个体的成就动机是个体趋向成功的动机倾向与避免失败的动机倾向的合力，即前者减去后者。用公式可表示为：

$$T_a = (M_s \times P_s \times I_s) - (M_{af} \times P_f \times I_f)。$$

个体不可能不考虑失败的风险而只追求成功，如果其追求成功的渴望大于避免失败的动机，他就会努力追求目标。因此，个体在面对成就情境时，会时刻面对两种动机倾向的冲突和矛盾。

在阿特金森（Atkinson，1957）的一项实验中，他将 80 名大学生被试分成 4 个小组，每组20人，并对他们进行一项同样难度的测验。他告知第一组，只有得到最高分的同学才能获得奖励；告知第二组，获得前5名的同学可以获得奖励；告知第三组，获得前10名的同学可以获得奖励；告知第四组，前15名同学可以获得奖励。在4种不同的实验处理下，学生的成功概率分别为1/20、1/4、1/2、3/4。结果发现，第二组和第三组的同学表现最好。也就是说，当任务的难度适中，个体的成功具有挑战性但仍可以实现时，个体的成就动机能被最大限度地激发。这就给我们的教育教学带来了启示，教师在课程设计和考核时，应设计难度适中的材料，以最大限度地鼓励学生投入努力，促进知识的学习。

（二）现代期望价值理论

现代期望价值理论主张，个体对完成某个目标的期望与完成这个目标的价值共同影响了动机（Eccles et al.，1983）。例如，在学校中，学生对任务的潜在收益和成本的估计会影响学生的学习动机。

期望（expectancy）表现为个体感到自己能在多大程度上完成任务。一方面，个体的期望受学生能力信念的影响。具有能力信念的个体认为自己有能力完成某项任务，而能力信念与个体先前的成败经验相关。具有更多积极体验的个体能获得较高的自我效能感，进而提高个体的期望水平。能力信念还受到社会、家庭等文化环境的影响。例如，一个家庭鼓励孩子努力学习成为一名医生，会影响孩子在未来学习或职业选择上的表现（Eccles，2005）。

另一方面，个体的期望受到具体任务信念的影响。学生的**具体任务信念**（task-specific beliefs）是学生对自己的能力和对具体任务难度的评估的综合产物（Eccles et al.，1983；Eccles & Wigfield，1995）。例如，王老师布置了一篇期末论文，李华觉得自己并不擅长写作，无论自己怎么努力写，都无法得到好成绩，他预计这次自己会得到70分甚至更低的分数。莉莉在论文写作方面一直表现得很好，并常常向一些期刊投稿。她预期这次作业会花几天时间，但是她很自信，认为自己可以获得一个好成绩。

价值（value）或**任务价值**（task value）由三个方面构成（Eccles et al.，1983）。（1）**成就价值**（attainment value），是指个体感知到的完成某项任务对学业成绩的重要性。个体以完成某项任务会带来的内在或外在奖励的程度来衡量成就价值的大小。例如，对于正在上中学的丁丁来说，学好数学非常重要。一个任务的成就价值对不同的个体来说千差万别。比如说，语文老师在课堂上布置了一篇关于鲁迅的作文。对雯雯来说，高质量地完成这篇作文非常重要，因为这与她对自己的信念相关，如“我是一个好学生”“写作是我的强项”。（2）**内在价值**（intrinsic value），又称**兴趣价值**（interest value），是指任务本身为个体带来的内在的愉悦感和满足感（Eccles et al.，1983）。在之前的作文例子中，李敏出色地完成了这篇作文，因为她觉得“写作给我带来快乐”。（3）**效用价值**（utility value），是指个体认为

> **任务价值** 成功完成某一任务给个体带来的所期待的奖励。
>
> **成就价值** 个体感知到的完成某项任务对学业成绩的重要性。
>
> **内在价值** 又称兴趣价值，是指任务本身为个体带来的内在的愉悦感和满足感。
>
> **效用价值** 个体认为完成某项任务可以帮助他完成其他目标的价值。

完成某项任务可以帮助他完成其他目标的价值。效用价值的大小取决于该项任务的完成能在多大程度上促进未来重要目标的实现。在作文例子中，徐峰认为认真完成这篇作文，就能获得一个优秀的课程成绩，可以帮助他获得更好的学业成绩，进入理想的大学。在课堂上，学生会从多个角度考量任务的价值。对某一确定的任务而言，不同的学生会有不同的价值判断，可能是为了维持自身形象，可能是出于学习本身带来的快乐，可能是为了更长远的目标。这些不同类型的任务价值会相互叠加，共同形成一个任务的整体价值。

成本 个体选择和完成某项任务的消极影响因素。

除了上述三个因素外，成本也会影响任务的整体价值（Eccles et al.，1983）。**成本**（cost）是个体选择和完成某项任务的消极影响因素。有三个因素会影响个体对任务成本的认知：对所需努力的评估、替代品的损失价值、失败的代价。对所需努力的评估是基于个体对具体任务的难度分析和对自身能力的期望做出的。替代品的损失价值是指当个体要投入精力去做A事情的时候，相应地，他会失去完成B事情的机会。比如，在考试前一晚，当你选择背语文课文的时候，你无法同时复习数学，你就会失去复习数学所提高的考试分数。当个体对任务成功没有完全的把握的时候，失败所要付出的心理代价就会成为一个重要的考虑因素。

对于任务的整体价值，现代期望价值理论提出了这样一个公式：

任务的整体价值＝任务价值－任务成本

这一公式表明，个体估计的任务成本越高，任务的整体价值越低。如果任务成本高于任务价值，则个体不会有动机参与这项任务，并有可能主动避开这项任务。

在现代期望价值理论中，值得注意的是，学生的期望和价值都是个人的主观判断，因此，重要的并不是客观事件，而是个体对客观事件的认知。

三、目标理论

20世纪80年代前后，尼克尔斯（Nicholls，1976）提出了一种能力理论。这一理论主张，人们从事各种成就活动的根本目的在于提高或显示自身的能力，以获得胜任感和成就感。不同的个体对能力的看法存在差异，这种能力观会影响他们的判断和评价能力。有些人持无差异的能力概念（less differentiated conception of ability），认为人与人之间的能力差异很小，付出的努力越多，其能力就越强，通过不断努力，能力可以提升。另一些人则持有差异的能力概念（differentiated conception of ability），认为人与人之间存在明显的能力差异，这种差异是人的一种特质，会通过社会比较的方式显现出来。这种能力理论为成就目标理论提供了重要的理论基础。

（一）成就目标定向

在学业任务的失败情境研究的基础之上，德韦克（Carol S. Dweck）提出了成就目标定向（achievement goal orientation）或目标定向（goal orientation）的概念（Diener &

Dweck，1978）。这一概念反映了个体对成就情境的一种认知倾向。德韦克认为，个体的成就目标定向分为两种。一种是**掌握目标定向**（learning goal orientation），即为了掌握知识、提高技能而学习，简单地说，学习就是为了发展自己的能力。另一种是**表现目标定向**（performance goal orientation），即为了让别人评价自己有能力而学习，简单地说，学习就是为了向别人证明自己有能力。两种成就目标定向具有不同的动机模式，影响着个体在成就情境中的认知、情感和行为（见表9-2）。

掌握目标定向 为了掌握知识、提高技能而学习的目标定向。

表现目标定向 为了让别人评价自己有能力而学习的目标定向。

表9-2 两种成就目标定向的动机模式比较

动机模式	掌握目标定向	表现目标定向
典型目标设置	寻求提高某些领域的技能和竞争力；为了理解和掌握概念及应用	寻求在某些领域比他人表现得更好；为了获得他人的认可，避免失败的风险
面对挑战的态度	寻求挑战性任务	如果对能力非常自信，则寻求挑战性任务；如果对能力不自信，则避开挑战性任务
面对困难的态度	积极参与问题解决；能适应性地应对失败（例如坚持）	如果对能力非常自信，则积极参与问题解决；如果对能力不自信，则会产生消极情绪，放弃努力

（二）内隐能力观

德韦克等指出，个体对于成就情境的认知倾向受到其内隐能力观的影响。**内隐能力观**（implicit theories of ability）是指个体对智力和能力是否可变的认知或信念。个体的内隐能力观大致可分为两种：能力实体观和能力增长观。

内隐能力观 个体对智力和能力是否可变的认知或信念。

能力实体观 认为能力是一种相对稳定、不易改变且无法由自身控制的特质。

能力增长观 认为能力是相对不稳定、可以改变并随着个体的学习活动不断增强的特质。

持**能力实体观**（entity view of ability）的个体认为，能力是一种相对稳定、不易改变且无法由自身控制的特质。面对成就情境时，他们会认为这是对自身能力的检验，更关心自己是否能在测验中获得好的成绩来证明自己具有足够的胜任力，从而避免被人看不起或获得低能力的评价。因此，他们更多地将成败归因于能力，并倾向于设置表现目标。在学习环境中，这些学生更倾向于选择能使自己的能力获得积极评价以满足自豪感，同时避免消极评价的任务，如选择难度较低、不需要付出大量努力的任务。

持**能力增长观**（incremental view of ability）的个体则认为，能力是相对不稳定、可以改变并随着个体的学习活动不断增强的特质。他们将成就情境看成一种提高自身能力的机会，注重对目标和任务的掌握以及对自身技能的训练和发展。他们认为，失败并不意味着自己能力低，只要自己愿意付出努力，能力就可以得到提升。因此，他们会设置更多的掌握目标。在学习目标和竞争环境下，掌握目标定向的个体倾向于寻求具有挑战性的任务，并将任务的成败归因于努力。面对失败时，他们仍然能够保持积极的情绪，投入更多的努力，表现出一种积极的动机模式（见表9-3）。

表9-3 两种成就目标定向的典型信念比较

典型信念	掌握目标定向	表现目标定向
能力信念	能力增长观：能力可以通过经验和从失败的学习中得到提升	能力实体观：能力是稳定的，很难改变
努力信念	努力导致成功	努力代表缺乏能力
成功信念	以个人标准定义成功	通过与他人的表现进行社会比较定义成功

教师在教学中所设立的榜样、对学生的反馈会影响学生的能力观。教师的反馈是教师就学生的学业表现提供的信息（Hattie & Timperley，2007）。反馈从焦点指向和参照框架两个方面影响学生的学习动机。反馈的*焦点指向*涉及教师的反馈是针对学习结果、学习过程还是学生个人（Kamins & Dweck，1999；Hattie & Timperley，2007）。其中，针对过程的反馈（如“你一定非常努力”或“你没有完成任务，你可以考虑其他解法”）可增强学生的能力增长观，使他们更倾向于表现出掌握目标定向的反应，如更加积极的自我评价，对任务的满意度更高、坚持性更强、情绪更积极等。针对个人的反馈（如“你是一个好画家”或“你一定很聪明”）可增强学生的能力实体观。反馈的*参照框架*涉及对学业表现做出评判的比较标准，包括自我参照反馈与他人参照反馈（Butler，2000；Elliot & McGregor，2001）。*自我参照反馈*给学生提供他自己当前与过去学业表现的比较信息，*他人参照反馈*给学生提供他与其他学生学业表现的比较信息。他人参照反馈（提供学生同伴的成绩）比自我参照反馈（提供学生以往的成绩）更容易激发学生的表现目标（Shin，Lee，& Seo，2017）。在实际教学中，教师经常采用他人参照反馈，容易导致只有一小部分学生获得优秀，从而制造“成功者”和“失败者”，使学生之间产生更多的竞争。此外，在课堂环境中，学生会根据教师对同伴的反馈来评估自己的能力（Festinger，1954）。例如，对于课堂提问，如果教师表扬回答正确的学生“聪明”，那么回答错误的学生可能认为自己“不聪明”。再如，如果两个学生做出了同样的表现，老师批评一位学生，而表扬另一位学生，受批评者就会被认为具有较高能力，受表扬者则会被认为具有较低能力（Meyer，1992）。教师要注意，采用他人参照反馈与鼓励竞争的课堂会助长社会比较倾向，可能会增强能力实体观和表现目标定向。

延伸阅读

如何培养学生的能力观？

李晓文和彭琴芳（2011）以三到九年级的885名学生为被试，采用天分主题、努力主题和无关主题三组故事对学生的能力观进行干预。天分主题故事讲的是一个主人公因聪明而成功，另一个主人公虽很勤奋，却因为天资愚钝而终无所成。努力主题故事讲的是一个主人公天资不聪慧，但因不懈努力而获得成功，另一个主人公生来聪明，却因为不努力而一事无成。无关主题故事与能力观无关。结果发现，天分主题故事对三、四年级学生的能力观影响不显著。五年级开始，学生能准确把握干预信息，做出相应反应。努力主题故事能增强掌握目标定向，天分主题故事能增强表现目标定向。这一研究启发我们，教师在教育的实际过程中可以结合学生的发展特点树立成功榜样，培养学生良好的内隐能力观。

（三）目标设置理论

目标设置理论（goal setting theory）认为，学生的目标会影响他们在课堂中的学习实践，包括在课堂中投入努力的程度以及他们的成就水平（Locke & Latham，1990；Latham，Winters，& Locke，1994）。

> **目标** 人们有意识地去实现的任务。
> **目标内容** 寻求的对象和结果。
> **目标强度** 个体在设置目标时愿意为了实现目标而付出的心理努力。

目标（goal）是人们有意识地去实现的任务（Locke & Latham，1990）。目标的两个要素——目标内容和目标强度会影响个体的动机和成就行为（Locke & Latham，1990；Pintrich & Schunk，2002）。**目标内容**（goal content）是指寻求的对象和结果（Locke & Latham，1990）。目标内容可以从三个维度去考察：完成的期限、特定性和难度。完成的期限涉及达成目标的时间长短，特定性涉及目标的具体明确程度，难度是指为了完成目标所要投入的努力程度。不同的学生所设置的目标在这三个维度上可能都不相同。请从三个维度比较下列几个目标：

- 在考试中取得优。
- 获得学士学位。
- 掌握一列新单词。
- 写一首能表达真实情感的诗词。

可以看出，“获得学士学位”可能是一个更长期的目标，会花上很多年甚至更久；“掌握一列新单词”是一个具体的目标，在理解和操作上可能也比“写一首能表达真实情感的诗词”更为明确；“在考试中取得优”就比“获得学士学位”要简单。研究表明，目标内容的三个维度和与动机相关的行为（努力、坚持性、策略思维等），以及最终的成就水平存在联系（Locke & Latham，1990）。总的来说，高成就的学生在目标设置上更倾向于设置有难度但可以实现的、具体的、短期的，但与长期目标相关的目标。

目标强度（goal intensity）是指个体在设置目标时愿意为了实现目标而付出的心理努力。目标强度由个体承诺实现目标的程度来表示。目标承诺是个体对实现目标的重要性的表达。当个体承诺实现某个目标时，他会愿意花更多的努力并在面临逆境时更容易坚持。

目标通过三种方式影响表现和成就（Latham et al.，1994）：（1）目标通过导向和聚焦影响表现。当学生设置了有效的目标时，他们更有可能聚焦自己的努力，并直接导向目标的完成。他们不会把时间和努力浪费在与目标无关的事情上。（2）目标会影响个体愿意投入努力的程度。人们会根据目标的难度和挑战性，调整自己的努力程度。（3）目标会影响个体在寻求目标过程中的坚持性。这些影响在具体、短期、有挑战性并且重要的目标中更容易出现。

学生设置的实际目标是学生个人特点和教师营造的课堂氛围交互作用的产物。学生设置目标的能力受他们在学习领域内的成熟和经验的总体水平影响。年长的、更有经验的学生更能设置适合自己的目标。因此，在实际的教学过程中，教师很有可能需要帮助并指导学生设置一些学习目标。有研究表明，学生可以接受一个熟悉的指导者（如老师）的目标设置，其学习效果与自己设置目标的情况一样高效。值得注意的是，如果教师需要帮助学生进行目标设置，那么教师还需要就目标设置的理由对学生进行解释，这会帮助他们更好地理解目标（Locke & Latham，1990；Latham et al.，1994）。在这个过程中，教师可以指出哪些概念和技能是至关重要的，并说明起始目标与未来的其他成就目标之间的联系。

行动指南

SMART 原则强调，设置目标必须考虑目标的五个特征。学生在设置学习目标时，可以借鉴这一原则，考虑学习目标的五个特征。

- Specific（具体的）：用具体的语言明确描述行为所要达到的标准。例如，“记忆 20 个单词”，而不是笼统的“背单词”。
- Measurable（可测量的）：用量化的数据表示行为达标的依据。例如，做到看见英文单词能够说出中文意思；看见中文词汇，能够回想英文单词，并且能够正确发音和拼写出来。
- Achievable（可达成的）：在付出努力之后能够达到，不能过高或过低。例如，以前成功地达到过类似的目标，这次的单词难度与过去一样，应当达得到。
- Relevant（关联性）：与其他目标相关。例如，这 20 个单词是阅读理解中经常出现的重要的单词。
- Time-bound（时限性）：有具体的时间期限。例如，总共花费 2 小时。时间分配如下：第 1 天花 60 分钟，第 2、3、7 天各花 15 分钟，第 15、30、60 天各花 5 分钟。

资料来源：Doran，1981，第 35～36 页.

四、归因理论

假如期末考试结果出来了，你取得了不错的成绩。此时，你认为是什么因素最终导致了考试的结果呢？是你一直以来的努力和付出，还是运气好，抑或是你过人的智慧？人们试图对行为结果的原因进行解释，这就是**归因**（attribution；Weiner，2000）。

归因　对行为结果的原因所做的解释。

心理学家维纳（Bernard Weiner）提出了归因理论（attribution theories），系统阐述了个体对自己行为的解释是如何影响动机的。这一理论认为，在学校学习中，学生通常会把自己的学业成败归因为四个因素：努力、能力、任务难度以及运气。这四个因素可以从控制点、稳定性以及可控性三个维度进行理解（Weiner，1992）。(1) 控制点（locus），是指个体对内外原因的认知。如果个体认为事件结果的原因在自己（能力），则控制点在内部；如果个体认为事件结果的原因在其他人或事（运气、任务难度），则控制点在外部。（2）稳定性（stability），是指个体对原因是否具有跨时间的稳定性的认知，涉及同样的原因在未来影响相似情境的可能性。例如，这次考试成功是因为你的能力，由于能力是相对稳定的，因此下次还可以预期成功。（3）可控性（controllability），是指个体对自己能否对原因进行控制的认知。例如，将考试结果归因为努力程度（可控），或是试卷的难度（不可控）。表 9-4 举例说明了如何从三个维度分析四个原因。

表 9-4 学生归因的维度分析表

归因	例子	控制点	稳定性	可控性
努力	成功："我这学期一直很努力，所以考得好。" 失败："我花了太多时间记忆历史，复习语文的时间不够多。"	内部	不稳定	可控
能力	成功："我一直很有数学天赋。" 失败："我的英语阅读能力很差。""我料到只能考这个分数。"	内部	稳定	不可控
运气	成功："幸好没有考我忘记的知识点。" 失败："如果我没有生病，我肯定会考好。"	外部	不稳定	不可控
任务难度	成功："这次老师出的题很简单。" 失败："我考砸是因为题目太难。"	外部	稳定	不可控

实际上，对于能力是否可控的认识还要受到学生的内隐能力观的影响。如果一个学生持有能力实体观，就会认为能力是不可控的。一旦他连续遭遇失败，并且将失败的原因归于能力，就会产生习得性无助。**习得性无助**（learned helplessness）是指个体后天习得的，由于认为自己无论怎样努力也不可能取得成功而产生的逃避努力、放弃学习的状态。

习得性无助 个体后天习得的，由于认为自己无论怎样努力也不可能取得成功而产生的逃避努力、放弃学习的状态。

在学校中，学生对事件的归因会影响他们对自己、老师、学校以及课程的信念和评价。这些情绪和信念会在学生面临相似情境时，影响学生的动机。一般来说，成功的事件会引发个体积极的情绪体验；反之，失败的经验会引发消极的情绪体验。但是，学生归因的控制点会影响情绪。如果控制点在内部，学生的情绪就会指向内部。在成功情境中，个体的内归因会引起满足或自尊等情绪；在失败情境中，个体的内归因会引起内疚或羞愧等情绪（Hareli & Weiner，2002；Turner，Husman，& Schallert，2002）。相反，如果控制点在外部，学生的情绪就会指向外部。在成功情境中，个体的外归因会引起感恩等情绪；在失败情境中，个体的外归因会引起愤怒或沮丧等情绪。此外，如果个体认为控制点在他人，就会影响个体对他人的情绪反应。例如，学生认为考试失败是因为自己的任课老师教得不好（遇到这位老师算是自己运气不好），就会感到不公平、不幸，进而抱怨学校和老师。

归因的稳定性会影响个体对未来的期待。如果归因是稳定的，学生在未来相似的情境下就会期待相似的结果；如果归因是不稳定的，学生则会对未来持不确定的态度。

可控性维度对个体的情绪有重大影响。让我们来看下面两个例子：

- 在刚刚结束的期中考试中，轩轩考了低分，他很难过，因为他觉得自己没有认真学习。考试时，他匆匆做完题目，犯了很多粗心的错误，他认为自己应该做得更好。
- 小瑞是轩轩的同学，他也考了低分，小瑞感到非常难过。他并不知道他在考试中犯了哪些错误，也不知道怎么做才能提高自己的成绩。他觉得自己已经尽了全力，但仍然做得不够好。

在轩轩的例子中，他的归因是可控的，他会因为自己没有尽全力而感到内疚。而小瑞不知道自己哪里做错了，也不知道怎么做才能提高自己的成绩，因此他的归因是不可控的。他会认为自己缺乏能力并感到羞愧。维纳（Weiner，1994）认为，内疚和羞愧对未来的表现会有不同的影响。如果个体感到内疚，会引发努力。例如，轩轩在后半学期可能会发奋学习，改掉粗心的缺点，在期末考试中，他的考试成绩可能会提高。如果个体感到羞愧，会引发退缩。例如，小瑞认为自己缺乏能力，更可能渐渐对学习失去信心，最终放弃尝试。

在学校学习中，教师对学生表现的归因会影响教师对学生的态度。例如，王老师认为玲玲最近上课不够认真（可控），找玲玲谈话说："我对你最近的表现非常失望，我知道你可以做得更好。"学生也会根据老师的反应进行归因。如果老师对于自己的失败表现出愤怒和失望，学生就会推断自己的失败是由于可控的原因，通常是缺乏努力；如果老师对于自己的失败表现出遗憾和同情，学生就会推断自己的失败是由于不可控的原因，通常是缺乏能力。

表9-5总结了学生对学业失败的四种典型归因对情绪、行为和成就的影响。

表9-5　对学业情境不同归因的影响

归因	情绪反应	对他人反应的期待	对未来的期望	对行为的影响	对成就的影响
运气	消极情绪	同情	不确定	不确定	降低表现
任务难度	对造成失败结果的人感到沮丧或愤怒	同情	在未来相似的情境中再次失败	避免相似的情境	降低表现
能力	感到羞愧或产生低自我价值感	遗憾	在未来相似的情境中再次失败	避免相似的情境	降低表现
努力	为不努力而感到内疚	愤怒或失望	如果努力，在未来相似的情境中可能成功	未来遇到相似的情境，会投入更多努力或转换策略	提高表现

在理想情况下，教师要鼓励学生将成败归于内在的、不稳定的、可控的原因。如果学生意识到原因是内在的，他们会为结果承担责任，并且因为归因于不稳定且可控的因素，他们会通过增大努力和投入，达到提高表现的目的。为了鼓励学生进行这样的归因，教师可以表达自己对学生表现的高期望，为学生提供明确的学习建议，指导学生看到自己的进步，而不是与其他学生进行比较。

五、自我价值理论与自我价值保护策略

自我价值理论是科温顿（Covington，1984）提出的。这一理论认为，人有维护积极自我形象的需要，我们的很多行为都是出于满足自我标准。例如，如果我们认为自己是一个真诚的人，即使并没有旁观者存在，我们也更倾向于表现出正直、诚实的行为，因为我们希望保持积极的自我形象；如果我们认为自己是聪慧的，我们会尽力在各种可能的成就情境中证明自己，表现得有智慧、有能力。然而，很多现实情境却会让我们面临两难：我们的现实行为或信念和积极的自我形象或信念产生冲突。就像学校中有可能出现这样一种情境：学生丹丹被老师抓到了考试作弊，丹丹用“每个人都在作弊”“老师出了一张太难的卷子”来合理化自己的作弊行为，或者否认自己作弊。自我价值理论试图解释在学校实际教学中学生是如何为了维护自我形象，证明自己的能力，而逃避或放弃努力学习的。

（一）自我价值理论概述

自我价值 个人内在的价值感和悦纳自己的程度。

自我价值（self-worth）是指个人内在的价值感和悦纳自己的程度。自我价值主要由个人对自己的能力的知觉或他人对自己的能力的知觉决定（Covington，1992）。在现实生活中，人有得到赞同、爱、尊重的需要，同时会拒绝或否认自己的失败，因为失败会威胁到个人的自我价值，失败会被解释为能力低，而能力低会导致自我价值低。为了建立一个正面的自我形象，个体倾向于追求成功，并且视成功为能力的展现而非努力的结果。如果成功难以追求，他们就会形成一种保护和防御策略（Covington，1984，1992）。对于失败，他们更多地归因于努力不够而不是能力不够；相反，对于成功，他们则更倾向于解释为自己具有超群的能力。而且，付出较少努力的成功往往被看得更有价值。这说明，有能力（经过很少努力就能成功）是保持积极自我形象的最重要的因素。有证据表明，学生将能力看得很重要，有的时候甚至超过一切。在大学生中，有才华、有思想被看作学生成功的重要标志，远远比考试成绩重要。对于他们来说，能力就意味着价值，甚至独立于具体的成功。

（二）自我价值理论的四象限动机模型

在阿特金森的理论中，人的成就动机分为趋向成功动机和避免失败动机两种类型，但是，在实际中两者并非非此即彼的，可能存在双高双低的情况。自我价值理论将趋向成功和避免失败看作两个独立的维度，这两个维度都有高低两端，这样一组合，可以将学生的成就动机划分为四种类型（见图 9－3）。

1. 高趋低避型

这类学生拥有无穷的好奇心，对学习有极高的自我投入水平，通过不断的刻苦努力来发展自我，通常表现得自信、机智。失败时，他们会将之归因为努力的缺乏或学习方法不好，并在以后的学习中不断地改进。成功时，他们会将之归因为自己超群的能力和

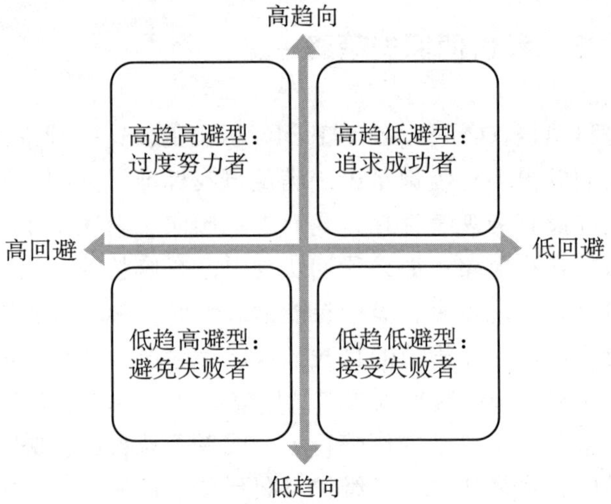

图 9－3　学生成就动机的四种类型

资料来源：Covington & Müeller，2001，第 157～176 页.

努力的共同作用。他们被称作“追求成功者”。

2. 高趋高避型

这类学生同时受到成功的诱惑和对失败的恐惧的影响。他们对一项任务有既追求又排斥的冲突情绪。对他们而言，焦虑引起并加强了对学习的关注。他们采取的方式是用取得成功来逃避失败。表面上看，他们追求成功，努力学习，聪明能干，但事实上他们受到严重的紧张、冲突的精神困扰。想要成功而又要掩饰自己的努力，他们中就出现了一种“隐讳努力”的现象。他们在同学中尽量表现得贪玩、不在乎考试，但私下里却偷偷努力。这样，在成功时，他们的成绩更有价值，更能说明他们的能力过人，而在失败时，也可以为自己的失利找到很好的理由，而不会被认为是无能的。这种类型的学生被称作“过度努力者”。

3. 低趋高避型

这类学生认为逃避失败比期望成功更重要。为了避免对失败的恐惧，而又不至于被别人认为是无能的，他们会采取自我妨碍的策略，失败了可以为自己找一些借口。例如，他们故意选择非常难的任务，在学习的时候故意忙于助人，等等。他们被称作“避免失败者”。

4. 低趋低避型

这类学生既没有对成功的期望，也没有对失败的恐惧。他们内心很少有冲突，同时他们很少学习，或者干脆放弃学习，对学习表现出漠不关心的态度。有些是真正的漠不关心，因为觉得课程对自己根本无用。有些则是漠不关心中隐藏着反抗，这种不关心意味着放弃，这样也就防止了对自己无能的评价。这种类型的学生被称作“接受失败者”。

（三）自我价值保护策略

科温顿重视个人由失败带来的对自我价值进行保护的问题（Covington，1998）。科温顿认为，失败会威胁到个人的自我价值，因为失败会被解释为能力低，而能力低等同于自我价值低。为了保护自我价值，许多学生竭尽全力来回避失败或改变失败的含义。他们常用的两个策略是自我妨碍和防御性悲观。

1. 自我妨碍

自我妨碍（self-handicapping）是指通过采取行动或者选择目标为失败做外部归因提供机会，从而避免或减轻失败的消极含义（如缺乏能力）（Berglas & Jones，1978）。自我妨碍者选择设置通往成功的障碍，这样他们就能将失败的原因归于这些障碍而不是能力。由此，他们便不必去证实一个自己希望拥有的自我概念，即能力。

自我妨碍 个体为了避免将失败归因于缺乏能力而采取的行动或选择。

防御性悲观 一种预测消极后果并采取相应防范措施（如高度努力）的心理策略。

2. 防御性悲观

防御性悲观（defensive pessimism）是一种预测消极后果并采取相应防范措施（如高度努力）的心理策略。也就是说，对于可能出现的失败，个体会设置不现实的低期望情境，激发消极自我图式（如“我能力有限”），并激励自己为了逃避失败对自我图式的威胁而努力学习和工作（Norme & Cantor，1986）。例如，小泉在数学考试即将到来时为自己设想了一个情境——“我考不好这次数学考试，是因为我没能力学好数学”，这就会激发小泉的消极自我图式。为了避免失败造成对自我图式的威胁，小泉可能会加倍努力复习。可见，防御性悲观者是遇事先往坏处想，降低期望值，并以此为动力来努力做到更好，防患于未然。

防御性悲观者会宣称自己对任务（考试）准备得不好，或自己非常不在乎考试。虽然他们表现出的焦虑和低期望是真实的，但是这些个体也以高水平的努力和高于平均水平的成绩为特征。

延伸阅读

学生为什么不愿付出努力？

科温顿提出，教育环境中的高竞争是学生不愿意付出努力的重要原因。在学校的竞争环境下，高分数只能被少部分学生获得，少部分学生的成功意味着多数学生的失败，这就使得学习成为一种失败定向的能力竞争。大部分学生的自我价值会受到学校竞争环境的威胁，久而久之他们便失去了学习的兴趣。

学校重视能力（聪明），学生因此将能力看作他们的自我价值（Covington，1998）。为了证明自己的能力，他们努力学习。他们尽力避免一个消极的后果——能力不如同龄人（Covington & Müeller，2001）。随着年级的升高，学生面对更加强调竞争和重视评价的环境，他们自我价值的提高有赖于通过竞争来获得成功的能力（Gottfried et al.，2001）。然而竞争中的成功越来越不容易获得，于是他们对能力与努力的关系的认识发生了变化，这越来越威胁到他们的自我价值，最终导致他们不愿付出努力。小学一、二年级的学生对能力和努力往往还不能很好地区分，他们倾向于认为，聪明的孩子学习努力，如果自己成绩差，是因为自己不够努力而且不够聪明。小学高年级学生开始区分努力、能力和学业表现（Barker & Graham，1987），并且能够从互补的角度看待能力与努力，认识到努力可以弥补能力的不足，高能力的人便可以少付出一些努力。随后，学生开始产生能力实体观，将能力视为一个独立、稳定的因素，而努力的作用则有所下降，并初步产生了对自我价值的保护。进入初、高中以后，学生的能力概念逐渐与具体学科的学业成绩联系在一起，从而使得他们的能力观变得更加消极，努力成为能力的一种负担，高努力反而变成了低能力的标志。对自我价值的保护变成了一些学生学习的主要动力，并且出现了相应的逃避失败的措施。由此可见，学生积极的能力观随年龄增长逐渐下降，使得他们对努力的态度发生了变化，从而对自我价值的保护意识变得越来越强烈。这也正解释了为什么随着年龄的增长学生越来越不愿付出努力。

概念术语

学习动机　内部动机　外部动机　兴趣　情境兴趣　个人兴趣　好奇心　情绪　学业情绪　唤醒　焦虑　需要　内驱力　诱因　期望　耶克斯-多德森定律　缺失性需要　成长性需要　外部调节　内摄调节　认同调节　整合调节　自主需要　胜任需要　关系需要　自我效能感　成就动机　趋向成功动机　避免失败动机　任务价值　成就价值　内在价值　效用价值　成本　掌握目标定向　表现目标定向　内隐能力观　能力实体观　能力增长观　目标　目标内容　目标强度　归因　习得性无助　自我价值　自我妨碍　防御性悲观

复习思考题

（一）选择题

1. 引起和维持个体的活动，并使活动朝向某个目标的心理过程或内部动力，叫作（　　）。

A. 注意　　B. 需要　　C. 动机　　D. 兴趣

2. 马斯洛需要层次理论中的最高层次是（　　）。

A. 安全需要　　B. 尊重需要

C. 爱与归属需要　　D. 自我实现需要

3. 著名的耶克斯-多德森定律告诉我们，中等程度的动机水平对学习效果的提高（　　）。

A. 也是中等　　B. 不利　　C. 关系不大　　D. 最有利

4. 心理学研究表明，动机强度与问题解决效果的关系可以绘成（　　）。

A. 波浪线　　B. 斜线　　C. U形曲线　　D. 倒U形曲线

5. 小明在多次考试中发挥失常，逐渐丧失了信心。在某次考试中，他发现一向成绩不如自己的同学小方取得了全班前十名的好成绩，他对自己能成功的信心顿时增强了很多。这表明（　　）能够影响自我效能感。

A. 言语说服　　B. 替代经验

C. 情绪唤醒　　D. 个人自身行为的成败经验

6. 根据马斯洛的需要层次理论，尊重需要属于（　　）。

A. 成长性需要　　B. 安全需要　　C. 缺失性需要　　D. 生理需要

7. 小明自幼就喜欢绘画，立志做一名画家，为此他认真学习，终于考上了一所著名的美术院校。小明的学习动机属于（　　）。

A. 内部学习动机　　B. 一般动机

C. 外部学习动机　　D. 间接性动机

8. 个体对学习活动所要达到的目标的主观估计叫（　　）。

A. 学习需要　　B. 学习期望　　C. 成败归因　　D. 成就动机

9. 学生之所以学习，是因为在学习过程中可以得到奖赏、赞扬和优异的成绩等报偿，持这种观点的学习动机理论是（　　）。

A. 归因理论　　B. 麦克利兰的学习动机理论

C. 阿特金森的成就动机理论　　D. 强化理论

10. 根据马斯洛的需要层次理论，个体要求通过学习使自己的价值、潜能、个性得到发挥，这属于（　　）。

A. 安全需要　　B. 爱与归属需要

C. 尊重需要　　D. 自我实现需要

11. 根据维纳的归因理论，把成败归因于努力程度，这属于（　　）。

A. 稳定的、外在的归因　　B. 不稳定的、内在的归因

C. 稳定的、可控的归因　　D. 不稳定的、可控的归因

12. 根据维纳的归因理论，以下成败归因属于稳定的、内在的、不可控的归因的是（　　）。

A. 运气好坏　　B. 能力高低　　C. 身体状况　　D. 外界环境

参考答案：1. C；2. D；3. D；4. D；5. B；6. C；7. A；8. B；9. D；10. D；11. D；12. B

（二）论述题

1. 什么是学习动机？

2. 学习动机表现在哪些方面？

3. 列举出至少三个与学习动机相关的概念。

4. 说说内部动机与外部动机的区别和联系。

5. 耶克斯-多德森定律受什么因素影响？

6. 马斯洛的需要层次理论对教育的启示是什么？

7. 如何满足学生的自主需要、能力需要和关系需要？

8. 举例说明外部动机内化的四种调节方式。

9. 如何培养学生的自我效能感？

10. 如何指导学生对学业成败进行正确归因？

11. 成就动机和期望价值理论对教育的启示是什么？

12. 掌握目标定向与表现目标定向的区别表现在哪些方面？

13. 运用自我价值理论分析学生不爱学习的原因。

拓展学习

陈琦，刘儒德.（2019）. 当代教育心理学（第3版）（第8章）. 北京：北京师范大学出版社.

伍尔福克.（2015）. 教育心理学（第12版）（第11、12章）. 伍新春，张军，季娇译. 北京：中国人民大学出版社.

斯莱文.（2024）. 教育心理学：理论与实践（第12版）（第10章）. 刘红瑞，姚梅林等译. 北京：人民邮电出版社.

奥姆罗德.（2023）. 学习心理学（第8版）（第15、16章）. 陈陈，杨兰，张心玮译. 北京：中国人民大学出版社.

第十章
技能的形成

【本章提要】

技能概述

✧ 技能的概念

✧ 技能的分类

✧ 技能的重要性

技能的形成与训练

✧ 技能形成的阶段

✧ 技能讲解与示范

✧ 技能练习

✧ 技能反馈

当前我国大力发展职业教育，高度重视技能人才，弘扬工匠精神。习近平总书记指出："要高度重视技能人才工作，大力弘扬劳模精神、劳动精神、工匠精神，激励更多劳动者特别是青年一代走技能成才、技能报国之路，培养更多高技能人才和大国工匠，为全面建设社会主义现代化国家提供有力人才保障。"① 技能人才的培养离不开基于技能形成规律的技能教学。

走路、搭积木、用筷子、写字、阅读、计算……尽管看起来相去甚远，但它们都属于技能学习的范畴。各种技能的学习之间既有内在联系，又有类型和学习过程上的差异。在理解技能的内涵及分类的基础上，教师在实际教学中又应该分别运用什么样的方法和策略来提高相应技能的学习效率呢？这就是本章内容所要解决的最主要的问题。

第一节　技能概述

1 岁多时，小佳经历了从爬到拉着妈妈的手走路，再到最后独立走路的过程。3 岁时，她最喜欢在家里用积木搭建出各种各样的高楼。4 岁那年，她开始自己用筷子吃饭夹菜了。5 岁时，她学会了写数字和自己的名字。上小学之后，她开始学习阅读、写作以及越来越复杂的数学运算，课下，她喜欢跟伙伴们一起玩跳房子、跳皮筋……课余时间里，她还在学习游泳和弹钢琴……

---

① 习近平．习近平书信选集：第一卷．北京：中央文献出版社，2022，第 317 页．

一、技能的概念

（一）技能的定义

知识（狭义的知识）能帮助我们回答“是什么”的问题，对于我们认识和理解世界起着至关重要的作用。但是，只有知识是远远不够的——无论是早在800多年前陆游就写下的“纸上得来终觉浅，绝知此事要躬行”，还是现代社会中屡屡遭到批驳的“高分低能”现象，说的都是同样的道理——除了“是什么”，我们更需要知道“怎么做”，而技能这一概念就是用来回答这一问题的。

技能 通过练习形成的合乎法则的活动方式。

技能（skill）是通过练习形成的合乎法则的活动方式。简单的走路、用筷子，稍复杂的阅读、计算，还有更专业的飞机的驾驶、医生的手术，等等，都属于技能的范畴。

从技能的定义中不难发现，首先，技能是通过练习形成的，因此，婴儿生来就有的吮吸、眨眼、抓握（手掌一碰到东西就会抓紧）等反射活动并不是技能；其次，技能就是指活动方式本身，而不是指导活动的知识；最后，技能是通过系统学习形成的符合客观法则的活动，自然习得的各种习惯动作如思考时皱眉、咬笔头等也不能算作技能。

（二）技能与相关概念的关系

1. 技能与程序性知识

按照认知心理学的观点，广义的知识可以被划分为陈述性知识和程序性知识两大类。前者就是前文提到的关于“是什么”的知识，即狭义的知识，如“北京是中国的首都”“太阳从东方升起、从西方落下”“直角三角形中两条直角边的平方和等于斜边的平方”等。而程序性知识则是关于“怎么做”的一系列操作，如怎样系红领巾、计算“1/2－1/3＝？”等。程序性知识就相当于我们常识中的技能（皮连生，1996），因为我们只要掌握了程序性知识，也就具备了相应的技能。

2. 技能与陈述性知识

虽然技能与陈述性知识在作用、表征方式、输出形式上存在差异，但是陈述性知识是技能学习的起点，对技能的掌握离不开必要的陈述性知识作为基础。以上面的“1/2－1/3＝？”这类异分母分数相减的运算技能为例，这一技能对应的程序性知识（尽管不一定能被当事人意识到）有：（1）如果要求两个异分母分数之差，那么要先求出两个分母的最小公倍数作为公分母；（2）如果要以公分母作为两个分数的新分母进行通分，那么两个分数的分子也要扩大与其分母相同的倍数；（3）如果要求两个同分母分数之差，那么直接将分子相减，分母不变。不难看出，分数、减法等概念以及“分子与分母同时乘以或者除以一个不为0的数，分数的值不变”等陈述性知识是蕴含在其中的。

3. 技能与习惯

熟练技能和习惯之间既有联系又有区别。一方面，习惯和熟练技能都是自动化的动作系统。任何习惯离开了自动化的动作系统都无法完成。一个有卫生习惯的人，其饭前洗手、便后洗手的动作都是自动化的。人们在完成习惯性动作时，意识的调节作用很弱。

另一方面，习惯和熟练技能存在一些区别。（1）习惯是为了满足某种需要而实现某种自动化动作系统的一种心理倾向。个体适时地将某种习惯（如抽烟）实现时就获得了心理满足，反之则产生不愉快的情绪。而熟练技能仅仅是一种自动化的动作方式，不一定与人的需要联系在一起。例如，会骑自行车的学生不一定骑自行车，为了避雨他可能乘公共汽车到学校。（2）熟练技能是在有目的、有计划的练习中形成的，而习惯却可以在无意中通过简单的重复养成。日常生活中的一些习惯，如抽烟、喝酒、洗脸和刷牙等，都是通过这条途径形成的。当然，习惯也可以通过有意识的训练来培养，尤其是学生良好的学习习惯和生活习惯大多是在教师对他们进行的常规训练中养成的。（3）熟练技能有高级和低级之分，但没有好坏之分，而习惯可以根据其对个人和社会的意义分为好习惯和坏习惯。那些有益于社会、他人或自己身心健康的习惯（如有礼貌、讲卫生、团结同学、遵守纪律等）被称为好习惯，而那些损害社会和他人利益以及威胁个人身心健康的习惯（如抽烟、酗酒、扰乱课堂纪律等）被称为坏习惯。

二、技能的分类

按照活动类型和表现的不同，可以将技能分为动作技能与心智技能两种。

（一）动作技能

动作技能（motor skill）也叫操作技能、运动技能，是通过学习形成的合乎法则的操作活动方式。例如，奥运会上乒乓球、平衡木、体操、花样游泳等项目的运动员，都在相应的动作技能上达到了非常精湛的水平；自然科学领域的科学家们对各种精密的实验仪器的使用也属于动作技能；艺术家的演奏、绘画、雕塑等也都离不开动作技能……

> **动作技能**　也叫操作技能、运动技能，是通过学习形成的合乎法则的操作活动方式。

动作技能除了具有技能的一般特点外，还具有与心智技能相区别的其他特点。（1）对象的客观性。动作技能的活动对象是物质性客体或肌肉。（2）执行的外显性。操作活动的执行是通过肌体运动实现的。例如，单纯地在头脑中想象一套拳法的动作是不能算作具备该动作技能的。（3）结构的展开性。操作活动的每个动作必须切实执行，不能合并、省略。（4）动觉反馈。个体执行动作技能时能够从自身的肌肉运动或其他感觉器官中获得本体反馈。例如，在打乒乓球时，击完球之后，击球者在不看球的状况下，也可以根据自身肌肉的运动情况对球的落点、速度、旋转情况等做出判断。

延伸阅读

有关动作技能的有趣的研究

1. 睡眠有助于动作技能的学习吗？

越来越多的研究揭示了睡眠与动作技能的整合之间的关系。在对夜间睡眠的研究中，史密斯和麦克尼尔（Smith & MacNeill，1994）发现夜间睡眠时二期睡眠的破坏将损害新习得的动作技能的整合。纳德和史密斯（Nader & Smith，2003）也指出，睡眠纺锤波对动作技能的整合有一定的作用。费舍尔等（Fischer，Hallschmid，Elsner，& Born，2002）发现，被试在白天进行8小时睡眠后仍能获得与夜间睡眠后无异的成绩表现。在关于午睡的研究中，米尔纳等（Milner，Fogel，& Cote，2006）考察了午睡对动作技能习得的影响。结果表明，20分钟的午睡对被试动作技能的习得也起到了一定的整合作用。但这一结果只对有午睡习惯的被试成立，对于那些没有午睡习惯、只在实验中午睡了20分钟的被试而言，午睡后他们的动作技能表现反而变得更差了。

2. 筷子使用得好，学习成绩就高吗？

李倍蕾等从线条填画、图形临摹以及筷子的使用情况三方面考察了151名4～8岁的儿童及30名大学本科生的精细动作技能（李倍蕾，林磊，董奇，Von Hofsten，2002）。结果发现，不同学业成绩的儿童在精细动作技能上存在显著差异：学业成绩好的儿童，其线条填画能力、图形临摹能力以及筷子使用的稳定性水平也显著较高。

作者从两方面对这一结果进行了解释。首先，从行为层面，一定的精细动作技能的确是个体完成学业要求的必要条件；其次，从神经生理学的层面，精细动作技能的完善和学业成绩的提高都是在个体神经系统正常发展的基础上实现的，因此两者之间可能是一种共变的关系。在此基础上，研究者还建议在实践中可以将精细动作技能，包括筷子的使用技能，作为衡量我国儿童发展状况的参考指标之一。

（二）心智技能

心智技能 也称智力技能、认知技能，是通过学习形成的合乎法则的心智活动方式。

心智技能（intellectual skill）也称智力技能、认知技能，是通过学习形成的合乎法则的心智活动方式。阅读技能、运算技能和语言技能等都是常见的心智技能。

与动作技能相比，心智技能具有以下特点：（1）对象的观念性。心智活动的对象是客体在人脑中的主观映象，是客观事物的主观表征，是知识、信息。（2）执行的内潜性。心智活动的执行既不像操作活动那样以外显的形式通过肢体运动来实现，也不像言语活动那样可以借助言语器官或口腔肌肉的运动信号觉察活动的存在，它是借助内部言语在头脑内部默默地进行的，只能通过其作用对象的变化判断其存在。（3）结构的简缩性。心智活动不像操作活动那样必须将每一个动作实际做出，也不像外部言语那样必须把每个字词一一说出，而是不完全的、片断的，是高度省略和简化的。

有关心智技能的分类存在较大的争议，其关键在于心智技能与学习策略（认知策略）的关系问题。根据加涅的观点，心智技能与学习策略都属于程序性知识的范畴，其区别在于前者的作用是对外办事，后者用于对内调控。加涅从自动化水平的角度对这两者进行了区分。加涅认为，有些程序性知识经过不断的练习，可以达到高度自动化程度，当这样一些程序性知识支配人的行为时，知识就转化成了自动化的技能。例如，在书写时，我们并不需要在头脑中想我要写的下一个字是什么、它由哪些笔画组成、这些笔画的顺序是怎样的等问题，而是直接、自动地将它写出来。而另一些程序性知识即使经过长期的练习，也很难自动化，需要受意识控制，当这样一些方法和步骤支配人的认知活动，并提高了活动的效率时，这些知识就转化成了学习策略。例如，快速阅读的方法就需要我们有意识地加以使用和调控。根据加涅的标准，受意识明显控制的程序性知识属于学习策略；以程序性知识为基础，经过学习和训练能达到高度自动化的认知活动属于心智技能。

（三）两种技能的关系

动作技能和心智技能虽有区别，但两者之间的联系也非常紧密。一方面，动作技能是心智技能的最初来源和依据（如幼儿最初学习加减法时大多是通过摆弄实物实现的）；另一方面，心智技能又是动作技能的调节者和必要组成部分。

在我们的学习生活中最常见到的是两者的结合，即手脑并用。通过外显的动作表现来对两者进行区分是比较困难的。加涅对此给出了一种比较简单可行的判断方法——对学习者动作的起始状态进行分析。例如，当看到某学生通过往液体中吹气的方式来检验澄清的液体是否为石灰水时，我们认为他表现出来的是心智技能而非动作技能。因为在表现这一技能之前，“吹”这一操作是他本来就会的，动作本身并没有进步。而对于骑车这一技能，在会骑之前学习者对骑这一操作并未掌握，因此它属于动作技能。对两者的区分还可以从学习的重点所在进行分析。有人认为，动作技能学习重在以准确和一致的方式获得肌肉运动的时间、空间组织（Fitts，1958）。所谓时间组织，是指在准确的时间点收缩和放松肌肉。所谓空间组织，是指在熟练的表现之中能够选择适当的肌肉并以一定的顺序运行。如果学习的重点在此，就属于动作技能的学习。

三、技能的重要性

对技能的重视自古有之。中国古代重视礼、乐、射、御、书、数“六艺”，文人雅士们也讲究以琴、棋、书、画修身养性。随着各种工具和方法的日新月异，现代社会对经过专业技能训练的人才的需求愈加凸显。知识与技能也已经被规定为我国课程标准的目标之一。

技能是合乎法则的活动方式，不是一般的随意动作或无规则的动作。正是由于这种特性，它能够对活动进行调节与控制。它可以控制动作的执行顺序和执行方式，从而可以使个体的活动表现出稳定性、灵活性，能够适应各种变化的情境。

技能还是获得经验、解决问题、变革现实的前提条件。经验获得的过程是通过一系列的心智动作实现的。通过心智活动，对感性经验进行加工，形成更高级的理性经验。技能调节着经验获得的过程，决定着经验获得的速度、水平，是经验获得的手段。解决问题的过程也包含一系列的心智活动和外部操作活动。从形成问题表征、确定问题的性质与类型、探索解决问题的可能的方法到实施解决问题的方案，都是通过各种心智与操作动作实现的，而合乎法则的心智与动作技能可以保证问题的顺利解决，以及变革现实的目的的达成。

有研究发现，各种包含动作技能的游戏或休闲活动（堆积木、跳房子、游泳、骑车等）能产生一系列积极的结果：(1) 社会性方面表现为社会技能的获得、孤独感的减少；(2) 情绪方面表现为压抑、焦虑和压力感减少，自尊和自信增强，等等；(3) 认知方面表现为专注力、记忆和学习效果等提高（Department of Health and Ageing [DHA], 2011)。有研究者指出，之所以反对儿童在电视和电脑游戏上花费太多时间，其中很重要的一个原因就是这会大大占用他们参与真实的游戏和活动的时间（Krause，2006)。这些研究提示我们，应该从幼年起就多多鼓励孩子参加各种包含动作技能的游戏活动。

第二节　技能的形成与训练

对于技能的形成过程，存在不同的分析。有研究者分别分析了动作技能和心智技能的形成过程（如冯忠良)；有的研究者并未区分两者，而只是分析了动作技能的形成过程（如菲茨和波斯纳）或心智技能的形成过程（如加里培林)；有的研究者并未区分两者而进行分析（如安德森)。这里就合在一起讨论了。

延伸阅读

加里培林的心智技能按阶段形成的理论

苏联心理学家加里培林最早对心智技能进行了系统的研究，并于1959年总结了有关的研究成果，提出了心智动作按阶段形成的理论。该理论认为，心智技能是由一系列的心智动作构成的，心智动作是通过实践动作“内化”而来的，而这一“内化”过程可以分为五个阶段。

1. 活动的定向阶段

这是学习的准备阶段，学习者在头脑中构建关于心智活动本身及其结果的概况。以学习珠算为例，在定向阶段就需要让学习者了解珠算的作用、算盘上各珠子表示的含义、计算时的拨珠规则等。

2. 物质活动或物质化活动阶段

物质活动指运用实物进行心智活动，物质化活动指利用实物的图片、模型、示意图等进行心智活动。在这一阶段，学习者就需要在算盘上完成大量的基本运算，熟悉运算法则。

3. 出声言语阶段

学习者运用出声言语完成智力活动，而不再直接依赖实物。此时，学习者在运算的同时口中会念出一些诸如“三下五除二”的运算法则。

4. 无声的“外部”言语阶段

这是从出声言语到内部言语的转化阶段。尽管这一阶段已经观察不到学习者的“出声思维”，但他仍然会在心中默念一些运算法则。

5. 内部言语阶段

这是心智技能形成的最后阶段。到这个阶段，心智操作在头脑中已经压缩成了非常简洁的形式，并且达到了自动化的程度，很少需要意识成分的参与。到这一阶段，学习者已经不需要特别想到某条法则，而是看到题目后就能立即自动拨珠完成运算。

一、技能形成的阶段

根据菲茨和波斯纳以及安德森的研究，典型的技能发展会经历三个阶段（Fitts & Posner，1967；Anderson，1983）：认知阶段、联结阶段和自动化阶段。

（一）认知阶段

在**认知阶段**（cognitive stage），学习者了解并记住一系列与技能相关的陈述性知识，诸如技能名称、操作结构、步骤、要领、条件等。以写字技能的习得过程为例，虽然汉字变化万千，但在教授初学写字的小学生时，老师大多会从正确的执笔方式以及认识构成汉字的横、竖、撇、捺等基本笔画入手进行讲解，还会告诉学生可以利用田字格来帮助自己判断写出的字的大小、布局是否合理（可利用的反馈信息）。

认知阶段 技能形成的第一个阶段，学习者了解技能的相关陈述性知识，将活动方式反映到头脑中而形成动作映象，并对自己的任务水平进行估计，明确自己能够做得如何。

联结阶段 技能形成的第二个阶段，学习者对各个独立的步骤进行合并或组块，以形成更大的活动单元或整体。

自动化阶段 技能形成的第三个阶段，学习者能够熟练、快速地完成整个活动程序，需要的刻意注意越来越少。

然后，学习者尝试做出实际的动作。由于初学，学习者能够注意的范围通常较小。这一时期动作的质量较差，各个动作之间容易互相干扰，很难连贯协调，而且常常出现紧张慌乱、顾此失彼的情况。仍然以写字为例，刚开始尝试写字的儿童往往缺乏对动作的控制能力，不能同时顾及整套动作——要么身体歪歪扭扭，要么过低埋头、勾腰驼背，要么握笔过紧、用力过重……写出来的字通常也会过大，或者歪斜，笔画的顺序也常常出错，但是这些在我们看来非常明显的错误却不容易被学习者发现和纠正。

（二）联结阶段

在**联结阶段**（associative stage），学习者需要将单个活动或操作步骤稳固下来，并将它们关联在一起，使之成为一个整体。随着练习的增加，各个动作要素之间的联系得到加强，各个步骤之间越来越协调、连贯，而且最初的错误理解被逐渐发现并纠正。例如，在这一阶段，儿童写字时错误的姿势减少了，握笔与运笔、停笔等各个动作都发展得更加精细，各个动作之间的转换和协调也变得更加自然了，在前一阶段可能会出现的多余动作（如咬紧嘴唇等）也有所减少。这时主体的疲劳感和紧张感相应降低，显得相对轻松，同时，对于活动的控制能力也有所增强，可以通过动觉反馈较为及时地对动作执行加以调整。

（三）自动化阶段

在**自动化阶段**（automatic stage），学习者的整个活动过程变得越来越自动化。自动化是指所形成的活动方式高度完善和迅速，越来越不需要太多的工作记忆资源，不易受到干扰，而且对各种变化的条件具有高度的适应性。当然，自动化并不等于完全无意识，而是指执行过程不需要意识的高度控制，可以将注意分配在其他活动上。我们常常看到，骑自行车的人可以一边骑车一边和别人聊天，织毛衣的人可以一边织衣服一边看电视……这都表明他们已经达到了自动化阶段。

儿童到了这一阶段，写字的动作已经具有高度的灵活性、稳定性和准确性，无论用什么笔、在什么纸张上都能顺利完成。每个字的起笔、运笔、收笔一气呵成，用力轻重适中，笔画大小适宜。可以回想一下，我们在写文章时，脑中只是在构思文章的结构和表达方式等，几乎完全没有花费精力去想下一个字怎么写、由哪些笔画构成等问题。只要构思好了，下笔时一个个字似乎是自动涌现出来的，并不需要特别注意。

延伸阅读

脑随着技能的获得而发生改变

我们越能熟练完成某项任务，就可能越少用到脑。图 10－1 显示了大学生学习一种数学运算时所形成的脑激活区域。图 a 显示第一天执行任务时激活的脑区，图 b 显示第五天执行任务时激活的脑区。当学生在第五天能够熟练完成任务时，第一天激活的某些脑区消失或缩小了。这些区域的活动与新陈代谢的消耗相当。可见，随着对技能的掌握，我们在执行任务时所需要消耗的心理能量也会减少。

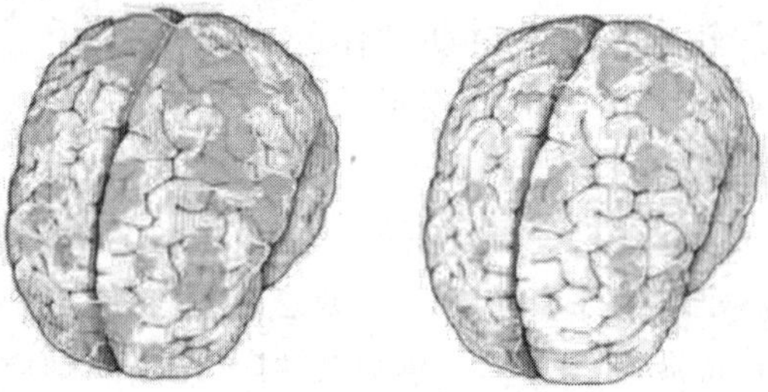

(a)　　　　(b)

图 10－1　大学生学习数学运算时激活的脑区

(a) 第一天执行任务时激活的脑区；(b) 第五天执行任务时激活的脑区。

资料来源：安德森，2012，第 262 页．

二、技能讲解与示范

技能的学习通常是从教师的讲解和示范开始的，准确的讲解与示范在认知阶段的作用尤为突出。

教师的讲解至少应该包括技能的性质介绍、目标行为及其评价标准、活动过程以及注意事项四个方面。不仅如此，在对这些内容进行讲解时，除了准确之外，还应该做到尽量简要。很多缺乏经验的教师倾向于在教授技能之初给出过于烦冗的说明，这样不仅会导致学生因缺乏经验而无法吸收，还会使其认知负荷过重，甚至产生混淆。因此，教师可以保留一部分细节性的说明，在之后的练习过程中提出——因为通过练习，学生对讲解的理解能力大大增强了。

简单地说，讲解是讲给学生听，示范则是做给学生看。大量的研究表明，教师给学生准确、完整的示范对于帮助学生在理解的基础上加深对活动各环节的认识有着非常重要的作用。教师在示范时一定要伴随对各操作环节的解释——为什么我要进行这一步。以教授除数为一位数、被除数为多位数的除法为例，相比直接给出课本上所示的竖式，在黑板上一边列竖式一边以贴近学生的语言加以解释的方法显然会更加有效。具体如下：

> 首先，我得确定哪些数能被 4 除，所以我应该从左到右观察被除数 276，找出大于等于 4 的数：第一位，2 小于 4，不行，然后看前两位，27 大于 4，可以。因此我要用 27 除以 4，不能整除。现在，我要找出这个商数，使得余数小于 4。5 可以吗？四五二十，还余 7，余数大于 4 了——说明 5 太小。6？四六二十四，还余 3，可以了……

```
    69
 4)276
   24
   ---
    36
    36
   ---
     0
```

在讲解中，教师的示范一定要正确明了，否则可能会导致学生产生错误的理解。在这个例子中，“第一位，2 小于 4，不行，然后看前两位，27 大于 4，可以”如果只是简单地解释为“2 小于 4，不行，下一位，可以”的话，学生就可能会做出因为 7 大于 4 所以可以除的错误理解，而实际上此时应该同时看前两位 27 是否大于 4。这种一开始就形成的错误印象矫正起来是非常困难的，因此需要特别注意。

讲解完样例之后，最好再请学生用自己的话对样例中的各步骤进行总结。这一方面能激发学生的独立性和主动性，另一方面还能帮助教师检验这一样例是否被学生正确理解和接受了。

延伸阅读

示范在学习中的重要作用

大量研究证明了示范在学习中的重要作用。有研究者发现，在教授技能时，示范加上解释比单独的解释更加有效（Rosenthal & Zimmerman，1978）。

申克（Schunk，1981）以未掌握除法技能的儿童为对象，比较了示范和说教式的两种教学方式：在示范条件下，儿童观察成人的长除法运算过程，并配有语言解释和举例说明；在说教式教学条件下，儿童学习同样内容的文字材料，没有榜样示范。结果显示，在帮助儿童提高除法技能上，示范比说教式教学更有效。

除了更好的学习效果之外，研究还表明，在学习之初对样例加以学习还可以减轻学生学习时的认知负荷。有研究者以中学生为对象，比较了计算机教学条件下传统教学和样例学习的差异（Paas & Van Merriënboer，1994）。在传统组，给学生依次呈现 6 个问题，解决不了时再呈现标准解法；样例组则直接同时呈现问题和答案。学习后，所有学生都要解决 6 个迁移问题。结果发现，除了答题正确率的显著差异（样例组回答正确的题目数是传统组的两倍多）之外，在学生对自己认知负荷水平的自我报告中，传统组的认知负荷水平也显著高于样例组。

教师对动作技能的示范方式有三种：一是相向示范，指的是教师与学生面对面进行示范；二是围观示范，指学生围成一圈，教师在中央示范；三是顺向示范，是指教师背对学生进行示范。不同的示范方式各有利弊：相向示范容易产生左右反向的不良影响；围观示范由于学生的观察角度不同，动作的准确性可能会受到影响；顺向示范虽然避免了上述两个问题，但示范时教师无法即时观察到学生的接受情况。因此，有研究者提出，通过播放影片等多媒体资源进行示范能提高效率，还能增加学生的兴趣。

事实上，讲解和示范常常是同时进行的。例如，在教学生写字时，教师在讲解如何握笔、如何运笔、如何按纸时，通常都伴随着实际的动作示范。下面的专栏就通过一项有趣的研究说明了如何运用讲解和示范才能获得最好的教学效果。

延伸阅读

不同的示范讲解方式对动作技能学习的影响

有研究者以小学五年级学生为对象，考察了示范与讲解的不同组合对拼图学习效果的影响（May，1946）。实验中，学生被分为平均能力相当的5组，每组均由教师做一次示范动作，不同的是教师在示范同时所做的讲解说明以及对学生在观察示范时的要求（见表10－1）。

表10－1　不同实验条件下的技能学习效果

组别	实验条件		实验结果	
	对学生在观察示范时的要求	教师在示范同时做出的讲解	独自操作简单拼图用时（分钟）	独自操作复杂拼图用时（分钟）
1	同时背诵与拼图无关的数字	无讲解	5.7	25
2	同时说出教师在做什么动作	无讲解	3.1	22
3	只需观察不许提问	略做要点讲解	3.5	16
4	只需观察不许提问	详细讲解所有动作	3.2	14
5	同时说出教师在做什么动作	只纠正错误，不做口语解释	2.2	12

从上表中可看出，无论是简单动作技能还是复杂动作技能，都是第5组的学习效果最好。这一结果对动作技能教学有两点启示：第一，教师在进行示范时，要让学习者注意理解所演示的动作技能；第二，教师的言语讲解不必过分详细，但要随时注意对学生的错误进行纠正。这两点也正是第5组获得最佳学习效果的原因。

三、技能练习

练习是学习各种动作技能的关键环节，只有通过反复的练习，才能进入操作的整合和熟练阶段。一般来说，随着练习次数的增多，动作的精确性、速度、协调性等会逐步提高。从**练习曲线**（practice curve；见图10－2）中可以看出技能随练习量的增加而提高的一般趋势。

练习曲线 对在连续多次的练习过程中所发生的动作效率变化的图解。
高原现象 技能练习到一定阶段往往出现的进步暂时停顿现象。

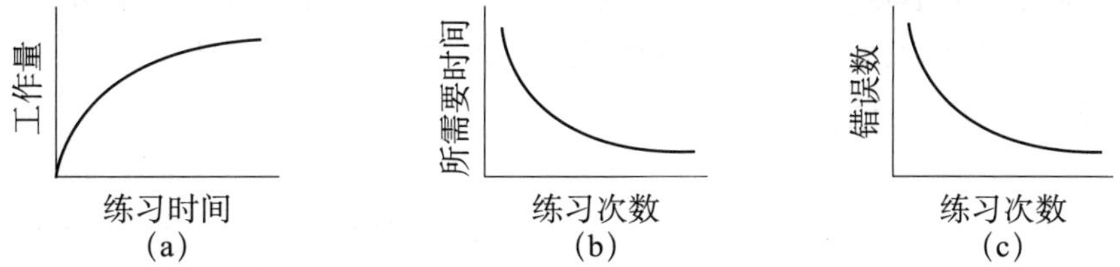

图10－2 练习曲线

虽然对不同的学习者而言，练习曲线的形态不尽相同，但它们都遵循着动作技能发展的某些共同规律：第一，开始进步快；第二，中间有一个明显的、暂时的停顿期；第三，后期进步较慢；第四，总趋势是进步的，但有时出现暂时的退步。

在学生动作技能的形成过程中，练习到一定阶段往往出现进步暂时停顿的现象，人们称之为**高原现象**（plateau phenomenon；见图10－3）（引自彭聃龄主编，2001）。它表现为练习曲线保持在一定的水平而不再上升，甚至有所下降。但是，在高原期之后，练习曲线又会上升，即练习成绩又会有所进步。

高原现象产生的原因主要有两个方面：（1）当练习成绩达到一定水平时，旧的技能结构限制了学习者按照新的方式组织动作。在完成这种改造之前，练习成绩只会处于停顿甚至暂时下降的状态。（2）经过较长时间的练习，学生的练习兴趣有所下降，甚至产生厌倦情绪，或者因身体疲劳等因素导致练习成绩出现暂时停顿现象。高原现象并不具有普遍性，也不能表明动作技能的掌握已临近学习者身心发展的极限，相反，它就像黎明前的黑夜。同时，高原现象并非不能再进步的代名词，只要突破这一关，学习者获得的将是一笔巨大的财富，而且创造性的成果往往发生在高原期之后。

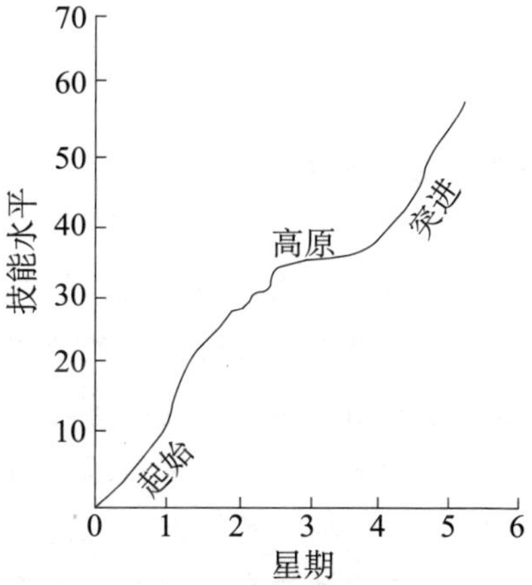

图10－3 练习中的高原现象

资料来源：Kamlesh，1983，第159～161页.

为了促进动作技能的形成，过度学习是非常必要的。但值得注意的是，并非学习越“过度”越好，过度学习不但不能对动作技能的学习起到积极的作用，甚至还可能会产生反作用，使个体产生疲劳、失去兴趣、错误动作定型化等。

采取何种练习方式会直接影响动作技能的学习效果。首先，根据练习时间分配的不同，练习分为集中练习和分散练习两种。一般认为，在练习初期，分散练习的效果更好，但如果所学技能不太复杂或已练习到一定的程度，每次练习的时间就可加长，趋向于集中练习。其次，根据练习内容的完整性的不同，练习分为整体练习和部分练习。对于这两种方式的选择也须视技能的性质和学习者的能力而定：如果技能中的动作自成数个相对独立的小单元（如棒球），不妨采用部分练习；若技能中各动作连锁关系十分紧密（如双手连续抛接四个球），就应采用整体练习。最后，根据练习途径的不同，练习还分为身体练习和心理练习等。研究表明，心理练习对自由投篮技能发展有显著作用（Harby，1952）。心理练习组的学习效果优于控制组，但不如身体练习组好。研究者建议，在条件允许的情况下，技能学习要尽量选择身体练习，但在无法进行身体练习时，心理练习也是促进技能学习的有效方法。

延伸阅读

构造真实的练习情境

以前我们接受的打字训练采用的是“先练手指再练字”的方法，也就是在练习打字之前，必须先训练手指的击键习惯，以熟悉键盘上各字母的位置以及对应的击键手指。以左手为例，一般会先横练A、S、D、F等各字母，然后以食指直练T、G、B各字母，或者一些软件会以游戏的形式要求学习者尽快打出随机呈现的单个字母。

但是，目前新的打字训练已经不再采用这种方式，而是一开始就让学习者练习打真正的汉字或者英文单词。为什么呢？以汉字打字为例，汉语拼音中有很多字母的组合是有规律的，如ang、ing、sh、ch、ao、ou等，因此，在练习时让学习者直接接触真实的打字任务有利于他们熟悉这些组合规律，进而直接迁移运用。

四、技能反馈

学习者在练习技能时，如果能够及时掌握练习的情况，如知道自己的成绩和错误、优点和不足等，就可以把符合要求、目的的方式保留下来，把不符合要求的方式抛弃，这样才有助于迅速地提高练习质量。

一般来讲，反馈来自两个方面：一是外部反馈，即教师、录像、计算机等操作者以外的人和物给予的反馈。二是内部反馈，即操作者自身的感觉系统提供的感觉反馈。例如，射击运动员在完成射击动作之后，尽管还没有看到结果，但他仍然可以根据动作本身来判断自己的射击情况。

在技能练习初期，学习者多以外部反馈作为矫正错误的线索，此时的外部反馈要注意聚焦于正确的操作方式，而不宜过分强调怎样做是错误的。进入技能练习的后几个阶段后，反馈则会更多地来自个体内部的动觉与平衡觉，基于自身的相关感觉经验，学习者会自动对错误的操作做出调整。

延伸阅读

反馈的有效利用：打字训练法的变迁

英文打字教学的过程经历过方法上的改变（West，1969）。以往常用的接触法（touch method）已经被建议不宜采用——其原因就在于接触法没有有效地利用反馈资源，降低了技能学习的效率。

所谓接触法，就是从最初的练习开始，就不允许学生看键盘（类似于“盲打”），学生只能依靠动觉去形成经验。因为在练习初期学生必须依靠外在的线索去认识键盘字母与手指的对应关系，所以开始时学生的动作非常缓慢。除此之外，接触法等于放弃了将计算机提供的即时的外部反馈信息——上一个打出的结果——作为调整下一次动作的线索，因此，它也不利于错误的及时认识和改正。为此，有专家建议，初学英文打字时，应该允许学生以手眼协调的方式开始练习，直至每分钟能打30个单词左右时，再摆脱视觉。因为到这种熟练程度时，视觉反馈的作用不再重要，手指击键后的动觉信息已能够为即时矫正错误提供反馈。

下面是技能练习中的一些反馈的原则。（1）练习后尽快提供反馈。尽管即时反馈在实践中很难实施，但教师还是要尽量缩短练习和反馈讲评之间的时间间隔，在学生还清楚记得自己练习的状态时给出的反馈会更加有效。（2）反馈要尽量具体、可操作。具体的反馈能为学生提供更加直接有用的信息，并且评价之后最好附有相应的改进建议。例如，“粗心大意”就不如“将竖式中的答案3.75抄成了37.5，列竖式时注意工整，数位对齐，答完检查一遍”对学生有帮助。（3）反馈要对事不对人。反馈的目的是促进进步而不是否定和打击学生。教师尽量把学生的错误归因为可控的因素，如努力程度等，切忌一竿子打死，轻易从能力层面否定学生。例如，“九九乘法表记得不够牢”就比“记忆力不好”更有建设性。（4）巧妙提出改进建议。在学生解答不出问题时，给予适当的提示，以保护学生的自尊。例如“我们知道三角形的内角和是180度，而等边三角形的三个角是相等的，那么每个角应该是多少度呢？”“你现在可能暂时不知道怎么解，但是老师相信，明天再问你的时候你肯定知道！”研究还表明，多数情况下，在表扬的同时提出改进建议是最好的。例如，“你计算的正确率很高，但是应用题却常常忘记作答”等。

应用举例

出声思维除了能帮助教师识别学生的思维过程之外，对学生自己而言，实际上也是一个促进自我指导和调节的过程。例如，在解决“甲、乙两地相距3 600米，A车以400米/秒的速度从甲地出发的同时，B车以720千米/小时的速度从乙地出发，两辆车相向而行。请问经过多长时间后两车相遇？”这一问题时，教师就可以采用出声思维法引导学生进行自我指导：

> 这是一个相遇问题，先画一个示意图吧，它可以帮助我简化题目（画出图，标出两地距离和两车速度）。两辆车同时相对出发，一直到相遇的时候停止，它们行驶的时间相同，这个过程相当于两辆车共同跑完3 600米的路程。因此，总的距离是3 600米，总速度是两车速度之和，所以是3 600÷(400+720)。哎，不对！题目中两辆车的速度单位不一样！一个是米/秒，另一个是千米/小时，所以我应该先统一单位才对！看来以后做题时要首先观察题目中的单位是不是统一。距离的单位是米，因此我将速度的单位统一成米/秒好了，720千米/小时=200米/秒。正确的算式应

该是 3 600÷(400+200)=6，别忘了带上单位秒，最后再作答。好了，这道题我就做完了！

在这个示范中，教师故意犯了单位统一上的错误，然后再向学生示范如何改正这个错误以及这对以后做题的启示——这是一个很好的自我指导解决问题的过程。此外，在应用示意图简化问题、记得带单位和作答等方面，教师也做出了示范。自我指导已经被广泛用于各种任务和学生，它对于有学习障碍的学生和教给学生学习策略尤其有效。当然，在示范自我指导时，教师还可以加上“我既没忘记写单位，也没忘记作答，真不错”或者“我还没找到，但是这很正常，不要着急”等自我反馈和激励的话语。

概念术语

技能　动作技能　心智技能　认知阶段　联结阶段　自动化阶段　练习曲线　高原现象

复习思考题

（一）选择题

1. 技能学习最基本的条件是（　）。

A. 讲解　B. 示范　C. 练习　D. 反馈

2. 高原期通常出现在操作技能练习过程中的（　）。

A. 初始阶段　B. 中间阶段　C. 结束阶段　D. 全过程

3. 安德森等的技能形成三阶段论的第三个阶段是（　）。

A. 认知阶段　B. 联结阶段　C. 评价阶段　D. 自动化阶段

参考答案：1. C；2. B；3. D

（二）论述题

1. 什么是技能？
2. 说说动作技能与心智技能的关系。
3. 举例说明技能形成的三个阶段。
4. 如何培养学生的技能？
5. 如何帮助学生克服高原现象？
6. 说说反馈在技能形成中的作用。

拓展学习

陈琦，刘儒德．(2019)．当代教育心理学（第 3 版）（第 10 章）．北京：北京师范大学出版社.

安德森.(2012).认知心理学及其启示(第7版)(第9章).秦裕林,程瑶,周海燕等译.北京:人民邮电出版社.

王小明.(2009).学习心理学(第6、7章).北京:中国轻工业出版社.

第十一章

品德的培养

【本章提要】

道德认知教育
- 皮亚杰的道德认知发展理论
- 科尔伯格的道德认知发展理论

道德情感教育
- 共情
- 内疚
- 羞愧

道德行为教育
- 道德行为的社会学习理论
- 亲社会行为与道德教育
- 品德不良行为及其矫正

立德树人是我国教育的根本任务。习近平总书记强调："加强品德教育，既有个人品德，也有社会公德、热爱祖国和人民的大德。"[①] 品德在我国又称为品行、德行或操守等，涉及学生对社会规范的遵从和信奉。品德教育已成为我国学校教育课程的有机构成部分。中共中央　国务院《关于加强和改进新形势下高校思想政治工作的意见》提出，以立德树人为根本，以理想信念教育为核心、以社会主义核心价值观为引领，坚持全员全过程全方位育人，把思想价值引领贯穿教育教学全过程和各环节。本章将从道德认知、道德情感和道德行为这三个方面介绍不同的道德理论和相应的道德教育。

第一节　道德认知教育

品德（道德品质） 个人依据一定的道德行为准则行动时所表现出来的某些固定的人格倾向。

品德，即道德品质（moral character/moral trait）是指个人依据一定的道德行为准则行动时所表现出来的某些固定的人格倾向。它由道德认知、道德情感和道德行为三种心理成分构成，但是也有学者将道德意志列入其中，组成四种心理成分（林崇德，1988）。其中，道德认知（或称道德认识）指的是个体对道德范畴、道德规范、行为准则等及其社会意义的认知。一个人面对矛盾冲突的道德情境时，通过道德认知能够对是非善恶做出判断，进而做出缜密的道德抉择。

① 习近平．习近平著作选读：第二卷．北京：人民出版社，2023，第198页．

一、皮亚杰的道德认知发展理论

皮亚杰以儿童为研究对象，用独创的对偶故事法揭示了道德认知发展过程。在对偶故事法中，他先给儿童讲述两个包含道德价值内容的故事，然后问儿童一些问题，从儿童的回答（尤其是错误的回答）中，找出儿童解答问题的规律。

追根溯源

在研究儿童对过失行为的判断时，向儿童讲述下面的故事，并要求儿童说出评定理由。

A. 妈妈叫小明帮忙把厨房桌子上的15个杯子拿给她。小明很乐意地跑到厨房，但是厨房的桌子有点高，小明只能勉强够到桌子上放杯子的托盘，他只能慢慢地把托盘拉到桌子的边缘。这时候意外发生了，由于不小心用力太大，托盘一下子摔到地上，15个杯子全部打碎了。

B. 小刚的妈妈要外出，出门时嘱咐小刚要好好看家。小刚趁着妈妈出门，想要偷吃家里的果酱，他发现果酱被妈妈放在很高的橱柜里，于是他搬来凳子，但是当他准备拿果酱的时候碰到了橱柜里的一个杯子，杯子掉在地上打碎了。

问题：(1) 这两个孩子的过失是否相同？(2) 这两个孩子中哪一个的问题更严重？为什么？

皮亚杰通过分析不同年龄儿童的回答，提出了道德认知发展的三个阶段。

（一）前道德阶段——无律道德阶段

5岁之前的儿童处于前道德阶段——**无律道德**（anomous morality）**阶段**。在这一阶段，儿童以自我为中心来考虑问题，对事情引起的结果只有朦胧的了解，其行为直接受到行为结果的支配，他们只做规定的事情，因为他们想避免惩罚或得到奖励。这一阶段的儿童既不是道德的，也不是非道德的。

> **无律道德阶段**　皮亚杰提出的儿童道德认知发展的第一个阶段。在这一阶段，儿童以自我为中心来考虑问题，对事情引起的结果只有朦胧的了解，他们为了避免惩罚或得到奖励而只做规定的事情。
>
> **他律道德阶段**　皮亚杰提出的儿童道德认知发展的第二个阶段。在这一阶段，儿童依据外在的道德法则做出判断，依据行为的结果而不是行为的动机来判断行为对错。

（二）他律道德阶段

5～8岁的儿童处于**他律道德**（heteronomous morality）**阶段**。在他律道德阶段，儿童依据外在的道德法则做出判断，依据行为的结果而不是行为的动机来判断行为对错。此时的是非标准取决于是否符合权威人物（如成人）的命令或规定，是一种受自身以外价值标准支配的道德判断。在上述打碎玻璃杯的例子中，他律阶段的儿童会认为小明打碎了全部的杯子，而小刚才打碎一个，因此前者的错误更大。

（三）自律道德阶段

> **自律道德阶段** 皮亚杰提出的儿童道德认知发展的第三个阶段。在这一阶段，儿童不再无条件服从权威，能够基于社会规则的内化以及自身对人类关系中平等、尊重、互助的理解，综合考虑行为背后的动机、行为的性质以及行为的结果等而对行为做出道德判断。
>
> **道德两难故事法** 科尔伯格通过让儿童回答道德故事最后提出的、能够反映出个体内心道德价值的问题来考察儿童道德判断发展的方法。这样的故事往往包含两种独立的价值选择，每一种选择都有特定的道德意义。

9～11岁的儿童开始进入**自律道德**（autonomous morality）**阶段**。道德发展到这个时期，儿童不再无条件服从权威。儿童在判断行为对错时能够基于社会规则的内化以及自身对人类关系中平等、尊重、互助的理解，综合考虑行为背后的动机、行为的性质以及行为的结果等。但是这时的道德判断依然是不成熟的，往往同时存在他律和自律两种判断，一般认为儿童到11岁或12岁之后，才能进入比较稳定的自律阶段。

儿童的道德认知发展是一个从以自我为中心的前道德阶段向他律道德阶段转变，最后达到自律道德阶段的过程。皮亚杰认为社会互动，尤其是儿童与同伴的互动能够在很大程度上刺激个体的道德发展。他极力倡导民主教育的方法，强调教育工作者在培养学生品德和促进学生的品德发展过程中最好将学生看成共同寻求知识的平等个体，而不是用教条式的权威迫使学生接受某一种道德价值。

二、科尔伯格的道德认知发展理论

在皮亚杰之后，科尔伯格（Lawrence Kohlberg，1927—1987）进一步开展了道德认知发展的研究工作。与皮亚杰的观点一样，科尔伯格认为，个体的道德推理的发展会经历一系列阶段。在这些阶段中，个体逐渐理解正义或公平，并将其内化为自己的道德价值，以此做出道德判断（Kohlberg，1984）。

但与皮亚杰不同的是，科尔伯格开创了**道德两难故事法**（moral dilemmas）来研究个体的道德发展阶段。下面是一个道德两难故事（Kohlberg，1969）。

追根溯源

海因兹的妻子苏珊有一天发现自己身体不适，便去医院检查。医生的诊断令海因兹惊呆了，苏珊已经是癌症晚期了。好心的医生说："您的妻子没有多少时间了，医院里没有什么特效药。不过，我听说本城的药剂师约翰最近发明了一种药，这种药也许能挽救您妻子的生命，你去求求约翰吧。"

海因兹如同抓住了救命稻草，马上奔向约翰的家。傲慢的约翰声称自己花了大本钱才发明了这种药，不肯轻易卖给海因兹。该药的本钱是200英镑，但是约翰却跟海因兹说："给我2 000英镑，这东西就归你了。"海因兹哪有这么多钱？可妻子的生命危在旦夕，他只好把小钟表店盘了出去，并四处奔波向亲戚朋友借钱。可是，凑来凑去，也只有1 000英镑。

海因兹没有办法了，只好再次求约翰："您行行好吧，苏珊快要死了，您就以一半的价钱把药卖给我吧！或者我先欠着这笔钱，以后还给您。"

"不行！我发明这种药就是为了赚钱。"约翰生硬地拒绝了海因兹的请求。

海因兹十分绝望。看着日渐憔悴的爱妻，走投无路的海因兹决定孤注一掷。一天晚上，海因兹翻墙撬门进了药店，为自己的妻子行窃，偷走了药物。

故事讲完后，向儿童提出以下问题：(1) 海因兹该不该偷药？为什么？(2) 海因兹有责任和义务去偷药吗？为什么？(3) 海因兹偷药是违法的，法官是否应该判他的刑？为什么？(4) 你认为海因兹最负责任的行为应该是什么？为什么？

道德两难故事往往包含两种独立的价值选择，每一种选择都有特定的道德意义。故事的最后提出一些能够反映个体内心道德价值的问题。通过分析不同年龄的个体对这些问题的回答，可以找到道德发展的规律。

(一) 道德认知发展阶段理论

科尔伯格按照个体道德判断结果的性质，提出了道德认知发展阶段理论。道德判断是个体根据自己的道德观念和道德认识对自己或他人的行为做出判断与推理的过程。根据科尔伯格的观点，道德判断涉及内容和结构（形式）两个方面。内容涉及对行为的是非、好坏的判断，在海因兹偷药这一两难问题中表现为判断他应不应该偷药，他偷药对不对；结构（形式）则涉及对内容的理由的说明与推理过程。一般而言，道德认知发展的水平并不取决于道德判断内容（无论判断海茵茨是否应当偷药），而主要取决于其背后的结构（形式），即个体道德推理所依据的社会观点。

科尔伯格（科尔伯格，2004）由此将个体的道德认知发展划分为三种水平：前习俗水平、习俗水平和后习俗水平，分别对应于具体个人观点、社会成员观点和超社会观点。所谓习俗，是指所遵守和坚持的社会规则和期望。前习俗水平的视角是具体个人的观点，是考虑自己利益和他人利益时个人的看法。例如，遵守法律是为了不受惩罚。习俗水平的视角是社会成员的观点，关心整个社会的利益。例如，认为法律是大家制定的并为大家服务的，大家都要遵守。后习俗水平的视角是超社会的观点，个体用所有道德个体公认合理的方式来重新界定社会义务，依据个人的道德观点来质疑和重新解释社会规则。

三个水平各包含两个阶段，共六个阶段。每个水平的第二个阶段都是一般观点的更高级、更结构化的表达形式。

1. 前习俗水平（preconventional level，9 岁以下儿童、部分青少年、大多数少年犯和成年罪犯）

前习俗水平阶段的个体还没有真正地理解和坚持习俗或社会的规则和期望。根据自我与社会规则和期望之间的关系，在前习俗水平阶段，社会规则和期望是自我之外的东西。

第一阶段：惩罚和服从定向阶段。

对于这个阶段的个体来说，道德意味着服从权威，不要打破规则，并且不要对其他人或其财产造成物理上的伤害。他们进行道德判断相对简单，判断是非依赖于标签式的准则（如听老师的话、不可以打人等），除此之外基本上不需要其他理由。对于海因兹偷药问题，在这个阶段，赞成偷药者的理由是，他的妻子死了，他就会陷入困境，他会因为没有花钱去帮她而受到责备，或者由于妻子死了而接受调查。反对偷药者的理由是，偷药会被抓住，抓住后要坐牢。

第二阶段：相对功利定向阶段。

对于这个阶段的个体来说，道德意味着服从有利于自己的规则，尤其是那些具有公平交易性质的、能让自己从中获益的规则。当发生利益冲突时，道德行为总是服务于自己的需求，即我考虑到你的需要，你也必须考虑到我的需要，否则就是不道德的。在这一阶段，赞成偷药者的理由是，药剂师卖的药太贵了，并没有考虑到海因兹的需要。反对偷药者的理由是，如果他偷了药也不会判太长的刑期，但在他出狱之前，他妻子就死了，所以这也没有什么好处。

2. 习俗水平（conventional level，9岁及以上儿童、大多数青少年和成人）

习俗水平阶段的个体接受社会规则。根据自我与社会规则和期望之间的关系，在习俗水平阶段，自我已经认同或内化了社会规则和期望，尤其是权威的期望。

第三阶段：寻求认可定向阶段。

这一阶段的个体对行为好坏的判断取决于这一行为是否被人喜爱，能否取悦他人。个体会依据他人（尤其是与自己亲近的人）的期待来做出道德评价，如以好孩子、好学生、好兄弟为标准做事。他们的道德行为集中体现在如何成为一个自己眼中和他人眼中的“好人”上。在这一阶段，赞成偷药者的理由是，海因兹要成为一个好丈夫，要关心照顾好自己的妻子，否则别人会指责他没有良心，见死不救。反对偷药者的理由是，海因兹会被人们看作一个罪犯，他会给自己和家族带来耻辱，进而无法面对他人。

第四阶段：社会制度和秩序维护阶段。

这个阶段的个体通常认为，做一个好公民、维护社会的秩序、保持社会稳定就是道德的，否则就是不道德的。法律具有权威的作用，个体对公正与否的评判通常依据有没有完全遵守法律来进行。在这一阶段，赞成偷药者的理由是，海因兹在结婚时发过誓言，他有责任去保护妻子的生命，但偷窃是不对的，他应该带着该付的钱或者因违反法律而受到惩罚的念头把药拿走。反对偷药者的理由是，如果人人都违反法律去偷东西，社会秩序将会变得混乱。

3. 后习俗水平（postconventional level，少数20岁以后的成年人）

后习俗水平阶段的个体理解并从根本上接受了社会规则，但是以理解和接受这些规则所赖以确定的一般道德原则为基础。在某些情况下，这些原则与社会规则相矛盾，个体依据原则而非习俗来判断。根据自我与社会规则和期望之间的关系，在后习俗水平阶段，个体已经将自我从规则和别人的期望中分化出来，并根据自我选择的原则来界定他对价值的看法。

这个阶段的个体已经发展到超越现实道德规范的约束，达到完全自律（自己支配）的境界。此阶段大多出现在青年期人格成熟之后。这一时期同样可以划分为两个阶段。

第五阶段：社会契约阶段。

这一阶段的个体能够意识到许多价值和规则都有赖于其所在的群体，对自己所在的群体具有责任心和义务感，尊重法律，但是并不认为法律是一成不变的，必要时可以修正法律。个体的道德行为主要来源于对社会契约的遵守，因为契约会保护个人的权利、保证公平公正以及让大多数的人获得最大的利益。该阶段的个体一般会认为海因兹偷药是应该的，因为一个人生命的价值远大于药剂师个人对财产的所有权。反对偷药者的理由是，海因兹会失去社会地位和尊重，并且违反法律。如果他被情绪冲昏头脑，看得不长远，也会失去对自己的尊重。

第六阶段：普遍道德准则阶段。

这一阶段的个体有自己的人生哲学，对是非善恶有独立的价值标准。此时个体对公正与否的评判往往依据自己对普遍道德准则的理解来进行，如果与这一道德准则相符，则是公正的。通常情况下，个体是遵守法律的，但是一旦法律与这些道德准则相悖，个体则会按照自己对道德准则的理解行事。该阶段的个体一般会认为海因兹偷药是应该的，因为和种种可以解决的事情相比，人的生命一旦逝去，便无可挽救。反对偷药者的理由是，如果海因兹偷了药，别人也许不会责怪他，但他会谴责自己，因为他没有遵循自己的良心和诚实标准。

科尔伯格认为，这些阶段具有普遍性，儿童、青少年和成人都是通过从一个阶段进入下一个阶段的顺序来发展他们的道德认知的。这与皮亚杰认知发展阶段的特点是相似的。此外，道德认知发展水平主要取决于道德判断的形式（道德推理），尽管内容和道德推理起初是独立的，但最后都被整合到一个连贯的伦理系统中（Kohlberg，Levine，& Hewer，1983）。在最后两个阶段，内容也是相关的。道德上成熟的人不仅会考虑某些行为为什么是正当的，还会考虑人在面临道德困境时应该做什么。他们在遵守法律和维护个人权利之间做选择时，会支持个人权利（如海因兹应当偷药去挽救生命）。

科尔伯格的道德认知发展阶段模型阐述了在每个阶段道德认知发展所具有的潜在的复杂性和充分性。对于科尔伯格而言，道德认知发展阶段不仅体现了道德理念、道德类型或者道德推理的阶段性差异，还反映出个体的一般认知发展在不断演化的社会道德认知结构中的主导作用。

（二）道德教育方法

在科尔伯格看来，道德教育不能通过直接讲授道德概念或灌输行为规则来进行，应该通过提高个体的道德认知能力来推动其道德判断能力的发展，从而使得个体在面临道德情境时做出正确的决策和行为。为此，科尔伯格提出了两种道德教育方法。

1. 道德两难讨论

道德两难讨论（dilemma discussion）的基本方法是教师引导学生讨论道德两难问题，引起学生的道德认知冲突，激发学生积极的道德思考，以促进学生道德判断能力的发展。这种方法主要是引起儿童的道德认知冲突和不确定性，当儿童意识到自己的观点与他人的不一致时，儿童的道德认知就会处于一种矛盾和不平衡的状态，从而推动儿童道德认知的改组和重构。

道德两难讨论的具体实施过程可以分为以下几步。

（1）通过测验进行分组。对学生的道德发展水平进行评测，将不同水平的学生分为一组，每组内各个水平的学生数量尽量保持均衡。

（2）选择和准备道德两难故事。这些故事需要包含明显的道德冲突，通常情况下包含两种抉择，这两种抉择代表了两种不同的道德价值。此外，还要具有开放性，便于补充细节，引出新的问题（例子见表11-1）。

表11-1 道德两难故事举例

案例	问题
小李要去参加一次非常重要的考试，考试成绩直接关系到他能不能找到工作。考试前小李认真地复习了考试范围内的所有内容，相信自己能在考试中取得好成绩。但是在开考前1个小时，监考老师突然说为了增加考试难度，试卷中加了一部分考试范围之外的内容，而小李并没有复习这部分内容。考试进行了一段时间之后，小李正在为几道没复习过的题目发愁，这时，监考老师走出去了，考场上也没有其他人监督。一位学习很不错的同学示意小李，想要跟他分享答案。	• 你觉得小李应不应该接受同学的答案？为什么？ • 如果小李接受了同学的答案并取得了好成绩，他的成绩是应得的吗？为什么？ • 如果小李没有接受同学的答案，最后成绩不理想导致他找不到工作，他应该为此负责任吗？为什么？ • 如果小李参考了同学的答案之后没有被监考老师发现，但是被同班的小王发现了，小王应该把这件事告诉监考老师吗？为什么？ …………
小南正在去上学的路上，由于马上要迟到了，他走得很快。当他路过一个十字路口的时候，看到一辆摩托车把一位老奶奶撞倒在地，而骑摩托车的人直接走了，老奶奶倒在地上，看样子很痛苦，周围也没有其他人。由于马上就要迟到了，而且第一节课又是很重要的班会课，老师之前特地强调了不能迟到，否则要罚打扫班级卫生一个星期，想到这里，小南很犹豫要不要帮助那位老奶奶。	• 如果你是小南，你会帮助那位老奶奶吗？为什么？ • 小南有没有义务帮助那位老奶奶？为什么？ • 如果小南因为帮助老奶奶而迟到了，班主任应该惩罚小南吗？为什么？ • 如果小南没有帮助那位老奶奶，老奶奶没有被及时送往医院，最后导致了严重后果，小南应该为此负责吗？为什么？ …………

（3）引导学生讨论。教师向学生大概阐述讨论的原理和目的、讨论的规则等，向学生朗读道德两难故事，帮助学生理解其中的道德情境，逐步提出问题，引导学生针对问题进行讨论和发言，注意每一个问题的关键在于“为什么”。讨论过程中鼓励学生提出不同的观点和论据。

（4）终止讨论。当小组成员依次给出了自己的观点，互相之间产生了观点上的碰撞时，便可以认定学生体验到了道德认知冲突，此次讨论便可以告一段落，告诉学生在课后和校外可以继续进行深入的讨论，或进入下一个道德两难故事。

2. 公正团体

虽然许多研究都表明道德两难讨论能够促进儿童道德认知的成熟（Samuelson，2007；Schlaefli，Rest，& Thoma，1985），但是从整体上看，道德两难讨论的程序比较复杂，也不宜实施，并且无法很好地促使学生将道德判断转变为道德行为。基于此，科尔伯格提出了公正团体（just community）的道德教育策略。

公正团体主要是基于师生间民主的关系而创设出来的一个公正的团体或小型学校，

团体成员在这一集体中能够感受到公正的集体氛围，遵守集体规范。如果违反集体规范则需要接受惩罚。一般而言，一个公正团体要求的学生人数在 60～100 人，另外配备 5 名教师，集体内部有一定的组织架构，包括集体委员会（负责建立集体、制定规则）、委员会顾问（辅助制定集体规范、奖惩措施）、纪律委员会（负责监督团体成员的道德行为和执行奖惩）等。

公正团体一般每周进行一次活动，活动内容是集体会议，包括讨论和制定相关的规则和纪律，计划集体活动和策略，评估成员的道德行为和处理违纪事件，等等。其核心思想是民主参与，不管是老师还是学生，每个成员都有针对某一事件的表决权，一人一票，保证绝对的公正。在公正团体中，存在一种集体规定的道德价值，如信任、关怀、尊重他人等，这种道德价值会产生相应的行为期望，进而推动团体成员的道德行为。有研究表明，公正团体策略能够促进学生道德判断能力的发展，通过民主参与培养学生的集体感，引导学生形成道德责任感和履行道德行为（Howard-Hamilton，1995；Power，Higgins，& Kohlberg，1989）。此外，公正团体策略所强调的民主精神和参与意识在道德教育实践中也具有独特的作用和意义。

道德心理学家吉利根（Gilligan，1977，1982）认为，科尔伯格的研究大多采用男孩作为被试，忽略了女性的道德发展特征，因为相比男性更加注重公正和尊重他人权利的倾向，女性更倾向于关怀和共情。公正取向和关怀取向的区别在于，公正的道德重视规则、权利和自律，而关怀的道德重视责任感、与他人的关系和自我牺牲。但是有元分析研究发现，道德推理的取向可能并不存在性别差异（Jaffee & Hyde，2000）。这对吉利根提出的关怀推理的性别差异问题提出了挑战，但是从另一个角度来看，关怀推理不存在性别差异也意味着并不是说男性就无法使用关怀推理。

科尔伯格的研究关注公正，吉利根的研究关注关怀。但品德教育所包含的内容并不只有这两个方面。在我国，社会主义核心价值观就是一种德，既是个人的德，也是一种大德——国家的德、社会的德和人民的德。习近平总书记明确指出："社会主义核心价值观是当代中国精神的集中体现，凝结着全体人民共同的价值追求。"[①] 社会主义核心价值观把涉及国家、社会和公民的价值要求融为一体。其中，富强、民主、文明、和谐是国家层面的价值要求，自由、平等、公正、法治是社会层面的价值要求，爱国、敬业、诚信、友善是公民层面的价值要求。习近平总书记在党的十九大报告中提出，"把社会主义核心价值观融入社会发展各方面，转化为人们的情感认同和行为习惯"[②]，培养德智体美劳全面发展的社会主义建设者和接班人。

第二节　道德情感教育

道德情感是指在社会道德规范的影响下，个体对于自己或者他人的行为举止或者思

① 习近平．习近平著作选读：第二卷．北京：人民出版社，2023，第 35 页．

② 习近平．习近平著作选读：第二卷．北京：人民出版社，2023，第 35 页．

想意图进行评价时所产生的情感体验。道德情感可能是直觉性的，或是通过想象形成的，也可能与伦理有关。一般而言，在现实中发生的事件或自己的行为符合自身所维护的道德观念时，会产生积极的情感体验，否则就会产生消极的情感体验。

一、共情

共情 个体由真实的或想象中的他人的情绪、情感状态所引起的与之一致的情绪、情感体验。

共情（empathy）是个体由真实的或想象中的他人的情绪、情感状态所引起的与之一致的情绪、情感体验。例如，“看见人群中孤独的陌生人，我心情沉重”“当朋友遇到困难时，我总是安慰他”。共情与个体的自我苦恼或悲伤（personal distress）是不同的，共情是以他人为中心的，关注的是他人的经历和需要，产生的是替代性的相同情感而非关注自身经历和需要的直接情感。相比自我苦恼，共情常常会导向帮助行为。例如，对被欺凌的同学产生共情，个体更有可能停止欺凌或者主动提供帮助。共情与同情也是有差别的，同情主要是对他人的情感状态表示关心，但同情者并不一定产生相同的替代情感。例如，对一个受到老师或者同学错怪的同学感到同情，个体自己并不一定会同样体验到愤怒和委屈，而对其产生共情的个体则会经历相似的情感体验。

共情是道德发展中处于核心地位的道德情感，受到研究者重视。共情能够强化个体的公正和关怀这两种重要的道德价值取向；能够激发个体头脑中的道德准则，从而影响个体在面对权利、义务和情感等方面存在矛盾的道德情境时的道德判断；能够直接影响个体的道德行为，促使个体增加亲社会行为，并减少侵犯行为、违法犯罪行为等非道德行为。对于不良行为或不道德行为的受害者的共情，能够引起个体对这些行为的反感和抵制；而对于亲社会行为的受益者的共情，能够激励个体做出更多的亲社会行为。

（一）共情的产生

共情的产生是特定的刺激事件作用于他人而使得共情者体验到与之相同的情感，其发生主要有条件作用、直接联想、模仿、象征性联想和角色采择这五种模式。条件作用是对他人情感线索的直接反应，如母亲的紧张等情绪会成为婴儿的条件刺激，从而引起婴儿的相应情绪；直接联想是由于观察到他人经历某种情绪而联想到自己过去经历这一情绪的情境，从而产生共情；模仿是指个体观察到他人的面部表情或者身体姿势时无意识地去模仿，从而体验到相应的情感；象征性联想是指个体接触到他人情绪的间接信息，如信件或者照片时，联想到自身过去的经验从而产生共情；角色采择是个体将自己设身处地地放在他人所经历的情境中，去想象自己遭遇了他人所遭遇的情境，从而诱发共情体验。

共情反应要求个体具有三方面的能力：观点采择能力、情绪理解能力和情绪体验能力（Feshbach，1975）。观点采择要求个体站在他人的立场上并理解他人的观点，情绪理解要求个体能够识别和分辨他人的情感反应，情绪体验要求个体能够亲身体验和经历他人所体验到的情感。

（二）共情的发展

道德共情的发展可以分为四个阶段（Hoffman，2000）。

第一阶段：普遍性共情（globe empathy）。

0～1 岁婴儿的共情处于非常原始的阶段，他们会对所有反映他人情感状态的表情线索产生普遍性的共情反应，例如，看到其他婴儿的眼泪就会哭泣，而不区分对方与自己的关系。实际上，这个阶段的婴儿还未获得恒常性，也不能将自身和他人区分开来，他们的共情反应与自己本身经历引起的情绪反应是没有区别的，不是完全的“感同身受”。

第二阶段：自我中心共情（egocentric empathy）。

1～2 岁的婴儿开始能够区分他人和自己，他们意识到他人的情感不是属于自己的，意识到是他人遭遇了相应的事件而非自己的遭遇，但他们仍然无法理解他人的心理需要，因此往往会通过满足自己心理需要的方式去帮助他人，而非满足他人的心理需要。例如，当看到一个成人难过时，婴儿可能会以为对方跟自己一样是因为没有玩具而伤心，从而可能会通过递给对方玩具的方式来帮助对方。这种对他人情感产生原因的判断失误并不是偶然的，而是婴儿总以自身心理状态为标准的结果。

第三阶段：对他人感受的共情（empathy for another's feeling）。

2 岁或 3 岁以后，儿童开始逐渐意识到他人和自己可能有不同的心理状态与对事物的理解，能够对他人的情感和情感产生的原因进行推断，而不再是简单地由己推人。这时，他们开始能够用更加熟练的方式去帮助他人，例如，看到成人伤心时，不再是笨拙地递给对方玩具，而是给对方拥抱和安慰。

第四阶段：对他人生活状况的共情（empathy for another's life condition）。

童年后期，随着儿童认知的发展，他们开始能够超越直接情境，不仅理解他人眼前的痛苦或其他情感体验，也能理解他人长期的生活状况所带来的情感体验。这时，他们开始能够对自己不熟悉的人和群体在自己不熟悉的情境中所产生的情感体验进行共情，如体验到贫困者的痛苦、丧偶老人的孤独等。这是共情能力发展的最高阶段。

当然，并不是所有个体的共情发展阶段都是一致的，性别差异、城乡差异以及文化背景差异等都可能导致个体共情发展的差异，并且同一个体对于不同类型情绪的共情能力的发展也存在差异。

（三）共情与道德教育

个体共情能力的发展是其品德发展的基础。共情能力的培养是道德教育中至关重要的一环。为了促进个体共情能力的发展，研究者们发展出一些训练共情的程序，主要从情绪识别、情境理解和情绪追忆这三个方面着手，对个体共情能力进行培养。其中，发展较为成熟的共情培养程序主要是共情训练程序（Feshbach & Feshbach，1982）。这一程序的实施总共需要 10 周，每周训练 3 次，每次 15 分钟。具体的训练过程主要从理解情感知觉、识别情感线索、注意情感反应这三个方面进行。理解情感知觉的训练要求个体对图画呈现的与情感相关的情境中他人的情境知觉进行判断。例如，在图 11－1 所呈

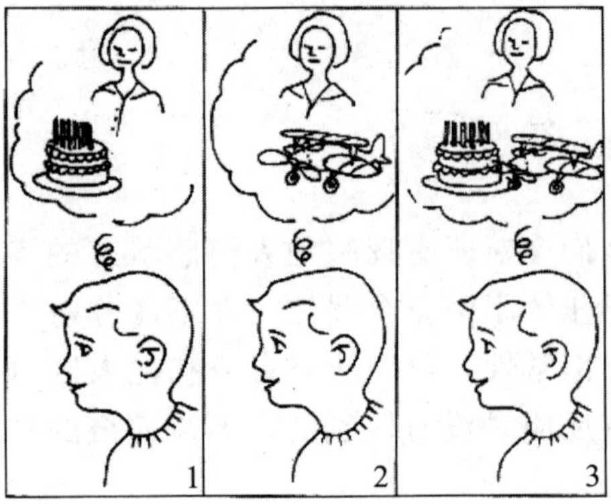

图 11－1　共情训练程序图画示例

现的关于给妈妈买生日礼物的小男孩的图画中，小男孩在思考给妈妈买什么生日礼物之后，最终决定给妈妈买自己最喜欢的玩具飞机，教师在训练过程中要求学生说出图画上的小男孩忘记了什么。识别情感线索的训练则要求学生说出为什么图画上的人物会产生这样的情境知觉，如小男孩为什么会决定给妈妈买玩具飞机。最后，注意情感反应的训练通过对情境中的情绪反应进行提醒和引导，提高学生对他人情感反应的敏感性。

教师还可以通过训练学生对面部表情的识别或者通过角色扮演游戏等方式让学生充分体验他人的情感的方式来培养其共情能力。例如，通过让学生扮演在自习课上认真学习但是被班级同学大声说话打扰的学生，让学生表现出这一过程中的烦躁不安和生气，从而使他们认识到在自习课上大声说话对他人所造成的影响。

二、内疚

内疚　当个体做出危害他人的行为或违背了道德标准时，会引起自我反省并认为自己应当对此负责，从而产生不愉悦、自责的情绪反应。

内疚是一种典型的道德情绪，最早由弗洛伊德的精神分析学派将其纳入心理学的研究当中。**内疚**（guilt）是当个体做出危害他人的行为或违背了道德标准时，会引起自我反省并认为自己应当对此负责，从而产生不愉悦、自责的情绪反应（Turner & Stets，2006）。内疚可能是针对个体自身做出的不符合社会规范的行为所产生的，个体感到内疚是对行为本身的懊悔，认为不应该做出伤害他人、违背社会规范的行为；也可能是由于关注到了自己的非道德行为对于他人或者社会所造成的伤害，个体注意到他人的利益受到侵害，因而对造成这一侵害的行为感到内疚。例如，小红因为一道很简单的数学题目向同桌小明请教，小明看完题目后嘲笑小红太笨，连这么简单的题目都不会做。之后的一整天，小红都没精打采、闷闷不乐，小明因此感到内疚，后悔自己说了嘲笑小红的话，没有尊重她的自尊心。小明提醒自己，今后绝对不要嘲笑别人的缺点。在这个过程中，小明之所以感到内疚，是因为后悔自己说了伤害小红的话。而这种内疚的情感抑制了他今后非道德行为的实施。

内疚可分为人际违规内疚、替代性内疚、群体内疚和虚拟内疚。人际违规内疚是由于主体对他人造成伤害而产生的内疚。替代性内疚是由于与主体有着密切关系的人或者有着高度社会认同的人做出了违规行为而产生的内疚。例如，小华因为和同桌玩闹不小心扭伤了胳膊，中午回家爸爸看到后不由分说到学校把同桌数落了一顿，小华因此替爸爸感到内疚。群体内疚是当主体所在的群体违背了群体价值或群体规则时所产生的情感体验，即使主体本身并没有参与到违规事件当中。例如，在上自习课时，班上同学太过吵闹引起了隔壁班级同学的投诉，小明虽然并没有大声吵闹，但身为班级成员，他仍然感觉到内疚。虚拟内疚的主体并没有做出伤害他人的事情，但自认为与他人受到的伤害有关，因此感到内疚。例如，盈盈在月考中拿到年级第一的好成绩，原本应该感到欣喜的她，在看到成绩不好的同桌溢于言表的沮丧之后，却觉得十分内疚。

内疚有助于修复人际关系，促使个体做出补偿行为（De Hooge，Nelissen，Breugelmans，& Zeelenberg，2011）。有人研究了内疚对初中生被试在独裁者博弈游戏中的公平行为的影响（丁芳，周鋆，胡雨，2014）。结果发现，在两人分配的情境下，由内疚情绪唤起的被试分配给搭档的代币数量显著多于分配给自己的代币数量，而控制组不存在这种差异。这表明内疚情绪的唤起有助于公平行为的发生。

（一）内疚的产生

根据精神分析理论，内疚源于个体的焦虑。个体出于对失去他人的爱的焦虑而对做出违反规则的事情感到内疚。良心的发现也是内疚的来源之一。如果个体意识到自己做出了违反道德规范的行为，就会感受到良心的自责，这被认为是超我对于非道德行为的惩罚。此外，依恋也是产生内疚的原因之一。如果个体做出伤害他人的行为，就会担心受到他人排斥，从而产生内疚。最后，共情也是引发内疚的重要因素之一。当个体对受到自己伤害的个体产生共情，体验到受害人的痛苦和悲伤时，个体就会对自己的行为感到内疚。

内疚的产生还受到个体的一些基本认知和能力的影响，包括对道德规范的认识、对自身行为结果的认识、对自身行为动机的认识、对自身行为的改进等，这些认知和能力的发展影响和制约着个体内疚的发展。

（二）内疚的发展

儿童内疚是随着上述基本认知和能力的发展而逐渐发展的，大致可以分为以下四个阶段。

1. 婴幼儿早期

儿童并不能对他人的内部心理状态进行觉知，不能意识到自己的行为对他人造成了伤害，因此并没有真正意义上的内疚。

2. 4～5 岁

儿童的内疚迅速发展，开始因为意识到自己伤害了他人而感到内疚，但此时他们的内疚主要是由于模糊的道德认知以及对受害人的共情而产生的。他们产生内疚主要是因为自己的行为没有跟他人达成互惠。

3. 6～8 岁

儿童的内疚开始有真正的交往价值，并且会做出一些补偿行为。他们产生内疚主要是由于没能履行某种义务或者责任。

4. 10～12 岁

儿童对道德标准有了清晰的认识，开始因为自己的行为不符合道德标准而感到内疚。

（三）内疚与道德教育

在道德教育中，可以通过让个体体验内疚情绪的方式来抑制个体做出非道德行为的冲动。然而，内疚情绪一般在个体做出了有害于他人或者社会的行为之后才有可能感受到，而我们不可能为了让个体感受内疚情绪就让其做出非道德行为，这与道德教育的目的背道而驰。有研究者提出，可以利用虚拟内疚来强化个体的道德行为，抑制非道德行为的发生。在学校的道德教育过程中，可以通过创设相应情境，结合一些实际发生的校园事件，引导学生产生虚拟内疚，从而促使他们审视自己的行为，使自己的行为更加贴合道德标准。此外，角色扮演也是一种很好的方式，可以通过让学生扮演做出非道德行为的人，让其感受到内疚，从而抑制相应行为在实际生活中的发生。

三、羞愧

羞愧 又叫羞耻，是指个体由于把消极的行为结果归因于自身能力等而产生的不光彩的痛苦体验。

羞愧（shame）也叫羞耻，是指个体由于把消极的行为结果归因于自身能力等而产生的不光彩的痛苦体验。在道德领域中，个体做出有悖于道德规范的事情，自愧品德不够好，担心遭受他人负面评价时，就会感觉到羞愧。相较于内疚，羞愧是更加关注自身的一种情绪体验，其重点是自我而不是行为。个体感到羞愧时所关注的重点不在于自己的行为对他人造成了多大的伤害，而是觉得自己有多么糟糕和不体面。例如，小刚在课堂上偷偷吃零食，被老师发现并提出批评，小刚顿时感觉到羞愧，恨不得找个地洞钻进去，他不敢看老师和同学，认为老师和同学此时一定非常看不起自己，他在心里反复地想："我怎么这么糟糕！"在这一过程中，小刚主要关注的是自己吃零食使得自己在老师和同学面前的形象有所降低，感到丢脸。羞愧常常会促使个体在社会互动中不断审视自己的行为，进而维持自己的形象。同时，它也会促使个体进行反思和内省，进而对自己的错误行为进行矫正。但羞愧的不良应对往往也容易导致人际退缩、焦虑、抑郁、不良自我概念等，因此，羞愧是否有益于个体发展尤其是道德发展，取决于个体是否合理应对羞愧。

对于羞愧，人们一般有四种类型的应对方式：逃避、退缩、攻击他人和攻击自我（Nathanson，1992；Klaassen，2001）。这四种应对方式主要通过指向（自我/他人）和控制（攻击/回避）这两个维度进行划分。这一模型看起来像罗盘的四极，因此被称为羞愧感的罗盘应对理论（见图11-2）。

逃避的应对方式主要表现为掩饰自己的行为或者避开可能评价自己的人；退缩的应对方式主要表现为暂时停止带来羞愧感的行为；攻击自我的应对方式主要表现为自责、自虐、自嘲和自贬；攻击他人的应对方式主要表现为抱怨、斥责或者暴力攻击他人，从而将羞愧感转嫁给他人。四种应对方式中，退缩是应对羞愧的最合理方式。当个体感到羞愧时，更多的是想要隐藏不良行为而非修正不良行为，更多关注自我的蒙羞而非他人的受伤害，更多归咎于自身性格、习惯等内部因素而非对不良行为的反省，因此，羞愧情感对于道德发展的积极作用比内疚更弱。

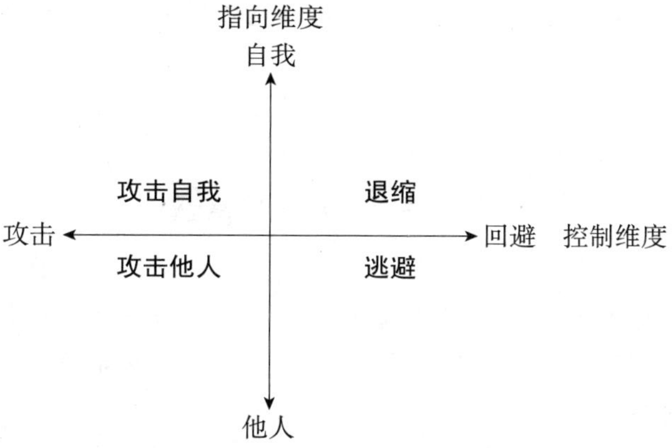

图 11－2　羞愧感的罗盘应对理论

（一）羞愧的产生

羞愧主要是由认知不协调引起的。当个体对自己行为的认知与他所认为的自己应当遵从的道德规范的认知存在不一致时，或者当个体对自己行为所表现出来的现实自我的认知与理想自我的认知存在不一致时，羞愧情感就产生了。因此，觉察现实自我、觉察理想自我、认识道德标准、对自己行为的归因，这些都是羞愧产生的前提条件。个体产生上述不协调体验时，就会通过羞愧情绪使得对自己的评价和对现实自我的认识产生变化，进而调整这种认知失调。此外，自我关注、自尊、共情、旁观者的存在、场合的公开性等都是羞愧产生的条件。自我关注的个体、自尊心较强的个体以及共情能力较强的个体，更容易感受到羞愧。同一个体，同样的不道德行为，发生在有旁观者的情况下会比没有旁观者时引起个体更强的羞愧感，发生在公开的场合会比发生在私密的场合引起更强的羞愧感。

（二）羞愧的发展

关于羞愧的发展目前还没有完整的理论体系，但一些研究发现，3 岁左右，儿童的羞愧感开始萌芽，但此时他们的羞愧感主要来源于成人的责备和批评。学前儿童开始在没有成人评价的情况下由于自身的认识而感到羞愧。之后，儿童的羞愧感不断发展，羞愧感的范围不断扩大，外部表现逐渐减少，并且会在之后的行为过程中克制自己，尽量不做出让自己感觉到羞愧的行为。

（三）羞愧与道德教育

羞愧可对不道德行为起到一定的抑制作用，尤其是在东方文化下，“明廉耻”“知荣辱”被认为是道德教育的基础目标之一。因此，加强个体对不良行为与羞愧情感之间的联结的认识，可以约束违规行为，促进个体道德的完善。

羞愧对个人品德的影响还取决于对羞愧的应对方式，因此，引导学生正确应对羞愧，保护学生的退缩应对方式，也是道德教育中非常重要的一点。同时，建立学生对道德规范的正确认识，引导学生树立正确的理想自我，这些都能够使个体对不良行为产生合理的羞愧并正确应对。这些道德教育观念可以通过角色扮演、案例学习、教师引导等方式来得以实现。

延伸阅读

不道德行为与积极情感

本节主要介绍了共情以及消极情感与道德教育之间的关系。许多研究者认为，不道德行为常常会激发个体的内疚、羞愧等消极情感，这些情感体验会使得个体在进行道德决策时抑制自己做出不道德行为。这也是本节重点介绍消极情感的原因。然而，不道德行为真的会导致消极情感吗?

有研究者以大学生为被试，通过5项研究对此进行了检验（Ruedy，Moore，Gino，& Schweitzer，2013）。他们首先让被试在假想情境中假想自己做出了不道德行为（欺骗），然后让被试报告自己在这之后可能的情绪状态。研究者发现，那些假想自己做出了不道德行为的被试比控制组被试预测自己有更高的消极情感。

然而，在后续的研究中，研究者不再让被试对假想情境中的情感进行预测，而是通过创设情境，让被试真正做出不道德行为，然后比较被试在不道德行为前后的积极情感和消极情感强度的变化。结果发现，不论被试的不道德行为是由于自己的自主选择而做出的还是由于同伴的选择而做出的，也不论不道德行为是否会带来更多的经济奖励，欺骗组的被试总是会经历积极情感的增强而不是消极情感的增强，而控制组的被试的积极情感没有增强。研究者认为，这种不道德行为引起积极情感增强的现象可能是由被试做出的不道德行为侥幸成功所带来的自我满足导致的。

第三节 道德行为教育

道德行为是在一定的道德认知指引和道德情感激发之下所产生的行为。我们在衡量一个人的道德水平时，不能仅仅依据这个人道德认知水平的高低或道德情感的强烈程度，还要看这个人是否能够做出相应的道德行为。

一、道德行为的社会学习理论

班杜拉认为，个体的行为大多来自观察学习。儿童通过观察学习获得了各种各样的行为，包括动作、语言、态度乃至道德行为。通过观察学习，个体可以减少自己“试误”的次数，使得学习过程缩短并迅速掌握大量的行为模式。班杜拉和其他学者通过一系列实验证实了观察学习的效应。

（一）社会强化与榜样作用

班杜拉和麦克唐纳（Bandura & McDonald，1963）做了一个有关社会强化和榜样作用的实验。首先，他们在测试阶段采用皮亚杰的对偶故事法（参见第一节中皮亚杰的对偶故事法举例）对 165 名 5～11 岁的儿童进行测量，并对这些儿童进行分组，最终选择 48 个主观儿童（80%的人会以打碎杯子的意图来判断哪个人犯的错误更严重）和 36 个客观儿童（83%的人会以打碎杯子的数量来判断哪个人犯的错误更严重）作为被试。随后，实验者分别把主观儿童和客观儿童分为 3 组（共 6 组），接受 3 种不同的实验操作，并让他们评价 12 组对偶故事。在第一种实验操作中，每当儿童在评价对偶故事时给出的评价跟测试阶段的评价不一致时（如客观儿童给出了主观评价），主试便予以表扬、称赞（如“做得好”“很棒”等）；在第二种实验操作中，儿童在评价对偶故事之后，另一个充当“榜样”的成人也对该故事做出评价，并且当榜样的评价跟儿童之前测试阶段的评价不一致时（比如在客观儿童组，榜样给出了主观评价），主试对榜样进行表扬，但是无论儿童给出什么评价，都不予以表扬；第三种实验操作与第二种类似，但是当儿童给出的评价与之前测试阶段的评价不一致时，儿童也能得到表扬，即榜样和儿童都能得到表扬。结果发现，无论是主观儿童还是客观儿童，当榜样给出了相反的评价时，儿童都会立刻学习榜样的评价，并且这种学习效果在两周后仍然很明显，而表扬的作用却不显著（见图 11－3）。可见，榜样对于儿童的道德判断具有重要作用，而对榜样的表扬则属于社会强化，相比直接强化，社会强化的作用更加明显。

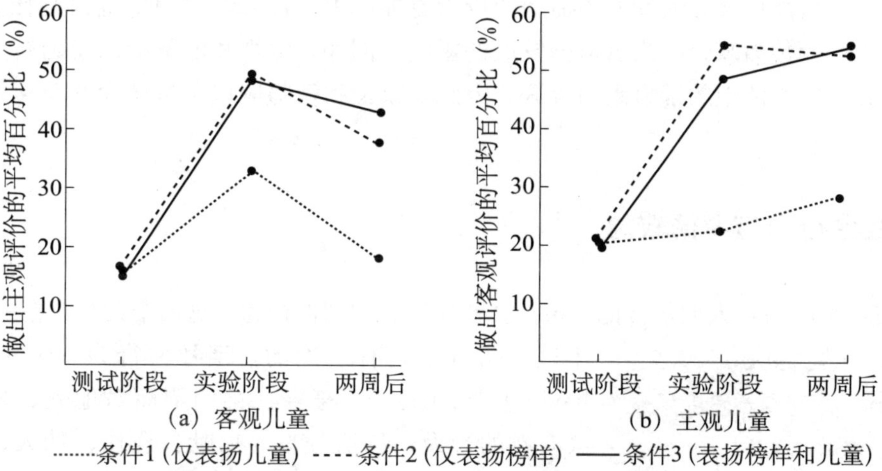

图 11－3　班杜拉社会强化与榜样作用的实验结果

（二）赏罚控制与行为模仿

为了进一步探讨榜样对儿童的道德行为会产生什么样的影响，班杜拉等（Bandura, Ross, & Ross, 1963）进行了一项赏罚控制实验。

实验者将若干名儿童随机分成三组，不同组的儿童观看一段含有攻击行为的电影，但是每一组儿童看到的电影的结果是不一样的。在攻击-奖赏组，一个成人对着一个与成人一样高的充气人偶做出攻击行为，之后得到另一个人的称赞，并获得奖品；在攻击-惩罚组，同样是一个成人对充气人偶做出攻击行为，但是这次的结果是被另一个成人指责，骂他是暴徒，同时也对这个做出攻击行为的人进行惩罚；在控制组，一个成人对人偶做出攻击行为后没有得到奖赏和惩罚。看完电影后，三组儿童分别被带到一个放有充气人偶的房间里，实验者让他们在房间里玩10分钟。结果发现，与攻击-奖赏组和控制组的儿童相比，攻击-惩罚组几乎没有人模仿攻击行为。这一结果进一步证实了儿童会模仿成人的行为，并且当成人的行为受到惩罚后，他们会避免做出同样的行为以免于惩罚。

（三）社会学习理论与道德教育

根据社会学习理论，教师要在道德教育中充分发挥榜样的重要作用。首先，教师要善于为学生提供可以学习的榜样。给学生呈现榜样时既要考虑榜样的年龄、兴趣爱好和社会背景等因素，使学生产生可亲近感，又要考虑榜样的地位、能力和吸引力，使榜样具有感染力和可行性（如奥运冠军）。其次，教师要注意采用多种榜样行为的示范方式。通常，采用直接的行为表现来示范会取得较好的效果。此外，也可以通过言语描述某种行为，或者真人真事现身示范，还可以借助各种传播媒介宣传榜样行为，最有效的示范通常是几种示范方式的结合。最后，教师还应该注意发挥自身的榜样作用，所谓言传不如身教，教师自身的言行对于塑造学生的道德行为具有很大的影响。

父母的教育方式也很重要。例如，父母常用体罚方式“教育”儿童不能打架，但是体罚的方式可能造成儿童的攻击行为更加严重。又如，父母让青少年不许抽烟，但是自身却没有戒烟，这可能也会导致青少年抽烟的行为更加严重。社会学习理论也强调社会环境中的影视和书刊等传播媒介对儿童道德发展的影响，例如，电视和电影中的暴力行为往往会增加儿童在日常生活中的暴力倾向等等。因此，家长和教师应该尽量减少儿童接触这类信息的渠道。

二、亲社会行为与道德教育

在实际生活中，人们常常把“亲社会行为”和“利他行为”这两个词结合在一起使用。不过，两者还是有区别的。**亲社会行为**（prosocial behavior）指的是一切符合社会期望而对他人、群体或社会有益的行为，包括分享、捐献、合作、助人、安慰和同情等。利他行为是一种自发形成、以助人为目的且不期望任何物质或精神回报的行为。从这里可以看出，亲社会行为包含的内容更广泛，利他行为只属于亲社会行为的一部分，因为只有自愿且不期望报酬的助人行为才能算是利他行为。但是在日常教学过程中，我们往往不对学生的行为进行严格的亲社会或利他区分，只要学生做出了利于他人的行为，不管其意图如何，都是教育引导的重要方向。

> **亲社会行为**　一切符合社会期望而对他人、群体或社会有益的行为，包括分享、捐献、合作、助人、安慰和同情等。

（一）亲社会行为的发展

儿童在很小的时候就能表现出亲社会行为倾向。例如，18个月大的儿童就能够帮助父母完成一些扫地、擦桌子等家务活，或是把玩具送给他们的同伴等（Rheingold, 1982）。到2岁的时候，儿童开始表现出更多的互惠性和合作倾向，开始能够和成人或同伴分享玩具或合作完成游戏任务等等。到 4～6 岁时，合作范围则逐渐从两人合作发展到三四人之间甚至更多人之间的合作（陈琴，2004）。

随着年龄的增长，个体的亲社会行为也逐渐发展，这一发展过程大体可以分为六个阶段（Eisenberg & Beilin，1982）：

第一阶段，个体的亲社会行为仅仅在被要求和命令并且当儿童没有按照要求做出相应的行为还可能面临惩罚时才会出现。例如，此时的儿童并不愿意主动与其他小朋友分享玩具，通常是在父母或老师要求儿童这样做，并且如果不这样做可能会受到处罚时，儿童才会做出分享行为。

第二阶段，个体的亲社会行为是为了遵照权威人物的愿望，或为了得到权威人物的表扬才出现的。例如，儿童在父母或老师不在场时并不会主动分享玩具，但是当有老师或父母在旁边时，可能会主动分享，因为分享符合老师和父母的期望。

第三阶段，个体开始能够认识到他人的需要，从而做出亲社会行为，但是这种行为通常都带有要求回报的倾向。例如，儿童开始能够意识到父母忙于工作而自己需要帮助父母做一些家务活，但是通常会希望通过做家务活来换取额外的零花钱。

第四阶段，个体对社会规范有了更强烈的觉察，认为亲社会行为是社会期待的一种行为，并且做出亲社会行为之后将会得到他人的认可。例如，青少年会主动参加志愿者活动，因为社会需要志愿者，并且这样做会让他人觉得自己是一个有爱心、有责任感的人。

第五阶段，个体认识到自身是社会系统的一部分，而亲社会行为是人与人之间相互联系的一种方式，也是社会规范中必不可少的构成成分，因此，当自己帮助别人的时候，也有可能在未来的某个时候得到别人的帮助。

第六阶段，真正的利他。此时个体的亲社会行为是完全自发的，亲社会行为已经成为一种完全不求回报的行为。

（二）亲社会行为的培养

教师可以有针对性地培养学生的助人行为和利他行为。首先，要提高学生的道德推理能力，可以通过道德讨论的方式让学生对某一事件发表自己的看法和意见，并让学生提出自己可能会做出的行为。例如，教师可给学生呈现以下案例：

> 一日，某小区一位七旬老人不慎滚下台阶受伤，瘫坐在地上动弹不得，口中不停发出痛苦的呻吟声，她全身上下衣着破烂不堪，脸和双手严重浮肿，身旁有一根拐杖。不少好心人前来帮忙，有的打电话报警，有的拿来棉衣给老人披上，还有的问老人愿不愿意去医院……但是周围不少居民躲着老人几米远，就是没有人上前帮扶老人，甚至现场还有人“善意”提醒：“别去扶，当心做好事成了被告。”

教师可以就这一案例向学生提出一系列道德问题，比如：居民不去帮扶老人的原因是什么；如果是学生本人，是否会愿意这样做；假如学生扶了老人之后被讹诈，他们会做出什么样的回应；等等。这实际上是让学生在更加复杂的道德情境中进行道德推理。

其次，应该培养学生的共情能力。教师可以通过选择恰当的故事或精心设计情境，让学生多次设身处地地感受他人的情绪和情感，以此提高学生的共情水平。

最后，考虑到旁观者效应，教师在日常教学过程中还应该培养学生的责任意识。例如，要求学生自觉将地上的垃圾捡起来放进垃圾桶；当教室里的桌椅不整齐的时候，让学生自觉地将桌椅挪放整齐。虽然每一个人都有轮到值日的时候，但是如果能让学生意识到保持班级环境的卫生整洁是自己的义务而不是仅仅靠值日生来打扫，则会有效地提高学生在其他情境中的责任意识，减少责任分散情况的发生。

三、品德不良行为及其矫正

在教学过程中，我们不仅要关注学生的亲社会行为，也要及时发现学生的品德不良行为，并对其进行矫正。学生的品德不良行为通常会影响教师和家长对学生的教育，还有可能阻碍学生健康人格的发展。

（一）品德不良行为的特征与鉴别

品德不良行为　儿童和青少年在成长过程中出现的各种偏离道德准则、不利于品格发展、不利于他人的持久的反复发生的行为。

品德不良行为（moral misbehavior）是指儿童和青少年在成长过程中出现的各种偏离道德准则、不利于品格发展、不利于他人的持久的反复发生的行为。这些行为通常包括：攻击行为、破坏行为、欺骗行为、偷窃行为。它们通常都具有以下共同特征：（1）与同龄正常学生的行为显著不同；（2）大多长期且重复发生；（3）不符合道德标准而无法为人们所接受；（4）对自己和他人产生不利的影响；（5）个体知道自己这样做是错误的但是依然这样做。

中小学生品德不良的认定标准通常包括两个方面。一是年龄标准。通常而言，品德不良行为主体应低于18岁，如果是18岁以上，则可能诊断为反社会人格障碍。二是行为标准。具体指品行失调的持续时间至少为6个月，同时至少具备下列情况中的3项。

（1）不止一次在所有者不在场的情况下偷窃，或者当着被害人的面行凶抢劫、敲诈勒索等。

（2）在与父母或其他监护人同住期间，离家出走，至少有两次整夜不回家，或是一次出走而不再回家。

（3）经常说谎（不包括为了避免挨打或为了摆脱性骚扰而说假话），或有造假行为。

（4）故意纵火或蓄意毁坏他人财物。

（5）经常逃学或旷课。

（6）未经他人允许，擅自闯入别人的住宅、建筑物或汽车。

（7）虐待他人，或残忍地虐待动物。

（8）强迫他人与自己发生性行为。

（9）经常无故挑起斗殴。

（10）不止一次在打架斗殴中使用凶器。

中小学生品德不良按程度不同可分为轻度、中度、重度。轻度是指中小学生的品行问题刚刚符合或略超过上述情况中的3项，而且只对他人造成轻微的损害。重度是指中小学生的品行问题符合上述情况中的大多数（7～10项），而且对他人经常造成较大程度的损害。中度则介于轻度和重度之间。

（二）品德不良行为的矫正方法

1. 批评法

批评法是教师常用的一种矫正品德不良行为的方法，但是并非所有的批评都是切实有效的。请看下面一则案例。

应用举例

小刚是小学一年级的学生。有一天，小刚的班主任向他的妈妈反映，小刚在学校没有经过同学的同意，就拿了同学的漫画书回家。妈妈听了非常生气，心里想：这么小就偷东西，那还了得？回家之后，妈妈严厉地呵斥了小刚，让他把偷拿同学的东西交出来。小刚吓得一句话都不敢说，只是恐惧地看着妈妈。

妈妈冷静地思考了之后，觉得不应该用这种粗暴的方式对待这件事，于是决定心平气和地跟小刚谈一谈，了解小刚为什么要偷拿同学的东西，让小刚明白没有经过别人的同意就拿走别人的东西是不对的。

小刚发现妈妈的态度发生了转变，也就没有那么害怕了，话也多了起来："小勇有很多漫画书，他说我可以看他的书。""话是这么说，但是你没有经过小勇同意吧？""是的。""如果同学偷偷把你的漫画书拿走，你愿意吗？""当然不愿意了，那可是我喜欢的东西。""就是嘛，那如果这个同学只是想跟你借几天去看看呢？""嗯……那倒也可以。""所以啊，漫画书是同学的，不是你的，你不能问都不问一声就把它拿走了。如果别人没告诉你就拿走了你的东西，你会很着急吧。那你不跟别人讲一声就拿走别人的东西，别人也会像你一样着急呀！你现在知道自己错在哪里了吗？""没经过同学的同意就把漫画书拿回家。""那下次如果想看别人的漫画书或者玩别人的玩具，应该怎么做呢？""先问问他们同不同意。""嗯，这就对了。明天妈妈和你一起去把漫画书还给小勇，然后再跟小勇说声对不起，好吗？""好。"

第二天，妈妈和小刚一起，当面把东西还给了小勇同学，小刚从那之后再也没偷过东西。

从案例中我们可以看到，妈妈对小刚的批评是相对有效的，一方面她让小刚心甘情愿地归还了漫画书，另一方面也让小刚意识到自己做错了什么事。这个案例启示我们，批评也需要具有完善的体系。一般而言，批评法主要包含以下五方面的内容：

（1）否定性评价。例如，案例中妈妈在批评小刚时直接指出小刚偷拿同学漫画书的行为是错误的。

（2）阐明错误的原因。例如，案例中妈妈对小刚进行批评时，指出未经过别人同意就拿走别人的东西是不允许的。

(3) 阐明错误的后果。例如，案例中妈妈指出在不知情的情况下，自己的东西被人拿走了会非常着急，甚至生气。

(4) 指出矫正错误行为的具体方法以及行为发展的目标。例如，案例中妈妈让小刚第二天归还漫画书，并向同学道歉。

(5) 辅以必要的惩罚。假如案例中的小刚行为比较恶劣，或不听妈妈教导，可以采用适当的惩罚方式（将小刚心爱的东西送给同学或用其零花钱赔偿同学）。

批评法通常都会比较有效，但是要注意批评时应该就事论事，只针对某件事进行批评，而不是对人格进行贬损。另外，批评时间不宜过长，避免喋喋不休。如果批评时遇到顶嘴、争吵等情况，则说明这一方法可能不适用，最好改用其他方法。

2. 行为处罚

行为处罚是指当儿童或青少年出现品德不良行为时，立即取消他可能得到的奖赏或者给他呈现一个厌恶刺激，使他意识到自己的行为是要付出代价的，以此来减少其不良行为。

在使用行为处罚时应该注意以下问题：

(1) 在实施处罚前，必须先制定规则。例如，事先向学生说明如果他出现目标行为（不良品行），就会受到什么样的处罚，让学生清楚地认识到自己可能受到处罚的行为，并且在受到处罚后知道处罚的原因是什么。

(2) 把握好处罚的力度。应该依据学生犯错的程度选择适当的处罚方式，避免处罚过重导致学生产生对抗情绪或恐惧心理，同时也避免惩罚过轻导致学生不以为意，起不到处罚的效果。

(3) 把握好处罚的次数，不宜一次性将处罚的目标行为定得太多，否则容易造成破罐子破摔的心理。例如小明今天说谎了，将他看电视的时间减少半个小时，他今天又打人了，再减少半个小时，这样很容易就会让他认为反正今天看不成电视了，可以做出更多不良行为。

(4) 选择学生最不愿意做的事情作为处罚，例如倒垃圾、擦桌椅等；同时选择学生最喜欢做的事情作为被撤销的奖赏，例如周末出游、生日礼物、体育活动等。

3. 代币法

代币法 一种强化系统，学生通过积极行为挣得代币或积分，然后将它们换成想要的奖品。

代币法（token reinforcement system）是一种综合性的行为矫正方法。它只采用一些代币（如小红花、五角星、印章图案等）来计数，当学生出现一个良好行为或者没有出现某个不良行为时，就获得一定数量的代币，当代币数量达到一定程度时，则可以换取一个学生感兴趣的强化物。运用代币法来矫正学生的品德不良行为能增强学生改变不良行为的兴趣，同时也具有更加持久的效果。

代币法的具体操作如下：

(1) 确定目标行为，即要矫正的不良行为。

(2) 确定代币物。可依据学生年龄大小来确定，如低年级学生可以采用五角星、小红花等，而高年级学生则可以采用虚拟钱币。

(3) 确定强化物。强化物是指学生用代币可以换取的物品或活动。例如，用五角星换取铅笔盒，用小红花换取看电视的时间。对于高年级的学生来说，代币可以用来换取一次活动的“门票”，例如，集齐多少个代币之后才有资格参加班级组织的秋游或夏令营等。

(4) 制定代币交换系统。即用多少个代币就可以获得相应的强化物，如5个五角星可换取一支铅笔，15个五角星可换取一本童话故事书，等等。

下面是一个代币法实施案例。

应用举例

小强是一个攻击性很强的儿童，在学校经常打其他小朋友，与同学的关系十分紧张，大家都不喜欢他。但是他平时喜欢帮老师做一些班务，上课回答问题也很积极。老师希望帮助小强纠正爱打人的行为，于是和家长、小强一起商量并画了一张奖惩表和一张奖品单贴在墙上，只要小强做到不打其他小朋友或者帮老师做班务或者上课回答问题，就可以获得一个五角星；相反，如果打了其他小朋友，则要扣除2个五角星。每次小强做出相应的行为时，老师都会在奖惩表上做相应的标记，并向小强发放五角星贴纸，让他自己保存。

小强可以用他的五角星换取奖品，每花掉一个五角星，就在表格上划除一个。其中，1个五角星可以换取一块橡皮，5个五角星可以换取一个笔记本，15个五角星可以换取一个高级铅笔盒，25个五角星可以换取一次麦当劳午餐，35个五角星可以换取一次海洋馆之旅。结果，一个月之后，小强打人的行为明显减少，而帮助同学、帮助老师做清洁、积极发言等行为明显增多，并用35个五角星换取了一次去海洋馆看海豚表演的机会。

在代币法的实施过程中应该注意以下问题：第一，目标行为不能太难或太易。太难的话学生做不到，容易放弃努力，太容易则难以激发学生的兴趣。第二，鼓励学生花掉代币，让学生不时地体验成功，并激励学生继续努力去赚取更多的代币。第三，良好行为建立之后，要逐渐减弱学生对代币的依赖，或提高代币兑换的门槛，直到完全取消代币。

概念术语

品德（道德品质）　无律道德阶段　他律道德阶段　自律道德阶段　道德两难故事法　共情　内疚　羞愧　亲社会行为　品德不良行为　代币法

复习思考题

（一）选择题

1. 品德的心理结构包括道德认知、道德情感和（　　）。

A. 道德理念　　B. 道德行为　　C. 道德品质　　D. 道德意识

2. 采用道德两难故事法研究道德发展阶段的心理学家是（　　）。

A. 科尔伯格　　B. 皮亚杰　　C. 斯金纳　　D. 巴甫洛夫

3. 小菁常在课堂上玩手机，小娜提醒小菁学校规定课堂上不能玩手机，可小菁不听。为此，小娜认为小菁不是一个好学生。根据科尔伯格的道德发展理论，小娜的道德发展所处的阶段是（　　）。

A. 惩罚与服从定向　　B. 相对功利定向

C. 社会制度和秩序维护　　D. 社会契约

4. 心理学家研究认为，个体品德的核心成分是（　　）。

A. 道德认知　　B. 道德情感　　C. 道德意志　　D. 道德行为

5. 一名学生决心改掉迟到的毛病，遵守学校纪律，可冬天一到，他还是迟迟不肯起床，结果又迟到了。为此，对该生的教育应该培养其（　　）。

A. 道德认知　　B. 道德情感　　C. 道德意志　　D. 道德行为

6. 张明认为法律应符合大众权益，当它不符合时就应修改。根据科尔伯格的理论，他处于道德发展的（　　）阶段。

A. 惩罚与服从定向　　B. 社会契约

C. 寻找认可定向　　D. 普遍道德准则

7. 在科尔伯格的有关个体道德发展阶段的研究中，服从与惩罚定向阶段属于（　　）。

A. 习俗水平　　B. 前习俗水平　　C. 后习俗水平　　D. 权威水平

8. 根据科尔伯格的分类，中学生的道德水平主要处在（　　）阶段。

A. 前习俗水平　　B. 习俗水平　　C. 后习俗水平　　D. 他律水平

9. 个体根据家庭、社会的期望和要求行事，不考虑行为所产生的直接明显的后果，这属于道德发展的（　　）。

A. 前习俗水平　　B. 习俗水平　　C. 后习俗水平　　D. 他律水平

10. 某人在判断行为的好坏时，关注的是行为的具体结果或与自身的利害关系。根据科尔伯格的道德发展理论，这种道德判断水平属于（　　）。

A. 前习俗水平　　B. 习俗水平　　C. 后习俗水平　　D. 普遍伦理水平

参考答案：1.B；2.A；3.C；4.A；5.C；6.B；7.B；8.B；9.B；10.A

（二）论述题

1. 举例说明皮亚杰的对偶故事法。

2. 简述皮亚杰提出的道德认知发展阶段。

3. 举例说明科尔伯格的道德两难故事法。

4. 简述科尔伯格提出的道德认知发展阶段。

5. 举例说明什么是共情、内疚和羞愧。

6. 如何培养学生的道德情感？

7. 简述班杜拉有关道德行为的实验研究。

8. 如何矫正学生的品德不良行为？

拓展学习

陈琦，刘儒德．(2019)．当代教育心理学（第3版）（第13章）．北京：北京师范大学出版社．

伍尔福克．(2015)．教育心理学（第12版）（第3章）．伍新春，张军，季娇译．北京：中国人民大学出版社．

斯莱文．(2024)．教育心理学：理论与实践（第12版）（第3章）．刘红瑞，姚梅林等译．北京：人民邮电出版社．

奥姆罗德，琼斯．(2021)．教育心理学：指导有效教学的主要理念（第5版）（第7章）．雷雳，伍亚娜，柳铭心等译．北京：中国人民大学出版社．

第十二章
有效教学

【本章提要】

教学设计
- ✧ 教学设计的基本过程
- ✧ 目标设置
- ✧ 任务分析

教学模式
- ✧ 教师中心取向的教学模式
- ✧ 学生中心取向的教学模式
- ✧ 学习共同体取向的教学模式

教学环境
- ✧ 教室整体布局
- ✧ 学生座位布局

有效教学是学校教学活动的基本追求，也是教师的核心工作。怎样实施有效教学一直是教学理论和教学实践所关注的热点问题。有效教学的实施不仅依赖于教师自身过硬的知识和技能，更依赖于科学的教学设计、适当的教学策略以及良好的教学环境。本章将围绕“如何实施有效教学”这一话题，介绍教学设计的主要流程及关键步骤，概述教学模式以及教学环境。

第一节　教学设计

教学设计　在实施教学的过程中，用系统的方法来描述、分析、开发、评价和修改教学的过程。

教学设计（instructional design，ID）是指在实施教学的过程中，用系统的方法来描述、分析、开发、评价和修改教学的过程。在传统教学模式下，教师在上课时，只需要简单地关注“这节课的教学内容是什么”，而教学内容又是由课本章节决定的。相比之下，采用教学设计的教学则关注更多的问题，例如：

- 在学习这节课的内容之前，学生应该做好哪些准备？
- 根据不同的教学目标和学生的不同特点，应该采用何种教学策略？
- 如何保证教学目标的顺利实现？
- 当原有的教学计划试用效果不佳时，如何改进？

基于上述问题，有研究者提出教学设计要包含四种基本要素（见图 12－1；Morrison，Ross，& Kemp，2004）：学习者、教学目标、教学策略以及评估过程。

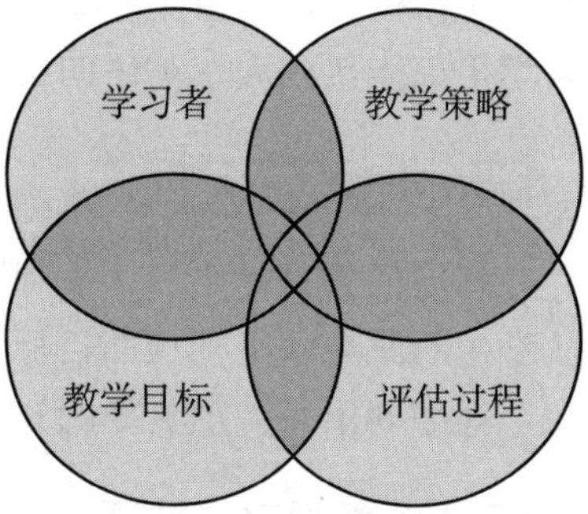

图 12－1　教学设计的基本要素

学习者是涉及教学设计的对象，在教学设计的过程中要考虑到学习者的特征，包括他们的知识储备以及所处的学习环境等。例如，小学老师在设计教学材料时，会加入更多卡通元素或者故事元素，以此吸引小学生的注意力；而大学教授则更加关注需要列出哪些科研话题以及话题所涉及的相关术语、概念和原理，以此来激发大学生的思考和探究。相比之下，培训机构的教师在备课时，总会先考虑如何切中考试要点，因为接受培训的学生最关注的就是如何通过考试。教学目标涉及教师想让学习者掌握哪些知识技能，或者达到什么水平，例如，能够背诵散文《荷塘月色》中的重点段落，能够掌握 100 以内的加减法，等等。教学策略涉及教学者采用一定的教学方法帮助学生更有效地学习学科内容和技能，包括选择教学内容、决定教材呈现方式、安排师生互动方式等。评估过程涉及教师如何确定学生的学习效果达到了什么程度，以及学生是否完成了既定的学习目标。如果达到了预定目标，则本次教学过程结束；如果没有达到预定目标，则需要补救或改进教学设计。上述四种基本要素共同构成了教学设计的基本框架，围绕着这一基本框架，教育者们提出了多种有关教学设计过程的模型。这里介绍最具有代表性的迪克-凯利（Dick-Carey）模型。

一、教学设计的基本过程

迪克-凯利模型呈现了教学设计的标准流程（见图 12－2；引自 Gagné，Briggs，& Wager，1992）。这一模型认为标准的教学设计应该包含 9 个阶段。

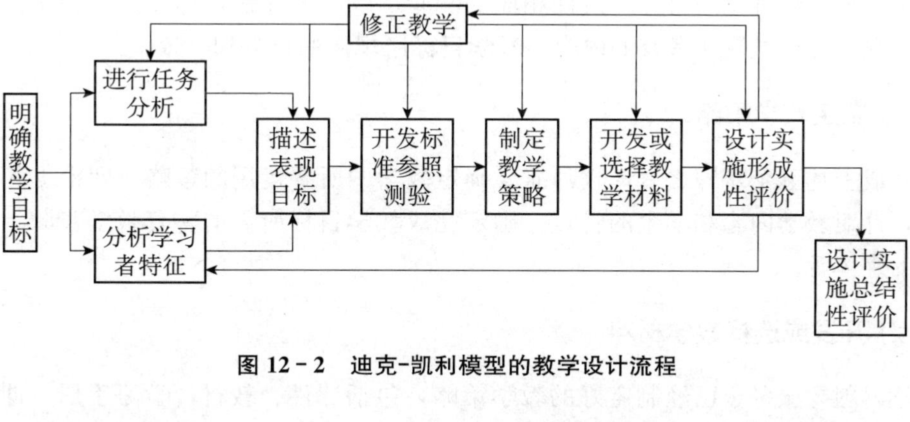

图 12－2　迪克-凯利模型的教学设计流程

（一）明确教学目标

这是教学设计整体流程中的第一阶段，教师要确定在完成教学任务之后学生能够达到什么样的水平。在这一阶段所确立的目标是相对抽象概括的，加涅将其定义为一种理想的状态。例如，一位大学英语老师在计划本学期课程时，可能会将教学目标设置为每一名学生都能达到大学英语四级水平以上。

（二）进行任务分析

在确定任务目标之后，教师要进一步确定学生需要在课堂上完成哪些学习任务。分析从学生的原有水平到预期目标之间所需的知识和技能，并将这些知识和技能逐步拆分细化，详细列出每一项具体的知识和技能以及它们之间的关系。

（三）分析学习者特征

由于每个学生所需要习得的经验类型、学习时间和练习数量都是不同的，教师在教学设计的初期最为重要的就是考虑学生的特征，包括性别、年龄、民族等一般特征，也包含起点能力、学习风格、学习动机、学习态度以及其他与学习相关的人格特征。例如，针对那些漫不经心、对学习持抵触态度的学生，教师在备课时就要更加关注如何吸引学生的兴趣和注意力；而面对基础知识较差、缺乏信心，但是对所学内容非常感兴趣的学生，教师则需要有意识地运用策略，帮助学生建立信心。

（四）描述表现目标

表现目标是可观察、可测量的行为陈述。例如，《皇帝的新装》这篇课文的总教学目标是“学生能够理解课文内容，体会文中人物的性格特点”。基于此，教师所设置的表现目标包括：（1）学生能比较准确地复述课文内容；（2）学生能在分角色朗读中读出文中每个人物（如皇帝、骗子、揭穿谎言的小孩）的语气；（3）学生能针对文中人物的性格特点发表自己的看法。

（五）开发标准参照测验

教师根据已经确立的目标，设计相应的测验，以此来评估目标完成的情况。开发试题的关键在于保证试题所考查的内容与教学目标所规定的行为相一致。

（六）制定教学策略

在完成上述五个步骤之后，教师需要确定教学中所要运用的策略，即根据相应的学习理论，针对教学内容和学生的特点，确定完成教学目标所需的整套教学步骤、方法以及使用的媒体等。

（七）开发或选择教学材料

教学材料要服务于已经制定好的教学策略，包括课件、教材、学习手册、课后习题和教师指南等。教学材料既可以从现有资源中选取，也可以根据需要进行修订、开发。

（八）设计实施形成性评价

在教学过程中，教师要及时对学生进行评价，获取学生的学习信息，考虑是否需要调整或改进教学。形成性评价可以是一对一的评价，即教师针对某一个学生进行观察、提问，以了解学生对知识和技能的掌握情况。教师也可以将学生进行分组，通过评价每组学生的学习情况，更加全面地了解学生的整体状态。同时，教师还可以通过测验或课堂练习等方式对全体学生进行评价。

（九）修正教学

在形成性评价过程中，如果发现学生存在学习困难或者没有达到预定的学习目标，教师就需要对教学设计进行调整和改进，考虑教学目标设置是否恰当、任务分析是否准确以及教学策略是否合理等。总之，教学过程并非一成不变，教师在发现问题后，要及时进行补救教学，直到达成目标为止。

（十）设计实施总结性评价

最后，根据形成性评价结果以及修正教学后的效果对本次教学进行最终评价。总结性评价可以由授课教师自己完成，但是在更普遍的情况下，应由独立评价者对教学效果进行客观评价。因此，总结性评价一般不列入教学设计过程中。

本节将详细介绍这一教学设计流程中的目标设置和任务分析。

二、目标设置

教学目标 预期学生通过教学活动获得的学习结果。

教学目标（instructional objectives）是预期学生通过教学活动获得的学习结果。教学存在不同层次的目标，有国家层面的宏大目标，也有课堂教学的具体目标。教师要将国家层面的宏大目标转换为课堂上能够实现的具体目标。例如，2014 年教育部印发的《关于全面深化课程改革落实立德树人根本任务的意见》首次提出“学生发展核心素养体系”概念。中国学生发展核心素养（Core Competencies and Values for Chinese Students' Development），是指学生应具备的、能够适应终身发展和社会发展需要的必备品格和关键能力。它是对立德树人这一国家宏大目标和德智体美劳全面发展的进一步具体化。它包括文化基础（人文底蕴、科学精神）、自主发展（学会学习、健康生活）和社会参与（责任担当、实践创新）三个方面六大素养，六大素养进一步分化为 18 个基本要点。2024 年秋季学期开始，义务教育各学科起始学段全面启用依据 2022 版新课标编写的教材，全面落实核心素养。在实际教学中，教师还需要将这 18 个基本要点转变为可以具体描述、测量的行为。

目标设置在教学设计过程中具有非常重要的作用。首先，在明确了教学目标之后，教师才能够合理地设计教学内容，选取最佳教学策略，以促进学生有效学习；其次，教学效果的评价也依赖于目标的设置，具体、明确的目标能够为教师设计测验项目提供框架以及指导；最后，教学目标还能够指导学生有效地学习，学生可以从教学目标的描述中体会自己应该掌握哪些知识和技能。下面将介绍教学目标的分类以及如何设置具体的教学目标。

（一）教学目标的分类

布卢姆在20世纪50年代提出的教学目标分类理论中，将教学活动所要实现的整体目标分为认知、情感以及动作技能三大领域。

1. 认知领域

布卢姆最初将*认知领域*（cognitive domain）的教学目标划分为六个水平：知识、领会、应用、分析、综合和评价。近年来，教育研究者们在布卢姆的基础上进行了修订，将认知领域的教学目标划分为*记忆*、*理解*、*应用*、*分析*、*评价*和*创造*六个水平，表12-1介绍了这六个水平的含义和实例。

表12-1 认知领域的教学目标

水平	含义	实例
记忆	认识并记忆，能够再现或回忆特定知识	默写古诗《绝句》
理解	对事物最初的领会，能够用自己的话解释事物	描述植物呼吸作用的过程
应用	对所学概念、法则以及原理的运用，能够准确地把概念和方法运用于适当情境中	使用三角形的性质说明自行车的构造原理
分析	把知识分解成各种要素，弄清楚它们之间的关系，能够阐明事物的基本理论和原理	分析应用题中的数量关系，并列出算式
评价	对事物的本质和价值做出评判，能够综合表象与内在信息，做出符合客观事实的推断	根据营养成分含量是否达标对饼干进行估价
创造	在分析的基础上，综合加工已经分解的要素，并把它们按要求组合成新的整体，能够创造性地解决问题	创建一个“垃圾回收再利用”计划

资料来源：Morrison et al.，2004，第109～110页.

在修订后的认知目标分类中，研究者还将认知过程中处理的知识划分为四种类型：（1）*事实性知识*，即知识术语以及知识所包含的具体细节和要素，如事件、时间、地点、人物等；（2）*概念性知识*，包含类别知识、原理与概括知识，以及理论与结构知识，如牛顿三大运动定律；（3）*程序性知识*，包括具体学科的技能和算法知识、技巧和方法知识，以及确定运用适当程序的知识，如在写作之初确定使用说明文体裁；（4）*元认知知识*，包括策略知识、关于认知任务的知识，以及自我知识，如了解自己在完成某项任务上的优势与不足。

将认知水平与知识类型两个维度相结合，可以组合出多种具体的认知教学目标，即*教学目标双向细目表*（见表12-2）。每一项教学内容都包含不同的知识类型，也可能涵盖多种认知过程，因此需要设置多个认知目标。例如，在小学数学“正方体的表面积”课程中，就包含“理解概念性知识”（描述正方体表面的概念），以及“应用程序性知识”（运用正方体表面积公式计算正方体的表面积）。

表 12-2　教学目标双向细目表

知识类型	认知水平					
	记忆	理解	应用	分析	评价	创造
事实性知识	列举	总结	分类	排序	分等级	整合
概念性知识	描述	阐述	实验	解释	评估	计划
程序性知识	汇总	预测	计算	区分	总结	创作
元认知知识	合理运用	执行	选择策略	改变策略	反思	创新

资料来源：Anderson & Krathwohl，2001，第 28 页．

2. 情感领域

情感领域（affective domain）的教学目标可划分为五个水平：接受、反应、评价、组织以及个性化（见表 12-3）。这五个水平由低到高，高水平目标的实现要依赖于低水平目标的达成。情感目标水平越高，越需要个体用心投入，让自己的情感、态度和价值观更加独立，不盲目依从他人。

表 12-3　情感领域的教学目标

水平	含义	实例
接受	关注情境中的事物或行动	倾听散文《荷塘月色》的完整朗诵版本
反应	通过参与表示愿意对某事件做出反应	遵守与教师的约定，在课后练习弹奏
评价	通过表现出积极或消极的态度来表示接受或拒绝	支持“节水节电，参与环保”行为
组织	在遇到多种价值观的情况下，能够组织并判断这些价值观的关系，接受某些价值观，并能对价值观进行重要性排序	比较公民权利立法的优缺点，阐明支持公民权利立法的理由
个性化	按照自身所接受的价值观行事，并将这种持续性的行为作为自身人格的体现	对残疾人表现出接纳和关爱的态度，乐于帮助残疾同学

资料来源：Morrison et al.，2004，第 111～112 页．

3. 动作技能领域

动作技能领域（psychomotor domain）的教学目标包含需要运用并协调骨骼肌肉的运动，类似于体力活动中所需的操作。动作技能领域的教学目标可划分为五个水平，分别为模仿、控制、精确、连接以及自动化（见表 12-4）。这五个水平从低到高代表了动作逐步变得精细和复杂的过程。

表 12-4　动作技能领域的教学目标

水平	含义	实例
模仿	在观察某种动作后，能够重复演示看到的动作，尽管这种动作仍然粗糙而不完善	参照老师在黑板上的操作画平行四边形
控制	执行由书面或口头指导的动作，而非前一阶段的观察和模仿	根据课本上的指导，练习调节显微镜的焦距，直到可以看清标本的轮廓

续表

水平	含义	实例
精确	能够在脱离榜样和指导的前提下，独立准确地重现动作	精确地把标本放在显微镜的托盘上，并熟练使用高倍焦距
连接	按照合理的顺序协调一系列相关的动作，精准而有控制地完成动作，且能把握时机、保证速度	在10分钟内写出字母表上的所有字母，且大小写字母之间的比例恰当
自动化	自然而不费力地多次重复学到的技能和行为，高度熟练地执行动作，且执行过程中消耗较少	在不借助模板的情况下，正确、流畅地画出等腰、等边以及直角三角形

资料来源：Morrison et al.，2004，第110－111页.

认知、情感和动作技能三大领域的教学目标是紧密联系的，任何一项学习内容都可能涵盖2～3个领域的教学目标。例如，学习设计生物实验，首先需要获得与实验材料相关的知识（如细菌的外观及特点），其次要掌握调试显微镜的动作技能，最后还可能涉及保持实验室整洁以及规范操作等情感领域的教学目标。因此，教师在设置教学目标时，应当综合考虑三个目标领域，设置多项具体教学目标。

（二）设置具体目标

设置教学目标的意图是指导教学策略的设计，并为教学评价提供统一的标准。教学目标应该明确规定学习者所能展示出来的行为，以表明其所要学习的知识和技能。一项具体的教学目标包含三个部分：(1) 行为结果；(2) 界定条件；(3) 标准水平。

1. 行为结果

编写具体目标的第一步就是要明确完成学习后所要达到的行为结果。对行为结果的表述应当以一个动词开头，表明要求学习者学习什么，如背诵、解释、操作、比较等，然后在动词后添加动作所指向的具体内容，例如：

- 背诵课文《荷塘月色》。
- 解释定滑轮的作用和用途。
- 操作播放立体声录音机。
- 比较拟人、比喻、排比等不同修辞手法的适用条件。

在制定具体目标的过程中，选取合适的动词来描述所需的学习行为是教师必须面对的一项挑战。表12－5列举了一些分别适用于描述认知领域、情感领域和动作技能领域教学目标的动词。

表12－5 教学目标中可运用的动词

目标领域	水平	动词
认知领域	记忆	定义、排列、回忆、叙述、命名、概括、标识、复述、列举
	理解	转换、估计、推理、解释、释义、辨别、分类、描述、精选
	应用	修改、计算、操作、解决、演示、组织、改编、说明、运用

续表

目标领域	水平	动词
认知领域	分析	分析、估计、推理、概括、区分、辨别、分解、演绎、图解
	评价	评价、批判、证明、比较、判断、鉴定、论证、批驳、支持
	创造	组装、设计、建立、建议、准备、计划、创作、制定、编写
情感领域	接受	注意、识别、观看、听到、注释、控制、聆听、倾听、分担
	反应	鼓掌、遵从、讨论、跟随、服从、参与、扮演、练习、志愿
	评价	行动、争论、说服、辩论、展示、表达、帮助、组织、偏好
	组织	抽象、平衡、比较、决定、限定、制定、选择、系统化、理论化
	个性化	志愿、避免、展示、内化、处理、要求、抗拒、解决、设计
动作技能领域	模仿	对齐、平衡、采用、抓住、握住、放置、重复、支撑、走
	控制	与“模仿”水平的动词相同
	精确	在动作技能词语前增加修饰词，例如：精确地、独立地、有控制地、无误地、熟练地、平衡地（放置）
	连接	在动作技能词语前增加修饰词，例如：自信地、协调地、和谐地、完整地、均衡地、流畅地、快速地、稳定地（写出）
	自动化	在动作技能词语前增加修饰词，例如：自然地、完美地、不费力地、自动地、专业地、例行地、自发地、轻松地（平衡）

资料来源：Morrison et al.，2004，第 115 页.

2. 界定条件

“动词＋学习内容”是教学目标的主体，在此基础上，需要进一步明确学习行为的条件，包括“是否需要使用某一设备”“是否可以参考材料”“有无时间限制”“测验有无其他限定条件”等。在制定具体目标时，可以设置单项条件，也可以根据需求增加多项条件。下面分别列举一些包含单项条件和多项条件的目标（下划线代表限定条件）。

（1）单项条件：

- 使用电子计算器解答两位数加法。
- 在 3 分钟之内，设置、校准并操作万用表。
- 在学校平面建筑图上标注灭火器和紧急出口的位置。

（2）多项条件：

- 使用摄氏温度计，测量某种液体在 25 厘米深处的温度。
- 在 15 分钟内，参考限定书籍，写出电功率的公式。
- 使用 4 克碳酸钠和 4 克碳酸氢钠进行实验，指出它们与水的不同反应。

尽管可以附加多项条件，但是在表述目标时，限定太多的条件会使学生过度关注细节，不利于整体知识的掌握，因此限定条件要适度。

3. 标准水平

编写具体目标的第三步是要设定行为标准或表现水平，表明学生需要达到的最低水平，包括“做得怎么样”“达到什么程度”“有多么精确”“有多么完整”等。下面列出一些体现标准水平的具体表述：

- 至少达到90%的准确率。
- 精确到小数点后两位数。
- 符合操作手册中所陈述的标准。

在上面举出的包含限定条件的例子中，可以继续添加有关标准水平的描述，形成一个完整的教学目标，例如：

- 使用电子计算器解答两位数加法题，至少准确解答出10道题目中的8道题。
- 使用摄氏温度计，测量某种液体在25厘米深处的温度（精确到1℃以内）。
- 使用4克碳酸钠和4克碳酸氢钠进行实验，指出它们与水的不同反应（测试水的酸碱度，并以ppm为单位报告结果）。

总之，一个表述良好的教学目标应该是可观察、可测量、具有指导教学作用的目标。此外，教师在设置教学目标时还应该考虑学生的能力是否足够完成目标，综合分析每个学生的优势和不足，并根据教学目标和学生的特点选择合适的教学策略。

三、任务分析

在设置具体的教学目标之后，教师就已经朝成功的教学设计迈出了关键的一步。但通常情况下，教学目标体现的仍然是综合性的知识和技能，教师还需要通过任务分析将复杂的主题转化为易处理的具体成分，这样才能进一步厘清教学线索。

任务分析 将目标细化成各级任务，再将各级任务逐级划分成各种技能和子技能的过程。

任务分析（task analysis）是指将目标细化成各级任务，再将各级任务逐级划分成各种技能和子技能的过程。任务分析对于教学设计而言具有重要作用。首先，任务分析有助于教师了解学生需要学习哪些具体的知识和技能以及学习这些知识和技能的顺序。例如，一节音乐课的教学目标是“使用竖笛演奏《两只老虎》”。在完成这项目标之前，教师首先要确定学生能够使用竖笛演奏出基本音符。其次，任务分析还能够帮助教师选择最恰当的教学策略。例如，一节数学课的教学目标是“使用竖式计算两位数加法”。通过任务分析，教师可以了解完成这项目标需要掌握两项必要的知识和技能——能够直接说出一位数加法的计算结果（如3+2=5）以及能够列出竖式。对于记忆算术事实，可以选择重复练习的教学策略；而要想掌握列竖式技能，则需要在教学过程中设计一些具体可操作的活动。

在教学设计过程中，最常用的任务分析方法为信息加工分析，即分析完成教学目标所需要的步骤以及步骤间的顺序；在此基础上，再针对信息加工分析中确定的步骤进行先决条件分析，即明确执行每一项子任务所需要的前提条件或先前知识。

（一）信息加工分析

在实施信息加工分析的过程中，最关键的步骤就是要找到完成学习目标所需要进行的子任务，以及确定子任务完成的先后顺序，即明确教学目标的信息加工步骤。教师可以采用下述几种方法对教学目标进行信息加工分析。

- 由教师自己在心里梳理完成某项学习任务需要做哪些事情。例如，一位英语老师在针对“写英语摘要”这一教学内容进行任务分析时，会思考自己写摘要的过程：首先通读全文领略大意，然后精读并找出每一段的核心句和关键词，根据作者意图将文章划分为几个部分，简要总结各部分内容，最后用连词连接各个总结句，使之连贯成为完整的摘要。
- 将目标转换成“测验题目”，通过自问自答的方式找出问题解决的步骤。例如：“如果要解答一道有关计算正方体表面积的数学应用题，你会怎么做?”
- 询问相关领域专家，对专家解决问题的过程进行记录分析。针对专家的提问内容应该以难以观察的认知过程为主，包括“是什么”“什么时候”“应该怎么做”“为什么”等问题。例如，询问一位焊接专家：“你是如何判断两个物体是否需要焊接的?”“你总是采用相同的焊接方式吗?”“你还使用过什么样的焊接方法?”“你在什么时候运用其他方法焊接?”等等。

在明确信息加工步骤后，则需要进一步构建问题解决流程图，将问题解决的认知过程用可视化的流程图展示出来，以方便后续的教学设计。

下面，我们通过一个教学实例——“相遇问题”，来展示信息加工分析的过程。在这节课中，教学目标为“运用相遇问题的规则解决应用题”。首先通过询问或观察专家确定完成该目标需要进行下列信息加工程序。

- 回顾相遇问题的特征。
- 确定问题是否为相遇问题。如果判定是相遇问题，则进行下一步；如果判定为非相遇问题，则认为不能使用相遇问题的规则解题。
- 辨别关键变量。根据题目的描述，找出速度 1、速度 2、时间以及路程四个变量。
- 确定已知变量和未知变量。找出未知变量，并根据未知变量选取恰当的公式，例如，当路程是未知变量时，则使用公式“路程＝速度和×时间”。
- 根据相应公式求解。

接下来，根据专家的解题步骤建构相应的问题解决流程图。图 12－3 展示了专家解答“相遇问题”的认知过程。

（二）先决条件分析

在完成信息加工分析后，教学目标已经被分解为一系列具有先后关系的子任务。接下来，教师需要完成“先决条件分析”。这一步的作用是要明确在完成每一项子任务之前，学生需要具备哪些知识或者技能。教师可以对自己提问：“为了完成这一步，学生必须知道哪些内容?”通过持续地提问和思考，进行自上而下的分析，从最重要的上位任务开始，直到具体的先决任务为止，找出从“学生已经掌握的知识”到“完成教学目标所需知识”之间的差距，保证学生的学习一直处于“最近发展区”之内。仍然以上面的“相遇问题”为例，逐步明确完成每一个步骤所需的先决条件。

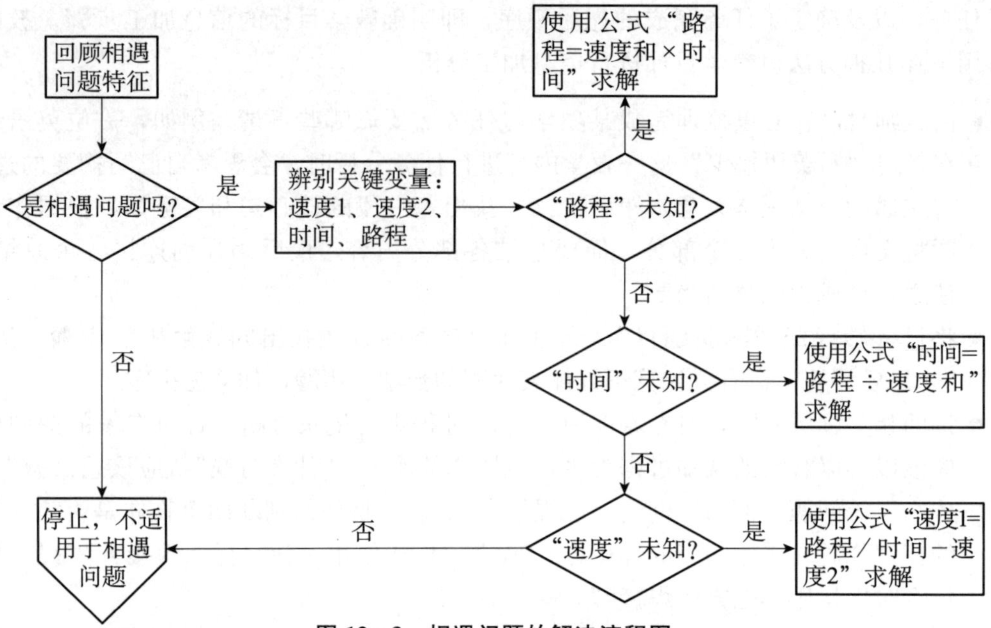

图 12－3　相遇问题的解决流程图

（1）回顾相遇问题的特征。

先决条件：能够列出相遇问题的特征（两者从两地出发，沿相反方向运动）；理解"同时""相对""相向而行""相遇"等术语的含义。

（2）确定问题是否为相遇问题。

先决条件：能够识别相遇问题。

（3）辨别关键变量。

先决条件：理解速度、时间以及路程的含义，能够从应用题的描述中找到关键变量。

（4）确定已知变量和未知变量。

先决条件：能够根据题意画出线段图，标出已知变量和未知变量。

（5）根据相应公式求解。

先决条件：能够准确背出并套用相关公式：路程＝速度和×时间；时间＝路程÷速度和；速度 1＝(路程÷时间)－速度 2。

在明确每一个步骤所需的先决条件之后，教师要结合对学生特征的分析，确定哪些知识和技能是学生已经掌握的，将其列为"起点能力"，再从起点能力开始，按顺序逐步安排教学计划，帮助学生依次完成每一项任务并掌握相关知识和技能。

第二节　教学模式

教学模式　以某种学习理论为基础，为了达到一定教学目标，教学者采取的一系列教学活动的结构。

教学模式（model of teaching）是以某种学习理论为基础，为了达到一定教学目标，教学者采取的一系列教学活动的结构。教学模式可以分为三种类型。第一种是教师中心取向的教学模式（teacher-centered approach），包括直接教学和接受学习，强调教师在教学过程中的中心作用。第二种是学生中心取向的教学模式（student-centered approach），包括发现学习、探究学习和个别化学习等，强调学生在学习活动中的积极主动地位。第三种是学习共同体取向的教学模式（learning community approach），包括合作学习等，强调教师与学生处于一个学习共同体之中。

一、教师中心取向的教学模式

（一）直接教学

直接教学（direct instruction）是以学习成绩为中心、在教师指导下使用结构化的有序材料的课堂教学模式。在这种教学模式中，由教师设置教学目标，选择教学材料，控制教学进度，设计师生之间的互动，所以这是一种以教师为中心的教学模式。直接教学尤其适用于教授那些学生必须掌握的、有良好结构的基础知识或基本技能（引自斯莱文，2004/2016）。

罗森赛恩（Barak Rosenshine）及其同事在研究有效教学的基础上，提出了典型的直接教学过程（引自伍尔福克，2012/2015）。

1. 回顾和检查先前的授课情况

开始上课时先改正学生的家庭作业。复习近来教的内容，以此来开始新课。如果发现学生存在错误理解，就需要采取一定的补救措施。

2. 提供新材料

告诉学生新课的意图，让学生明确目标。然后一点一点地呈现新信息，进行小步子教学，并示范具体的程序，提供许多正例和反例，确保学生理解了这些内容。教师往往使用直接的、简单的、具有良好组织性的语言来呈现概念，并对概念进行解释。

3. 提供指导性的练习

学生在教师的指导下使用新信息进行练习。教师向学生提问，提供练习题目，从而给学生大量的机会来重复与解释刚教的程序和概念。倾听学生的想法，了解学生不清楚的概念以及不理解的地方。如果有必要，重新教授一遍。继续指导，直到学生的回答正确率达到80%。

4. 针对学生的回答给予反馈和纠正

在指导性的练习中，给学生提供大量的反馈。当学生回答不正确时，如果有必要则重新教授一遍；当学生回答正确时，解释为什么这个回答是正确的。及时反馈非常重要。

5. 提供独立练习机会

让学生独立地（或者在课堂上，或者通过合作，或者在家庭作业中）应用新学知识。独立练习的正确率应该在95%以上。作业要有一定挑战性，但不能太难。注意保证学生能理解他们所做的作业。

6. 每周复习，每月复习，以巩固学习成果

每一周开始时，教师都应当复习上一周的课，在每个月末都应当复习这四周所学的东西。学生不能学了新课就忘了旧课。复习的方式包括做家庭作业、经常性地做测验、补习在测验中未通过的材料等。

在直接教学中，学生成绩和教师的直接教学策略有关（Gage & Needels，1989；Weinert & Helmke，1995），而且直接教学模式对那些成绩差的以及处于边缘状态的弱势学生具有明显的积极作用（Adams & Engelmann，1996；Carnine，Grosen，& Silbert，1995；Ellis，2001；Herman，1997）。同时，直接教学能够提升对某些基本技能的教学效果。

（二）接受学习

有意义的接受学习是由著名教育心理学家奥苏贝尔提出的。他认为，以听、看、读为主要方式的接受学习不一定就是被动的、机械的、记诵的。有意义学习的实质不在于学习的形式是接受还是发现，而在于新材料与学生头脑中已有观念之间是否产生了实质性的、非人为的联系，也就是非字面的、逻辑性的联系。因此，新材料是否有意义不仅在于表述的方法，而更多地取决于学生的准备和材料的组织。奥苏贝尔认为，在学校教育中，知识主要是以语言文字符号为中介的，而且学生要在短时间内学习大量的知识，学校教学应当以接受学习为主。他在认知同化理论的基础上提倡有意义的接受学习。

接受学习　由教师将教学的主要内容以定论的形式讲授给学生的学习形式，也是我们通常所提的讲授式教学模式。

先行组织者　先于学习任务本身呈现的一种引导性材料，它要比学习任务本身有更高的抽象、概括和综合水平，并且能清晰地与学生认知结构中原有的观念和新的学习任务相关联。

接受学习（reception learning）是由教师将教学的主要内容以定论的形式讲授给学生的学习形式，也是我们通常所提的讲授式教学（expository teaching）模式。接受学习不等同于满堂灌，教师的讲授是按照一定序列进行演绎的，需要大量例证进行说明和解释，而且师生之间会进行大量的互动。这种模式显然也是以教师为中心的。与直接教学所不同的是，直接教学可能更适合教授程序性的知识与技能，如算术、体育等，而对于陈述性知识，如历史、文学等，接受学习模式则更加合适。

根据奥苏贝尔的认知同化理论，在有意义的接受学习中，下位学习最容易，也就是学生头脑中先有上位概念，然后学习下位概念最容易。例如，先学习长方形面积，再学习正方形面积最容易。实际上，这是一条从一般到特殊的途径。为了顺利实施下位学习，教师有时需要在学生学习新内容之前，根据学生的先前知识经验，先给学生提供一个具有上位概念作用的先行组织者。

先行组织者（advance organizer）是指先于学习任务本身呈现的一种引导性材料，它要比学习任务本身有更高的抽象、概括和综合水平，并且能清晰地与学生认知结构中原有的观念和新的学习任务相关联。其目的在于为新的学习任务提供起固着作用的观念，以增加新旧知识之间的可辨别性，促进下位学习，也就是说，在学习者已知的内容与需要知道的内容之间架设一道知识之桥。先行组织者的形式多种多样，包括文字、图形、表格、录像、实验、故事、活动、问题解决等。

应用举例

一位美术老师在上美术欣赏课时，针对大多数同学普遍不熟悉欧洲绘画作品的状况，设计了一个先行组织者，即“艺术在很大程度上反映了它产生的时代以及当时的文化特点”，并进行举例说明。

为了让学生能更准确地欣赏一些他们原本并不熟悉的欧洲艺术作品，这位教师对学生说：“为了帮助你们理解即将看到的油画和雕塑，我要告诉你们这样一种观点：尽管艺术属于个人思想和情感的表达，但是，它从各个侧面都反映了孕育该艺术的文化特点和时代精神。在你们注意到东西方艺术的差别时，你们不难理解这一观点。然而，即使在同一种文化中，随着文化的变化，艺术无疑也会发生变化，这正是我们要将艺术划分成诸多不同时期的原因。这些变化经常反映在艺术表现技巧、作品主题、色彩和风格上，尤其反映在艺术的形式上。”接着教师指出了这些特征中一两种变化的例子。她还要求学生回想，他们在五六岁时、小学时以及年龄更大一点时所画的图画有什么差异。她把学生成长的不同阶段比作不同的文化时期。

然后，她向学生展示了几幅中世纪和文艺复兴时期的人物绘画作品，并解释说：“前面几幅画中人的身体几乎全部被长袍遮盖了，衣服下面显示不出人体的轮廓。这说明这几幅画产生于中世纪，教会告诉人们，身体并不重要，灵魂才是一切。而在后面几幅画中人的形体透过他的衣服被明显地表现了出来，还有一些是裸体绘画，这表现了文艺复兴时期的观点，即人是世界的中心，他的身体、思想和力量都非常重要。”通过不同时期绘画的对比，学生直观地感受到了绘画与文化背景之间的关系。最后，老师又呈现了一些不同国家的作品，教学生从不同的角度进行欣赏，并判断它们产生的年代与当时的文化背景。

这位教师向学生传递了这样一个观点：艺术反映了文化和文化的变化。这个先行组织者给学生提供了一个智力支持点，从而使学生在欣赏其他绘画作品时能够清楚了解诸如此类的隐含关系。它使得学生找到了学习这些新知识的“支持点”，在新知识与原有观念之间建立了联系，也就避免了把欣赏欧洲绘画变成“走马观花”的形式了。

资料来源：乔伊斯，韦尔，卡尔霍恩，2002，第 299～300 页.

先行组织者包括两种：一种是陈述性组织者，旨在为新的学习内容提供最适当的上位概念，促进学生对新内容（下位概念）的学习。例如，在学习长方形面积之前学习面积的概念。另一种是比较性组织者，旨在比较新材料与学生认知结构中相类似的材料，从而增强相似的新旧知识之间的可辨别性。例如，在学过单子叶植物后，要学习双子叶植物，可以先概括地比较两种植物之间的异同。

二、学生中心取向的教学模式

（一）发现学习

> **发现学习** 学习者通过自身努力获得学习结果的教学模式。

发现学习（discovery learning）是由布鲁纳提出的，

是指学习者通过自身努力获得学习结果的教学模式。所谓发现，当然不只限于发现人类尚未知晓的事物的行动，还包括用自己的头脑亲自获得知识的一切形式。发现学习的一个基本标准是，学生组织所学材料，在参与学习活动的过程中发现有关概念或抽象原理。这一过程不同于讲授教学，在讲授教学中，教师向学生解释所有他们必须学习的信息；在发现学习中，教师给学生提供数据，向学生提出疑问，期望学生发现某个原理和抽象思想——这正是教学的目标。

布鲁纳认为，学习和了解一般的原理原则固然重要，但尤其重要的是发展一种态度，即探索新情境的态度，做出假设、推测关系和应用自己的能力来解决新问题或发现新事物的态度。布鲁纳认为，教育工作者的任务是，将作为定论的知识转换成正在发展之中的知识，按照儿童表征系统的发展顺序设计教学活动，让学生进行发现学习。例如，布鲁纳根据儿童踩跷跷板的经验，设计了一个天平（见图 12－4），让儿童调节砝码的数量和砝码离支点的距离，以便儿童发现和学习乘法的交换律，如 3×6＝6×3。他让儿童先动手操作，然后通过想象体会两数相乘，其先后位置不影响结果的规律，最后用数字将这一规律表示出来。

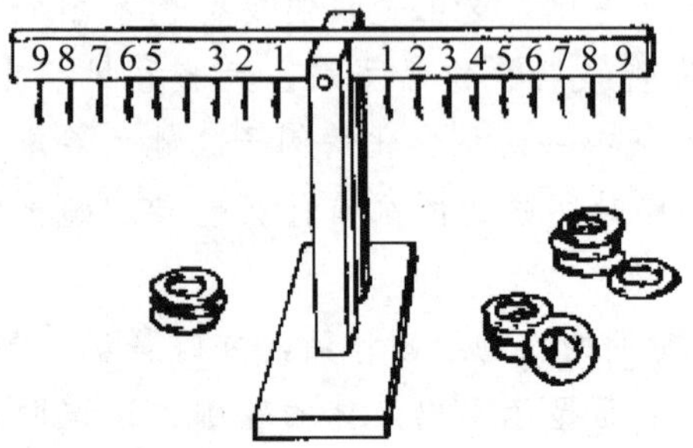

图 12－4 发现学习示例

发现学习适用于自然学科，也适用于社会学科。发现学习在教基本技能时并不如指导教学法有效，但当学生具有成功所需的技能和动机时，发现学习最为有用。发现学习虽然可以不作为常规基础课的首选教学方法，但是在教授解决问题的技能、激发好奇心、鼓励自我指导的学习时，能用作一种补充程序。

（二）探究学习

探究学习 学生仿照科学研究的过程来学习科学内容，体验、理解和应用科学研究方法，获得科学研究能力的一种教学模式。

探究学习（inquiry learning）是指学生仿照科学研究的过程来学习科学内容，体验、理解和应用科学研究方法，获得科学研究能力的一种教学模式。探究学习的核心就是提出假设，获取数据，验证假设。探究学习具有大致相同的学习流程，自然学科与社会学科的探究可能存在一定的差异。

在探究学习中，我们常常面临这样的尴尬：当我们放手让学生提问时，他们由于多年的传统学习习惯，反而不会提问了；当我们让学生从事探究学习活动时，他们积极地参与，但严重缺乏对活动的学术性思考；学生面对问题时，并不清楚下一步应该做什么；他们面对资料时，也不知道如何有效地加以分析、整理，不清楚如何提出假设、验证假设。因此，促进学生用科学探究的“习惯”来思考问题，训练学生的探究思维，成了探究学习中必须关注的焦点难题。表 12－6 列出了探究学习的教学流程。

表 12-6 探究学习的教学流程

环节	名称	教学活动
1	形成问题，提出假设	提出问题，分析、理解问题，做出假设及预测，设计探究思路和程序
2	收集数据，整理数据	获取、整理、分析数据
3	形成解释，验证假设	解释数据结果，验证假设，形成规则、原理
4	组织结论，展示交流	阐述、撰写、组织结论，进行展示、交流
5	评价结果，反思过程	与其他解释进行比较，总结学习结果及相关知识，反思探究过程和方法

探究训练模式 一种思维训练模式，重在训练学生通过收集事实来建立理论的科学思维能力，并教给学生一些学术研究技巧和语言，教会学生调查和解释异常现象。

探究训练模式（inquiry training model）就是一种有效的探究思维训练模式。探究训练其实就是把一个科研的程序简化，压缩到一小段时间内进行的训练方法。它力求把科学家用来探究未知领域的方法教给学生。一般来说，教师帮助学生提出一个问题，让学生对这个问题进行分析。教师只能回答“是”或“不是”，对问题不能给予直接解释。学生根据问题搜集和分析信息，验证自己的假设，并进行交流讨论。探究训练的目的是帮助学生学会在面临一个问题时，如何进行分析，如何提出假设，如何查找资料验证假设，而不是像过去一样只会等待教师来解答。

应用举例

一天上午，哈里森老师所教的四年级学生正在专心致志地做算术作业，她要求他们注意一下发生了什么事。学生们抬头望着她时，讲台正上方的灯突然熄灭了，整个教室一片黑暗。

一个学生问道：“发生了什么事？”

“你没看到吗？灯泡坏了。”另一名学生说道。

“是的，但那意味着什么？”又一个学生问。

“我们遇到过许多次灯泡熄灭的情况，不过这究竟意味着什么？发生了什么事？”

哈里森老师拧下灯泡举起来，学生们聚集在她的周围。她把灯泡传给大家观察。当灯泡又传回来时，她提问说：“你们为什么不试着猜猜看发生了什么事情呢？”

一个学生问道：“玻璃里是什么？”

“我恐怕不能回答这个问题，”她反问道，“你能换个问题吗？”

“有空气在里面吗？”有学生问。

“没有。”

“是有一种气体在里面吗？”另一个学生问。

“是的。”学生们迷惑地互相看着。最后，有人问道：“是充到里面的吗？”

“是的。”哈里森老师点点头。

“那截电线是由什么制成的？”一个学生问。

"我不能回答这个问题，"老师说，"你能换个问题吗？"

"它是金属的吗？"

"是的。"她回答道。

在提出了一些诸如此类的问题之后，学生们逐渐明白了灯泡的材料和发生了什么事。最后，他们开始提出假设。提出四五个假设后，他们又借助参考书努力地验证它们。

资料来源：乔伊斯，韦尔，卡尔霍恩，1999/2002，第209～211页.

探究学习可以使学生同时掌握内容和过程。在上面的例子中，学生不仅学习了相关学科知识，还学习了探究过程本身：如何解决问题、评价问题的解决方案以及批判性思维。但是探究教学需要大量的准备工作、组织工作和监控，以保证每个学生都投入其中。探究学习对于教师本身的要求也是很高的，并且这种方法也不适用于所有知识的学习。教师需要判断哪些知识更适合采用探究学习，并且精心设计好探究性课堂，这样才能够提高教学效果。

（三）个别化学习

个别化学习 让学生以自己的水平和速度进行学习的一种教学模式。

个别化学习（individual learning）指让学生以自己的水平和速度进行学习的一种教学模式。个别化学习大致包括这样几个环节：(1) 诊断每个学生的初始学业水平或学习上的不足；(2) 在教师与学生或机器与学生之间构成一一对应关系；(3) 引入有序的和结构化的教学材料，伴以操练和练习；(4) 容许学生以自己的速度向前学。下面介绍几种经典的个别化学习模式。

1. 程序教学

程序教学（programmed instruction）是一种能让学生以自己的速度和水平自学按特定顺序和小步子安排的材料的个别化教学方法（陈琦，刘儒德主编，1997）。其始创者通常被认为是教学机器的发明人普莱西（Sidney L. Pressey，1888—1979），但对程序教学贡献最大的却是斯金纳。程序教学以精心设计的顺序呈现主题，要求学习者通过填空、选择答案或解决问题，对问题或表述做出反应，教师在每一个反应出现之后及时反馈，让学生以自己的速度进行学习。关于程序教学的介绍也可参见本书第四章第三节。

2. 掌握学习

掌握学习（mastery learning）是由布卢姆等提出的，其基本理念是：只要给了足够的时间和进行了适当的教学，几乎所有的学生对几乎所有的学习内容都可以达到掌握的程度（通常能完成80%～90%的测验题目）。学生在学习能力上的差异并不能决定他能否学会教学内容，而只能决定他将要花多少时间才能达到对该项内容的掌握水平。换句话说，学习能力强的学习者，可以在较短的时间内达到对某项学习任务的掌握水平，而学习能力差的学习者，则要花较长的时间才能达到同样的掌握水平，但他们都能获得通常意义上的A等或B等。

基于这一理念，布卢姆等主张，将学习任务分成一系列小的学习单元，后一个单元中的学习材料直接建立在前一个单元的基础上。每个学习单元都包含一小组课，它们通常需要 1～10 小时的学习时间。然后，教师编制一些形成性测验（即在学习之前或之中的成绩测验）。学完一个单元之后，教师对学生进行总结性测验（这些测验提供了学生对单元中的目标掌握情况的详细信息）来评价学生的最后能力。达到了所要求的掌握水平的学生，可以进行下一个单元的学习。如果学生的成绩低于规定的掌握水平，就应当重新学习这个单元的部分或全部，然后再测验，直到掌握。采用掌握学习这种方法，学生的成绩是以成功完成单元内容所需的时间为评判依据的，而不是看学生在团体测验中的名次。学生的成绩仍然有差异，这种差异表现在他们所掌握的单元数或成功学完这些单元所花的时间上。

3. 个别辅导

个别辅导（tutoring）有这样几种形式：一是成人对学生的个别辅导，较易实施，也很有必要；二是同伴辅导，也是很有效的；三是模拟一对一教学情境的个别化教学程序，如计算机辅助教学。

（1）成人辅导。成人辅导（adult tutoring）是指成人对学生一对一的个别辅导。这是众所周知最有效的教学策略，它从根本上解决了教学的适当水平的问题。这种方法的主要障碍是其代价太高。但是，小规模地给在常规课中存在学习问题的学生提供成人的个别辅导还是有可能的。例如，父母可以自己或者请家庭教师来辅导学生。

（2）同伴辅导。同伴辅导（peer tutoring）是指让一个学生教另一个学生的学习形式。同伴辅导包括两种基本类型：同年龄个别辅导（same-age tutoring），即辅导者和被辅导者都是同一个年级的学生。跨年龄个别辅导（cross-age tutoring），即年长的学生辅导年幼的学生，两者相差 2～3 个年级。具体做法是，将一半高年级学生送到低年级，将一半低年级学生送到高年级，或者在图书馆等其他学校设施中进行。同伴辅导能提高辅导者和被辅导者的成绩，辅导者比被辅导者收获更大。正如许多教师提到的，学懂学通的最好方法就是教别人学习。

（3）计算机辅助教学。计算机辅助教学（computer assisted instruction，CAI）指使用计算机作为一个辅导者，呈现信息，给学生提供练习机会，评价学生的成绩，以及提供额外的教学。CAI 在教学中的模式有操练与练习（drill and practice）、个别辅导（tutorial instruction）、对话（dialogue）、模拟（simulation）、游戏（game）、问题解决（problem solving）等六种。随着多媒体技术、网络通信技术的发展，人们把以计算机为核心的所有个别化教学技术都称为信息技术在教育中的应用。与传统的教学相比，CAI 具有这样几个优越性：第一是交互性，即人机对话，学生可以根据自己的学习情况选择学习路径、学习内容等；第二是即时反馈；第三是以生动形象的手段呈现信息；第四是自定步调；等等。

三、学习共同体取向的教学模式

（一）合作学习

合作学习（cooperative learning）是指这样一种教学模式：由 2～6 名能力各异的学生组成一个小组，以互助

> **合作学习** 一种教学模式，由 2～6 名能力各异的学生组成一个小组，以互助方式从事学习活动，共同完成小组学习目标，在提高每个人的学习水平的前提下，提高整体成绩，获取小组奖励。

方式从事学习活动，共同完成小组学习目标，在提高每个人的学习水平的前提下，提高整体成绩，获取小组奖励。它是一种越来越流行的教学模式。合作学习的目的不仅是培养学生主动求知的能力，而且是发展学生在合作过程中的人际交流能力。这个思想来源于杜威集体活动和集体项目（group projects）的观点，以及他在《民主和教育》中提出的理论，即学生应当在一起学习，以培养公民的社会责任感。

1. 合作学习的基本要素

合作学习的重要代表人物、美国明尼苏达大学“合作学习中心”的约翰逊兄弟（Johnson & Johnson，1989）认为，有五个要素是合作学习不可缺少的。

（1）积极的相互依赖（positive interdependence）。在合作学习中，学生应知道他们不仅要为自己的学习负责，而且要为其所在小组的其他同伴负责，他们彼此需要，“荣辱与共”。具体而言，积极的相互依赖主要涉及积极的目标互赖、积极的奖励互赖、积极的角色互赖、积极的资料互赖、积极的身份互赖、积极的外部对手互赖、积极的想象互赖、积极的环境互赖等八个方面（引自雅各布斯等，1998）。其中，前五种互赖是主要的。

（2）面对面的促进性互动（face-to-face promotive interaction），指学生之间有机会相互交流、相互帮助和相互激励。只有通过彼此的互动，才能产生所希望的合作效果，如产生合作性的认知活动（解释解决问题的过程，讨论概念，阐明知识间的联系等），产生社会性规范和影响（承担责任，相互启发和促进等），通过言语和非言语反应对彼此的学习表现提供反馈，有机会迫使缺乏学习动机的同伴参与学习，相互了解并建立良好的人际关系，等等。

（3）个人责任（individual accountability），指每个组员必须承担一定的学习任务，并掌握任务的分配情况。为了落实个人责任，每个组员的作业必须受到评估，并且其结果要反馈给组员。组员必须知道在完成作业的过程中，谁最需要帮助、支持和鼓励，并保证不能有人“搭便车”。

（4）社会技能（social skills），这是小组合作是否有效的关键所在。为了协调各种关系，达成共同的目标，学生必须做到：①彼此认可和信任；②彼此进行准确的交流；③彼此接纳和支持；④建设性地解决问题。只有这样，组员之间才能进行有效的沟通，学会共同的活动方式，建立并维持组员间的相互信任，以及有效解决组内冲突，等等。教师必须教学生一些社会技能，以帮助他们进行高效合作。

（5）小组自加工（group processing），亦称小组自评，指小组成员对小组在某一活动时期内，哪些组员的活动有益和无益、哪些活动可以继续或需要改进的一种反思。小组自加工的作用在于：①利于组员维持彼此之间的良好工作关系；②便于组员学习合作技能；③增进组员对自己参与情况的了解；④促进组员在元认知和认知水平上的思维；⑤强化组员的积极行为和小组的成功。

2. 合作学习的方法

下面是由各位教育心理学家提出的合作学习的几种基本方法，前四种是一般性的、典型的方法，适用于大多数年级和课题，后两种是为两种专门学科——数学和阅读设计的。

（1）学生小组-成就分组（student team-achievement divisions，STAD）。由罗伯特·斯莱文（Robert E. Slavin；引自斯莱文，2004/2016）提出，每四个学生组成一个学习小组，他们的学习成绩、性别、种族各不相同。教师先用常规方法向全班呈现课程信息，然后学生在小组中一起学习，已掌握课程的学生要帮助进度较慢的同伴，以保证小组中的所有成员都掌握了课程。小组成员一起进行操练和练习，学生也可参与讨论和提问。最后所有学生都参加测验，测验时学生不能相互帮助。将学生的测验分数与他们自己过去的平均成绩相比较，根据学生超出他们自己以前的成绩的程度，即根据进步程度来决定是否给予积分，这些积分汇总起来构成小组的分数。如果小组的分数达到某种标准，则可以获得某一证书或其他奖励。小组每隔5～6周改编一次，给每个学生提供一个与其他学生合作学习的机会，并给成绩低的小组成员提供一个新的机会。这种方法最适合那些目标明确、有唯一正确答案的科目，如数学计算与应用、语言、地理知识、科学事实和概念等。

（2）小组-游戏-锦标赛（teams-games-tounament，TGT）。也是由斯莱文提出，小组由三人组成，每周与其他小组举行一次比赛，为自己小组赢得分数，而不是进行测验以获得个人分数。成绩高的小组将获得证书或其他形式的小组奖励。为了平衡，根据个人的表现，小组每周改编一次。

（3）花锯式合作（jigsaw）。由阿伦森等（Aronson，Blaney，Stephan，Sikes，& Snapp，1978）提出，4～5个学生组成一个小组学习课程材料，要学习的材料被分成几个部分。每个小组成员分别学习不同部分的材料，学习时各个小组中负责相同材料内容的成员汇聚在一起，形成“专家组”，然后共同学习讨论，并成为这部分材料内容的“专家”。然后大家分别回到各自小组中，轮流在小组中讲授自己负责的、在“专家组”中学到的那部分内容。最后，所有学生都参加测验，同时得到小组分数。

（4）集体学习（learning together）。由约翰逊兄弟（Johnson & Johnson，1999）提出，4～5个学生组成异质小组，一起完成某个任务。小组只上交一个产品，并且以组为单位计分。小组成员被指定扮演特定的角色并完成任务，以帮助小组获得奖励。

（5）小组辅助个别化学习（team assisted individualization，TAI）。由斯莱文等提出，在三至六年级，通过测验，根据能力分组，每一组都由四名能力不同的学生组成。各小组以他们自己的速度学习不同的单元。小组成员相互帮助，并检查彼此的学习。最后一个单元的测验是在没有小组帮助的情况下进行的。根据标准分和单元测试通过的次数来颁发小组奖。由于学生把大量的时间花在他们小组的数学练习上，教师就能重点关注那些需要额外辅导的小组。

（6）合作性整合阅读和作文（cooperative integrated reading and composition，CIRC）。由史蒂文斯（Robert J. Stevens）和斯莱文（引自斯莱文，2004/2016）提出，四个人组成一个阅读小组，每组又都分成两对，每对中的两人阅读水平都不同。这样，每组有两个快的、两个慢的。上课时，各小组中的每一对进行一系列的阅读活动，包括读给对方听、总结故事等。当小组感到他们学完之后，各成员进行测验，个人得分可以归入小组总分。

对合作学习的研究发现，在大多数情况下，合作学习对学习成绩都有积极的效果

(Ellis，2001；Slavin，1995；Slavin，Hurley，& Chamberlain，2003)，并且能加强学生的合作和利他行为以及学生对他人的喜爱，增强学生的自尊及改善对学习的态度，等等(引自斯莱文，2004/2016)。此外，还有研究表明，合作学习能增强思维技能。国内的研究表明，合作学习在较大程度上激发了学生的成就动机水平，学生对合作学习的课程兴趣明显提高，其中成绩较差的学生表现得更为明显（李原，郭德俊，王巧莉，1995）。但是，教师要意识到，小组的划分是至关重要的，如果某个学生认为其他学生并不能帮助自己，他是不会接受他们的帮助，也不会帮助他们的，甚至不会与他们一起合作学习。各组成员必须一起学习，确保各成员都在学习，而不是强调最佳成员的最高成绩。

（二）支架式教学

支架式教学　一种教学模式，教师或其他助学者和学习者共同完成某种活动，为学习者参与该活动提供外部支持，帮助他们完成独自无法完成的任务，随着活动的进行，逐渐减少外部支持，使共同活动让位于学生的独立活动。

支架式教学（scaffolding instruction）是这样一种教学模式：教师或其他助学者和学习者共同完成某种活动，为学习者参与该活动提供外部支持，帮助他们完成独自无法完成的任务，随着活动的进行，逐渐减少外部支持，使共同活动让位于学生的独立活动。通过教师的帮助（支架），管理学习的任务和探索的责任逐渐由教师转移给学生自己，最终要使学生能够独立学习。支架式教学是建立在维果斯基*最近发展区*和*辅助学习*（assisted learning）概念基础之上的。维果斯基认为，人的高级心理机能，如对注意的调节以及符号思维等，在最初往往受外在文化的调节，而后才逐渐内化为学习者头脑中的心理工具。在支架式教学中，教师作为文化的代表引导着教学，使学生掌握和内化那些能使其从事更高级认知活动的技能。学生一旦获得这些技能，就可以更多地对学习进行自我调节。

根据教学中支架是否具有互动功能，可以将支架分为两大类型：互动式和非互动式。其中，*互动式支架*包括：(1) 教师示范。教师通过演示如何解题，为学生提供一个专家工作的具体实例。例如，在学生自己尝试一种新的画法之前，美术教师可以演示如何利用这种画法作画。(2) 出声思维。有能力的教师在模拟解题的过程时，可以大声说出自己的思维过程。这一技术有助于学生在自己绞尽脑汁思考问题的同时，直接读取教师的思维方法。(3) 提出问题。当学生解决问题时，教师可以通过提出问题向学生提供援助，帮助学生集中注意力并提供新的思路。

*非互动式支架*则包括：(1) 改变教材。例如，改变任务要求，如一个体育老师在教授射击技术时，可以先降低靶子，然后随着学生技术熟练程度的提高逐步升高靶子。(2) 书面或口头的提示与暗示。例如，如果学生表述自己的提问时支支吾吾，教师可以提示学生用“什么”或“为什么”组织句子。

第三节　教学环境

营造良好的教学环境是有效教学的重要组成部分，也是保障有效教学的基本条件。

优秀的教师不仅要学识渊博，更要善于创设有利于学生表现出最佳学习行为以及收获最优学习效果的环境。教学环境包括物理环境和社会环境，二者相辅相成，共同制约着有效教学的实施。社会环境部分将在“课堂管理”一章中介绍。

物理环境是由教室内一切物质条件构成的整体环境，是课堂活动的物质基础，包括课堂活动设施、活动场所以及教室的色彩、光线、温度、噪声等。物理环境直接影响到学生的健康、安全、舒适以及动机，进而影响学生的行为和学习。例如，如果学生坐成一竖排，就不利于他们进行交流和讨论，甚至有的学生可能会认为老师这样的座位安排就是不希望学生相互讨论，因此影响小组学习的效果。物理环境还能够影响学生的情绪和行为（Hoy & Spero，2005），有吸引力的环境能够使学生心情更加愉悦，更加愿意参与学习任务，并且更加愿意帮助他人（Weinstein & Mignano，2003）。总体来看，物理环境主要包括教室整体布局和学生座位布局两个部分。

一、教室整体布局

整体布局良好的教室可以为学生提供舒适、安全的学习环境，最大限度地减少外部干扰，从而有助于学生完成复杂的教学任务，实现更高水平的教学目标。教室的温度、通风、照明、声音等都属于整体物理环境，尽管教师无法完全控制这些环境，但教师可以在现有环境中做出一定的调整，争取最大限度地利用教室布局来帮助学生。总体而言，教室的整体布局应关注以下几个方面。

（一）教学材料易获取

教学材料和用品应该摆放在容易取得的位置，这样做可以使教学活动准时开始和结束，减少花费在教学准备以及过渡上的时间。

（二）交通通畅

教室的交通区域应当尽量保持宽敞，避免拥堵，确保没有桌子或活动区域堵住通道，特别要注意让学生的座位远离拥堵区域（例如门口周围、窄小的过道等），以保证学生不容易受到交通区域的干扰。

（三）可视性

教室布局应该保证教师和学生之间具有清晰的视线。一方面，这有助于学生集中注意力，避免视线干扰或阻碍导致学生分心，错过教学项目；另一方面，教师也更容易看到需要帮助的学生，及时发现学生所表现出的混乱、挫折、厌烦等信息，将管理问题行为以及偏离教学任务的时间缩减到最少。

（四）灵活性

教学活动应该根据不同的内容和目的进行调整和改变，因此为了适应教学活动的多样化，教室设计也应当尽量灵活、方便调整，适应不同的教学活动和分组模式。

（五）氛围良好

单调、乏味的学习环境更容易导致问题行为，因此教室的整体氛围应该是丰富而有吸引力的。首先，教室应当保持清洁，没有杂物、垃圾；其次，教室内应当保持安静，避免噪声干扰；最后，教室氛围要让学生体会到主人翁感和归属感。例如，设置色彩明朗、信息丰富、有利于活跃气氛的黑板报，以及展览一些学生自制的海报或者手工艺品，等等。

（六）环境线索设置恰当

环境线索（environmental cues）指一些能够暗示合适行为的刺激。一般来说，当学生决定接下来该做什么时，往往会受到环境条件暗示的影响。如果设置恰当，环境线索将成为维系班级秩序、规则以及体现教师期望的重要提示。例如，在一次主题活动课上，教师事先将活动表放在每一张课桌上，并且在黑板上写好指示语，此时教师就已经提供了两条环境线索——活动表和指示语，这两条线索可以帮助教师引导学生集中注意力并参与到教师所期望的活动中。此外，还有一些可供选择的环境线索，如：（1）对不同学科领域的材料采用不同的颜色编码；（2）在教室的某些特定区域张贴指示，说明该区域将被如何使用；（3）在黑板的角落张贴即将到期的作业清单；（4）用交通信号灯系统来表示某一活动期间所允许的噪声等级。

（七）公共兴趣区域安排合理

兴趣区域是用于班级主题活动的集体区域或工作中心，通常被安排在教室的后部或两侧。首先，兴趣区域的设计要考虑到班级的实际需要。例如，如果是在一间设备齐全的小学教室里，可以开辟与阅读、美工、科学或者趣味数学相关的兴趣区域；如果是初中或者高中的某一间教室，可以将其划分为几个区域，分别用来做视听活动、小组讨论、安静研读以及物理实验等。其次，要考虑教室的固定装置，并据此设计兴趣区域。例如，使视听器材和计算机靠近电源插座，使美术用品靠近水池，使小组活动区域靠近黑板，等等。最后，在设置多个兴趣区域时，要考虑各个区域之间不要互相影响，确保不需要穿过一个区域才能到达另一个区域，同时，注意使嘈杂的活动区域远离安静的活动区域。图12－5展示了某个四年级教室的整体布局，该教室的四周都设有兴趣区域，可以用来呈现信息和演讲、小组工作、计算机交互，以及数学、阅读、艺术等科目的活动。

（八）设施便捷

如果班级中有存在身体障碍的学生，教室的布局就应该考虑到方便这些学生的设施。例如，一个坐轮椅的学生需要有可以绕行教室的无障碍空间，一个有听力障碍的学生需要坐在靠近教师的位置以便识别唇语。

除上述几点之外，教师还应该注意对细节的把控。例如，不要让学生背对光线，板书要足够大且清晰，保证良好的通风和光线，等等。总之，良好的教室布局应该为学生提供一种考虑周到、方便学习的环境。

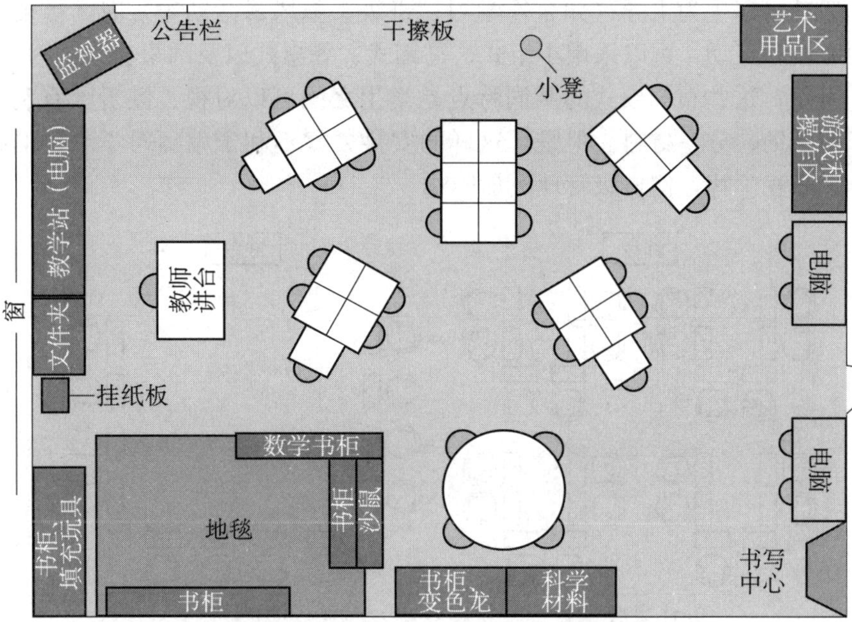

图 12－5　某个四年级教室的整体布局

资料来源：伍尔福克，2012/2015，第 442～444 页．

二、学生座位布局

学生的座位布局是物理环境中的关键因素，对于保证教学活动的高效运转具有重要意义。相比温度、光线等客观环境因素而言，座位布局是最容易控制和调整的物理环境因素。接下来，我们将介绍座位布局的基本形式以及良好的座位布局所要遵循的基本原则。

（一）座位布局的基本形式

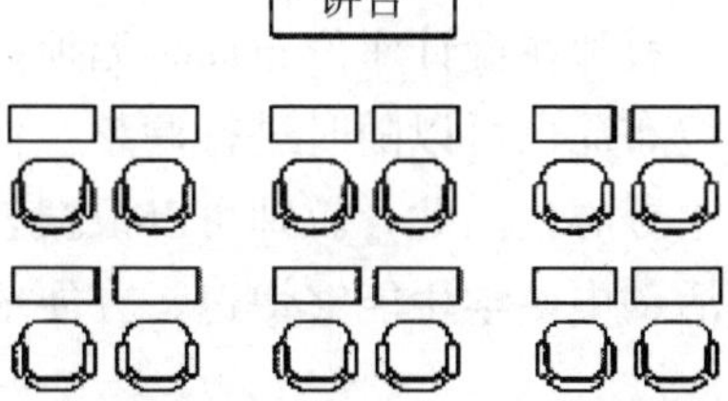

图 12－6　秧田式座位排布

座位布局要结合教学方式进行调整，不同的座位安排会引发学生的不同行为模式。由教师主导的教学活动（如讲课、演示等），通常会采用传统的秧田式座位排布，如图 12－6 所示：学生面对讲台，座位纵横排布于教室中，讲台是学生注意的中心。这种排布方式充分利用了教室空间，教师可以随时走到学生中间，有利于教师对学生进行观察和管理，是教师在直接教学中吸引学生注意力和减少分心干扰的最有效的模式。但是，这种排布方式不利于师生交流以及组织学生讨论，并且容易产生“后排效应”，即教师把喜爱的学生放在前排，把忽视的学生放在后排，导致后排的学生因缺少教师关注而降低学习积极性，影响学习效果。

当教学活动以学生为主导（如合作学习、班级头脑风暴活动等）时，需要学生之间进行更多的交流和互动，可以采用小组式、马蹄式、餐桌式以及圆桌会议式等布局模式。如图12-7所示，这些布局模式的共同特点是学生之间可以对视、倾听，有利于学生彼此交谈、互相帮助、分享材料。但是，这样的安排方式不利于教师对学生的监控，也可能会导致学生相互干扰，使班级管理更加困难。

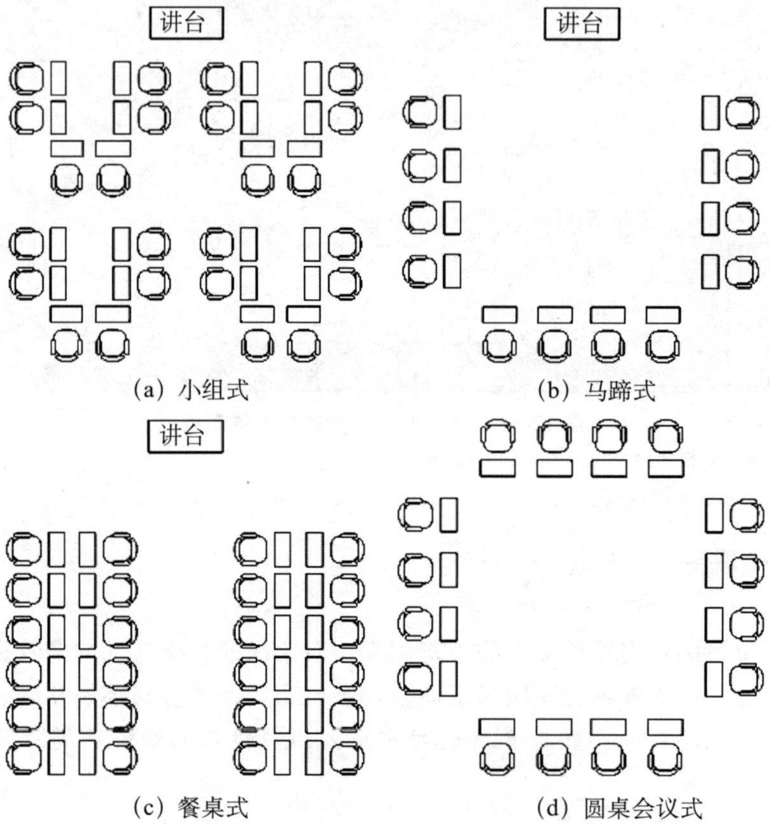

图12-7 适合学生参与的座位排布

教师在设计座位布局时无须拘泥于某种固定形式，随着教学目标和教学模式的变化，座位布局也可以随时进行调整。但是，频繁更换座位模式会占用教学时间，也可能导致学生分心。因此，教师可以根据教学需要，设置不超过三种座位结构，保证在不同的教学活动中，学生能够快速、方便地重组出这些座位模式。

延伸阅读

小座位？大问题！

有报纸曾经报道过这样一则新闻：杭州某小学一名10岁的小学生，在学校上课期间，耗时5个月在教室的墙上挖了一个46厘米长的深洞。据了解，该生从5个月前被老师安排坐在最后一排时就开始了他的“挖洞工程”。这一排只有他一个人，左右没有同桌，从教室整体布局来看，他像个掉队的士兵，被大部队远远甩开。

在接受采访时，这位挖洞的小学生表示：“自己除了挖洞，更多的时候感到很闷很无聊，边上没人，也没人和我说话，班里同学都觉得我是特别孤僻的人，小组活动时我都没有固定的小组。”

学生上课挖洞虽然是个别现象，但是这则新闻却反映出座位安排对学生的影响。很多学生认为座位代表着自己在老师心目中的位置：老师会把喜欢的学生放在前排，把忽视的学生安排在后面。所以，教师在安排座位时不能简单地指定学生坐在什么地方，要综合考虑多方面因素，尽量避免座位可能对学生产生的负面影响。可见，座位安排是对教师管理智慧的一种考验。

资料来源：刘春芹，2013，第15～16页；徐睿婕，2017，第163～164页.

（二）座位布局原则

合理的座位布局应当遵循以下原则。

1. 扩大中心活动区域

课堂上总有一部分积极参与活动的学生，他们是教师注意的中心。课堂中有超过60%的活动都是为这些学生准备的，他们所处的位置就是*中心活动区域*（Adam & Biddle，1970）。如图12-8所示，在传统的座位模式里，中心活动区域主要分布在教室的中前排和中间竖排。研究表明，和处于中心活动区域的学生相比，其他区域的学生课堂参与较少，成绩较差。因此，教师在座位布局时要尽量扩大中心活动区域，根据学习活动的内容和形式设置适合学生参与的座位排布（如小组式、马蹄式等）。如果必须使用传统的纵横座位排布方式，教师也应该尽可能多地变换自己的位置，多在教室的不同部位走动，增加自己与学生的交流。

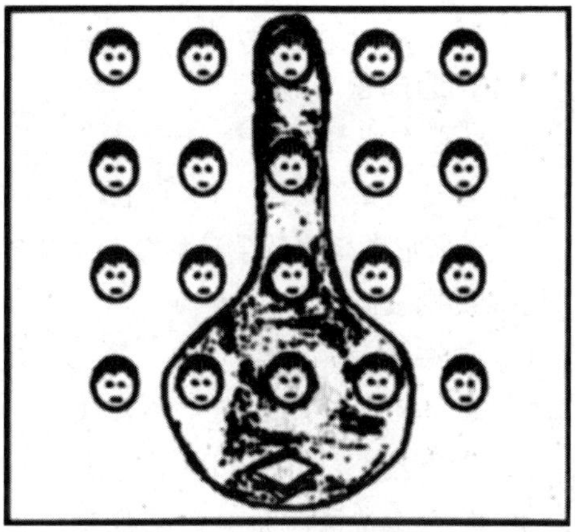

图12-8　中心活动区域

2. 促进学生间的有益交流

当教师需要学生进行小组讨论、合作学习或者以小组的形式完成任务时，必须考虑各组学生的座次安排，要尽量促使同一组的学生之间进行有益的交流，且不会互相干扰。教师可以将成绩较差的学生与优秀的学生安排在同一个小组，这样有助于提高他们的学习积极性；也可以将对同伴依赖性强、注意力不集中的学生与动机较强、有组织能力的学生安排在一起，一方面，对注意力不集中的学生起到督促作用，另一方面，对于动机较强的学生而言，长期管理、帮助他人也有助于他们自身的发展。

3. 减少分心

如果学生在自己的座位上就能拿到教具或者教学资料的话，他就会经常在上课期间摆弄这些东西；如果学生正好和他的好朋友坐在一起，那么他们可能会在上课时交头接耳。教师在安排座位时，一定要尽可能地减少这些让学生分心的因素。例如，要注意让学生的座位远离游戏区和用品区，把喜欢讲话的学生的座位安排得远一些，等等。

4. 有利于监控学生的行为

教师要保证自己在进行任何学习活动（包括讲课、小组活动等）时，都能看到每一位学生，便于对学生进行观察和监控，也有利于与学生进行交流。例如，可以把爱犯错和不专心的学生安排在距离教师比较近的位置上，增加和他们的互动，促使他们积极投入学习活动中。

概念术语

教学设计　教学目标　任务分析　教学模式　接受学习　先行组织者　发现学习　探究学习　探究训练模式　个别化学习　合作学习　支架式教学

复习思考题

（一）选择题

1. 根据布卢姆的教学目标分类，认知领域的最高水平教学目标是（　　）。

A. 创造　B. 评价　C. 应用　D. 分析

2. 根据布卢姆的教学目标分类，情感领域的教学目标中价值内化程度最高的是（　　）。

A. 反应　B. 评价

C. 组织　D. 个性化

3. 对程序教学贡献最大的是（　　）。

A. 斯金纳　B. 普莱西　C. 加涅　D. 布鲁纳

4. 在所要学习的新材料呈现前提供一种引导性材料，这种材料在学习材料与学习者原有观念之间起认知桥梁的作用，它被称为（　　）。

A. 课堂导入　B. 认知结构　C. 先行组织者　D. 固定点

5. 在教室中言语交流最多的区域叫作（　　）。

A. 中心活动区域　B. 金鱼缸　C. 个人领地　D. 最近发展区

参考答案：1.A；2.D；3.A；4.C；5.A

（二）论述题

1. 画出教学设计的过程模式。
2. 举例说明布卢姆提出的认知领域的六种教学目标。
3. 说说布卢姆提出的情感领域、动作技能领域的教学目标。
4. 如何运用行为动词描述教学目标？
5. 如何进行任务分析？
6. 举例说明直接教学模式的环节。
7. 接受学习一定是机械的吗？为什么？
8. 举例说明什么是先行组织者。

9. 举例说明发现学习的过程。

10. 举例说明探究学习的过程。

11. 举例说明合作学习的基本要素。

12. 如何根据教学需要安排课堂座位?

拓展学习

陈琦，刘儒德.（2019）. 当代教育心理学（第 3 版）（第 14 章）. 北京：北京师范大学出版社 .

伍尔福克.（2015）. 教育心理学（第 12 版）（第 14 章）. 伍新春，张军，季娇译. 北京：中国人民大学出版社 .

奥姆罗德，琼斯.（2021）. 教育心理学：指导有效教学的主要理念（第 5 版）（第 8 章）. 雷雳，伍亚娜，柳铭心等译 . 北京：中国人民大学出版社 .

加涅，布里格斯，韦杰.（1999）. 教学设计原理（第 2 章）. 皮连生，庞维国等译. 上海：华东师范大学出版社 .

迪克 W，凯瑞 L，凯瑞 J. （2007）. 系统化教学设计（第 6 版）. 庞维国等译 . 上海：华东师范大学出版社 .

普赖斯，纳尔逊.（2016）. 有效教学设计：帮助每个学生都获得成功（第 4 版）. 李文岩等译. 北京：中国人民大学出版社 .

第十三章
课堂管理

【本章提要】

课堂群体的管理
- ✧ 课堂群体
- ✧ 群体动力

课堂人际关系与人际交往
- ✧ 课堂人际关系
- ✧ 课堂人际交往

学生行为管理
- ✧ 课堂规则和行为规范
- ✧ 学生问题行为应对

课堂管理是每一个教师在走上教学岗位时都会遇到的问题。课堂管理涉及对课堂空间、时间、学习材料和程序的组织，其目的在于为学生争取更多的学习时间，让更多的学生投入学习，让学生最终进行自我管理。考虑到在“有效教学”一章中已经讨论过物理环境的设置问题，本章将聚焦于建立课堂规则和秩序、建立行为规范和期望、增强班级凝聚力、营造积极的人际氛围以及处理课堂问题行为等方面的内容。

第一节　课堂群体的管理

请你仔细想一想，当你还是中学生或小学生的时候，老师采用的哪种课堂管理方法让你印象深刻？

那些个性严肃、强调纪律严明的老师是如何进行课堂管理的？你在这种管理方式下的表现如何？同学们有什么样的反应？你觉得这种方式的优点和缺点是什么？

那些个性随和、强调民主氛围的老师又是如何进行课堂管理的？同样，你在这种管理方式下有什么样的表现？其他同学又有怎样的反应？你认为这种方式的优点和缺点又是什么？

课堂管理　教师为营造和维持有利于学习的课堂环境而采取的活动与措施。

这些问题都反映了教师的课堂管理水平。**课堂管理**（classroom management）是指教师为营造和维持有利于学习的课堂环境而采取的活动与措施。教师面对的不是一个学生，而是一个班级。教师进行课堂管理，实际上是要将所有学生看作一个群体，协调所有成员的活动，来营造课堂中积极的人际关系，促进学生的学习，达成教学目标。

一、课堂群体

课堂里的学生不是孤立存在的个体，而是通过相互交往形成各种群体。群体（group）是指人们基于以一定方式完成的共同活动而结合在一起的联合体。群体具有三个基本特征：（1）群体由两个或两个以上的个体组成；（2）群体成员根据一定的目的承担任务，相互交往，协同活动；（3）群体成员受共同的群体规范制约。

课堂内存在各种群体，它们会对个体的行为产生巨大的影响。奥尔波特（Allport，1920）曾经让被试分别在单独情境和社会情境中工作，结果发现，被试在社会情境中进行连锁联想、乘法运算、解决问题以及思维判断等活动所取得的成绩都比单独一人时要好。该研究表明，群体对个体活动起到促进作用。但有时群体也会对个体活动起到阻碍作用。学生群体对个体活动是产生促进作用还是阻碍作用，取决于四个因素：（1）活动的难易程度；（2）竞赛动机的激发水平；（3）被他人评价的意识；（4）对注意的干扰。

课堂群体可以分为正式群体和非正式群体。**正式群体**（formal group）是由教育行政部门明文规定的群体，其成员有固定的编制，职责权利明确，组织地位确定。班级、小组、少先队等都属于正式群体。正式群体的发展经历了松散群体、联合群体和集体三个阶段。松散群体是指学生们只在空间和时间上结成群体，但成员间尚无共同的活动目的和内容。联合群体的成员已有共同目的的活动，但活动还只具有个人的意义。集体则是群体发展的最高阶段，成员的共同活动不仅对每个成员有个人意义，还有重要的社会意义。

> **正式群体**　由教育行政部门明文规定的群体，其成员有固定的编制，职责权利明确，组织地位确定。
>
> **非正式群体**　学生在相互交往的基础上形成的以个人好恶、兴趣爱好为联系纽带，具有强烈情感色彩的群体。
>
> **小团伙**　由学校中2～8个相互十分了解的个体组成的小群体。

在正式群体内部，学生们会在相互交往的基础上，形成以个人好恶、兴趣爱好为联系纽带，具有强烈情感色彩的**非正式群体**（informal group）。课堂里的非正式群体主要是同伴群体，比较常见的同伴群体有小团伙或者小帮派。**小团伙**（clique）是指由学校中2～8个相互十分了解的个体组成的小群体。小团伙是以互动为基础的，规模较小。小团伙成员通常在许多方面相似，如年龄、社会经济地位、民族、所参与的活动（如体育、音乐、兴趣班）、价值观（如对学校重要性的看法等）。这种群体没有特定的群体目标及职责分工，缺乏结构的稳定性，但它有不成文的规范和自然涌现的领袖。小团伙能够为成员提供一些机会来学习社会技能、交流技能以及提供暂时的小团体领袖角色。非正式群体对个体的影响是积极的（如在学习上相互促进）还是消极的（如学习打架、斗殴等品德不良行为），主要取决于非正式群体的性质以及与正式群体的目标一致程度。

教师要想有效地管理课堂，必须注意协调非正式群体与正式群体的关系。一方面要不断巩固和发展正式群体，使班内学生之间形成共同的目标和利益关系，产生共同遵守的群体规范，并以此协调大家的行动，满足成员的归属需要，增强彼此之间的认同，从而使班级成为坚强的集体。另一方面要区别对待非正式群体。对于积极型的非正式群体，应该给予支持和保护。对于中间型的非正式群体，要持慎重态度，积极引导，联络感情，加强班级目标导向。对于消极型的非正式群体，要教育、争取、引导和改造。而对于破坏型的非正式群体，则要依据校规和法律，给予必要的制裁。

二、群体动力

不管是正式群体还是非正式群体，都有群体凝聚力、群体规范、群体气氛以及群体成员的人际关系。所有这些影响群体与成员个人行为发展变化的力量的总和就是**群体动力**（group dynamics）。美国心理学家勒温认为，人们结成的群体不是静止不变的，而是处在不断地相互作用和相互适应的过程之中。教师在课堂管理过程中要善于利用这些群体动力，实现课堂管理的促进功能。

群体动力 影响群体与成员个人行为发展变化的力量的总和。
群体凝聚力 群体对每一个成员的吸引力。
群体规范 约束群体成员的行为准则。

（一）群体凝聚力

群体凝聚力（group cohesiveness）指群体对每一个成员的吸引力。群体凝聚力体现为群体成员对群体的忠诚、责任感、荣誉感，成员间的友谊感和志趣，等等。群体凝聚力对课堂管理功能的实现有重要的影响。关系融洽、凝聚力强的班级可以使学生们产生强烈的自豪感和认同感，能顺利完成课堂教学任务。是否有凝聚力常常成为衡量一个班级集体成功与否的重要标准。

教师应采取措施增强课堂里群体的凝聚力。首先，要了解群体的凝聚力情况。其次，要引导课堂里的所有学生对一些重大事件与原则问题保持共同的认识与评价，形成认同感。再次，引导所有学生在情感上加入群体，以作为群体的成员而感到自豪，形成归属感。最后，当学生表现出符合群体规范和群体期待的行为时，就给予赞许与鼓励，使其行为因强化而巩固，形成力量感。

（二）群体规范

群体规范（group norm）是约束群体成员的行为准则。群体规范包括成文的正式规范和不成文的非正式规范。非正式规范的形成是成员们约定俗成的结果，受模仿、暗示和顺从等心理因素的制约。正式规范是有目的、有计划教育的结果。根据谢里夫（Sherif，1936）的研究，群体规范的形成会经历三个阶段：第一阶段是相互影响阶段，每个成员发表自己对某一事物的评价与判断；第二阶段出现一种占优势的意见；第三阶段，趋同倾向导致评价、判断和相应行为的一致性。

群体规范会形成群体压力，对学生的心理和行为产生极大的影响。在群体压力下，成员有可能放弃自己的意见而采取与大多数人一致的行为，这就是从众。从众现象的发生，一般认为有两个原因：一是人们往往相信大多数人的意见是正确的，觉得别人提供的信息将有助于自己；二是个体为了避免他人的非议或排斥，避免受孤立。

群体规范通过从众使学生保持认知、情感和行为的一致，并为学生的课堂行为划定了方向和范围，成为引导学生行为的指南。在课堂教学中，教师应自觉地帮助学生形成良好的规范。

（三）课堂气氛

课堂气氛　课堂里某些占优势的态度与情感的综合状态。

教师领导风格　又称为教师领导方式，是教师用来行使权力与发挥领导作用的行为方式。

课堂气氛（classroom climate）作为教学过程的软情境，是指课堂里某些占优势的态度与情感的综合状态。课堂气氛会使许多学生追求某种行为方式，从而导致学生间发生连锁性的感染。一种课堂气氛形成后，往往能维持相当长的一段时间，而且不同的课堂活动也会被同样的课堂气氛笼罩。课堂气氛具有独特性，不同的课堂往往有不同的气氛。即使是同一个课堂，不同教师也会形成不同的气氛。

课堂气氛可以分成积极的、消极的和对抗的三种类型。积极的课堂气氛是恬静与活跃、热烈与深沉、宽松与严谨的有机统一。消极的课堂气氛通常以紧张拘谨、心不在焉、反应迟钝为基本特征。而对抗的课堂气氛则是失控的气氛，学生过度兴奋、各行其是、随便插嘴、故意捣乱。积极的课堂气氛不但有助于知识的学习，而且也会促进学生的社会化进程。创造良好的课堂气氛是实现有效教学的重要条件。

由于教师在课堂教学中起着主导作用，教师的领导风格、教师对学生的期望以及教师的情绪状态便成为影响课堂气氛的主要因素。**教师领导风格**（leadership style）又称为教师领导方式，是教师用来行使权力与发挥领导作用的行为方式。美国心理学家勒温区分了三种领导风格，教师也存在相应的三种领导风格：专制型、民主型和放任型。这三种领导风格会使学生产生不同的行为反应（见表 13－1），从而形成不同的课堂气氛，其中民主型的课堂气氛最佳。

表 13－1　三种教师领导风格的比较

领导风格	赋予教师的权力	赋予学生的权力
专制型	组织教学，提供刺激材料，评估回答的正确性	无
民主型	激发讨论，仲裁争议，组织和团结学生	呈现观点，提供观点，自由发言和讨论
放任型	布置工作，确保工作朝着完美而有秩序的方向发展	用最可能的回答来完成任务

资料来源：Lewin，Lippitt，& White，1939，第 271～299 页 .

教师领导风格对课堂管理有直接的影响。参与式领导和监督式领导对课堂管理有不同的影响。参与式领导注意创造自由的气氛，鼓励自由发表意见，不把自己的意见强加于人；而监督式领导则待人冷淡，经常监督人的行为有无越轨。

教师可以通过四种途径影响课堂气氛。（1）教师的输入。教师向不同期望的学生提供难度不同、数量不等的学习材料，对问题做出不同程度的说明、解释、提醒或暗示。（2）学生的输出。教师允许学生提问和回答问题，听取学生回答问题的耐心程度，等等。

（3）教师的接受。教师接受学生意见的程度不同，为不同学生创造不同的社会情绪气氛。（4）教师的反馈。教师通过信息的数量、交往频率、目光注视、赞扬和批评等，向不同期望的学生提供不同的反馈。

教师的积极情绪状态往往会投射到学生身上，使教师与学生的意图、观点和情感联结起来，从而在师生间产生共鸣性的情感反应，有利于创造良好的课堂气氛。

第二节　课堂人际关系与人际交往

课堂人际关系　在课堂学习和教学中，通过师生互动和生生互动形成的社会关系网络和心理联结。
课堂人际交往　教师和学生在课堂里传递信息、沟通思想和交流情感的过程。

课堂生活就是一个相互关联的人际关系网络。**课堂人际关系**（classroom interpersonal relationship）是指在课堂学习和教学中，通过师生互动和生生互动形成的社会关系网络和心理联结。**课堂人际交往**（classroom interpersonal communication）是教师和学生在课堂里传递信息、沟通思想和交流情感的过程。课堂里的人际关系与人际交往会影响课堂气氛。

一、课堂人际关系

课堂人际关系主要表现为师生关系、同伴关系与家校关系。

（一）师生关系

积极的师生关系对学生是非常重要的，对学生在整个学业生涯中的学业成绩具有巨大的影响（Esposito，1999）。学生如果感受到教师的关心，就更有可能遵守课堂规章（Wentzel，1997），更愿意在学习任务上付出努力（Goodenow，1993），以及使用自我调节学习策略（Ryan & Patrick，2001）。

在学生看来，一个有爱心的教师需要具备以下特征：（1）民主的交流方式，这种交流方式要能引发学生参与和投入；（2）明确的行为和成就期望，这些期望是根据个别学生的差异和能力建立的；（3）对学生的关心态度和兴趣，这种关心和兴趣要能在教师的教学中、与学生的交往中表现出来；（4）建设性的反馈，这种反馈不能是苛刻的、批判性的。反过来，在学生眼中，一个缺乏爱心的教师往往大喊大叫，打断学生说话，对学生传达低期望，不乐意提供个别帮助（Wentzel，2003）。

为了发展积极的师生关系，教师需要做到以下三点（Parsley & Corcoran，2003）。（1）表示对学生的高度信任。例如，教师可以将学生安排在班级的一个责任岗位上，诸如管理班上的电脑或为校园剧策划节目等，来表示对学生的信任。（2）表达对每个学生的关心。教师要对学生予以个别关注，对他的努力表示欣赏和鼓励，认可他积极的个人特质，对他的重要活动表示感兴趣。（3）创造安全的、支持性的学习环境。学生在这样的环境中不怕冒风险，教师总是认同学生的情感，不会讽刺挖苦学生，关注学生的不良行为且不会伤害学生的自尊。教师常常自问“现在我该如何帮助他们”，而避免找碴、认定过失或给予惩罚等错误反应。

（二）同伴关系

在日复一日的班级互动过程中，学生彼此之间提供各种形式的支持，来完成社会任务和学业任务（Schunk，Hanson，& Cox，1987）。例如，询问、澄清或解释教师的指令，彼此回答问题，示范社交技能。积极的、支持性的同伴关系可以促进学生的社会适应与学业成功（Zins，Bloodworth，Weissberg，& Wahlberg，2004）。

教师需要提高学生建立和维持良好人际关系的技能。这些技能包括：（1）有效的沟通；（2）情感的自我控制以及适当的表达；（3）共情和观点采择；（4）乐观和幽默感；（5）非暴力的冲突解决和问题解决。

教师还需要建立班级的团体意识和支持力（Soodak，2003），制定合作、利他行为和社会责任等方面的规范，增加学生在校期间的交往和一起学习的机会，强调团体成就，通过需要合作的活动或需要全班同学参与的仪式来促进友谊的发展。

（三）家校关系

良好的家校沟通是非常重要的。家长介入孩子的教育有助于学生产生以下行为（Henderson & Berla，1994）：更高的出勤率，更积极的学习态度和行为，更乐于完成家庭作业，更高的学业成绩。

家长需要了解学校事务、学业期望、孩子状况、纪律期望以及学校采取的措施。教师可以创造多种沟通渠道来加强学校和家庭的联系。

基于家庭的强化（home-based reinforcement）是一种常用的家校合作方式，即根据学生在校行为表现在家里给予奖励（如言语或者实物奖励或特权）和惩罚（如剥夺看电视、吃点心等特权）。

二、课堂人际交往

课堂人际交往主要表现为吸引与排斥、合作与竞争、师生互动、师生沟通四个方面。

（一）吸引与排斥

> **人际吸引** 交往双方相互亲近的现象。
>
> **人际排斥** 交往双方关系极不融洽、相互疏远的现象。

人际吸引（interpersonal attraction）是指交往双方相互亲近的现象，它以认知协调、情感和谐及行动一致为特征；**人际排斥**（interpersonal rejection）则是指交往双方关系极不融洽、相互疏远的现象，它以认知失调、情感冲突和行动对抗为特征。距离的远近、交往的频率、态度的相似性、个性的互补性以及外形等是影响人际吸引与人际排斥的主要因素。人际吸引和人际排斥使学生在课堂里处于不同的地位，出现人缘好的学生、被嫌弃的学生和遭受孤立的学生。教师需要重视课堂里的被嫌弃者和被孤立者。

（二）合作与竞争

合作（cooperation）是指学生们为了共同的目的在一起学习和工作或者完成某项任务的过程。良好的合作有助于激励学生释放潜能，促进学生的学习。竞争（competition）指个体或群体充分实现自身的潜能，力争按优胜标准使自己的成绩超过对手的过程。适量和适度的竞争不但不会影响学生间的关系，反而会提高学习的效率。但是，竞争有可能使一部分学生过度紧张和焦虑，容易忽视活动的内在价值和创造性。教师可以考虑开展群体间的竞争。群体间竞争的效果取决于群体内的合作。表13-2对课堂中的竞争、合作与个人主义进行了比较。

表13-2 课堂中竞争、合作与个人主义的比较

课堂人际交往方式	全班	小组	个人
竞争：学生为正确答案或教师所立的标准而展开竞争。教师是唯一的裁判。	当轮到学生的活动时，学生通过获得正确答案相互展开竞争。	作为对立的团队，小组相互竞争。	通过对相同问题的回答，个体间相互竞争，最快、最精确地回答的个体"获胜"。
合作：学生在教师引导下进行对话活动。教师有序参与进来，使观点鲜明，使讨论迈向更高水平。	当一位同学寻找正确答案遇到困难时，允许其他同学提供暗示或线索。	小组分工完成同一课题的不同方面，合成完整的产品，向全班进行报告。	个体结对合作，交换试卷、分享答案，或者相互纠正错误。
个人主义：学生完成教师布置的任务，教师鼓励他们按自认为最好的答案完成任务。	全体学生联合背诵答案。	每个小组完成所分配课题的独立部分，无须完成面向全班的共享的报告。	个体在没有教师直接参与的情形下，依靠自己完成课堂作业。

资料来源：鲍里奇，2002，第306～307页.

竞争与合作是对立统一的，它们都以能否满足各自的利益需要为转移。在课堂的人际交往中，有时可能同时发生合作与竞争，有时则交替地引起合作与竞争。教师需要协调合作与竞争的关系，使两者相辅相成，成为促进学生学习的有益手段。

（三）师生互动

*师生互动*是指教师和学生之间在课堂情境中发生的促进性或抑制性的相互影响。教师要通过师生互动来促进学生的发展，学生的态度和行为也会对教师产生重要的影响。

教师对学生的期望会影响教师自己的行为以及学生的成绩（Cooper, Findley, & Good, 1982; Cooper & Tom, 1984; Dusek & Joseph, 1983）。罗森塔尔和雅各布森（Rosenthal & Jacobson, 1968）在开学初对小学生进行了一个非言语智力测验，并告诉教师这个测验能预测学生的智力发展，然后随机选取20%的学生，把名单给教师，告诉教师这些学生是有发展潜力的。教师并不知道所选取的学生与测验分数无关。一年后，被指定为有发展潜力的学生和控制组的学生（没有被指定为有发展潜力者）之间出现了智力上的显著差异。罗森塔尔等将这一现象称为**教师期望效应**（teacher expectation effect）。这一效应也被称为罗森塔尔效应或皮格马利翁效应（Pygmalion effect），后一个术语源于古希腊神话。皮格马利翁是古希腊神话中的一个主人公的名字，相传他是塞浦路斯国王，善雕刻。他对自己用象牙雕刻的少女产生了爱恋之情，他热诚的期望竟使这座少女雕像变成了真人而与他结为伴侣。皮格马利翁效应指人们基于某种情境的知觉而形成的期望或预言，会使该情境产生适应这一期望或预言的效应。教师如果根据对某一学生的了解而形成一定的期望，就会使该学生的学习成绩和行为表现发生符合这一期望的变化。

教师期望效应　又称为罗森塔尔效应或皮格马利翁效应，是指教师对学生的期望对教师自己的行为与学生的成绩的影响。

我向语言　一种表达事实与自己的感觉和需要的沟通方式。

教师对学生的期望是在师生互动中实现的。教师首先会对不同的学生形成不同的评价和期望，然后通过一些方式，如语言等向学生传递这种期望，学生就会不自觉地收到教师传递过来的信息，并按照教师的期望来调节自己的行为。教师一旦形成期望，就很容易注意与期望一致的学生的行为，而忽略他们的其他行为。图 13-1 呈现了教师期望的实现过程。

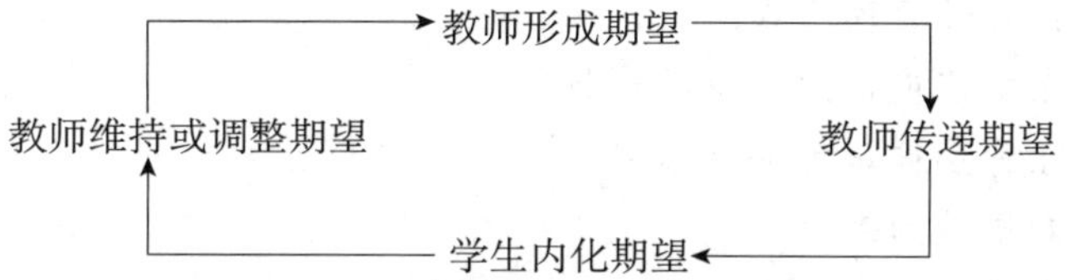

图 13-1　教师期望的实现过程

（四）师生沟通

教师与学生之间应该进行良好且有效的沟通。沟通的内容是非常广泛的，比如：当学生对讨论中的某个问题不明所以时，教师应该尽可能地提供详细线索；当学生在课堂中有违规行为时，教师应针对该违规行为对学生进行教育，要用清晰、明了的语言，让学生知道到底错在什么地方。

教师与学生的沟通大概可以分为两种：言语沟通与非言语沟通。有研究表明，有55%的有效沟通是通过身体语言实现的，38%的有效沟通是通过语音、语调和声音的变化实现的，只有大概 7%的有效沟通是通过实实在在的语言实现的（Mehrabian & Ferris，1967）。教师在与学生进行交流时，一定要注意言语信息与非言语信息的一致性。两者的不一致会影响学生对教师言语的信任程度，进而影响到沟通的有效性。

言语沟通的方式也是很重要的。教师在进行言语沟通时，要注意**我向语言**（I-message）的有效使用。我向语言包括三个部分的内容：（1）学生的行为而非他们的人格；（2）行为引起的自己的感受；（3）行为的结果，或者希望学生做到的行为。通过我向语言，教师从“我”的角度强调问题，而不是责备“你”，即教师客观、真实、具体地描述什么样的行为引起了问题，为什么该行为引起了这个问题，以及该行为对我的伤害及我自己心中的感受，语气上不带责备和批评。例如，有学生在课堂上说话不学习，教师可以这样说："如果别人像你们现在这样子说话，我会感到很不安和担心，因为完成今天的学习任务就很困难。"再如，学生在背后说老师的坏话，老师千万别对学生这样说："你真过分，有种当我面说啊！"而应采用我向语言对学生说："你这样在背后说我坏话，我很生气，希望你以后别在背后说了，有什么意见当着我面说。"这样学生就可以理解教师所表达的言语信息的前因后果，针对的是学生当前的行为及结果。

非言语沟通也越来越受人们的重视。非言语沟通可以采用以下六种方式。（1）接近，以学生在课堂上讲话为例，教师可以走近他的座位，提示学生不要说话；（2）眼神接触，如教师看着那个正在说话的同学；（3）身体定位，如教师的身体朝向正在说话的同学；（4）面部表情，如教师可以对正在说话的同学做出失望或生气的表情；（5）动作，如教师可以轻拍说话同学的肩膀；（6）声音的变化，如教师在讲课的时候可以加大声音力度，以提示学生保持安静。

行动指南

教师在与生气的学生谈话时要注意自己的肢体语言：

- 和学生距离过近，侵犯了其空间，被视为带有攻击性。
- 双手叉腰被视为带有攻击性。
- 双臂交叉放在胸前被认为带有防御性。
- 双手相扣放在背后被认为缺乏信息。
- 伸出手指是对抗性的表现。
- 谈话时手掌张开表达真诚和公平。
- 头部微倾表示你对谈话内容感兴趣。
- 微笑点头表达你的理解。

资料来源：黄绍裘，黄露丝玛丽，乔达尔，弗古森等，2015，第218页.

教师不仅要注意言语和非言语的沟通，还要多倾听学生的声音。当学生感觉到教师不是在对他们说的话做评价，而是真正在倾听时，学生才会信任教师，敞开心扉，与教师沟通。例如，有学生对教师说她认为自己昨天的作业不应该得零分。教师这时坐下来，把注意力放在该学生身上，并与她探讨这个问题，表达自己的感受。这样，学生就会感受到教师对她的关注与尊重，并且愿意把自己的内心感受和想法告诉教师。教师与学生如此就能进行真正有效的沟通。

行动指南

微笑着叫学生的名字、说"请"和"谢谢"，可以取得很好的沟通效果。微笑可以营造积极的氛围，平息他人的愤怒，并表达这样的信息：不要害怕我，我是来帮助你的。教师没有必要满脸堆笑，只需露出一个收敛的、轻微的、善意的微笑就够了。教师可以面带微笑地叫学生的名字。教师在微笑着说话时，还可以利用短暂的停顿，把握说话的时机。教师可以用这句话（"杨大康，请停止与黄念慈交谈，开始做作业。谢谢你，大康！"）为例，按照下面的步骤来训练微笑、说话和停顿的技巧。

第 1 步　微笑。面带微笑地走近学生，即使你原本想对学生表现出严厉的态度。

第 2 步　反馈。观察学生对你微笑的反应，学生是否也对你报以微笑，或者至少给你一个信号：对你的到来表示轻松和接纳。

第 3 步　停顿。把握时机。

第 4 步　叫学生的名字。面带微笑地叫“杨大康”。

第 5 步　停顿。

第 6 步　说“请”字。提出要求：“请停止与黄念慈交谈，开始做作业。”用平静有力的声音，面带善意的微笑，说“请”。

第 7 步　停顿。

第 8 步　说“谢谢你”。讲话结束时，面带微笑地说：“谢谢你，大康!”

资料来源：黄绍裘，黄露丝玛丽，2011，第 76～78 页.

第三节　学生行为管理

纪律问题是教师最为关心的问题之一。许多教师的职业压力来源于学生的不良行为。教师需要学会如何建立课堂纪律、预防与应对学生的不良行为。

一、课堂规则和行为规范

> **课堂纪律**　对学生课堂行为所施加的准则与控制。
>
> **课堂规则**　每个学生必须遵守的最基本的日常课堂行为准则。

为了维持正常的教学秩序，协调学生的行为，保证课堂目标的最终实现，必然要求学生共同遵守课堂行为规范，从而形成课堂纪律。**课堂纪律**（disciplines）是对学生课堂行为所施加的准则与控制。课堂纪律向学生传递了学校和教师对他们行为的规范和期望。特定背景下的规范和期望影响个体行为（Barker & Wright，1949）。学生在一个场合就需要遵守这种场合的规范，做出这种场合所期望的行为。例如，在图书馆需要安静地看书，在操场就可以尽情玩耍。教师需要在开学之初就规划并实施课堂纪律，组织学习环境，向学生明确示范并传递对他们课堂行为的规范和期望，以使学生及早适应自身的角色。

教师需要建立明确、积极的行为期望。教师拥有对课堂的最终控制权非常重要。如果这种控制感未能在一开始就建立起来，师生对权力的持续斗争将使学习环境在整个学年陷入混乱。课堂行为规范和期望往往是通过一些课堂规则建立起来的。在学年一开始，教师就要设置课堂规则，并准备好在全年之中贯彻实施。

（一）课堂规则的建立

课堂规则（rules）是每个学生必须遵守的最基本的日常课堂行为准则。例如，尊重他人财物等。课堂规则旨在通过约束和指导学生课堂行为来提高课堂安全性，增加学生的学习投入，防止出现对他人或课堂活动的干扰行为，提高课堂人际关系的水平。

课堂规则可以分为两类，一类是有关课堂行为的规则，另一类是有关学习活动的规则。表 13-3 列举了这两类规则的相关条目。

表 13-3 课堂规则的类型及举例

说明规则的时机	有关课堂行为的规则	有关学习活动的规则
首次上课就需说明的规则	1. 坐在何处 2. 座位怎样布置 3. 上课铃响前应做什么 4. 回答时应大声说出来 5. 下课铃响后可以离开 6. 饮水、食品和口香糖 7. 上卫生间和饮水的特权	8. 上课所需要的材料 9. 完成家庭作业 10. 补做功课 11. 未完成的功课 12. 缺考 13. 登记评定 14. 违反规则
可以稍后说明的规则	15. 迟到/缺席 16. 爬上课桌 17. 当有客来访时 18. 离开教室 19. 对违反规则的处罚	20. 完成笔记 21. 获得帮助 22. 记笔记 23. 和他人共同承担工作 24. 学习沟通和参考书的利用 25. 小组工作过程中的沟通 26. 实验室的安全

资料来源：鲍里奇，1999/2002，第 308～310 页.

还有一些基本规则，需要教师向学生说明。比如说，要尊敬师长、团结同学，在教师允许的情况下才可以说话，说话时要举手示意，教师同意以后才可以离开座位，等等。这是课堂上学生应该遵守的基本规则。

教师除了对一般行为建立明确的规定，还要有实施特定任务的常规和程序（Evertson，Emmer，& Worsham，2006），以管理班级的日常事务（Ball，2002）。**常规**（routine）是可预知的日程安排表或行为的惯常程序。在典型的一天里，学生要经历许多活动，从全班上课到小组活动，从阅读到科学实验，从课堂活动到午餐。可以预知的常规能使学生顺利地从一个活动过渡到下一个而不至于损失学习时间。

> **常规** 可预知的日程安排表或行为的惯常程序。
> **程序** 对在课堂上该如何完成活动的描述。

程序（procedures）是对在课堂上该如何完成活动的描述。课堂程序主要包括三种类型（Weinstein & Mignano，2003）。(1) *课堂运转程序*，涉及有助于课堂顺利进行的非学业日程，包括准时出勤、课前削好铅笔、把要完成的任务记在学生手册上等。(2) *课程运转程序*，涉及教学和学习所需要的特定行为，包括收集家庭作业、完成补充作业、在不同的学习中心转换、分发材料等。(3) *互动程序*，特指有关谈话的规章，明确指出课堂里何时允许谈话以及谈话如何进行。某些课堂情境，诸如全班教学、独立课堂作业、小组活动、自由时间、过渡以及合作性学习活动，则可能需要自己的一套谈话程序。互动程序也包括教师和学生在一天的不同时间里用来赢得彼此注意的程序，例如当学生举手等待点名时，或者当教师使用特定的词或手势来示意课程即将开始时。

（二）课堂规则的执行

教师不仅要制定这些规则（独立或全班一起），还需要花时间来传授和强化这些规则。课堂规则的颁行要遵循一定的原则。（1）规则要简洁，条目不宜过多，而且教师只向学生介绍能够始终如一地执行的规则。（2）班级规则与学校规则保持一致（Weinstein & Mignano，2003）。（3）清晰地陈述规则，提供合适行为的例子。（4）告知学生制定规则的理由，强调规则的合理性和必要性。（5）用正面语言阐述规则，并告知学生违反这些规则的后果。（6）鼓励学生有效执行规则。为了确保学生理解和记住这些规则，教师要把它们张贴在教室里显眼的位置，或者在开学的第一天发给学生，并定期地尤其是在开学最初几周复习这些规则（Burden，2003）。

学生通过观察学习教师特有的语言、想法和行为，往往能够解读出教师对他们课堂行为的期待：在课堂中什么行为是合适的，什么行为是有价值的。为了建立和维持学生对积极行为的期望，教师必须明确示范期望学生表现的行为（Kellough，2005）。当学生表现出了这些所期望的行为时，教师可以通过积极关注、表扬、给予特权、物质奖赏等多种手段，来强化这些行为。如果所有学生都表现出了所期望的行为，教师还可以考虑给予团体奖励。

教师颁行课堂规则后，总有学生"以身试法"，来检验这些规则是否能够得到贯彻。当课堂规则被违反时，教师可以通过三种后果来确保课堂规则的严格执行。（1）*传统后果*（conventional consequences），涉及教师通常使用的后果，如暂停活动、丧失特权、逐出教室。这些后果常常被作为针对课堂不良行为的惩罚，惩罚的层级按照行为严重性而递增（Canter & Canter，1992）。（2）*逻辑后果*（logical consequences），可允许学生改正他们所犯的错误。如果学生把教室弄得一团糟，那就让他们自己收拾教室。如果他们损坏了属于其他学生的东西，那就偿还损坏的东西。逻辑后果针对错误行为本身，它们发挥的是矫正功能而不是惩罚功能（Charney，2002）。（3）*教育后果*（instructional consequences），指导学生如何改正行为并提供正确表现的实例。例如，幼儿园的孩子在排队去图书室时你推我搡、吵吵闹闹，会被叫回原位。接着教师提醒他们如何正确排队，然后让其余学生效仿（Curwin & Mendler，1999）。

教师还可以让学生参与生成让大家遵守规则的有效方法（Nelson，Lott，& Glenn，2000）。教师可以通过开班会，和学生共同就班级规则和后果、教室安排和活动进行决策（Nelson et al.，2000）。例如，有一位小学五年级教师让学生通过头脑风暴来讨论两个学生因为没有听到铃声而上课迟到的后果（诸如在黑板上写下名字、在放学后留下几分钟、剥夺次日几分钟休息时间等），以及帮助他们准时上课的方法（诸如上课铃响时拍拍他们的肩膀、在靠铃声近一些的地方玩、大家齐喊"上课啦"、通过观察别人来了解进教室的时间、找一个搭档来提醒他们进教室等）。

教师不可能在所有时间监控所有学生的行为。教师需要指导学生监控和管理自己的行为，发展他们的自主性和责任心。课堂自我管理的技能包括：检查自己的行为并判断其是否合适，采用逐步的、详细的指示进行自我对话，采取解决课堂问题的步骤（Cotton，1990）。

二、学生问题行为应对

在学校和课堂，学生的生理因素（如缺乏睡眠、身体过敏）、发展因素（如因为学业连续受挫而得不到师生的认可）、课堂环境因素（如教室过度拥挤）以及社会心理因素（如反社会团伙的吸引，教师的训斥、威胁和惩罚，等等），都可能导致学生产生问题行为乃至不道德行为。教师需要明确了解这些行为，从而预防以及有效应对这些行为。

（一）学生问题行为的内涵

学生的问题行为（misbehavior）是指学生不能遵守公认的正常的学生行为规范和道德标准，不能正常与人交往和参与学习的行为。学生问题行为不仅影响学生的身心健康，而且常常引起课堂纪律问题，主要表现为漫不经心、感情淡漠、逃避班级活动、与教师和同学关系紧张、容易冲动、上课插嘴、坐立不安、活动过度等。这样的行为具有以下特征（Levin & Nolan，2000）：干扰教学，妨碍他人学习的权利，构成心理或身体上的威胁，损坏财物。

延伸阅读

常见的课堂不良行为

学生常见的课堂不良行为有：

1. 随意讲话：学生在没有得到允许的情况下大声说话，或者是打断别人的谈话。
2. 离座：学生在没有获得允许的情况下，从椅子上站起来并在教室里四处走动，但不是为了讨论学业问题。
3. 制造噪声：学生发出噪声，可能是言语的，也可能是身体的，但明显与学习任务无关（如不断敲打铅笔，倾斜座椅直到躺下）。
4. 玩弄物品：学生玩弄物品，如钢笔、铅笔或小玩具，这与当前学习任务无关，而且明显不合时宜。
5. 扔东西：学生抛掷东西，如铅笔、纸飞机或其他物品，使其飞向天空或滑过地面，而且该行为与学习任务无关。
6. 攀爬：学生爬到公共设施顶部或其他物体上，而且该行为与学习任务无关。

资料来源：托马斯·J. 泽波利，2004，第256～258页.

学生的问题行为可以分为三种类型（见表13-4）。（1）轻度不良行为：不学习或分心。（2）中度不良行为：妨碍他人学习。（3）无法容忍的行为：危险行为或不道德行为。

表 13-4　学生不良行为的三种类型

轻度不良行为	中度不良行为	无法容忍的行为
未经许可擅自离座	不做教师要求的事情	不道德行为：作弊、撒谎、偷窃、故意破坏公物
不完成指定任务	大声讲话	攻击或暴力行为（言语或身体攻击）
懒散	高声叫喊	欺凌行为
做白日梦	在教室里四处走动	滥用药物
课上打瞌睡	抛掷物品	骚扰教师或学生
偶尔迟到	扮小丑	公然的违抗行为
	制造噪声	反抗教师权威
	争吵	未经许可擅自离校
	不听从教师指令	
	恶作剧	

资料来源：Bohlin et al.，2012，第 347～350 页．

教师可能不得不处理严重的不良行为，但要注意，轻度或中度不良行为频繁发生，也会浪费宝贵的学习时间。单个行为看似无害，但倘若放任不管，则可能导致干扰学习、无序低效的课堂环境（Canter & Canter，1999）。

（二）预防潜在的问题行为

防患于未然是课堂管理的最好策略。教师要善于采取一定监控措施，预防不良行为的发生。这里介绍四种预防不良行为的策略（Kounin，1970）。

1. 明察秋毫

明察秋毫（withitness）是指在任意时间对学生的行为保持警觉并做出反应的能力。这就要求教师频繁地扫视课堂，观察学生的面部表情和肢体语言，并解读班级的整体氛围。一旦注意到学生心神不定或失去兴趣，就要调整课程，提高学生的参与程度（Carter，Cushing，Sabers，Stein，& Berliner，1988）。

> **明察秋毫**　在任意时间对学生的行为保持警觉并做出反应的能力。
> **一心多用**　在不中断授课或活动进程的情况下处理不良行为的能力。
> **整体关注**　保持尽量多的学生积极参与适当活动的能力。
> **变换管理**　以适当进度进行教学，保持教学的流畅性，成功完成从一个活动向下一个活动的过渡的能力。

2. 一心多用

一心多用（overlapping）是指在不中断授课或活动进程的情况下处理不良行为的能力。例如，教师在讲课的时候，可以走近正在传递纸条的学生，轻轻地收起纸条，指指正在讨论的作业，重新引导学生的注意。这样做既维持了课堂主流活动，又处理了问题行为。

3. 整体关注

整体关注（group focus）是指保持尽量多的学生积极参与适当活动的能力。教师千万不要把太多的时间集中在一个学生身上，这可能降低全班学生的注意水平和课堂参与程度。

4. 变换管理

变换管理（movement management）是指以适当进度进行教学，保持教学的流畅性

（逻辑组织和次序），成功完成从一个活动向下一个活动的过渡的能力。

延伸阅读

教师如何创建秩序良好的课堂？

教师工作所面临的最大挑战就是创建、维持秩序良好的课堂。雅各布·库宁调查了有效的教师是如何管理班级的，结果表明：好的课堂管理实际上是通过计划课程、安排课程、在违规行为萌芽前就加以制止来实现的。

问题和方法 库宁对课堂纪律问题很感兴趣，他设想，课堂管理的关键也许不在于教师怎样管理个别学生，而在于他们怎样管理整个班级。于是，他最早开始直接走进班级，观察课堂实际情况，研究教师的小组管理。

被试 49名教师和他们的小学高年级学生。

程序 库宁精心设计了观察班级的方法，包括拍摄师生互动、分析录像。在整个研究中，他测量了许多变量，在此只描述其中几个重要变量。

自变量 库宁定义了8个变量来描述教师的小组管理行为。

1. 明察秋毫：准确发现违规行为的能力（刚一露苗头就能发现）。
2. 一心多用：在上课过程中，发现、处理违规行为的能力。
3. 流畅：消除学生对各种活动的干扰行为。
4. 动力：消除学生阻碍课程进度的行为。
5. 小组提醒：教师采用的技术，用来提醒开小差的学生听课，提示接下来干什么。
6. 责任：教师采用的技术，用来确保学生对自己的行为负责。
7. 挑战：教师采用的技术，用来确保学生积极参与。
8. 变化：课堂各个方面的变化程度。

因变量 库宁认为，成功的课堂管理的特征是：学生高度参与，很少出现走神的情况。参与分成三类：参与任务，可能参与任务，没有参与任务。走神分成三类：没有违规行为，稍有违规行为，有严重违规行为。

背景变量 库宁观察了两类学习活动：复述和课堂作业。

研究结果表明：明察秋毫、动力、一心多用、流畅和小组提醒都可以提高学生的参与度，特别是在上复述课时。明察秋毫和动力还会降低学生走神的频率。此外，变化最有助于提高课堂作业的参与度，明察秋毫也能让学生做课堂作业时少走神。

资料来源：Kounin，1970，第169页．

（三）干预学生问题行为

不管教师如何预防，总会有学生表现出问题行为。对于不同类型的问题行为，教师要采取不同的措施进行应对。至于不道德的、危险的问题行为的应对，请参见本书第十一章“品德的培养”。

1. 最小干预原则

> **最小干预原则** 教师处理课堂不良行为的一种原则：尽量使自己对课堂不良行为的处理对教学过程的干扰减少到最低限度。

教师在应对轻度的问题行为时需要遵循最小干预原则。**最小干预原则**（principle of least intervention）是指教师尽量使自己对课堂不良行为的处理对教学过程的干扰减少到最低限度。如果最小干预原则不奏效，教师就需要采用干扰程度稍高一点的干预方法，直到解决问题为止。例如，当学生产生不良行为（如说话）时，教师首先是靠近学生；其次是眼神示意；再次是动作提示，如摇摇头，点点桌面；复次是口头提醒，如“安静了”；最后是陈述问题行为，如“你的讲话干扰了上课”，甚至将学生带离现场、与学生私下谈话、联系家长、送到办公室等。

再举一个例子：学生在课堂上传递纸条。对此，教师在教学的同时，走近传递纸条的学生，伸手示意学生交出纸条，装进口袋，继续上课。教师不要中断教学进程而向全班大声朗读纸条，并批评学生而使学生感到尴尬。

如果是中度的、不能容忍的问题行为，从“课堂小丑”到攻击和暴力行为，破坏了课堂上正在进行的学习过程，教师就要迅速采取措施，果断地应对这些不良行为。

2. 用语言来制止不良行为

教师“制止行为”示例如下：

（1）清晰——教师应清晰地指出学生哪儿做错了。

不清晰：停！
清晰：当我在说话的时候，不要削铅笔。

（2）坚定——教师应明确表达“我的意思是……”。

不坚定：请不要这么做。
坚定：我绝对不会容忍你这么做。

（3）强硬——必要的时候，教师应表达自己的愤怒。

不强硬：你不应该再这么做。
强硬：当你这么做的时候，我会生气，要惩罚你。

3. 使用有效的奖惩方法

除了用语言来制止学生的不良行为以外，教师还可以利用不同且有效的奖惩方法。教师在运用强化法则时要注意：（1）确认期待的行为；（2）确认适当的强化；（3）熟练地使用这些强化来增强、鼓励所期待的行为。

表扬是大多数教师在课堂中经常使用的强化方法。但是，并非所有的表扬都会对学生产生作用，只有运用有效的表扬才能达到教师预期的效果。此外，教师也可以采用实物奖励的方法，比如评选优秀学生并颁发证书等。

惩罚也是必不可少的措施，因为惩罚可以消除违反重要规则和程序的行为，降低不良行为产生的频率。使用惩罚时要注意几个要领：（1）针对学习或与学习有关的行为进行惩罚，如遗漏或未完成作业，使用扣分策略。(2) 建立罚分或记过制度，处理那些重复违反规则或程序的行为，特别是那些有意违抗合理要求的行为。先对此提出警告，如坚持不改再记过。(3) 如果有一个学生经常受到处罚，应该尝试使用一些积极的方式，帮助这个学生制订一个计划来纠正不恰当的行为。(4) 对那些容易观察到的、长期的、严重的违规行为，应该限制使用诸如罚分或记过的处罚方式。(5) 惩罚作为一种震慑手段，应该有节制地使用，运用奖励和针对个人的鼓励来维持良好的行为会更有效。

应用举例

如果学生不做作业，教师可以和学生讨论这个问题，提出可行的解决方案。例如，可以与学生签订行为相倚契约（contingency contract），在该契约中说明所期望的适当行为、未做出适当行为的后果以及做出适当行为的奖赏（Henson & Eller，1999）。下面是一个契约实例。

我的契约

姓名：郭小靖

日期：2025 年 4 月 2 日

我的目标：

1. 将所有作业记在笔记本上。
2. 回家先做作业。
3. 做完作业后进行检查。
4. 将作业放在书包里。
5. 上课将作业交给老师。

未达标的后果：

1. 课间休息时间留在教室里写作业。
2. 因为迟交作业扣分 10%。
3. 三次迟交作业，数学作业自动得零分。

达标的奖赏：

1. 在每份作业上盖一个小五星。
2. 每得 5 个小五星，获得一份小奖品。

签名：郭小靖

李冬萍（妈妈）

王西峰（老师）

4. 对不良行为进行矫正

行为矫正 系统地应用先前刺激和后果来改变和调节行为的技术。

行为矫正（behavior modification）是系统地应用先前刺激和后果来改变和调节行为的技术。行为矫正对改善学生的不良行为也有很大的作用。

根据图 13－2，行为矫正主要有六个步骤。

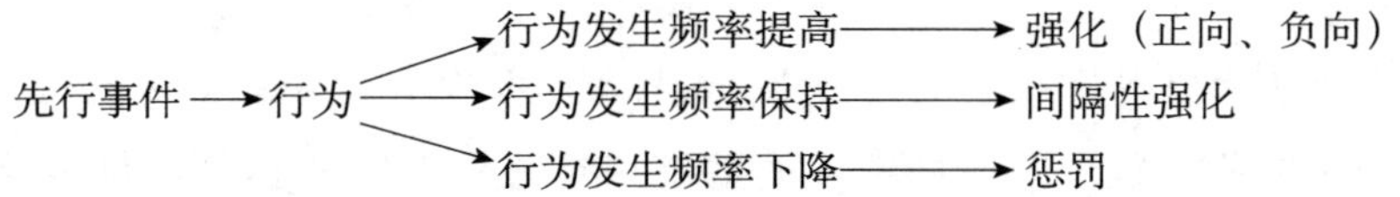

图 13－2　行为矫正流程图

（1）识别目标行为。目标行为就是要观察、测量、评估和矫正的靶子行为。教师需要使用可观察、可测量的术语，使用积极的语言，尽量以表达学生应该怎样做的词语来描述目标行为。

（2）设立基点行为。在随后的几天里观察学生，看看其目标行为发生的频率有多高。可以根据频率（如某某上课擅自离开座位多少次）和时间（如某某上课擅自离开座位多少分钟）来测量基点行为。

（3）选择强化物和强化的标准。典型的课堂强化物包括表扬、给予特殊权利或奖品等。在行为改进的刚开始，强化物可以给予得多一些，随着行为改进得越来越多，强化物应该逐渐减少。

（4）如有必要，选择惩罚方式及其标准。当使用强化方式无法降低某一不良行为的发生频率时，就可以考虑使用惩罚。但要注意，使用惩罚时，要让学生清楚地知道自己哪里做错了，应该怎样改正。

（5）观察行为并与基点行为做比较。如果之前有过一段时间的强化，但并未有太大效果，就要考虑换另一种形式的强化或使用惩罚。

（6）降低强化频率。当学生的某一不良行为得到了改善，并且稳定在某个新的水平上时，强化的频率就可以降低了，可以使用间隔性强化。

（四）关怀问题学生

当今课堂提倡人本主义，强调创建充满关爱的、以儿童为中心的课堂，使学习共同体充满分享和信任的气氛——教师关心学生，学生互相关心。只有在这样的课堂氛围下，学生才能健康成长。对于问题学生，教师更应该多加关心与关注，要对他们付出更多的注意和关爱，发自内心地倾听他们的心声，了解他们真正的想法，才能有效地运用方法去帮助他们和鼓励他们。

应用举例

从进入班级的第一天起，罗伯特就是一个让老师玛莎头疼的学生。他是一个矮胖的男孩，前一学年是在矫正青少年严重行为问题的特殊学校中度过的。在这之前的两年里，他因为有不适当的攻击性行为，不断地从一个班级换到另一个班级。

玛莎竭尽全力地帮助他：每天，她在教室门口迎接罗伯特，下午放学时，她总是对他说再见。每天她都和他聊几次，什么都聊，聊电视节目，也聊他的妈妈。她坚持要求他参加班级活动——特别是与其他孩子的合作学习。

因为她的这种关注，罗伯特慢慢开始意识到，玛莎很关心他。到了11月份，罗伯特得到了少数学生的认可，学习也还过得去。尽管他在班级中还是爱争吵，并且易怒，但是，他对玛莎和同学的态度积极多了。罗伯特一次也没有被送到校长或督导人员那里，这是一个很大的转变。尽管罗伯特曾经被贴上“行为失范”的标签，但玛莎还是帮助他转变成了一个学习能力、社交能力更强的人。

玛莎对罗伯特最重要的影响是她顽强地坚持给予罗伯特更多的机会，让他在学校内获得成功，养成社会交往的能力。没有魔法，没有技术手段——只是坚持，日复一日，每一小时，甚至是每一分钟，她都在提醒罗伯特完成任务，尊重其他人。她只是拒绝放弃他。玛莎说：“我不放弃任何学生，这是我的责任。”

在现有的教育体制中，玛莎鼓励、促进罗伯特在社交上、学习上不断成长。他经常参与课堂讨论和班级活动，看起来喜欢上学（事实上，从不缺席），结交了几个朋友，他们一起为他庆祝生日。玛莎对罗伯特的关怀为罗伯特建立了新的环境，在这个环境中，他既能改善自身行为，也能提高学业成就。

资料来源：阿兰兹，2007，第148～150页.

概念术语

课堂管理　正式群体　非正式群体　小团伙　群体动力　群体凝聚力　群体规范　课堂气氛　教师领导风格　课堂人际关系　课堂人际交往　人际吸引　人际排斥　教师期望效应　我向语言　课堂纪律　课堂规则　常规　程序　明察秋毫　一心多用　整体关注　变换管理　最小干预原则　行为矫正

复习思考题

（一）选择题

1. 课堂上学生相互亲近，认知协调，情感和谐，行动一致。这是一种（　　）的人际关系。

A. 吸引　　B. 合作　　C. 沟通　　D. 平等

2. 全班同学上交作业时，学生从后往前将各自的作业传给最前排的学生，然后再从左到右传给最右边的学生，最后传给老师。这个例子展示了课堂的（　　）。

A. 纪律　　B. 程序　　C. 常规　　D. 规则

3. 在课堂上，小康递给小靖一张纸条，小靖一心盯着自己的作业，心想：小康为什么要递给我纸条？老师一定能发现的。老师从来没有错过什么事情，他甚至能读懂我们的心思。这个例子展示了老师的（　　）。

A. 整体关注　　B. 变换管理　　C. 一心多用　　D. 明察秋毫

4. 最有效的课堂管理策略是（　　）。

A. 应用后果进行处理　　B. 进行适当的强化和惩罚

C. 预防不良行为的发生　　　　　　D. 声明规则

参考答案：1.A；2.B；3.D；4.C

（二）论述题

1. 简述课堂正式群体与非正式群体的作用。
2. 如何增强班级凝聚力？
3. 如何建立良好的课堂人际关系？
4. 举例说明什么是我向语言。
5. 皮格马利翁效应是如何发挥作用的？
6. 如何建立课堂规则和行为规范？
7. 如何预防学生的课堂不良行为？
8. 如何应对学生的课堂不良行为？

拓展学习

陈琦，刘儒德．(2019)．当代教育心理学（第 3 版）（第 15 章）．北京：北京师范大学出版社．

伍尔福克．(2015)．教育心理学（第 12 版）（第 13 章）．伍新春，张军，季娇译．北京：中国人民大学出版社．

斯莱文．(2016)．教育心理学：理论与实践（第 10 版）（第 11 章）．吕红梅，姚梅林等译．北京：人民邮电出版社．

第十四章

教学评定

【本章提要】

教学评定概述	✧ 教师自编测验
✧ 教学评定的概念	✧ 非测验评价技术
✧ 教学评定的作用	✧ 真实性评定
✧ 教学评价的分类	**教学评定的质量指标与结果报告**
教学评定的方法与技术	✧ 教学评定的质量指标
✧ 标准化成就测验	✧ 教学评定结果的报告

教学评定是教学系统的重要组成部分。大到大型考试、知识竞赛、期末考试，小到单元测验、对学生课堂行为的观察甚至课堂上的一次提问，教师都可以对学生的学习情况进行评价和判断，并对自己的教学计划、策略等做出决策，以更好地满足学生的需要。教学评定也能让学生清楚地了解自己的学习状况，不断调整自己的学习方式。本章将介绍教学评定的基本知识、方法和技术。

第一节　教学评定概述

四年级的小明在期末的数学考试中得了 95 分，排在班里的前十名，而上学期他的数学成绩是 80 分，在班里排在第 20 名。老师对他的评语是："课堂表现活跃，勇于回答问题，按时完成作业，在数学学习方面取得了很大的进步。"

在六年级的英语课上，刚刚结束了一个单元的学习，英语老师进行了一次 30 分钟的单元测验，通过对测验结果的分析，发现有不少学生对这个单元的知识掌握得不够好，英语老师决定下次课要对这个单元的知识点再做一次复习，并在作业中增加一些相关的练习。

一、教学评定的概念

（一）教学评定的含义

评定（assessment）是指系统地收集有关学生学习的信息，参照预定的教学目标对学生的学习状况进行价值判断，从而对课程、教学方法以及培养方案做出决策的过程。例如，通过教学前的预测验来评价学生是否具备学习新内容的知识基础，以确定是否需要为学生补充先前知识；通过单元测验评价学生对所学的单元知识的掌握程度，了解教学的效果，并据此调整教学策略和内容；通过期末考试评价在一个学期或学年的教学结束时学生掌握所学内容的程度；通过阅读学生的日记、笔记、实验报告等材料以及观察学生的课堂行为等，对学生的学习过程和结果进行细致深入的评价。从这些例子可以看出，教学评定包含下列成分：(1) 以教学目标为标准；(2) 用多种方法（测量和非测量）收集资料和信息（如课堂测验、考试、行为观察等）；(3) 包含价值判断（如小明这学期在数学学习方面取得了很大的进步）；(4) 教学评定的目的是教学决策。

评定 系统地收集有关学生学习的信息，参照预定的教学目标对学生的学习情况进行价值判断，从而对课程、教学方法以及培养方案做出决策的过程。

测量 通过定量的方法或数字大小描述学生的特征、能力或行为水平的过程。

测验 一种特定的测量形式，是对学生行为样本的客观的和标准化的测量。

评价 对学生的学习情况进行价值判断的过程。

（二）教学评定与测量、测验及评价的关系

教学评定很容易与测量、测验和评价等术语混淆。评定是一个更为一般化的术语，包括使用一系列的程序收集学生学习的信息，并形成关于学生学习情况的价值判断。教学评定使用多种方法收集学生的学习信息，包括测量的方法和非测量的方法。**测量**（measurement）是一种收集数据资料的过程，是根据某种标准和一定的操作程序，将学生的学习行为与结果确定为一种量值，以表示学生的学习行为水平。例如，用数学考试的形式测量学生对所学数学知识的掌握情况，或者在一个 5 点量表中对学生在某科目的学业情绪进行量化。**测验**（test）是一种特定的测量形式，是对学生行为样本的客观的和标准化的测量。也就是说，它是通过观察少数具有代表性的行为或现象，来量化描述人们的心理特征。测验通常由一组问题组成，有确定的编制、实施、计分和分数解释程序，如标准化成就测验、教师自编纸笔测验等。在收集学生学习信息之后，对学生的学习情况进行价值判断的过程就是**评价**（evaluation）。

概括地说，教学评定的含义最为广泛，包括测量和评价的过程。教学评定采用测量（包括测验）和非测量的方法收集学生学习的信息，并进行评价，从而对有关的课程、学生、项目和教育政策做出决策。在一些教育情境中，评定与评价是通用的。在本节有关分类的介绍中，根据通常的用法，使用“教学评价”一词。

二、教学评定的作用

教学评定的目的是教学决策，从而改进教师的教学、促进学生的学习。在实际教学活动中，教师对教学评定的看法常常存在误区，认为教学评定的目的就是评估学生的学业成就，而忽略了教学评定最重要的作用——利用评定所提供的信息来改进教学。实际上，教育系统中的不同群体都可以从教学评定提供的信息中受益。

（一）对教师和教育决策者的作用

（1）预先评估学生的准备情况和学习需要。例如，教师可以在教学开始前通过测量或非测量的方式评价学生是否掌握了学习新内容所必需的基础知识，或是否已经掌握了将要教学的内容，以决定是否要对基础知识进行补充教学或加快进度。又如，教师可以通过教学前的评价了解学生的学业水平和学习风格，以决定对学生的分组或分班。

（2）监控学生的学业进步，诊断学生的学习困难。例如，教师可以通过前测和后测的比较，了解学生取得的进步和存在的困难，对学生进行相应的指导，也可以通过课堂提问的方式，了解学生对学习内容的掌握程度，相应地调整教学重点。

（3）评价教学目标，判断教学效果。通过教学评价，教师可以判断制定的教学目标是否适宜，使用的教学材料是否有用，采用的教学方法是否有效。教育决策者可以检查教育目标和教育质量，据此制定相关的教育政策。

（4）检查课程的有效性。通过教学评价，教师和教育决策者可以检查课程的优点和缺陷，进行课程的优化。

（二）对学生的作用

（1）明确学习的目标。教学评定可以让学生更加清楚地了解自己需要学会哪些东西，从而使学习目标更加明确。

（2）提供反馈。通过各种形式的教学评定，学生可以明确自己对知识的掌握情况，发现自己掌握得好的地方和不足的地方，了解自己的进步，从而调整自己的学习。例如，小华通过几次数学测验，发现自己非常粗心，经常犯一些简单的计算方面的错误，他打算以后在答完题之后仔细地检查一遍。在后来的一次测验中，他采用了这种策略，结果错误减少了很多，分数得到了提高，他决定以后每次测验都要进行答案的检查。

（3）激励学生学习。高分、表扬、奖品等都能对学习行为产生强化作用，教学评定可以激发学生的学习动机，调动学生学习的积极性。

（三）对家长的作用

教学评定能让家长理解学校的教学目标和学生在各个科目上的学习情况。

（1）了解学校的教学目标后，家长就能够更好地配合学校的教育工作，促进学生的学习和发展。

（2）提供有关孩子的成功、失败或特殊问题的信息，能让家长给予孩子更多的鼓励和情感支持。

（3）了解孩子在学习上的长处和不足后，家长就能帮助孩子制订更加合理的教育和职业计划。

三、教学评价的分类

教师在教学中要根据不同的目的、时机、要求和标准，正确地运用教学评价，尽可能地发挥教学评价的作用。

（一）形成性评价和总结性评价

根据实施教学评价的时机，教学评价可分为形成性评价和总结性评价。

1. 形成性评价

所谓形成性，即与学业成就的形成和发展有关。形成性评价（formative evaluation）是在教学过程中为调整不断进行的教学和学习提供反馈，以提高教学效果和学生学业成就的评价过程。例如，在物理实验课上，学生分组进行实验操作和实验结果的讨论，老师通过观察和询问发现在小华所在的组中，小华是实验操作和讨论的主导者，因为他成绩优秀，其他组员都只是旁观者和听众。老师立即对所有学生重申了小组的活动规则，强调组员的个人责任，并对一些小组的组内沟通进行了指导。再如，在数学课上，老师教完一个概念以后，向学生提问，发现没有一个学生能够正确做出回答，于是老师采用另一种方式对概念进行重新讲解。形成性评价的重点在于对评价结果的利用，而非对评价结果的解释，强调评价与教学相互协调。

2. 总结性评价

总结性评价（summative evaluation），或称终结性评价，通常在一门课程或一项教学活动（如一个单元、章节、科目或学期）结束后进行，是对一个完整的教学过程进行测定，如期中考试、期末考试。教师通过总结性评价来检测学生对所学内容的掌握程度并做出评分。一般来说，总结性评价所覆盖的内容是综合性的，既可采用考试方式，也可采用实际操作的评价方式。总结性评价的目的在于给予学生反馈，并用来评价教师的教学效果，为教师调整教学计划和策略提供依据。例如，语文的期末考试可以让学生了解自己这一学期的语文学习情况，哪些部分掌握较好，哪些部分存在不足（如字词、阅读理解、写作等），同时也让语文老师了解自己的班级与其他班级相比处在什么水平，哪些方面教学效果不够好，及时制订下学期语文教学的计划和补救措施。

（二）常模参照评价和标准参照评价

根据对教学评价资料的处理方式，教学评价可分为常模参照评价和标准参照评价。

1. 常模参照评价

常模参照评价（norm-reference evaluation）是指以某个团体的成绩为参照标准（即所谓常模）的评价，这种评价根据个体在团体中的相对位置或名次来报告评价结果。例如，在期末考试后，学校将所有学生的成绩进行班级或年级排名，报告的结果就是学生与他人比较所得到的团体中的相对位置。在标准化成就测验中，将个体得到的测验分数与该测验所建立的常模相比较，来报告测验结果。

> **常模参照评价**　以某个团体的成绩为参照标准（即所谓常模）的评价，这种评价根据个体在团体中的相对位置或名次来报告评价结果。

> **标准参照评价** 基于某种特定的标准的评价，这种评价是对照特定标准和要求，来判断学生对与教学密切关联的具体知识和技能的掌握程度。

2. 标准参照评价

标准参照评价（criterion-reference evaluation）是基于某种特定的标准的评价，这种评价是对照特定标准和要求，来判断学生对与教学密切关联的具体知识和技能的掌握程度。例如，在体育考试中，学生某项目的成绩达标，这就是一种标准参照评价。英语四六级考试将学生的成绩“及格”确定为“PASS”，这也是一种标准参照评价。

（三）配置性评价和诊断性评价

按照教学评价的功能，教学评价可分为配置性评价和诊断性评价。

1. 配置性评价

> **配置性评价** 又称安置性评价，是在教学开始前进行的、旨在确定每个学生的水平和最适宜的教学模式的评价。
>
> **诊断性评价** 为了解学生的学习基础、个体差异以及经常表现出学习困难的学生所做的评价。
>
> **正式评价** 学生在相同的情况下接受相同的评估，且采用的评价工具比较客观，如测验、问卷等。
>
> **非正式评价** 针对个别学生，且资料大多是采用非正式方式收集的，如观察、谈话等。

配置性评价（placement evaluation），又称安置性评价，是在教学开始前进行的评价，其目的是确定每个学生的水平和最适宜的教学模式，将学生分配到不同的教学模式下。例如，如果一些学生对计划的教学内容已经达到一定的理解和熟练程度，则可以让这些学生跳过该部分内容的学习，或将他们分配到提高班。此外，配置性评价经常被运用于特殊教育。例如，通过配置性评价，识别存在障碍的儿童，进行相应的特殊教育。

2. 诊断性评价

诊断性评价（diagnostic evaluation）有时与配置性评价意义相当，指为了解学生的学习基础与个体差异所做的评价，有时指对经常表现出学习困难的学生所做的评价，多半是在形成性评价之后实施。例如，教师发现某个学生在数学的加法运算上存在困难，为了确定困难的具体原因，可编制一些不需要进位的简单加法运算题，再编制一些需要进位的加法运算题，来诊断该学生是在简单的数字加法运算上存在困难，还是在进位运算上存在困难。

（四）正式评价和非正式评价

根据教学评价的严谨程度，教学评价可分为正式评价与非正式评价。

1. 正式评价

正式评价（formal evaluation）指学生在相同的情况下接受相同的评估，且采用的评价工具比较客观，如测验、问卷等。

2. 非正式评价

非正式评价（informal evaluation）针对的是个别学生，且资料大多是采用非正式方式收集的，如观察、谈话等。

非正式评价与正式评价相比，更依赖于学生的学习产品，而非单纯的对测验问题的回答；更依赖于对学习项目的评价，而非对测验条目的评价；更依赖于教师的判断，而非机械的测验分数（Spinelli，2008）。非正式评价可以是多维度、多目的的。其评价方法多种多样，包括档案袋、观察、交谈、行为清单、自我评价和同伴评价等。这些评价方法也是有效的诊断工具，可以帮助改进教学、监控学生的进步、向家长提供大量关于学生的细致的描述性报告。

第二节 教学评定的方法与技术

教学评定的方法与技术有很多，如标准化成就测验、教师自编测验、各种非测验评价技术以及近年来日益受到人们关注的真实性评定等。教师需要根据不同的教学情境和需要，灵活地运用这些评定方法和技术，从而使教学评定更好地服务于教学。

一、标准化成就测验

标准化测验（standardized test）是指由专家或学者们编制的适用于大规模范围内评定个体心理特征水平的测验。这种测验的命题、施测、评分和解释，都有一定的标准或规定，如各种智力测验、成就测验、人格测验等。

标准化成就测验（standardized achievement test）是指由专家或学者们编制的适用于大规模范围内评定个体学业成就水平的测验，通常测量的是个体在阅读、数学、社会学科、自然学科等一个或多个领域内的学业成就。标准化成就测验有四种主要类型：成套成就测验、单学科成就测验、诊断测验和预测测验。

> **标准化测验** 由专家或学者们编制的适用于大规模范围内评定个体心理特征水平的测验。
> **标准化成就测验** 由专家或学者们编制的适用于大规模范围内评定个体学业成就水平的测验。

成套成就测验是为特定年级水平设计的一套有关学科内容的测验，测量阅读、数学、语言以及在适当年级学习技能、社会学科和科学等方面的广泛的认知能力和技能。如美国的SAT（Scholastic Assessment Test，学术能力评估考试）、ACT（American College Test，美国大学入学考试），是申请美国大学入学资格和奖学金的重要参考，中国则有各级各类教育质量监测考试等。

单学科成就测验是为评价特定学科领域的学业成就而设计的，如阅读测验、数学测验、写作测验等，通常比成套成就测验中的相应测验更长、更详细，如盖茨-麦克吉尼特阅读测验（Gates-MacGinitie Reading Tests）。我国的标准化单学科成就测验包括大学生英语四六级考试，国家公派出国人员的英语水平考试，汉语水平考试，等等。

诊断测验具有诊断功能，可以鉴别学习某一学科的具体困难，如斯坦福数学诊断测验（Stanford Diagnostic Mathematics Tests）。诊断测验还可能需要使用特殊的设备，如眼动仪等。

预测测验的题目种类比同学科的成就测验更为广泛，可以预测个体在某一学科上的成就，或考察被试对于完成某种学习任务是否做好了知识或技能的准备，如美国研究生入学考试（GRE）等。我国的国家公务员考试等也属于预测性的成就测验。

标准化成就测验具有客观性、计划性、可比性等优点。然而，标准化成就测验也有一些缺点，如不能促进课堂教学；对测验结果的不当使用，尤其是当学生分数比较低时，会严重影响他们的自我概念和学习动机。总之，每个标准化成就测验都有其特定的目的、使用范围和使用条件，教师要根据教学目标和评价目标进行选择和使用，并谨慎解释测验结果，使标准化成就测验真正有效地服务于教学。

二、教师自编测验

教师自编测验　由教师根据具体的教学目标、教材内容和测验目的自己编制的测验。

教师自编测验（teacher-made/developed test）是由教师根据具体的教学目标、教材内容和测验目的自己编制的测验，是为特定的教学服务的。在教学实践中，各种教师自编测验应用广泛，如随堂测验、单元测验、期末考试等。与标准化成就测验相比，教师自编测验的内容和取样全部由任课教师决定，通常没有标准化的编制程序，在施测和计分方面也没有统一明确的规定，但教师自编测验与课堂教学的关系非常紧密，可以为教师的教学和学生的学习提供及时的信息和丰富的反馈。

（一）自编测验的步骤

在编制测验时，为了保证测验能够达到预定的目的，教师必须事先制订详细的编制计划。教师自编测验主要包括以下步骤。

1. 确定测验的目的

教师首先要明确测验的目标、对象和用途。例如，这个语文测验是主要测量学生的阅读能力，还是写作能力，或是综合的语言能力？是面向一个班级的学生，还是面向全校的学生？是用来衡量教学效果，还是选拔优秀学生，或是诊断学习困难？这些问题必须在编制测验前予以明确。

2. 确定测验要考查的学习结果

本书第十二章提到了教学目标的设置，布卢姆将认知领域教学目标分为知识、领会、应用、分析、综合、评价等六个学习行为水平。教师在编制测验时可以参照布卢姆的分类，明确要考查的学习行为水平。如果是教学之后进行的测验，则评价的内容要与教学目标的内容相对应。例如，学生在生物课上学习完哺乳动物的相关知识后，生物老师想编制一个单元测验，了解学生对这部分内容的掌握程度，则可以将要测量的学习结果分为知识、领会、应用、分析和综合五个水平。

3. 列出测验要包括的课程内容

测验的内容要与教学的内容相匹配，才能有效地反映教学的效果。教师在编制测验前，要根据教材和课堂讲授的内容及重点，列出测验要包括的内容。例如，对于哺乳动物的单元测验，生物老师可以根据课程列出以下考查内容：哺乳动物的特征、哺乳动物的分类、哺乳动物的进化等。

4. 列出考试计划或双向细目表

有了要考查的学习结果和课程内容，就可以列出一个矩阵式的考试计划或双向细目表，确定每个考查目标的分数比重。表 14－1 是以生物课哺乳动物的单元测验为例的双向细目表，表中横向为课程内容，纵向为学习结果。

表 14－1　哺乳动物单元测验双向细目表

学习结果	课程内容：哺乳动物			分数合计
	哺乳动物的特征	哺乳动物的分类	哺乳动物的进化	
知识	回忆哺乳动物的各种特征（5%）	回忆哺乳动物的类别（5%）		10%
领会		理解各类别的关键特征（15%）	理解进化的含义（10%）	25%
运用	判断哪些常见动物是哺乳动物（10%）	判断一些哺乳动物的分类（10%）		20%
分析	分析某种动物为什么属于哺乳动物或不属于哺乳动物（20%）			20%
综合			综合理解哺乳动物的生理结构特征与哺乳动物的进化优势的关系（25%）	25%
分数合计	35%	30%	35%	100%

在编制双向细目表时，教师还可以进一步细化到每一栏需要多少题目。

5. 选择合适的题型，设计测验项目

自编测验的项目类型一般包括客观题和主观题两大类。客观题的常见题型包括选择题、是非题、匹配题和填空题，主观题的常见题型包括论文题、问题解决题等。教师可根据要评价的学习结果选择适当的题型。例如，考查对事物的辨别和判断的，宜用选择题和是非题；考查综合和分析能力的，宜用论述题和简答题。选择好题型后，教师可以开始进行项目的编写和修订。

6. 合成测验

测验项目编制完成后，将项目进行适当的编排，组成测验。在合成测验时，要考虑项目的难度和答案的模式。一般宜将容易的项目放在前面，避免学生产生紧张焦虑和对立情绪。主要项目答案的编排应避免出现固定的模式，如 AAAAAA、ABCDABCD。

（二）编制客观题和主观题

客观题具有良好的结构，对学生的反应限制较多。学生的回答只有对错之分，评分只能是得分或失分。这类题目主要包括选择题、填空题、匹配题和是非题等。主观题则要求学生自己组织材料，并采用合适的方式表达陈述出来。这类题型包括简答题、论述题和论文题。教师在评分时，对学生的回答需要给出不同的分值，而不仅仅是满分或零分。下面分别介绍编制客观题和主观题的一些原则和建议（Haladyna，1997；Linn & Gronlund，2000；Gronlund，2003）。

1. 选择题

选择题由呈现问题情境的题干和提供问题解决方法的选项组成。题干可以是一个问题，也可以是一个不完整的表述；选项包括正确答案和几个似是而非的错误答案。要求学生进行正确答案的选择。选择题是一种最为通用的题型，可以测量从简单到复杂的不同种类的学习结果，并且适合大多数学科内容。在编制选择题时要注意下列事项。

（1）题干中包含明确的问题。一些题目的题干呈现的是包含意义较少的不完整陈述，不能算作真正的选择题。例如：

（×）南美__________。

A. 是一个干燥的平原国家　　B. 从美国进口咖啡

C. 比美国人口多　　*D. 主要居住着西班牙的殖民者

（√）大多数居住在南美的殖民者来自________。

A. 英国　　B. 法国　　C. 荷兰　　*D. 西班牙

（2）题干和选项的表述应简明清晰，与题目无关的材料应删去。题干和选项的描述冗余会导致学生读题时间过长。例如：

（×）鲁迅是我国伟大的文学家、思想家、革命家，创作了大量的小说、杂文和诗歌。以下哪部小说是鲁迅的作品？

A.《骆驼祥子》　　B.《家》

C.《林家铺子》　　*D.《阿Q正传》

（√）以下哪部小说是鲁迅的作品？

A.《骆驼祥子》　　B.《家》

C.《林家铺子》　　*D.《阿Q正传》

（3）除非特别需要，一般不使用否定式的题干。肯定的词语表述可以避免学生犯错误。一些教师喜欢使用否定式的题干表述，使题目更有难度，然而，这种难度既使句子变得不够清晰，又与要测查的概念的难度无关。教师也无法判断学生犯错误是由于没有掌握相应的知识还是没有看清否定词语。当然，在一些特定的情形下，如错误信息或错误程序会造成严重后果时，使用否定式的题干表述是有用的，不过要注意在题干中将否定词明显地标记出来。例如：

（×）下面哪一个国家不在北半球？

*A. 巴西　　B. 中国　　C. 希腊　　D. 美国

（√）下面哪一个国家在南半球？

*A. 巴西　　B. 中国　　C. 希腊　　D. 美国

（4）对于单选题而言，一道题目应该只有一个正确或最佳的答案。例如：

（×）下面哪个时期常常被称为文艺复兴时期？

A. 14—15 世纪　　B. 14—16 世纪

C. 15—17 世纪　　D. 16—18 世纪

（√）下面哪个时期常常被称为文艺复兴时期？

A. 8—10 世纪　　B. 11—13 世纪

*C. 14—16 世纪　　D. 17—19 世纪

解释：第一个例子选项之间的时间相互重叠，这样不止一个选项是正确答案。

（5）避免因题干和选项在用词方面的暗示而使学生选出正确答案或排除错误选项。题干与选项中有某个词相似，常常会提供无关线索，暗示学生选择正确答案。不过，与题干相似的词包含在干扰项中，可以增加干扰项的迷惑性。另外，要注意避免在选项中使用过于绝对化的词语，否则学生可轻易地排除错误答案。例如：

（×）去新马泰旅游时，能看到下列景点中的哪一个？

A. 下龙湾　　*B. 泰国曼谷的水上市场

C. 大金塔　　D. 吴哥窟

（√）去新马泰旅游时，能看到下列景点中的哪一个？

A. 下龙湾　　*B. 水上市场

C. 大金塔　　D. 吴哥窟

解释：第一个例子中选项 B 的“泰国曼谷”明显暗示了答案。

（6）避免通过选项的相对长度来提供答案的线索。由于对正确答案的质量要求较高，因此除非特意控制干扰项长度，正确答案总是倾向于比干扰项更长，这会给学生提供一种线索。平衡试题选项长度的最好方法是使它们差不多一样长。如果不能缩短正确答案，那么可以加长干扰项的长度，以增加迷惑性。在一个测验中，正确项的长度不应该全部很长，或全部很短，而应不断变化，这样可以避免对答案进行猜测。例如：

（×）联合国的主要目的是什么？

*A. 维护国际和平与安全　　B. 建立国际规则

C. 提供军事控制　　D. 形成新政府

（√）联合国的主要目的是什么？

*A. 维护国际和平与安全

B. 发展一个新的国际规则体系

C. 为最近独立的国家提供军事控制

D. 建立和维护新国家统治的民主形式

（7）慎用“以上都对”或者“以上都不对”的选项。“以上都对”作为一个选项，使得学生只需要部分知识就能答对，因为学生只要注意到有两个选项是对的，就可以辨认出“以上都对”为正确答案。“以上都不对”则只能检测学生识别错误答案的能力，而不能判断他们是否知道正确答案。

2. 是非题

是非题是用来考查学生辨别事实陈述对错能力的典型题型。常用的形式是，陈述一句话，要求学生判断对错或是非。

是非题的主要优点是形式简单、效率高。教师在评判时也较客观，计分简便省时。它的局限之一在于考查的学习结果有限，离开了知识领域，它的用途就不大。另一个局限就是它的猜测性。学生只有两种选择——对或错，所以即使在完全靠猜测的情况下，他们也有50%的机会选出正确答案。一种可行的办法是，增加题目的数量。在编制是非题时要注意下列事项：

- 每个陈述句只能包含一个中心思想。
- 避免琐碎的陈述，尽量使陈述句简短。
- 少用否定句式，尤其是双重否定。
- 避免在题目中出现不相关的提示。
- 要考查学生对因果关系的判断能力，对原因和结果的陈述都必须正确。

3. 匹配题

匹配题是另一种可提供多种选择的题目形式。题目通常包括两列词句，一列是问题选项（前提项），一列是反应选项（反应项）。学生根据题意按照某种关系将左右的项目连接起来。

匹配题的主要优点是形式简单，能够有效地考查学生对知识联系的掌握情况，阅读题目和做出反应的时间较短，评分容易、可靠。它的主要局限在于只考查以联想为基础的简单知识的学习效果；与其他题型相比，学生受无关提示的影响更大。在编制匹配题时要注意以下事项。

- 在匹配题中只使用同质材料。
- 题目中的前提项和反应项数目应该不相等，告诉学生每一个反应项只可以使用一次，这样可以减少学生的猜测。
- 题目应简短，并且应将更简练的反应项放在右边，使测验的效率更高。
- 每一道匹配题的前提和反应中所包含的项目不能太多。
- 在指导语中说明匹配反应项和前提项的基础是什么。
- 按照逻辑顺序排列反应项，并按照字母顺序或数字顺序排列，方便学生选择。
- 将所有的选项放在同一页，避免学生翻来覆去地找选项或漏选。

4. 论述题

论述题是指要求学生用文字论述方式阐述相关观点的题目，回答字数可以从几段到几页不等。根据所允许的回答的自由度，论述题可分为限制性反应论述题和扩展性反应论述题。*限制性反应论述题*的答题范围往往被题目限制，通常对答题的形式有所要求，如“列举”“说明原因”等。*扩展性反应论述题*在答题的形式和范围上的限制很少，学生答题的自由度很大。

论述题的优点是可以考查分析、综合、评价等高层次的学习结果，强调思维技能和问题解决技能的整合和应用，而且准备题目花费的时间较少，编制简单。因此，论述题常用来考查复杂的学习成就。然而，论述题也有一些局限，主要在于答题费时，对学习内容的抽样不充分，评分的主观性较强、可靠性低。在编制论述题时要注意以下事项。

- 论述题的使用仅限于那些不能被客观题很好考查的学习结果。
- 问题应该是为了考查明确界定的学习结果而专门设计的。在设计题目之前，要先明确这个题目是要考查学生的哪些能力，不能希望一道题目就能够考查广泛的、重要的但未明确的教学目标。
- 对问题做简洁清晰的陈述以便学生清楚要完成的任务。可以事先编写标准答案，这样有助于编写者发现题目中表述模糊的地方，也有助于确定学生答题所需时间。
- 给学生提供充足的作答时间，并告诉他们每道题花费多少时间合适，以便他们更有效地利用时间。
- 尽量避免选做题。例如，在 5 道题中选做 3 道，这样会导致学生做的题目不一样，使评价缺乏统一的基础。

为了减少评分的主观性，在对论述题进行评分时，要事先准备好评分的细则，包括答案的重点、待评价答案的特征（如组织、论据的相关度等）、赋予每个特征的分数。同时要确定如何处理那些与考查的学习结果无关的因素，如书写的流畅性、错别字、卷面的整洁性等，我们应该努力使这些因素不影响我们对学生的答案内容的判断。当然，如果这些因素是我们考查的目标之一，我们就要考虑这些，但要注意为这些因素设置独立的分数，不要因为阅读答案的整体印象而影响了对内容的判断。另外，在评分时，如果有多道论述题，最好评定完所有学生对一个问题的答案之后再进入下一个问题。这样可以保证统一答案的评判标准，也有助于防止评分时的“晕轮效应”。

三、非测验评价技术

（一）案卷分析

案卷分析（portfolio assessment）又称档案袋分析，是一种常用的评价策略，是指按照一定标准收集学生认知活动的成果进行考查分析，并形成某种判断和决策的过程。收集的学生认知活动的成果可以有多种形式，包括学生的家庭作业或课堂练习、论文、日记、手工制作的模型、绘画等各种作品。

> **案卷分析** 又称档案袋分析，是一种常用的评价策略，是指按照一定标准收集学生认知活动的成果进行考查分析，并形成某种判断和决策的过程。

与测验相比，案卷分析可以提供关于学生学习的丰富的信息，包括学生的学业行为水平、学习风格、学习过程、努力程度等。案卷分析还能使家长获得学生在校表现的详细描述。案卷分析在很多学科都可以应用，但在写作、艺术、建筑等学科使用得更多。

案卷分析并不是收集学生的所有作品，而是根据教学和评价的需要系统地、有目的地收集学生的作品，形成学生的档案袋。例如，为了评价学生的创造性，就要收集那些学生自己独创的作品。学生的档案袋既可能包括学生最好的作品，也可能包括各种形式的学习成果。例如，一个学生的语文档案袋可能包括一篇读书笔记、一封给朋友的信、自己创作的一个小故事、一篇议论文等。教师需要根据建立档案袋的特定目的来选择和收集学生的学习成果和作品。

在教学上，案卷分析可以帮助学生发展自我评价的技能。案卷分析可以是学生参与的，学生可以决定将自己的哪些作品放入档案袋中。一份设计良好的学生作品档案袋不仅包括学生的学习成果和作品，还包括学生对自己作品的反思和评论。这样的档案袋不仅能提供学生学业成就的相关信息，还能让教师了解学生的自我评价技能。教师可以和学生讨论对学生的期望和优秀的标准，这样可以帮助学生内化教师的标准，提高其自我评价的技能（Linn & Gronlund，2000）。

案卷分析还可以帮助教师理解学生的学习过程和思维过程。一些教师在进行案卷分析时会使用学生讨论会的评价程序，由学生向教师或家长讲解自己档案袋里的作品，这样教师和家长就可以进一步了解学生的思维过程和判断自己作品质量的标准。学生参与案卷分析还可以提高学生的学习动机，这也是案卷分析重要的教学作用之一。

在学生评价方面，案卷分析既可以作为形成性评价，也可以作为总结性评价。作为形成性评价时，通过案卷分析，教师可以获得学生学习情况的相关信息，从而更好地理解学生的优势、需要、思考过程、错误概念和错误的思维模式，为教学提供指导（Athanases，1994）。作为总结性评价时，要注意收集的作品的一致性并建立规范的评分系统，这样才能对学生进行更为公正的评价。

案卷分析的主要步骤如下（Sitlington，Neubert，Begun，Lombard，& Lecconte，2007）：（1）描述课程领域；（2）确定案卷分析的目标；（3）确定档案袋的样式和要收集的材料；（4）确定评价档案袋中的作品的程序（如学生讨论会、教师批阅等）；（5）确定怎样对档案袋中的作品进行汇总。

在案卷分析中，教师要注意以下几点（Linn & Gronlund，2000；Sitlington，2008）：（1）要明确选择学习成果和作品的标准；（2）学生要参与到制定作品选择标准和实际选择自己的作品的工作中；（3）要明确评价学习成果和作品的标准；（4）要给学生提供自我反思的机会。

案卷分析的不足之处主要在于非常费时，并且其设计和评价都较为复杂。

（二）观察

观察也是课堂上常用的非测验的评价手段，观察情况的记录方式主要包括行为检查单、等级评价量表和逸事记录等。

1. 行为检查单

行为检查单常常被教师用来记录在教学中的观察结果。行为检查单一般包括一系列教师认为重要的目标行为，通常采用有/无的方式记录，但有时也记录次数。表14－2所示是一份课堂行为检查单样例。

表 14-2　课堂行为检查单样例

姓名：××
时间：10 月 15 日—10 月 17 日
观察教师：××

行为表现	出现左边的行为打√	备注
举手回答问题		
未举手直接回答问题		
主动向老师提问		
未经老师允许与其他学生讲话		
缺席		

2. 等级评价量表

当观察目标是具体的明确界定的行为时，常常使用行为检查单。当行为属于某个好—坏连续体上的某一点时，更适于使用等级评价量表。等级评价量表可用于判断某种操作或活动的质量，以及某种行为的发生频率，对观察信息进行量化。

等级评价量表使用一系列数值来表示从“不好”到“好”，教师可以用这些数值对学生的一些学业行为进行观察或评价。例如，教师用等级评价量表评价学生的家庭作业。

	1	2	3	4
家庭作业的字迹	非常潦草	比较潦草	比较工整	非常工整

3. 逸事记录

逸事记录是教师对所观察到的有意义的事件的事实性描述。与行为检查单和等级评价量表相比，逸事记录可以提供更为详细的信息。通常不建议在逸事记录中加入对行为意义的解释，但如果对某个学生已经进行过多次逸事记录，那么加入一些促进该学生学习的建议也非常有用。

通过逸事记录，可以获得很多关于学生学习成果和个性、社会性发展的信息。通过逸事记录，可以观察那些用其他手段难以评价的行为，可以观察学生在某个时间段内特定类型的行为，可以对最需要额外帮助的少数学生进行集中的观察。

应用举例

以下是一份逸事记录的样例。

班级：四年级　　　　学生：玛丽
日期：1994/4/25　　　地点：教室
事件：

马上就要上课了，玛丽给我看了一首她写的关于春天的诗。这是一首轻快的诗。我问她是否愿意向全班同学朗读这首诗。她点头同意了。她用低低的声音朗读了这首诗，读的时候常常低头看着她的诗稿，右脚前后挪动，并用手拉衬衫的衣领。当她读完的时候，史蒂文（坐在最后一排）说："我听不到！你能再读一遍吗——大点声？"玛丽说："不！"然后坐下了。

解释：

玛丽喜欢写故事和诗，她的作品反映出相当的创造力。然而，她在众人面前表现时显得非常害羞和紧张。她拒绝再次朗读似乎是因为她的紧张。

资料来源：罗伯特·L. 林 & 诺曼·E. 格伦隆德，2003，第226～228页.

（三）情感和态度评价

许多时候，教师有必要对学生的情绪、学习动机、个人观点等进行评价。为此，教师既可以借助已有的评价量表，也可以自己编制评价量表。表14-3所示是一份青少年学业情绪量表的一部分。

表14-3 学业情绪量表（部分）

题目	完全不符合	比较不符合	不清楚	比较符合	完全符合
在重要的考试中，我有肠胃不适的感觉。	1	2	3	4	5
当我不能理解学习的内容时，我感到苦恼。	1	2	3	4	5
学习给我带来快乐。	1	2	3	4	5
我觉得学习枯燥无味。	1	2	3	4	5
考试前我会紧张不安。	1	2	3	4	5
我由于成绩差被人看不起。	1	2	3	4	5

资料来源：董妍，俞国良，2007，第852～860页.

四、真实性评定

人们对传统纸笔测验的一种批评就是缺乏生态效度。测验所能测量的仅仅是知识和技能中的一小部分，是学生在某个特殊学习任务中的表现样本，不能反映和预测学生在真实生活中所能表现的技能和能力。有效的教学评定应该反映教育给学生准备的现实生活的各种表现形式。如果只是以纸笔测验的结果作为教学的指导，就会忽视对学生在真实情境下的能力和技能的培养。这就是为什么在以测验为主要评价手段的传统教学体制下，经常出现"高分低能"的现象。一群在地理考试中获得高分的学生却在丛林中失去方向，一个对电学原理倒背如流的学生却不能操作一个简单的电学实验，诸如此类的事件屡见不鲜。这些事件告诉我们，不能将纸笔测验作为仅有的教学评定方式，我们需要有一种评价手段能够测量学生在真实情境下的知识和技能，进而为教学提供指导。在这种形势下，真实性评定开始逐渐为学校和教育者所重视。

（一）真实性评定的含义

真实性评定（authentic assessment）是指通过学生在真实任务中的表现对学生的知识和技能进行的评价，也被称作基于表现的评定（performance-based assessment）。它强调真实任务的运用。例如，在考驾照时，除了有关交通法规的书面考试成绩外，交通管理部门还将根据你能否将车辆驶入和驶出车库（桩考）以及能否在各种路面情况下正常行驶（路考）来决定是否发给你驾照。这就是在真实任务情境下的评价。

真实性评定 也称基于表现的评定，是指通过学生在真实任务中的表现对学生的知识和技能进行的评价。

真实性评定要求学生能够有效地表现和展示所学知识，而传统的测验只能揭示学生能否辨认、回忆或填入那些在真实情境之外学到的东西（Wiggins，1990）。真实性评定要求学生完成具有综合性质的真实任务，而不只是知道一个正确答案，它代表了学习中的结合概念，其总体效应大于各部分的总和（Reed，1993）。

由于任务的真实性，真实性评定使得教师可以在课堂上观察学生如何产生和解决问题，如何安排论点、搜集证据，如何采取有目的的行动来陈述和解决那些答案不明确的问题。真实性评定通常使用开放性的任务，如项目、论文、口头论述或演讲、辩论、模拟、展示或其他开放性的任务（Cheek，1993；Dana & Tippins，1993；Reed，1993）。在真实性评定中，评价的重点不仅是任务完成的结果，还包括完成任务的过程。

（二）真实性评定的作用

在实际教学中，真实性评定的作用主要体现在以下几个方面（Mueller，2005；Moon，Brighton，Callahan，& Robinson，2005）。

1. 可以对学生是否能够在真实情境中运用所学的知识和技能进行直接测量

如果一个学生在知识性的测验中表现得很好，我们可能会推测这个学生也能够应用这些知识，但这种推测是不完全的，是没有足够依据的。而真实性评定可以对学生在真实情境下应用所学知识的能力进行直接的测量。

2. 为学生展示他们所掌握的知识和技能提供了多种途径

传统的纸笔测验要求学生用同样的方式对测验问题进行反应，对于那些动手能力强但不善于考试的学生来说，传统测验的评价方式不能为他们提供展示其知识和技能的机会。而真实性评定可采用多种形式的任务，如商务提案、项目、档案袋、艺术作品等，为学生展示其能力提供了更多的自由。例如，要评价学生对某些知识或技能的掌握情况，可以采用多种任务形式（如海报、演讲、录像、网站等），即使采用同一种任务形式，学生也可以有不同的表达风格。

3. 可以提高学生的动机和技能

在真实性评定中，由于在真实情境中完成任务，学生更易于认识到所学知识和技能的价值。任务本身是整体性的，具有挑战性，任务形式多种多样，这些都更能激发学生的内部动机。

4. 可以促进学生的学习

建构主义的学习理论认为，学习不仅是为了获得知识，还要运用我们收集到的和学到的信息以及我们的经历对这个世界建构我们自己的意义。评价不能只是让学生重复他们接收到的信息，还需要让学生展示他们对所学的知识建构的意义。同时，学生也要有机会对所学知识进行意义建构。在这个意义上，真实性任务不仅是评价的手段，也是学生在学习中进行知识建构的手段。

真实性评定涵盖的范围较广，档案袋分析、观察等评价技术也常常被用于真实性评定。这两种评价技术在上一小节已有详细介绍，这里不再赘述。

（三）真实性评定的步骤

真实性评定的过程可以归结为以下几个步骤：（1）列出学生需要知道的知识和技能，作为评价的标准；（2）确定能够表明学生达到了这些标准的真实性任务；（3）确定任务的良好表现的特征，作为任务表现的评价准则；（4）根据评价准则，制定真实性任务的评分细则。

应用举例

加利福尼亚州立大学的两位教师在他们各自的课堂上采用真实性评定的方法，对学生在一个学期里所学概念和理论的掌握情况进行了评价，课程是"青少年心理学"和"英语学习者的教学"。在学期末，他们布置了一项开放性的作业：

> 这次期末作业，你们可以运用你们的任何一项长处或才能来阐释你们这学期所学到的东西，必须涵盖并深入扩展教学提纲中的每一个主题。这次作业的形式你们可以自己选择，因为我们理解你们都有各自的学习风格。利用这次机会表达自己，但是要记住：要深入阐述每一个概念。

同时，教师向学生明确了评价的标准：（1）覆盖课程里的所有主题/概念；（2）对所讨论的主题的理解和洞见；（3）正确的拼写、组织和语法运用；（4）独创性。每一项都用一个5点量表进行评分，最后总分＝第1项得分×2＋第2项得分×2＋第3项得分＋第4项得分，满分30分。

结果，学生交上来的作业远远超过了预期，他们创作了各种形式的作品，并且如同评价标准所要求的那样，在作品中阐述和嵌入了课程中所学习的概念和理论。以下是他们的作品的一些例子：

- 一份与青少年相关概念的父母指导（通过一些与青少年有关的关键概念指导父母行为的手册）
- 一篇短篇小说（如一个少年的故事）
- 一本"英语学习者"教师的入门书
- 一名学生对青少年时期的日记的反思性分析
- 一本代表了课程中所学概念的诗集
- 一张概念图

- 一个手工制作的少年玩偶（玩偶的特征和包装中包含有关青少年的概念和一些描述青少年问题的警句）

学生对这次作业的反响也非常热烈。他们认为这是他们“所完成过的最有意义的一次作业”，“允许我们用自己的话语表达我们所学到的知识”，这样的作业“非常有趣和吸引人”。

在这次真实性评定中，也遇到了一些困难。刚开始的时候，学生们习惯了等待指令的学习模式，希望教师“明确地告诉我们要做哪些事”。不过经过几次简短的讨论，并将上学期学生的作品作为样例展示后，教师逐渐帮助学生们形成了关于这一项目的观点。

资料来源：DeCastro-Ambrosetti & Cho，2005，第 57～62 页．

第三节　教学评定的质量指标与结果报告

当一个教师进行教学评定的时候，必须问自己两个问题：“我对学生学习的评定是可靠的吗?”“我的评定系统测量了我要测量的东西吗?”第一个问题是评定的信度问题，第二个问题是评定的效度问题。信度和效度是衡量教学评定的质量的关键指标。教师在用各种方法评定学生的成绩之后，就要得出最后评分，并报告评分结果。

一、教学评定的质量指标

（一）信度

信度（reliability）是指评定的可靠性，即多次评定的结果的稳定性、一致性。它既包括时间上的一致性，也包括内容和不同评分者之间的一致性。

信度　评定的可靠性，即多次评定的结果的稳定性、一致性。

对信度的估计可用相关的方法得到。重测信度是同一测验对同一组被试先后两次施测的得分的相关系数。复本信度是一组被试在两个等值测验上的得分的相关系数。内部一致性系数是衡量测验项目之间同质性的重要指标，是测验项目之间的相关系数。评分者信度是不同评分者对同一组被试的评分之间的相关系数。

在教学实践中，很多因素都可能影响教学评定的信度。

1. 测量的行为样本数量

由于各种客观原因，教学评定通常都有时间的限制。如果测量和观察的问题或任务太少，那么基于这些任务对学生做出的判断就可能是不可靠的。学生在教学评定的过程中会受到很多随机因素的影响，要求学生做的越多，越有可能排除这些随机因素的影响。

2. 测量的次数

学生在评定任务上的表现常常受到各种随机因素的影响，如情绪、健康、态度等。如果只通过一次测验或一次评定任务就对学生的知识、技能做整体上的判断，形成的结论就会更多地受到随机因素的影响。

3. 任务清晰度

任务表述不清会损害教学评定的信度。如果学生是因为没有弄清题意而不是缺乏相关的知识而在一个测验中表现很差，那么这个测验也是不可靠的。

4. 评分的客观性和计分方式

如果在评定中缺乏明确的评分标准，那么评定结果就很可能受教师的主观性的影响，在写作、论文题、科学实验等评定任务上尤其如此。计分方式也会影响评定的信度。例如，计分条件下比不计分条件下的测验信度明显要更高（Napoli & Raymond，2004），这是因为两种计分条件下学生的动机不同。

在教学实践中，教师可以通过增加评定任务的数量、增加评定的次数、对任务进行清晰的描述、提高评分客观性等来提高教学评定的信度。

（二）效度

效度 一个测验能够测量出其所要测量的东西的程度。

效度（validity）是一个测验能够测量出其所要测量的东西的程度。效度一般可分为结构效度、内容效度和外部效度等。教学评定的效度分为三个维度：结构效度、教学效度和结果效度（Tombari & Borich，1999）。

- 结构效度（construct validity）回答的问题是："我测量的行为是我想要学生学习的行为吗？"例如，教师编制了一套测验想要测量学生的阅读理解能力，那么这套测验测量的确实是阅读理解能力而不是其他能力吗？
- 教学效度（instructional validity）回答的问题是："我测量的是我所教过的内容吗？"
- 结果效度（consequence validity）则与评定的目的有关。每次教学评定都有其目的，或是为了促进学习，或是为了给出学生的分数，或是为了提供反馈以促进教学。结果效度要回答的问题就是："我的评定系统完成了它的任务吗？"

在教学评定的设计和实施过程中，许多因素都可能影响到教学评定的效度。(1) 测验或评定本身的因素。例如，问题指导语不明确、词汇或句子结构太难、问题描述模棱两可、题目的领域代表性不强、测验题目与所要测量的心理活动或状态不符（例如，教师要评定学生的理解、思考技能，但测验题目却是一些事实性的知识）；某些项目为其他项目的回答提供了线索、测验太短、项目的顺序安排不合理（如将最难的题目放在最前面）、答案编排模式单一（如正确答案都是 A，或 ABCDABCD）等。(2) 管理和评分的因素。例如，测验中的欺骗、教师评分的不公正和不稳定、教师在标准化测验中没有严格遵守指导语和时限要求、评分中出现错误等。(3) 学生反应的因素。例如，情绪波动、对待评定的态度、对评定情境的焦虑等。

为了提高教学评定的效度，教师在设计评定程序和编制测验时必须充分考虑各方面的因素，从而使教学评定能够更加真实、公正、有效。下面的这些建议有助于教师提高评定效度的三个维度（Tombari & Borich，1999）。

在结构效度方面，教师面临的一个基本挑战就是确保自己决定要观察和测量的行为能有效地代表所要测量的心理结构。要达到这一点，在设计教学评定时有几个重要的步骤。(1) 确定结构领域。这是最基本的也是最重要的一步。在设计测验或其他评定形式以前，首先要详细描述想要测量的认知活动的类型。例如，教师要测量学生的阅读理解能力，则要先确定阅读理解需要以下认知活动：知识获得、知识组织、解释、将指定的知识内容运用到新的情境中。(2) 选择该领域的尽可能多的代表行为。例如，教师可以要求学生用自己的语言对阅读的文章进行总结、预测下文、描述中心思想或将文章内容与自己生活中的事件相联系，这些都代表了要测量的认知活动。(3) 设计的评定任务所包含的技能只与要评定的结构有关。例如，要测量学生对金融危机的理解，如果阅读材料太难的话，那么这个测验所测量的可能就不是对金融危机的理解而是学生的阅读能力了。(4) 写下明确的指导语和任务说明。这样学生就能知道老师到底想要他们做什么了。

在教学效度方面，教学评定要满足以下两个标准。(1) 它反映了课程的目标；(2) 它所强调的评定目标的重点与教师在课堂上强调的课程重点一样。保证评定的教学效度的一项重要措施是在设计测验之前列出测验细目表。关于细目表，在上一节已有详细介绍，这里不再赘述。在大学教学中，教师可以通过学生对课程评定调查的意见反馈来收集教学效度的资料。在中小学，教师可以留意学生之间关于考试的谈论或学生向老师直接提出的抱怨。如果很多学生都认为这次考试不公平，就可能说明这次考试的教学效度出现了问题。

结果效度方面的研究还比较少，但已经有越来越多的教育者和研究者认识到了结果效度的重要性。教师要保证教学评定的结果效度，最重要的是在设计教学评定时就列出一个计划（见表 14－4），详细描述你打算如何使用评定的结果。

表 14－4 保证结果效度的计划检查表

1. 描述你打算如何使用评定的结果。检查以下目的：

   A. 评分
   B. 改进教学
   C. 改进学习
   D. 监控学生的发展
   E. 增强学生的动机
   F. 给家长提供信息

2. 描述你将如何运用教学评定达到第 1 步的每一个目的。

   A.
   B.
   C.
   D.
   E.
   F.

3. 确定你打算收集哪些资料来表明第 1 步里的每一个目的都已经达到了。

	目的					
	A	B	C	D	E	F
答案的正确率	□	□	□	□	□	□
学期内测验分数的变化	□	□	□	□	□	□
学生和家长的调查意见	□	□	□	□	□	□
动机测量	□	□	□	□	□	□
教学有效性和改进的等级	□	□	□	□	□	□

有了这样的检查表，教师就可以更有计划地运用教学评定所提供的各种信息，从而更有效地发挥教学评定的作用。

二、教学评定结果的报告

（一）分数和等级

分数和等级评定是我国最常用的成绩评定方式。在传统测验中，分数是学生在测验中的卷面得分，在一些非测验的评定任务中，常以“优、良、中、差”等等级进行结果评定。在许多国家的教育系统中，习惯以“A、B、C、D、F”的等级对学生的学业成就进行评定和报告。

一些学校使用一个综合的分数或等级来报告学生某个科目的学业成就，而不是只报告某次考试（如期末考试）的成绩。这在大学里更为常见。学生某个科目的成绩可能是由期末考试成绩、平时的作业和出勤情况等加权得到的。使用这种评分方式时，要在开课时就告诉学生他们的学科成绩将由哪些项目加权得到，以及如何进行加权。

对于分数的解释，可以有标准参照和常模参照两种。标准参照是以学生学习的课程内容为参照。例如，在满分 100 分的测验中，如果以 60 分为及格线，则 60 分以上的学生都被认为在该课程的掌握上是合格的。常模参照是与其他学生的分数相比较。在标准化成就测验中，通常有较大范围的常模；在教师自编测验中，通常是班级常模或学校常模。

分数和等级评定的报告方式形式简单，但它不能对学生的优势和不足提供详细描述。在我国，教师、家长和学生都非常看重分数，尤其是在中小学，一次期末考试的分数常常就代表了一个学生在整个学期的学业表现。然而，我们必须认识到，分数和等级都是对复杂的学习的一种简化，过分看重分数会导致学生之间不健康的竞争和比较。分数也不能增强所有人的学习动机，尤其是学业成就比较低的学生。

（二）合格与不合格

与分数和等级评定的报告方式不同，合格/不合格的报告方式只将学生在某科目上的学业成就报告为“合格”或“不合格”两种。

合格/不合格的报告方式常用在一些选修课上。分数通常会给学生带来较大的压力和焦虑，而合格/不合格的评定方式取消了分数从而能够鼓励学生探索新的学习领域。合格/不合格的评定方式常常将出勤、努力程度与评定结果相联系，学生不必因为考试而太过焦虑，因此能够更加自由地选择一些课程。

但是，这种报告方式所提供的信息很少，不能描述学生的成就水平，因此也不能像分数和等级评定的报告方式一样预测学生未来的成就。而且这种报告方式的目的本身就不是追求更高的学业成就，因此，难以激发学生在课程领域中深入探索、追求优秀的动机。

尽管这种报告方式存在这些局限，但如果仅用于有限的几门课程，它也能够实现课程的预期目的。

（三）其他报告方式

除了上面两种报告方式外，教师还可以通过学生的个人鉴定和综合评定、档案袋、观察报告、与家长面谈等方式，对学生的学业成就进行评定和报告。

学生的个人鉴定和综合评定包含的内容比较丰富，能够报告学生的特长、不足、个人特有的学习需要、学习努力情况以及教师的建议和期望，还可能包含学生的社会性发展方面的信息。这样的报告方式能够给家长提供丰富的信息，给予学生鼓励，增强他们的学习动机。

档案袋里包括学生的学习成果、作品、对作品的反思、教师对作品的评定等，能够为家长提供非常具体的关于学生的成就、进步、优势和不足等信息，让学生了解学校的期待和优秀的标准。

教师还可以将对学生的观察报告提供给学生和家长，使家长更深入地了解学生在学校的学习行为。

与家长面谈也是非常重要的报告方式。学校举行的家长会为家庭和学校提供了交流的机会。对于有特殊需要的学生，教师还可以与家长单独面谈。通过与家长面谈，教师可以了解学生在校外的生活状况，教师和家长可以相互咨询和讨论，并一起帮助学生制订学习和发展计划，还可以澄清和避免双方关于学生学习情况的误解。

概念术语

评定　测量　测验　评价　常模参照评价　标准参照评价　配置性评价　诊断性评价　正式评价　非正式评价　标准化测验　标准化成就测验　教师自编测验　案卷分析　真实性评定　信度　效度

复习思考题

（一）选择题

1. 一般在教学开始前使用，用来摸清学生的现有水平及个别差异，以便安排教学的评价属于（　　）。

A. 诊断性评价　　B. 形成性评价　　C. 总结性评价　　D. 非正式评价

2. 在一个测验正式付诸使用以前，测验的编制者都要建立一个解释测验结果的参照指标，使得对分数的解释更加清晰、明确。这一参照指标指的是（　　）。

A. 常模　　B. 效度　　C. 难度　　D. 信度

3. 形成性评价通常发生在（　　）。

A. 教学过程之前　　B. 学生毕业时

C. 教学过程之后　　D. 教学过程之中

4. 基于某种特定的标准，来评价学生对与教学密切关联的具体知识和技能的掌握程度的评价方式被称为（　　）。

A. 常模参照评价　　　　B. 正式评价
C. 标准参照评价　　　　D. 非正式评价

5. 通过对学生的家庭作业或课堂练习、论文、日记、手工制作的模型、绘画等各种作品进行考查分析，并形成某种判断和决策的过程被称为（　　）。

A. 个案研究　　B. 观察分析　　C. 案卷分析　　D. 逸事记录

参考答案：1.A；2.A；3.D；4.C；5.C

（二）论述题

1. 测量、测验和评价有什么区别和联系？
2. 举出三种教学评定的分类。
3. 简述标准化成就测验的特点。
4. 举例说明教师自编各种测验题的注意事项。
5. 如何应用非测验评价技术？
6. 如何在教学中应用真实性评定？
7. 举例说明什么是信度和效度。
8. 简述教学评定结果的报告方式。

拓展学习

陈琦，刘儒德．(2019)．当代教育心理学（第3版）（第16章）．北京：北京师范大学出版社．

伍尔福克．(2015)．教育心理学（第12版）（第15章）．伍新春，张军，季娇译．北京：中国人民大学出版社．

斯莱文．(2024)．教育心理学：理论与实践（第12版）（第13、14章）．刘红瑞，姚梅林等译．北京：人民邮电出版社．

参考文献

阿兰兹. (2007). *学会教学*(6 版). 上海：华东师范大学出版社.

安德森. (2012). *认知心理学及其启示*(7 版). 北京：人民邮电出版社.

奥姆罗德. (2011). *教育心理学*(6 版). 北京：中国人民大学出版社.

奥姆罗德. (2013). *教育心理学精要：指导有效教学的主要理念* (3 版). 北京：中国人民大学出版社.

奥姆罗德. (2015). *学习心理学*(6 版). 北京：中国人民大学出版社.

奥苏伯[贝]尔. (1994). *教育心理学：认知观点*. 北京：人民教育出版社.

班森. (2007). *视读心理学*. 合肥：安徽文艺出版社.

鲍里奇. (2002). *有效教学方法*(4 版). 南京：江苏教育出版社.

布恩，埃克斯特兰德 (编). (1985). *心理学原理和应用*. 上海：知识出版社.

陈龙安. (1999). *创造性思维与教学*. 北京：中国轻工业出版社.

陈琦，刘儒德 (主编). (2019). *当代教育心理学*(3 版). 北京：北京师范大学出版社.

陈琦，刘儒德 (主编). (1997). *当代教育心理学*. 北京：北京师范大学出版社.

陈琴. (2004). 4～6 岁儿童合作行为认知发展特点的研究. *心理发展与教育*，*20*(4)，14 - 18.

陈向明. (2001). 教师的作用是什么——对教师隐喻的分析. *教育研究与实验*(1)，13 - 19，72.

戴维·A. 苏泽. (2005). *脑与学习*(2 版). 北京：中国轻工业出版社.

德·波诺 E，德·波诺 P. (2002). *柯尔特教程*(2 版). 北京：新华出版社.

丁芳，周鋆，胡雨. (2014). 初中生内疚情绪体验的发展及其对公平行为的影响. *心理科学*，*37*(5)，1154 - 1159.

董旻昱. (2006). 以读促写　培养能力——谈三年级语文教学. *当代教育科学*(20)，31.

董妍，俞国良. (2007). 青少年学业情绪问卷的编制及应用. *心理学报*，*39*(5)，852 - 860.

杜启荣. (2003). 学生下课，老师上课. *教师博览*(5)，17 - 18.

杜威. (1991). *我们怎样思维：经验与教育*. 北京：人民教育出版社.

费兹科，麦克卢尔. (2008). *教育心理学：课堂决策的整合之路*. 上海：上海人民出版社.

胡谊，桑标. (2010). 教育神经科学：探究人类认知与学习的一条整合式途径. *心理科学*，*33*(3)，514 - 520.

华长慧. (2000). *创新教育百例 创新教育百忌*. 浙江：浙江人民出版社.

黄绍裘，黄露丝玛丽，乔达尔，弗古森等. (2015). *卓越课堂管理*. 北京：中国青年出版社.

黄绍裘，黄露丝玛丽. (2011). *如何成为高效能教师*. 北京：中国青年出版社.

加涅. (1985). *学习的条件*. 北京：人民教育出版社.

教育部师范教育司 (编). (2001). *教师专业化的理论与实践*. 北京：人民教育出版社.

科尔伯格. (2004). *道德发展心理学：道德阶段的本质与确证*. 上海：华东师范大学出版社.

李蓓蕾，林磊，董奇，Von Hofsten C.（2002）. 儿童精细动作能力的发展及与其学业成绩的关系. *心理学报*，*34*(5)，494－499.

李其维.（1999）. *破解"智慧胚胎学"之谜：皮亚杰的发生认识论*. 武汉：湖北教育出版社.

李晓文，彭琴芳.（2011）. 3～9年级儿童能力观干预比较研究. *心理科学*，*34*(5)，1090－1094.

李原，郭德俊，王巧莉.（1995）. 合作学习对小学生同伴关系、成就动机和成就影响的研究. *心理科学*，*18*(4)，216－220.

林崇德.（1988）. 论品德的结构. *北京师范大学学报*(1)，57－65.

刘春芹.（2013）. 小座位大问题——谈班级学生座位安排的技巧. *教育实践与研究*(1)，15－16.

刘儒德.（2001）. 论建构主义学习迁移观. *北京师范大学学报(人文社会科学版)*(4)，106－112.

罗伯特·L. 林 & 诺曼·E. 格伦隆德.(2003). *教学中的测验与评价*. 北京：中国轻工业出版社.

吕林海.（2006）. 意义建构与整体学习：基于脑的学习与教学理论的核心理念. *教育理论与实践*(15)，54－57.

孟迎芳，连榕，郭春彦.（2004）. 专家一熟手一新手型教师教学策略的比较研究. *心理发展与教育*，*20*(4)，70－73.

彭聃龄（主编）.（2001）. *普通心理学*(2版). 北京：北京师范大学出版社.

皮连生.（2004）. *教育心理学*. 上海：上海教育出版社.

皮连生.（1996）. *智育心理学*. 北京：人民教育出版社.

皮亚杰，英海尔德（1980）. *儿童心理学*. 北京：商务印书馆.

乔伊斯，韦尔，卡尔霍恩.（2002）. *教学模式*(6版). 北京：中国轻工业出版社.

邵瑞珍(主编).（1997）. *教育心理学*(修订本). 上海：上海教育出版社.

申克.（2003）. *学习理论：教育的视角*(3版). 南京：江苏教育出版社.

斯莱文.（2004）. *教育心理学：理论与实践*(7版). 北京：人民邮电出版社.

斯莱文.（2016）. *教育心理学：理论与实践*(10版). 北京：人民邮电出版社.

斯莱文.（2024）. *教育心理学：理论与实践(第12版)*. 北京：人民邮电出版社.

斯塔科.（2003）. *创造能力教与学*(2版). 上海：华东师范大学出版社.

斯滕伯格，威廉姆斯（2012）. *斯滕伯格教育心理学*(2版). 北京：机械工业出版社.

斯托洛维奇，吉普斯.（2016）. *交互式培训：让学习过程变得积极愉悦的成人培训新方法*(2版). 北京：企业管理出版社.

宋洋.(2011). *中小学生心目中的理想教师——基于长春西新经济技术开发区中小学生的调查研究*. 长春：东北师范大学.

孙汉银.（2016）. *创造性心理学*. 北京：北京师范大学出版社.

谭顶良.（1995）. *学习风格论*. 南京：江苏教育出版社.

托马斯·J. 泽波利 .(2004). *学生行为管理：教师应用指南*(4版). 北京：中国轻工业出版社.

王艳碧，余林.（2007）. 我国近十年来汉语阅读障碍研究回顾与展望. *心理科学进展*，*15*(4)，596－604.

王依.（2017）. 从马克思主义实践哲学角度对皮亚杰发生认识论的思考. 重庆：西南政法大学.

维果茨基.（2018）. *社会中的心智——高级心理过程的发展*. 北京：北京师范大学出版社.

伍尔福克.（2015）. *伍尔福克教育心理学*(12版). 北京：中国人民大学出版社.

谢斯骏，张厚粲（编）.（1988）. *认知方式：一个人格维度的实验研究*. 北京：北京师范大学出版社.

徐睿婕.（2017）. 小学生座位安排研究综述. *才智*(3)，159－160.

许立言，张福奎.（1983）. *聪明的方法——发明教育讲座*. 上海：中国创造学研究会(筹)，上海市闸北区科技协会.

雅各布斯等. (1998). *共同学习的原理与技巧：通过共同学习学会共同学习*. 北京：中央民族大学出版社.

延森. (2006). *不同的脑，不同的学习者：如何触及最难触及的核心*. 北京：中国轻工业出版社.

叶平枝. (2003). 集体游戏矫正幼儿社交退缩的个案研究. *中国心理卫生杂志，17*(1)，27－29.

俞国良，董妍. (2005). 学业情绪研究及其对学生发展的意义. *教育研究*(10)，39－43.

袁晓琳，王穗苹，朱彬彬，徐小红. (2005). 中学生心目中的教师形象研究. *心理发展与教育*(3)，89－93.

张俊. (2012). *学习策略选择的影响因素：基于词对记忆任务的研究*. 北京：北京师范大学.

张微，刘卫卫，刘翔平. (2006). ADHD 的反应抑制与延迟满足特点及教育对策. *中国特殊教育*(1)，73－77.

张霞，刘鸣. (2010). 表象研究的进展与趋势. *心理科学，33*(3)，651－653.

珍妮·爱丽丝·奥姆罗德，埃里克·M. 安德曼，林莉·H. 安德曼. (2023). *教育心理学*. 北京：人民邮电出版社.

周步成. (1991). *学习适应性测验*（内部资料）. 上海：华东师范大学心理学系.

周国梅，傅小兰. (2002). 分布式认知——一种新的认知观点. *心理科学进展，10*(2)，147－153.

周加仙. (2016). 基于证据的教育决策与实践：教育神经科学的贡献. *全球教育展望，45*(8)，90－101.

Adams, G., & Engelmann, S. (1996). *Research on direct instruction: 25 years beyond DISTAR.* Seattle, WA: Educational Achievement Systems.

Adams, R. S., & Biddle, B. J. (1970). *Realities of teaching: Explorations with video tape*. New York, NY: Holt, Rinehart & Winston.

Agne, K. J. (1992). Caring: The expert teacher's edge. *Educational Horizons, 70*(3), 120－124.

Allport, F. H. (1920). The influence of the group upon association and thought. *Journal of Experimental Psychology, 3*(3), 159－182.

Anderson, J. R. (1980). Concepts, propositions, and schemata: What are the cognitive units?. In *Nebraska symposium of motivation* (Vol. 28, pp. 121－162). Lincoln: University of Nebraska Press.

Anderson, J. R. (1990). *The adaptive character of thought*. Hillsdale, NJ: Lawrence Erlbaum Associates.

Anderson, J. R. (1983). *The architecture of cognition*. Cambridge, MA: Harvard University Press.

Anderson, L. W., & Krathwohl, D. R. (Eds.). (2001). *A taxonomy for learning, teaching, and assessing: A revision of Bloom's taxonomy of educational objectives*. New York, NY: Longman.

Aronson, E., Blaney, N., Stephin, C., Sikes, J., & Snapp, M. (1978). *The Jigsaw Classroom*. Beverly Hills, CA: Sage.

Athanases, S. Z. (1994). Teachers' reports of the effects of preparing portfolios of literacy instruction. *The Elementary School Journal, 94*(4), 421－439.

Atkinson, J. W. (1964). *An introduction to motivation*. Oxford, England: Van Nostrand.

Atkinson, J. W. (1957). Motivational determinants of risk-taking behavior. *Psychological Review, 64*(6, Pt. 1), 359－372.

Baddeley, A. D., & Logie, R. H. (1999). Working memory: The multiple-component model. In A. Miyake & P. Shah (Eds.), *Models of working memory: Mechanisms of active maintenance and executive control* (pp. 28－61). New York, NY: Cambridge University Press.

Ball, A. F. (2002). Chapter 3: Three decades of research on classroom life: Illuminating the classroom communicative lives of America's at-risk students. *Review of Research in Education, 26*(1), 71－111.

Bandura, A. (Ed.). (1995). *Self-efficacy in changing societies*. Cambridge, UK: Cambridge University Press.

Bandura, A., & McDonald, F. J. (1963). Influence of social reinforcement and the behavior of models in shaping children's moral judgment. *Journal of Abnormal & Social Psychology, 67*(3), 274 – 281.

Bandura, A., Ross, D., & Ross, S. A. (1963). Vicarious reinforcement and imitative learning. *Journal of Abnormal & Social Psychology, 67*(6), 601 – 607.

Bandura A. (1994). Self-efficacy. In V. S. Ramachaudran (Ed.), *Encyclopedia of human behavior* (Vol. 4, pp. 71 – 81). New York, NY: Academic Press.

Bandura, A. (1977). Self-efficacy: Toward a unifying theory of behavioral change. *Psychological Review, 84*(2), 191 – 215.

Bandura, A. (1986). *Social foundations of thought and action: A social cognitive theory*. Englewood Cliffs, NJ: Prentice Hall.

Barker, G. P., & Graham, S. (1987). Developmental study of praise and blame as attributional cues. *Journal of Educational Psychology, 79*(1), 62 – 66.

Barker, R. G., & Wright, H. F. (1949). Psychological ecology and the problem of psychosocial development. *Child Development, 20*(3), 131 – 143.

Barnett, S. M., & Ceci, S. J. (2002). When and where do we apply what we learn?: A taxonomy for far transfer. *Psychological Bulletin, 128*(4), 612 – 637.

Barrows, H. S. (1985). *How to design a problem-based curriculum for the preclinical years*. New York, NY: Springer.

Barrows, H. S., & Tamblyn, R. M. (1980). *Problem-based learning: An approach to medical education.* New York, NY: Springer.

Barstis, S. W., & Ford Jr, L. H. (1977). Reflection-impulsivity, conservation, and the development of ability to control cognitive tempo. *Child Development, 48*(3), 953 – 959.

Beal, C. R. (1987). Repairing the message: Children's monitoring and revision skills. *Child Development, 58*(2), 401 – 408.

Beane, J. A. (1991). Sorting out the self-esteem controversy. *Educational Leadership*, *49*(1), 25 – 30.

Bear, G. G., Minke, K. M., & Manning, M. A. (2002). Self-concept of students with learning disabilities: A meta-analysis. *School Psychology Review, 31*(3), 405 – 427.

Bereiter, C. (1995). A dispositional view of transfer. In A. McKeough, J. Lupart, & A. Marini (Eds.), *Teaching for transfer: Fostering generalization in learning* (pp. 21 – 34). Mahwah, NJ: Lawrence Erlbaum Associates.

Berglas, S., & Jones, E. E. (1978). Drug choice as a self-handicapping strategy in response to noncontingent success. *Journal of Personality & Social Psychology, 36*(4), 405 – 417.

Berk, L. E., & Garvin, R. A. (1984). Development of private speech among low-income Appalachian children. *Developmental Psychology, 20*(2), 271 – 286.

Berliner, D. C. (1988, February). *The development of expertise in Pedagogy*. Charles W. Hunt Memorial Lecture presented at the annual meeting of the American Association of Colleges for Teacher Education, New Orleans.

Beyer, B. K. (1988). *Developing a thinking skills program*. Boston, MA: Allyn & Bacon.

Beyer, B. K. (1985). Teaching critical thinking: A direct approach. *Social Education, 49*(4), 297 – 303.

Birkholz, A. (2004). An investigation of student, faculty, and administration perceptions of the application of accelerated learning strategies in the Wisconsin Technical College System. *Journal of Vocational Education Research, 29*(1), 27 – 52.

Bivens, J. A., & Berk, L. E. (1990). A longitudinal study of the development of elementary school children's private speech. *Merrill-Palmer Quarterly, 36*(2), 443 – 463.

Bohlin, L. Durwin, C., & Reese-Weber, M. (2012). *EdPsych Modules* (2nd ed.). Boston, MA: McGraw-Hill.

Bourne, L., Dominowski, R., & Loftus, E. (1979). *Cognitive processes*. Englewood Cliffs, NJ: Prentice Hall.

Bower, G., & Hilgard, E. (1981). *Theories of learning*. Englewood Cliffs, NJ: Prentice Hall.

Bower, G. H., & Karlin, M. B. (1974). Depth of processing pictures of faces and recognition memory. *Journal of Experimental Psychology, 103*(4), 751 – 757.

Bransford, J., Barron, B., Pea, R., Meltzoff, A., Kuhl, P., Bell, P., … & Sabelli, N. (2006). Foundations and opportunities for an interdisciplinary science of learning. In R. K. Sawyer (Ed.), *The Cambridge handbook of the learning sciences* (pp. 19 – 34). New York, NY: Cambridge University Press.

Bransford, J. D., & Stein, B. S. (1993). *The IDEAL problem solver: A Guide for improving thinking, learning, and creativity* (2nd ed.). New York, NY: Freeman.

Broadhurst, P. L. (1959). The interaction of task difficulty and motivation: The Yerkes-Dodson law revived. *Acta Psychologica, Amsterdam, 16*, 321 – 338.

Brophy, J. (1988). Research linking teacher behavior to student achievement: Potential implications for instruction of Chapter 1 students. *Educational Psychologist, 23*(3), 235 – 286.

Brown, A. L., & Palincsar, A. S. (1982). Inducing strategic learning from texts by means of informed, self-control training. *Topics in Learning & Learning Disabilities, 2*(1), 1 – 17.

Brown, J. S., Collins, A., & Duguid, P. (1989). Situated cognition and the culture of learning. *Educational Researcher, 18*(1), 32 – 42.

Brubacher, J. W., Case, C. W., & Reagan, T. G. (1994). *Becoming a reflective educator*. Thousand Oaks, CA: Corwin.

Bruer, J. T. (1997). Education and the brain: A bridge too far. *Educational Researcher, 26*(8), 4 – 16.

Buehler, R., Griffin, D., & Ross, M. (1994). Exploring the "planning fallacy": Why people underestimate their task completion times. *Journal of Personality & Social Psychology, 67*(3), 366 – 381.

Bugelski, B. R., & Alampay, D. A. (1961). The role of frequency in developing perceptual sets. *Canadian Journal of Psychology, 15*, 205 – 211.

Burden, P. (2003). *Classroom management: Creating a successful learning community* (2nd ed.). New York, NY: Wiley.

Burns, G. L., & Kondrick, P. A. (1998). Psychological behaviorism's reading therapy program: Parents as reading therapists for their children's reading disability. *Journal of Learning Disabilities, 31* (3), 278 – 285.

Butler, J. C. (2000). An academic challenge for the year 2000: Perfect the memex. *Computers & Geosciences, 26*(6), 627 – 633.

Canter, L., & Canter, M. (1992). *Assertive discipline: Positive management for today's classroom* (2nd ed.). Santa Monica, CA: Canter & Associates.

Canter, L., & Canter, M. (1999). *First class teacher: Success strategies for new teachers.* Santa Monica, CA: Canter & Associates.

Carnine, D., Grossen, B., & Silbert, J. (1995). Direct instruction to accelerate cognitive growth. In J. Block, S. Everson, & T. Guskey (Eds.), *Choosing research-based school improvement programs* (pp. 129 – 152). New York, NY: Scholastic.

Carraher, T. N., Carraher, D. W., & Schliemann, A. D. (1985). Mathematics in the streets and in schools. *British Journal of Developmental Psychology*, *3*(1), 21 - 29.

Carter, K., Cushing, K., Sabers, D., Stein, P., & Berliner, D. (1988). Expert-novice differences in perceiving and processing visual classroom information. *Journal of Teacher Education*, *39*(3), 25 - 31.

Carter, R. (2000). *Mapping the mind*. London, UK: Phoenix-Orion.

Cattell, R. B. (1963). Theory of fluid and crystallized intelligence: A critical experiment. *Journal of Educational Psychology, 54*(1), 1 - 22.

Cermak, L. S., & Craik, F. I. (Eds.). (1979). *Levels of processing in human memory*. Oxford, England: Lawrence Erlbaum Associates.

Chalfant, J. C. (1989). Learning disabilities: Policy issues and promising approaches. *American Psychologist, 44*(2), 392 - 398.

Charney, R. S. (2002). *Teaching children to care: Classroom management for ethical and academic Growth, K - 8* (rev. ed.). Greenfield, MA: Northeast Foundation for Children.

Cheek, D. W. (1993). Plain talk about alternative assessment. *Middle School Journal, 25*(2), 6 - 10.

Chi, M. T., Feltovich, P. J., & Glaser, R. (1981). Categorization and representation of physics problems by experts and novices. *Cognitive Science, 5*(2), 121 - 152.

Codell, E. R. (2001). *Educating Esmé: Diary of a teacher's first year*. Chapel Hill, NC: Algonquin.

Cole, M. (2006). Culture and cognitive development in phylogenetic, historical, and ontogenetic perspective. In E. Kuhn & R. Siegler (Eds.), *Handbook of child psychology: Culture and cognitive development in phylogenetic, historical, and ontogenetic perspective* (pp. 636 - 683). Hoboken, NJ: Wiley.

Cole, M. (1985). The zone of proximal development: Where culture and cognition create each other. In J. V. Wertsch (Ed.), *Culture, communication, and cognition: Vygotskian perspectives* (pp. 146 - 161). New York, NY: Cambridge University Press.

Collins, A., Brown, J. S., & Newman, S. E. (1987). Cognitive apprenticeship: Teaching the craft of reading, writing and mathematics. In L. B. Rcsnick (Ed.), *Knowing, learning, and instruction: Essays in honor of Robert Glaser* (pp. 453 - 494). Hillsdale, NJ: Erlbaum.

Collins, A. (2006). Cognitive apprenticeship. In R. K. Sawyer (Ed.), *The Cambridge handbook of the learning sciences* (pp. 47 - 60). New York, NY: Cambridge University Press.

Collins, A. M., & Quillian, M. R. (1969). Retrieval time from semantic memory. *Journal of Verbal Learning & Verbal Behavior, 8*(2), 240 - 247.

Cooper, G., & Sweller, J. (1987). Effects of schema acquisition and rule automation on mathematical problem-solving transfer. *Journal of Educational Psychology, 79*(4), 347 - 362.

Cooper, H. M., Findley, M., & Good, T. (1982). Relations between student achievement and various indexes of teacher expectations. *Journal of Educational Psychology, 74*(4), 577 - 579.

Cooper, H. M., & Tom, D. Y. (1984). Teacher expectation research: A review with implications for classroom instruction. *Elementary School Journal, 85*(1), 77 - 89.

Corbett, A. T., & Anderson, J. R. (1995). Knowledge decomposition and subgoal reification in the ACT programming tutor. In J. Greer (Ed.), *Artificial intelligence and education, 1995: The proceedings of AI-ED 95* (pp. 469 - 476). Charlottesville, VA: AACE Press.

Cotton, K. (1990). *Schoolwide and classroom discipline* (Close-Up # 9). Portland, OR: Northwest.

Covington, M. V. (2000). Goal theory, motivation, and school achievement: An integrative review. *Annual Review of Psychology, 51*(1), 171 - 200.

Covington, M. V. (1992). *Making the grade: A self-worth perspective on motivation and school reform*. New York, NY: Cambridge University Press.

Covington, M. V., & Müeller, K. J. (2001). Intrinsic versus extrinsic motivation: An approach/avoidance reformulation. *Educational Psychology Review, 13*(2), 157 - 176.

Covington, M. V. (1984). The motive for self-worth. In R. Ames & C. Ames (Eds.), *Research on motivation in education: Student motivation* (pp. 77 - 113). New York, NY: Academic Press.

Covington, M. V. (1998). *The will to learn: A guide for motivating young people.* Cambridge, UK: Cambridge University Press.

Craig, C. J., You, J., & Oh, S. (2017). Pedagogy through the pearl metaphor: Teaching as a process of ongoing refinement. *Journal of Curriculum Studies, 49*(6), 757 - 781.

Craik, F. I., & Lockhart, R. S. (1972). Levels of processing: A framework for memory research. *Journal of Verbal Learning & Verbal Behavior, 11*(6), 671 - 684.

Cross, T. L. (2001). Gifted children and Erikson's theory of psychosocial development. *Gifted Child Today, 24*(1), 54 - 55, 61.

Crouse, J. H. (1971). Retroactive interference in reading prose materials. *Journal of Educational Psychology, 62*(1), 39 - 44.

Cunningham, D. J. (1991). Assessing constructions and constructing assessments: A dialogue. *Educational Technology, 31*(5), 13 - 17.

Curwin, R. L., & Mendler, A. N. (1999). *Discipline with dignity*. Alexandria, VA: Association for Supervision and Curriculum Development.

Dana, T. M., & Tippins, D. J. (1993). Considering alternative assessments for middle level learners. *Middle School Journal, 25*(2), 3 - 5.

Das, J. P. (1995). Some thoughts on two aspects of Vygotsky's work. *Educational Psychologist, 30*(2), 93 - 97.

De Bono, E. (1983). The cognitive research trust (CoRT) thinking program. In Maxwell, W. (Ed.), *Thinking: The expanding frontier* (pp. 115 - 127). Hillsdale, NJ: Erlbaum.

DeCastro-Ambrosetti, D., & Cho, G. (2005). Synergism in learning: A critical reflection of authentic assessment. *High School Journal, 89*(1), 57 - 62.

Deci, E. L. (1975). *Intrinsic motivation*. New York, NY: Plenum.

Deci, E. L., & Ryan, R. M. (1991). A motivational approach to self: Integration in personality. In R. Dienstbier (Ed.), *Nebraska symposium on motivation: Vol. 38. Perspectives on motivation* (pp. 237 - 288). Lincoln: University of Nebraska Press.

Deci, E. L., & Ryan, R. M. (2008). Facilitating optimal motivation and psychological well-being across life's domains. *Canadian Psychology, 49*(1), 14 - 23.

Deci, E. L., & Ryan, R. M. (1985). *Intrinsic motivation and self-determination in human behavior*. New York, NY: Plenum.

Deci, E. L., & Ryan, R. M. (1987). The support of autonomy and the control of behavior. *Journal of Personality & Social Psychology, 53*(6), 1024 - 1037.

De Corte, E., Greer, B., & Verschaffel, L. (1996). Mathematics teaching and learning. In D. C. Berliner & R. C. Calfee (Eds.), *Handbook of educational psychology* (pp. 491 - 549). New York, NY: Macmillan.

De Hooge, I. E., Nelissen, R., Breugelmans, S. M., & Zeelenberg, M. (2011). What is moral about guilt?: Acting "prosocially" at the disadvantage of others. *Journal of Personality & Social Psychology, 100*(3), 462 - 473.

Dembo, M. (1994). *Applying educational psychology in the classroom* (5th ed.). New York, NY: Longman.

Dempster, F. N., & Corkill, A. J. (1999). Interference and inhibition in cognition and behavior: Unifying themes for educational psychology. *Educational Psychology Review, 11*(1), 1 - 88.

Department of Health and Ageing (DHA). (2011). *Move and play every day. National physical activity recommendations for children 0 - 5 years*. Commonwealth of Australia: Australian Government.

Deshler, D. D. (1996). Influencing effective practice through IDEA-supported research. *Exceptionality, 6*(2), 69 - 79.

DeVries, R. (1997). Piaget's social theory. *Educational Researcher, 26*(2), 4 - 17.

Diener, C. I., & Dweck, C. S. (1978). An analysis of learned helplessness: Continuous changes inperformance, strategy, and achievement cognitions following failure. *Journal of Personality & Social Psychology, 36*(5), 451 - 461.

Doran, G. T. (1981). There's a S. M. A. R. T. way to write management's goals and objectives. *Management Review, 70*, 35 - 36.

Duffy, T. M., & Cunningham, D. J. (1996). Constructivism: Implications for the design and delivery of instruction. In D. H. Jonassen (Ed.), *Handbook of research on educational communications and technology* (pp. 170 - 198). New York, NY: Scholastic.

Duncker, K., & Lees, L. S. (1945). On problem-solving. *Psychological Monographs, 58*(5), 1 - 113.

Dusek, J. B., & Joseph, G. (1983). The bases of teacher expectancies: A meta-analysis. *Journal of Educational Psychology, 75*(3), 327 - 346.

Ebbinghaus, H. (1913). *Memory: A contribution to experimental psychology* (H. A. Ruger & C. E. Bussenius, Trans.). New York, NY: Teachers College Press.

Eccles J. S., Adler, T. F., Futterman, R., Goff, S. B., Kaczala, C. M., Meece, J. L., & Midgley, C. (1983). Expectancies, values, and academic behaviors. In J. T. Spence (Ed.), *Achievement and achievement motivation* (pp. 75 - 146). San Francisco, CA: W. H. Freeman.

Eccles, J. S. (2005). Subjective task value and the Eccles et al. model of achievement-related choices. In A. J. Elliot & C. S. Dweck (Eds.), *Handbook of competence and motivation* (pp. 105 - 121). New York, NY: Guilford.

Eccles, J. S., & Wigfield, A. (1995). In the mind of the actor: The structure of adolescents' achievement task values and expectancy-related beliefs. *Personality & Social Psychology Bulletin, 21*(3), 215 - 225.

Eccles, J. S., & Wigfield, A. (1985). Teacher expectations and student motivation. In J. Dusek (Ed.), *Teacher expectancies* (pp. 185 - 217). Hillsdale, NJ: Erlbaum.

Eisenberg, N., & Beilin, H. (Eds.). (1982). *The development of prosocial behavior*. New York, NY: Academic Press.

Elbaum, B., & Vaughn, S. (2001). School-based interventions to enhance the self-concepts of students with learning disabilities: A meta-analysis. *The Elementary School Journal, 101*(3), 303 - 329.

Elliot, A. J., & McGregor, H. A. (2001). A 2× 2 achievement goal framework. *Journal of Personality & Social Psychology, 80*(3), 501 - 519.

Ellis, A. K. (2001). *Research on educational innovations* (3rd ed.). Larchmont, NY: Eye on Education.

Englert, C. S., Raphael, T. E., Anderson, L. M., Anthony, H. M., & Stevens, D. D. (1991). Making strategies and self-talk visible: Writing instruction in regular and special education classrooms. *American Educational Research Journal, 28*(2), 337 - 372.

Ennis, R. H. (1989). Critical thinking and subject specificity: Clarification and needed research. *Educational Researcher, 18*(3), 4 - 10.

Erikson, E. H. (1980). *Identity and the life cycle* (2nd ed.). New York, NY: Norton.

Esposito, C. (1999). Learning in urban blights: School climate and its effect on the school performance of urban, minority, low-income children. *School Psychology Review, 28*(3), 365 - 377.

Evertson, C. M., Emmer, E. T., & Worsham, M. E. (2006). *Classroom management for elementary teachers* (7th ed.). Boston, MA: Pearson.

Fennema, E., Wolleat, P. L., Pedro, J. D., & Becker, A. D. (1981). Increasing women's participation in mathematics: An intervention study. *Journal for Research in Mathematics Education, 12*(1), 3 - 14.

Feshbach, N. D. (1975). Empathy in children: Some theoretical and empirical considerations. *Counseling Psychologist, 5*(2), 25 - 30.

Feshbach, N. D., & Feshbach, S. (1982). Empathy training and the regulation of aggression: Potentialities and limitations. *Academic Psychology Bulletin, 4*(3), 399 - 413.

Festinger, L. (1954). Motivations leading to social behavior. In M. R. Jones (Ed.), *Nebraska symposium on motivation, 1954* (pp. 191 - 219). Lincoln: University of Nebraska Press.

Feuerstein, R. (1980). *Instrumental enrichment: An intervention program for cognitive modifiability*. Baltimore, MD: University Park Press.

Fischer, S., Hallschmid, M., Elsner, A. L., & Born, J. (2002). Sleep forms memory for finger skills. *Proceedings of the National Academy of Sciences, 99*(18), 11987 - 11991.

Fitts, P. M. (1958). Engineering psychology. *Annual Review of Psychology, 9*(1), 267 - 294.

Fitts, P. M., & Posner, M. I. (1967). *Human performance*. Oxford, England: Brooks/Cole.

Flavell, J. H. (1976). Metacognitive aspects of problem solving. In L. B. Resnick (Ed.), *The nature of intelligence* (pp. 231 - 236). Hillsdale, NJ: Erlbaum.

Flavell, J. H., Miller, P. H., & Miller, S. A. (2002). *Cognitive development* (4th ed.). Upper Saddle River, NJ: Prentice Hall.

Fong, C. J., Gonzales, C., Hill-Troglin Cox, C., & Shinn, H. B. (2023). Academic help-seeking and achievement of postsecondary students: A meta-analytic investigation. *Journal of Educational Psychology*.

Fraisse, P., & Piaget, J. (Eds.). (1963). *Traité de psychologie expérimentale: II. Sensation et motricité [Treatise on experimental psychology: II. Sensation and motor activity]*. Paris: Presses Universitaires de France.

Friend, M. P., & Bursuck, W. D. (1996). *Including students with special needs: A practical guide for classroom teachers* (3rd ed.). Boston, MA: Allyn & Bacon.

Fuller, F., & Case, C. (1969). *Concerns of teachers, a manual for teacher educators: Increasing teacher satisfaction with professional preparation by considering teachers' concerns when planning preservice and inservice education*. Austin: Texas University Research and Development Center for Teacher Education. Retrieved from http://files.eric.ed.gov/fulltext/ ED040143.pdf

Gage, N. L., & Berliner, D. C. (1998). *Educational psychology* (6th ed.). Boston, MA: Hougton Mifflin.

Gage, N. L., & Needels, M. C. (1989). Process-product research on teaching: A review of criticisms. *Elementary School Journal, 89*(3), 253 - 300.

Gagné, E., Yekovich, C. W., & Yekovich, F. R. (1993). *The cognitive psychology of school learning* (2nd ed.). New York, NY: HarperCollins.

Gagné, R. M., Briggs, L. J., & Wager, W. (1992). *Principles of instructional design* (4th ed.). Englewood

Cliffs, NJ: Prentice Hall.

Gagné, R. M. (1985). *The conditions of learning* (4th ed.). New York, NY: Holt, Rinehart & Winston.

Gardner H. (1983). *Frames of mind: The theory of multiple intelligences*. New York, NY: Basic Books.

Gardner, H. (1993). *Multiple intelligences: The theory in practice*. New York, NY: Basic Books.

Gardner, H. (1995). Reflections on multiple intelligences: Myths and messages. *Phi Delta Kappan, 77*(3), 200 - 209.

Gay, L. R., & Airasian, P. (2000). *Educational research: Competencies for analysis and application* (6th ed.). Englewood Cliffs, NJ: Prentice Hall.

Gazzaniga, M. S. (1998). The split brain revisited. *Scientific American, 279*(1), 50 - 55.

Gelman, R. (1979). Preschool thought. *American Psychologist, 34*(10), 900 - 905.

Gelman, R., & Brenneman, K. (1994). Domain specificity and cultural variation are not inconsistent. In L. A. Hirschfeld & S. Gelman (Eds.), *Mapping the mind: Domain specificity in cognition and cuture.* New York, NY: Cambridge University Press.

Gelman, R., Meck, E., & Merkin, S. (1986). Young children's numerical competence. *Cognitive Development, 1*(1), 1 - 29.

Gelman, S. A., & Ebeling, K. S. (1989). Children's use of nonegocentric standards in judgments of functional size. *Child Development, 60*(4), 920 - 932.

Gersten, R., Taylor, R., & Graves, A. (1999). Direct instruction and diversity. In R. Stevens (Ed.). *Teaching in American schools* (pp. 81 - 102). Upper Sadler River, NJ: Merrill.

Gettinger, M., & Koscik, R. (2001). Psychological services for children with learning disabilities. In J. N. Huges, J. M. L. Greca, & C. Cooley (Eds.), *Handbook of psychological services for children and adolescents* (pp. 421 - 438). New York, NY: Oxford University Press.

Gilligan, C. (1982). *In a different voice: Psychological theory and women's development*. Cambridge, MA: Harvard University Press.

Gilligan, C. (1977). In a different voice: Women's conceptions of self and of morality. *Harvard Educational Review, 47*(4), 481 - 517.

Glaser, R. (1984). Education and thinking: The role of knowledge. *American Psychologist, 39*(2), 93 - 104.

Goodenow, C. (1993). The psychological sense of school membership among adolescents: Scale development and educational correlates. *Psychology in the Schools, 30*(1), 79 - 90.

Gottfried, A. E., Fleming, J. S., & Gottfried, A. W. (2001). Continuity of academic intrinsic motivation from childhood through late adolescence: A longitudinal study. *Journal of Educational Psychology, 93*(1), 3 - 13.

Goulandris, N. K., Snowling, M. J., & Walker, I. (2000). Is dyslexia a form of specific language impairment?: A comparison of dyslexic and language impaired children as adolescents. *Annals of Dyslexia, 50*(1), 103 - 120.

Gray, P. (2002). *Psychology* (4th ed.). New York, NY: Worth.

Greening, T. (1998). Scaffolding for success in problem-based learning. *Medical Education Online, 3*(1), article 42 - 97.

Gronlund, N. E. (2003). *Assessment of student achievement* (7th ed.). Boston, MA: Allyn & Bacon.

Gullotta, T. P. (1983). Early adolescence, alienation, and education. *Theory into Practice, 22*(2), 151 - 154.

Haladyna, T. M. (1997). *Writing test items to evaluate higher order thinking*. Boston, MA: Allyn & Bacon.

Hallahan, D. P., & Kauffman, J. M. (2003). *Exceptional learners: Introduction to special education* (9th ed.). Boston, MA: Allyn & Bacon.

Hallahan, D. P., Kauffman, J. M., Lloyd, J. W., & McKinney, J. D. (1988). Introduction to the series: Questions about the regular education initiative. *Journal of Learning Disabilities, 21* (1), 3 - 5.

Halpern, D. F., & LaMay, M. L. (2000). The smarter sex: A critical review of sex differences in intelligence. *Educational Psychology Review, 12* (2), 229 - 246.

Harby, S. F. (1952). Comparisons of mental and physical practice in the learning of a physical skill. *U. S. N. Spec. Dev. Cen. Tech. Rep. S. D. C., 269*, 7 - 25.

Hareli, S., & Weiner, B. (2002). Dislike and envy as antecedents of pleasure at another's misfortune. *Motivation & Emotion,* 26(4), 257 - 277.

Harter, S. (1988). Developmental processes in the construction of the self. In T. D. Yawkey & J. E. Johnson (Eds.), *Integrative processes and socialization: Early to middle childhood* (pp. 45 - 78). Hillsdale, NJ: Lawrence Erlbaum Associates.

Hattie, J., & Timperley, H. (2007). The power of feedback. *Review of Educational Research, 77* (1), 81 - 112.

Henderson, A. T., & Berla, N. (1994). *A new generation of evidence: The family is critical to student achievement*. USA: National Committee for Citizens in Education.

Henson, K. T., & Eller, B. F. (2005). *Educational psychology for effective teaching*. Belmont, CA: Wadsworth.

Herman, J. (1997). Assessing new assessments: How do they measure up?. *Theory into Practice, 36* (4), 196 - 204.

Hetherington, E., & McIntyre, C. (1975). Developmental psychology. *Annual Review of Psychology, 26*, 97 - 136.

Heward, W., & Orlansky, M. (1992). *Exceptional children: An introductory survey of special education* (4th ed.). Columbus, OH: Merrill.

Hoffman, M. L. (2000). *Empathy and moral development: Implications for caring and justice.* Cambridge, UK: Cambridge University Press.

Horn, J. L., & Donaldson, G. (1980). Cognitive development in adulthood. In O. G. Brim, Jr. & J. Kagan (Eds.), *Constancy and change in human development: A volume of review essays* (pp. 445 - 529). Cambridge, MA: Harvard University Press.

Howard-Hamilton, M. F. (1995). A just and democratic community approach to moral education: Developing voices of reason and responsibility. *Elementary School Guidance & Counseling, 30* (2), 118 - 130.

Hoy, A. W., & Spero, R. B. (2005). Changes in teacher efficacy during the early years of teaching: A comparison of four measures. *Teaching & Teacher Education, 21* (4), 343 - 356.

Hubel, D. H., & Wiesel, T. N. (1963). Shape and arrangement of columns in cat's striate cortex. *Journal of Physiology, 165* (3), 559 - 568.

Huberman, M. A. (1993). *The lives of teachers*. New York, NY: Teachers College Press.

Huberman, M. (1989). The professional life cycle of teachers. *Teachers College Record, 91* (1), 31 - 57.

Hyde, J. S., Fennema, E., Ryan, M., Frost, L. A., & Hopp, C. (1990). Gender comparisons of mathematics attitudes and affect: A meta-analysis. *Psychology of Women Quarterly, 14* (3), 299 - 324.

Hyde, J. S., & McKinley, N. (1997). Gender difference in cognition: Results from meta-analyses. In P. J. Caplan, M. Crawford, J. S. Hyde, & J. T. E. Richardson (Eds.), *Gender differences in human cognition* (pp. 30 - 51). New York, NY: Oxford University Press.

Jaffee, S., & Hyde, J. S. (2000). Gender differences in moral orientation: A meta-analysis. *Psychological Bulletin, 126*(5), 703 - 726.

James, W. (1890). *The principles of psychology*. New York: Henry Holt & Company.

Janssen, R., De Corte, E., Verschaffel, L., Knoors, E., & Colemont, A. (2002). National assessment of new standards for mathematics in elementary education in Flanders. *Educational Research and Evaluation*, 8 (2), 197 - 225.

Johnson, D. W., & Johnson, R. T. (1989). *Cooperation and competition: Theory and research*. Edina, MN: Interaction Book.

Johnson, D. W., & Johnson, R. T. (1999). *Learning together and alone: Cooperative, competitive, and individualistic learning* (5th ed.). Boston: Allyn & Bacon.

Jonassen, D. H. (1991). Evaluating constructivistic learning. *Educational Technology, 31*(9), 28 - 33.

Jonassen, D. H. (2000). Toward a design theory of problem solving. *Educational Technology Research & Development, 48*(4), 63 - 85.

Joyce, B., Weil, M., & Showers, B. (1992). *Models of teaching* (4th ed.). Boston, MA: Allyn & Bacon.

Judd, C. H. (1908). Review of Pragmatism: A new name for some old ways of thinking. *Psychological Bulletin, 5*(5), 157 - 162.

Kamins, M. L., & Dweck, C. S. (1999). Person versus process praise and criticism: Implications for contingent self-worth and coping. *Developmental Psychology, 35*(3), 835 - 847.

Kamlesh, M. L. (1983). *Psychology of physical education and sports*. New Delhi, India: Metropolitan.

Kaufman, J. C., & Beghetto, R. A. (2009). Beyond big and little: The four c model of creativity. *Review of General Psychology, 13*(1), 1 - 12.

Kaufman, J. C., & Beghetto, R. A. (2013). Do people recognize the four Cs?: Examining layperson conceptions of creativity. *Psychology of Aesthetics, Creativity, & the Arts, 7*(3), 229 - 236.

Kavale, K. A., & Forness, S. R. (1996). Social skill deficits and learning disabilities: A meta-analysis. *Journal of Learning Disabilities, 29*(3), 226 - 237.

Kellough, R. D. (2005). *Your first year of teaching: Guidelines for success* (2nd ed.). Upper Saddle River, NJ: Pearson.

Kim, K. H., Relkin, N. R., Lee, K. M., & Hirsch, J. (1997). Distinct cortical areas associated with native and second languages. *Nature, 388*(6638), 171 - 174.

King, A. (1992). Comparison of self-questioning, summarizing, and notetaking-review as strategies for learning from lectures. *American Educational Research Journal, 29*(2), 303 - 323.

Kintsch, W. (1974). *The representation of meaning in memory*. Hillsdale, NJ: Lawrence Erlbaum Associates.

Kirk, S. A., Gallagher, J. J., & Anastasiow, N. J. (1993). *Educating exceptional children* (7th ed.). Boston, MA: Houghton Mifflin.

Klaassen, J. A. (2001). The taint of shame: Failure, self-distress, and moral growth. *Journal of Social Philosophy, 32*(2), 174 - 196.

Klatzky, R. L. (1980). The elusive visual processing mode: Implications of the architecture/algorithm distinction. *Behavioral and Brain Sciences, 3*(1), 142 - 143.

Kneedler, P. (1985). California assesses critical thinking. In A. Costa (Ed.), *Developing minds: A resource book for teaching thinking* (pp. 276 - 280). Alexandria, VA: Association for Supervision and Curriculum Development.

Koegel, R. L., & Koegel, L. K. (Eds.). (1995). *Teaching children with autism: Strategies for initiating positive interactions and improving learning opportunities*. Baltimore, MD: Paul. H. Brookes.

Kohlberg, L., Levine, C., & Hewer, A. (1983). Moral stages: A current formulation and a response to critics. *Contributions to Human Development, 10*, 174.

Kohlberg, L. (1984). Moral stages and moralization: The cognitive developmental approach. In L. Kohlberg (Ed.), *Essays on moral development: Vol. 2. The psychology of moral development: The nature and validity of moral stages* (pp. 170 - 205). San Francisco, CA: Harper & Row.

Kohlberg, L. (1969). Stage and sequence: The cognitive-developmental approach to socialization. In D. A. Goslin (Ed.), *Handbook of socialization theory and research* (pp. 348 - 480). Chicago, IL: Rand McNally.

Kounin, J. S. (1970). *Discipline and group management in classrooms*. Oxford, England: Holt, Rinehart & Winston.

Kozulin, A., & Presseisen, B. Z. (1995). Mediated learning experience and psychological tools: Vygotsky's and Feuerstein's perspectives in a study of student learning. *Educational Psychologist, 30*(2), 67 - 75.

Krause, K. L. (2006). Supporting first-year writing development online. *Journal of General Education, 55*(3/4), 201 - 220.

Larrivee, B., & Horne, M. D. (1991). Social status: A comparison of mainstreamed students with peers of different ability levels. *Journal of Special Education, 25*(1), 90 - 101.

Lave, J. (1988). *Cognition in practice: Mind, mathematics and culture in everyday life*. New York, NY: Cambridge University Press.

Lave, J., & Wenger, E. (1991). *Situated learning: Legitimate peripheral participation*. Cambridge, UK: Cambridge University Press.

Lee, J., & Shute, V. J. (2010). Personal and social-contextual factors in K - 12 academic performance: An integrative perspective on student learning. *Educational Psychologist, 45*(3), 185 - 202.

Lerner, J. (1984). *Learning disabilities: Theories, diagnosis and teaching strategies* (4th ed.). Boston, MA: Houghton Mifflin.

Levin, J., & Nolan, J. F. (2000). *Principles of classroom management: A professional decision-making model* (3rd ed.). Boston, MA: Allyn & Bacon.

Lewin, K., Lippitt, R., & White, R. K. (1939). Patterns of aggressive behavior in experimentally created social climates. *Journal of Social Psychology*, *10*, 271 - 301.

Liben, L. S., & Myers, L. J. (2007). Developmental changes in children's understanding of maps: What, when, and how?. In J. M. Plumert & J. P. Spencer (Eds), *The emerging spatial mind* (pp. 193 - 218). New York, NY: Oxford University Press.

Lim, R. L., Granlund, N. E. (2000). *Measurement and assessment in teaching* (8th ed.). Upper Saddle River, NJ: Prentice Hall.

Linn, R. L., & Gronlund, N. E. (2000). *Measurement and assessment in teaching* (8th ed.). Upper Saddle River, NJ: Prentice Hall.

Li, S.-C., Lindenberger, U., Hommel, B., Aschersleben, G., Prinz, W., & Baltes, P. B. (2004). Transformations in the couplings among intellectual abilities and constituent cognitive processes across the life span. *Psychological Science*, *15*(3), 155 - 163.

Lloyd, J. W. (1988). Direct academic interventions in learning disabilities. In M. C. Wang, M. C. Reynolds, & H. J. Walberg (Eds.), *Handbook of special education: Research and practice. Vol. 2. Mildly handicapped conditions* (pp. 345 - 366). London, UK: Pergamon.

Locke, E. A., & Latham, G. P. (1990). *A theory of goal setting and task performance*. Englewood Cliffs, NJ: Prentice Hall.

Lodewyk, K. R., & Winne, P. H. (2005). Relations among the structure of learning tasks, achievement, and changes in self-efficacy in secondary students. *Journal of Educational Psychology, 97*(1), 3 - 12.

Lynn, S. K. (2002). The Winding Path: Understanding the Career Cycle of Teachers. *The Clearing House*, *75*(4), 179 - 182.

Maccoby, E. E., & Jacklin, C. N. (1974, April). *Sex differences revisited: Myth and reality*. Paper presented at the annual meeting of the American Educational Research Association, Chicago, IL.

Madsen, C. H., Becker, W. C., Thomas, D. R., Koser, L., & Plager, E. (1968). An analysis of the reinforcing function of "sit-down" commands. In R. K. Parker (Ed.), *Readings in educational psychology* (pp. 265 - 278). Boston, MA: Allyn & Bacon.

Maple, S. A., & Stage, F. K. (1991). Influences on the choice of math/science major by gender and ethnicity. *American Educational Research Journal, 28*(1), 37 - 60.

Marcia, J. E. (1966). Development and validation of ego-identity status. *Journal of Personality & Social Psychology, 3*(5), 551 - 558.

Marshall, S. P. (1995). *Schemas in problem solving*. New York, NY: Cambridge University Press.

Marsh, H. W., Abduljabbar, A. S., Parker, P. D., Morin, A. J., Abdelfattah, F., & Nagengast, B., Abu-Hilal, M. A. (2015). The Big-Fish-Little-Pond Effect: Generalizability of social comparison processes over two age cohorts from Western, Asian, and Middle Eastern Islamic countries. *Journal of Educational Psychology*, *107*, 058 - 070.

Marsh, H. W., Byrne, B. M., & Shavelson, R. J. (1988). A multifaceted academic self-concept: Its hierarchical structure and its relation to academic achievement. *Journal of Educational Psychology, 80*(3), 366 - 380.

Marsh, H. W., & Craven, R. (2002). The pivotal role of frames of reference in ASC formation: The big fish little pond effect. In F. Pajares, & T. Urdan (Eds.), *Adolescence & education* (vol. Ⅱ, pp. 83 - 123). Greenwich, CT: Information Age.

Marsh, H. W., Kuyper, H., Morin, A. J. S., Parker, P. D., & Seaton, M. (2014). Big-fish-little-pond social comparison and local dominance effects: Integrating new statistical models, methodology, design, theory and substantive implications. *Learning and Instruction*, *33*, 50 - 66.

Marsh, H. W., Trautwein, U., Lüdtke, O., Köller, O., & Baumert, J. (2006). Integration of multidimensional self-concept and core personality constructs: Construct validation and relations to well-being and achievement. *Journal of Personality*, *74*, 201 - 256.

Marsh, H. W., Xu, M., & Martin, A. J. (2012). Self-concept: A synergy of theory, method, and application. In K. R. Harris, S. Graham, & T. C. Urdan (Eds.) *APA educational psychology handbook, Vol. 1: Theories, constructs, and critical issues* (pp. 207 - 258). Washington, DC: American Psychological Association.

Maslow, A. H. (1954). *Motivation and personality*. New York, NY: Harper & Row.

Maslow, A. H. (1968). *Toward a psychology of being* (2nd ed.). Princeton, NJ: Van Nostrand.

Mayer, R. E., & Anderson, R. B. (1991). Animations need narrations: An experimental test of a dual-coding hypothesis. *Journal of Educational Psychology, 83*(4), 484 - 490.

Mayer, R. E. (1987). *Educational psychology: A cognitive approach*. New York, NY: HarperCollins.

Mayer, R. E., & Wittrock, M. C. (1996). Problem solving transfer. In D. C. Berliner & R. C. Calfee (Eds.), *Handbook of educational psychology* (pp. 47 - 62), New York, NY: Macmillan.

May, M. A. (1946). The psychology of learning from demonstration films. *Journal of Educational Psy-*

chology, 37(1), 1 - 12.

McClelland, D. C., Atkinson, J. W., Clark, R. A., & Lowell, E. L. (1953). *The achievement motive*. New York, NY: Appleton-Century-Crofts.

McKeachie, W. J., Pintrich, P. R., Lin, Y-G., Smith, D. A. F., & Sharma, R. (1990). *Teaching and learning in the college classroom: A review of the research literature* (2nd ed.). Ann Arbor: University of Michigan, National Center for Research in Postsecondary Teaching and Learning.

Mehrabian, A., & Ferris, S. R. (1967). Inference of attitudes from nonverbal communication in two channels. *Journal of Consulting Psychology, 31*(3), 248 - 252.

Mellers, B. A., & McGraw, A. P. (2001). Anticipated emotions as guides to choice. *Current Directions in Psychological Science, 10*(6), 210 - 214.

Meyer, W. U. (1992). Paradoxical effects of praise and criticism on perceived ability. *European Review of Social Psychology, 3*(1), 259 - 283.

Miller, G. A. (1956). The magical number seven, plus or minus two: Some limits on our capacity for processing information. *Psychological Review, 63*(2), 81 - 97.

Miller, K., & Gelman, R. (1983). The child's representation of number: A multidimensional scaling analysis. *Child Development, 54*(6), 1470 - 1479.

Millroy, W. L. (1991). An ethnographic study of the mathematical ideas of a group of carpenters. *Learning and Individual Differences, 3*(1), 1 - 25.

Milner, C. E., Fogel, S. M., & Cote, K. A. (2006). Habitual napping moderates motor performance improvements following a short daytime nap. *Biological Psychology, 73*(2), 141 - 156.

Mintzes, J., Wandersee, J., & Novak, J. (Eds.). (2000). *Assessing science understanding: A human constructivist view*. San Diego, CA: Academic Press.

Mitchell, C., & Ault, R. L. (1979). Reflection-impulsivity and the evaluation process. *Child Development, 50*(4), 1043 - 1049.

Moon, T. R., Brighton, C. M., Callahan, C. M., & Robinson, A. (2005). Development of authentic assessments for the middle school classroom. *Journal of Secondary Gifted Education, 16*(2 - 3), 119 - 133.

Morrison, G. R., Ross, S. M., & Kemp, J. E. (2004). *Designing effective instruction* (4th ed.). Hoboken, NJ: Wiley.

Moshman, D. (1997). Pluralist rational constructivism. *Issues in Education: Contributions from Educational Psychology, 3*(2), 229 - 234.

Mueller, J. (2005). Authentic assessment in the classroom... and the library media center. *Library Media Connection, 23*(7), 14 - 18.

Nader, R., & Smith, C. (2003). A role for stage 2 sleep in memory processing as revealed by event-related potentials and other brain measures of cognitive function. *Behavioral and Brain Sciences, 13*(2), 201 - 233.

Napoli, A. R., & Raymond, L. A. (2004). How reliable are our assessment data?: A comparison of the reliability of data produced in graded and un-graded conditions. *Research in Higher Education, 45*(8), 921 - 929.

Nathanson, D. L. (1992). *Shame and pride: Affect, sex, and the birth of the self*. New York, NY: Norton.

Nelson, J., Lott, L., & Glenn, H. S. (2000). *Positive discipline in the classroom* (3rd ed.). Roseville, CA: Prima.

Nelson-Le Gall, S. (1985). Help-seeking behavior in learning. In E. W. Gordon (Ed.), *Review of Research in Education* (Vol. 12, pp. 55 - 90). Washington, DC: American Educational Research Association.

Newell, A., & Simon, H. (1972). *Human problem solving*. Englewood Cliffs, NJ: Prentice Hall.

Nicholls, J. G. (1976). Effort is virtuous, but it's better to have ability: Evaluative responses to perceptions of effort and ability. *Journal of Research in Personality, 10*(3), 306 - 315.

Norem, J. K., & Cantor, N. (1986). Defensive pessimism: Harnessing anxiety as motivation. *Journal of Personality & Social Psychology, 51*(6), 1208 - 1217.

Novak, J. D. (1990). Concept mapping: A useful tool for science education. *Journal of Research in Science Teaching, 27*(10), 937 - 949.

Office of Special Education Programs(OESP). (2003). *25th Annual report to congress on the implementation of the individuals with disabilities education act*. Washington DC: U. S. Department of Education.

Ormrod, J. E. (2016). *Human learning* (7th ed.). Boston, MA: Pearson.

Osborn, A. F. (1963). *Applied imagination: Principles and procedures of creative thinking* (3rd ed.). New York, NY: Scribner's Sons.

Osborne, R. J., & Wittrock, M. C. (1983). Learning science: A generative process. *Science Education, 67*(4), 489 - 508.

Osterman, K. F., & Kottkamp, R. B. (1993). *Reflective practice for educators: Improving schooling through professional development*. Newbury Park, CA: Sage.

Oxman-Michelli, W. (1992). *Critical thinking as creativity. Resource Publication Series 4, No. 5.* Institute for Critical Thinking, Montclair State College: Upper Montclair, NJ.

Paas, F. G., & Van Merriënboer, J. J. (1994). Variability of worked examples and transfer of geometrical problem-solving skills: A cognitive-load approach. *Journal of Educational Psychology, 86*(1), 122 - 133.

Paivio, A. (1975). Imagery and long term memory. In A. Kennedy & A. Wilkes (Eds.), *Studies in long term memory* (pp. 57 - 88). London, UK: Wiley.

Pajares, F., & Schunk, D. H. (2001). Self-beliefs and school success: Self-efficacy, self-concept, and school achievement. In R. Riding & S. Rayner (Eds.), *Perceptio* (pp. 239 - 266). Westport, CT: Ablex.

Paris, S. G., Byrnes, J. P., & Paris, A. H. (2001). Constructing theories, identities, and actions of self-regulated learners. In B. J. Zimmerman & D. H. Schunk (Eds.), *Self-regulated learning and academic achievement: Theoretical perspectives* (pp. 253 - 287). Mahwah, NJ: Lawrence Erlbaum Associates.

Paris, S. G., Cross, D. R., & Lipson, M. Y. (1984). Informed strategies for learning: A program to improve children's reading awareness and comprehension. *Journal of Educational Psychology, 76*(6), 1239 - 1252.

Parsley, K., & Corcoran, C. A. (2003). The classroom teacher's role in preventing school failure. *Kappa Delta Pi Record, 39*(2), 84 - 87.

Parsons, R., Hinson, S., & Sardo-Brown, D. (2001). *Educational psychology: A practitioner-researcher model of teaching*. Stamford, CT: Wadsworth.

Pekrun, R., Goetz, T., Titz, W., & Perry, R. P. (2002). Academic emotions in students' self-regulated learning and achievement: A program of qualitative and quantitative research. *Educational Psychologist, 37*(2), 91 - 105.

Perkins, D. (1992). *Smart schools: From training memories to educating minds*. New York, NY: Free Press.

Peterson, L., & Peterson, M. J. (1959). Short-term retention of individual verbal items. *Journal of Experimental Psychology, 58*(3), 193 - 198.

Pinker, S. (2007). *The stuff of thought: Language as a window into human nature*. New York, NY: Viking.

Pintrich, P. R. (2000). Multiple goals, multiple pathways: The role of goal orientation in learning and achievement. *Journal of Educational Psychology, 92*(3), 544 - 555.

Pintrich, P. R. (2003). A motivational science perspective on the role of student motivation in learning and teaching contexts. *Journal of Educational Psychology, 95*(4), 667 - 686.

Pintrich, P. R., & Schunk, D. H. (2002). *Motivation in education theory, research, and applications* (2nd ed.). Upper Saddle River, NJ: Prentice Hall.

Poldrack, R. A. (2000). Imaging brain plasticity: Conceptual and methodological issues—a theoretical review. *NeuroImage, 12*(1), 1 - 13.

Posner, G. J. (1989). *Field experience: Methods of reflective teaching* (2nd ed.). New York, NY: Lonman.

Postman, L. (1961). The present status of interference theory. In C. N. Cofer (Ed.) & B. S. Musgrave (Collaborator), *McGraw-Hill series in psychology. Verbal learning and verbal behavior* (pp. 152 - 196). New York, NY: McGraw-Hill.

Power, F. C., Higgins, A., & Kohlberg, L. (1989). *Lawrence Kohlberg's approach to moral education*. New York, NY: Columbia University Press.

Prawat, R. S. (1992). Teachers' beliefs about teaching and learning: A constructivist perspective. *American Journal of Education, 100*(3), 354 - 395.

Pugh, K. J., & Bergin, D. A. (2006). Motivational influences on transfer. *Educational Psychologist, 41*(3), 147 - 160.

Putnam, J., Markovchick, K., Johnson, D. W., & Johnson, R. T. (1996). Cooperative learning and peer acceptance of students with learning disabilities. *Journal of Social Psychology, 136*(6), 741 - 752.

Quilici, J. L., & Mayer, R. E. (1996). Role of examples in how students learn to categorize statistics word problems. *Journal of Educational Psychology, 88*(1), 144 - 161.

Quill, K. A. (2000). *Do-watch-listen-say: Social and communication intervention for children with autism*. Baltimore, MD: Paul H. Brookes.

Reed, L. C. (1993). Achieving the aims and purposes of schooling through authentic assessment. *Middle School Journal, 25*(2), 11 - 13.

Reeve, J. (2006). Teachers as facilitators: What autonomy-supportive teachers do and why their students benefit. *Elementary School Journal, 106*(3), 225 - 236.

Reiss, S. (2004). Multifaceted nature of intrinsic motivation: The theory of 16 basic desires. *Review of General Psychology, 8*(3), 179 - 193.

Renninger, K. A. (2009). Interest and identity development in instruction: An inductive model. *Educational Psychologist, 44*(2), 105 - 118.

Resnick, L. B. (1987). *Education and learning to think*. Washington, DC: National Academy Press.

Rheingold, H. L. (1982). Little children's participation in the work of adults, a nascent prosocial behavior. *Child Development, 53*(1), 114 - 125.

Rogoff, B. (1990). *Apprenticeship in thinking: Cognitive development in social context*. New York, NY: Oxford University Press.

Rogoff, B., & Chavajay, P. (1995). What's become of research on the cultural basis of cognitive development?. *American Psychologist, 50*(10), 859 - 877.

Rogoff, B., Moore, L., Najafi, B., Dexter, A., Correa-Chávez, M., & Solís, J. (2007). Children's development of cultural repertoires through participation in everyday routines and practices. In J. E. Grusec & P. D. Hastings (Eds.), *Handbook of socialization: Theory and research* (pp. 490 - 515). New York, NY:

Guilford.

Rogoff, B. (2003). *The cultural nature of human development*. Oxford, England: Oxford University Press.

Rollins, H. A., & Genser, L. (1977). Role of cognitive style in a cognitive task: A case favoring the impulsive approach to problem solving. *Journal of Educational Psychology*, 69(3), 281 - 287.

Rosch, E. (1975). Cognitive reference points. *Cognitive Psychology*, *7*(4), 532 - 547.

Rosenshine, B. (1988). Explicit teaching. In D. Berliner & B. Rosenshine (Eds.), *Talks to teachers* (pp. 75 - 92). New York, NY: Random House.

Rosenshine, B., & Stevens, R. (1986). Teaching functions. In M. Wittrock (Ed.), *Handbook of research on teaching* (3rd ed., pp. 376 - 391). New York, NY: Macmillan.

Rosenthal, R., & Jacobson, L. F. (1968). Teacher expectations for the disadvantaged. *Scientific American*, *218*(4), 19 - 23.

Rosenthal, T. L., & Zimmerman, B. J. (1978). Social learning and cognition. *Educational Researcher*, *2*(1), 212 - 216.

Ross, S. M., Smith, L. J., Lohr, L., & McNelis, M. (1994). Math and reading instruction in tracked first-grade classes. *Elementary School Journal*, *95*(2), 105 - 119.

Royer, J. (1979). *Impact of cognitive revolution in educational psychology: The current perspectives on cognition, learning, and instruction*. Charlotte, NC: Information Age.

Ruedy, N. E., Moore, C., Gino, F., & Schweitzer, M. E. (2013). The cheater's high: The unexpected affective benefits of unethical behavior. *Journal of Personality & Social Psychology*, *105*(4), 531 - 548.

Ryan, A. M., & Patrick, H. (2001). The classroom social environment and changes in adolescents' motivation and engagement during middle school. *American Educational Research Journal*, *38*(2), 437 - 460.

Ryan, R. M., & Deci, E. L. (2000). Self-determination theory and the facilitation of intrinsic motivation, social development, and well-being. *American Psychologist*, *55*(1), 68 - 78.

Salomon, G., & Perkins, D. N. (1989). Rocky roads to transfer: Rethinking mechanism of a neglected phenomenon. *Educational Psychologist*, *24*(2), 113 - 142.

Samuelson, P. L. (2007). *Moral imagination in theory and practice* (Unpublished doctoral dissertation). Georgia State University, Atlanta.

Sawyer, R. J., Graham, S., & Harris, K. R. (1992). Direct teaching, strategy instruction, and strategy instruction with explicit self-regulation: Effects on the composition skills and self-efficacy of students with learning disabilities. *Journal of Educational Psychology*, *84*(3), 340 - 352.

Scardamalia, M., & Bereiter, C. (1985). Fostering and development of self-regulation in children's knowledge processing. In S. F. Chipman, J. W. Segal, & R. Glaser (Eds.), *Thinking and learning skills: Research and open questions* (Vol. 2, pp. 563 - 577). Hillsdale, NJ: Erlbaum.

Schallert, D. L. (1982). The significance of knowledge: A synthesis of research related to schema theory. In W. Otto & S. White (Eds.), *Reading expository material* (pp. 13 - 48). New York, NY: Academic Press.

Schimmoeller, M. A. (1997). *The influence of private speech on writing development: A Vygotskian perspective* (Unpublished doctoral dissertation). University of Virginia.

Schlaefli, A., Rest, J. R., & Thoma, S. J. (1985). Does moral education improve moral judgment?: A meta-analysis of intervention studies using the Defining Issues Test. *Review of Educational Research*, *55*(3), 319 - 352.

Schraw, G. (2006). Knowledge: Structures and processes. In P. A. Alexander & P. H. Winne (Eds.),

Handbook of educational psychology (pp. 245 - 263). Mahwah, NJ: Lawrence Erlbaum Associates.

Schumaker, J. B., Deshler, D. D., Alley, G. R., & Warner, M. M. (1983). Toward the development of an intervention model for learning disabled adolescents: The University of Kansas Institute. *Exceptional Education Quarterly, 4* (1), 45 - 74.

Schumaker, J. B., Deshler, D. D., & Ellis, E. S. (1986). Intervention issues related to the education of LD adolescents. In J. K. Torgeson & B. Y. L. Wong (Eds.), *Psychological and educational perspectives on learning disabilities* (pp. 329 - 364). New York, NY: Academic Press.

Schunk, D. H. (2000). Coming to terms with motivation constructs. *Contemporary Educational Psychology, 25* (1), 116 - 119.

Schunk, D. H., Hanson, A. R., & Cox, P. D. (1987). Peer-model attributes and children's achievement behaviors. *Journal of Educational Psychology, 79* (1), 54 - 61.

Schunk, D. H. (1981). Modeling and attributional effects on children's achievement: A self-efficacy analysis. *Journal of educational psychology*, *73* (1), 93 - 105.

Shelton, T. L., & Barkley, R. A. (1994). Critical issues in the assessment of attention deficit disorders in children. *Topics in Language Disorders, 14* (4), 26 - 41.

Sherif, M. (1936). *The psychology of social norms*. Oxford, England: Harper.

Shin, Y. H., Lee, S., & Seo, J. (2017). Autonomous safe landing-area determination for rotorcraft UAVs using multiple IR-UWB radars. *Aerospace Science & Technology, 69*, 617 - 624.

Shunk, R. (2000). A cardiac physical examination curriculum. *Academic Medicine, 75* (5), 552 - 553.

Sitlington, P. L, Neubert, D. A., Begun, W. H., Lombard, R. C., & Lecconte, P. J. (2007). *Assess for success: A practitioner's handbook on transition assessment* (2nd ed.). Thousand Oaks, CA: Corwin.

Sitlington, P. L. (2008). Students with reading and writing challenges: Using informal assessment to assist in planning for the transition to adult life. *Reading & Writing Quarterly, 24* (1), 77 - 100.

Slater, L. (2002). The trouble with self-esteem. *The New York Times Magazine*, pp. 22 - 27.

Slavin, R. E. (1995). *Cooperative learning: Theory, research, and practice* (2nd ed.). Boston, MA: Allyn & Bacon.

Slavin, R. E., Hurley, E. A., & Chamberlain, A. (2003). Cooperative learning and achievement: Theory and research. In W. M. Reynolds & G. E. Miller (Eds.), *Handbook of psychology: Educational psychology* (Vol. 7, pp. 177 - 198). Hoboken, NJ: Wiley.

Smith, C., & MacNeill, C. (1994). Impaired motor memory for a pursuit rotor task following Stage 2 sleep loss in college students. *Journal of Sleep Research, 3* (4), 206 - 213.

Soodak, L. C. (2003). Classroom management in inclusive settings. *Theory into Practice, 42* (4), 327 - 333.

Sousa, D. A. (2017). *How the brain learns* (5th ed.). Thousand Oaks, CA: Corwin.

Spearman, C. (1927). *The abilities of man: Their nature and measurement*. New York, NY: Macmillan.

Spiegel Jr, G. F., & Barufaldi, J. P. (1994). The effects of a combination of text structure awareness and graphic postorganizers on recall and retention of science knowledge. *Journal of Research in Science Teaching, 31* (9), 913 - 932.

Spinelli, C. G. (2008). Introduction: The benefits, uses, and practical application of informal assessment procedures. *Reading & Writing Quarterly, 24* (1), 1 - 6.

Spiro, R. J., Feltovich, P. J., Jacobson, M. J., & Coulson, R. L. (1991a). Cognitive flexibility, constructivism, and hypertext: Random access instruction for advanced knowledge acquisition in ill-structured domains. *Educational Technology, 31* (5), 24 - 33.

Spiro, R. J., Feltovich, P. J., Jacobson, M. J., & Coulson, R. L. (1991b). Knowledge representation, content specification, and the development of skill in situation-specific knowledge assembly: Some constructivist issues as they relate to cognitive flexibility theory and hypertext. *Educational Technology*, *31* (9), 22 - 25.

Spiro, R. J., & Jehng, J. C. (1990). Cognitive flexibility and hypertext: Theory and technology for the nonlinear and multidimensional traversal of complex subject matter. In D. Nix & R. J. Spiro (Eds.), *Cognition, education, and multimedia: Exploring ideas in high technology* (pp. 163 - 205). Hillsdale, NJ: Lawrence Erlbaum Associates.

Stanovich, K. E., & West, R. F. (2000). Individual differences in reasoning: Implications for the rationality debate?. *Behavioral and Brain Sciences*, *23* (5), 645 - 665.

Stein, D. G., Finger, S., & Hart, T. (1983). Brain damage and recovery: Problems and perspectives. *Behavioral & Neural Biology*, *37* (2), 185 - 222.

Sternberg, R. J. (1985). *Beyond IQ: A triarchic theory of human intelligence*. New York, NY: Cambridge University Press.

Stevenson, H. W., Stigler, J. W., Lucker, G. W., Lee, S. Y., Hsu, C. C., & Kitamura, S. (1982). Reading disabilities: The case of Chinese, Japanese, and English. *Child Development*, *53* (5), 1164 - 1181.

Stevens, R. J., & Slavin, R. E. (1995). Effects of a cooperative learning approach in reading and writing on academically handicapped and nonhandicapped students. *Elementary School Journal*, *95* (3), 241 - 262.

Stipek, D. J. (2002). *Motivation to learn: Integrating theory and practice* (4th ed.). Boston, MA: Allyn & Bacon.

Swanson, H. L., & Sachse-Lee, C. (2001). Mathematical problem solving and working memory in children with learning disabilities: Both executive and phonological processes are important. *Journal of Experimental Child Psychology*, *79* (3), 294 - 321.

Tannehill, D., & MacPhail, A. (2014). What examining teaching metaphors tells us about pre-service teachers' developing beliefs about teaching and learning. *Physical Education & Sport Pedagogy*, *19* (2), 149 - 163.

The Cognition and Technology Group at Vanderbilt. (1997). *The Jasper Project: Lessons in curriculum, instruction, assessment, and professional development*. Mahwah, NJ: Lawrence Erlbaum Associates.

Thomas, E. L., & Robinson, H. A. (1972). *Improving reading in every class: A sourcebook for teachers*. Boston, MA: Allyn & Bacon.

Tombari, M., & Borich, G. (1999). *Authentic assessment in the classroom: Applications and practice*. Upper Saddle River, NJ: Prentice Hall.

Toner, I. J., Holstein, R. B., & Hetherington, E. M. (1977). Reflection-impulsivity and self-control in preschool children. *Child Development*, *48* (1), 239 - 245.

Turner, J. E., Husman, J., & Schallert, D. L. (2002). The importance of students' goals in their emotional experience of academic failure: Investigating the precursors and consequences of shame. *Educational Psychologist*, *37* (2), 79 - 89.

Turner, J. H., & Stets, J. E. (2006). Moral emotions. In J. E. Stets & J. H. Turner (Eds.), *Handbook of the sociology of emotions* (pp. 544 - 566). New York, NY: Springer.

Underwood, B. J. (1957). Interference and forgetting. *Psychological Review*, *64* (1), 49 - 60.

Van Merrienboer, J. J., & Sweller, J. (2005). Cognitive load theory and complex learning: Recent developments and future directions. *Educational Psychology Review*, *17* (2), 147 - 177.

Van Riper, C. (1978). *Speech correction: Principles and methods* (6th ed.). Englewood Cliffs, NJ: Prentice

Hall.

Vellutino, F. R., Fletcher, J. M., Snowling, M. J., & Scanlon, D. M. (2004). Specific reading disability (dyslexia): What have we learned in the past four decades?. *Journal of Child Psychology & Psychiatry, 45* (1), 2 - 40.

Von Glasersfeld, E. (1990). An exposition of constructivism: Why some like it radical. In R. B. Davis, C. A. Maher, & N. Noddings (Eds.), *Constructivist views on the teaching and learning of mathematics. Journal for Research in Mathematics Education, Monograph* #4 (pp. 19 - 29). Reston, VA: National Council of Teachers of Mathematic.

Vosniadou, S. (1994). Capturing and modeling the process of conceptual change. *Learning & Instruction, 4* (1), 45 - 69.

Vosniadou, S. (Ed.). (2008). *International handbook of research on conceptual change.* New York, NY: Routledge.

Vygotsky, L. S. (1978). *Mind in Society: The development of higher psychological processes*. Cambridge, MA: Harvard University Press.

Vygotsky, L. S. (1981). Pensamiento y palabra. *Infancia y Aprendizaje,* 4(supl), 15 - 35.

Vygotsky, L. S. (1963). *Thought and language.* Cambridge, MA: MIT Press.

Wandersee, J. H. (1990). Concept mapping and the cartography of cognition. *Journal of Research in Science Teaching, 27* (10), 923 - 936.

Weiner, B. (1992). *Human motivation: Metaphors, theories, and research.* Newbury Park, CA: Sage.

Weiner, B. (1994). Integrating social and personal theories of achievement striving. *Review of Educational Research, 64* (4), 557 - 573.

Weiner, B. (2000). Intrapersonal and interpersonal theories of motivation from an attributional perspective. *Educational Psychology Review, 12* (1), 1 - 14.

Weinert, F. E., & Helmke, A. (1995). Learning from wise mother nature or big brother instructor: The wrong choice as from an educatonal perspective. *Educational Psychologist, 30* (3), 135 - 142.

Weinstein, C. S., & Mignano, A. J. (2003). *Elementary classroom management: Lessons from research and practice* (3rd ed.). Boston, MA: McGraw-Hill.

Weissman, D. H., & Banich, M. T. (2000). The cerebral hemispheres cooperate to perform complex but not simple tasks. *Neuropsychology, 14* (1), 41 - 59.

Weitn, W. (2017). *Psychology: themes and variations(20th)*. Cengage Learning.

Wentzel, K. R. (1997). Student motivation in middle school: The role of perceived pedagogical caring. *Journal of Educational Psychology, 89* (3), 411 - 419.

Wentzel, K. R. (2003). Motivating students to behave in socially competent ways. *Theory into Practice, 42* (4), 319 - 326.

Wertsch, J. V. (Ed.). (1985). *Culture, communication, and cognition: Vygotskian perspectives*. New York, NY: Cambridge University Press.

West, L. J. (1969). *Acquisition of typewriting skills*. New York, NY: Pitman.

Whelan, R. J., & Gallagher, P. A. (1972). Effective teaching of children with behavior disorders. In N. G. Haring & A. H. Hayden (Eds.), *The improvement of instruction*. Seattle, WA: Special Child.

Wiggins, G. (1990). The case for authentic assessment. *Practical Assessment, Research & Evaluation, 2* (2), 1 - 6.

Winograd, T., & Flores, C. (1986). *Understanding computers and cognition: A new foundation for design*. Norwood, NJ: Ablex.

Witkin, H. A., Moore, C. A., Goodenough, D. R., & Cox, P. W. (1977). Field-dependent and field-independent cognitive styles and their educational implications. *Review of Educational Research, 47*(1), 1 - 64.

Wittrock, M. C. (1991). Generative teaching of comprehension. *Elementary School Journal, 92*(2), 169 - 184.

Wong, B. Y., Hoskyn, M., Jai, D., Ellis, P., & Watson, K. (2008). The comparative efficacy of two approaches to teaching sixth graders opinion essay writing. *Contemporary Educational Psychology, 33*(4), 757 - 784.

Wood, D., Bruner, J. S., & Ross, G. (1976). The role of tutoring in problem solving. *Journal of Child Psychology & Psychiatry, 17*(2), 89 - 100.

Wood, F. H. (1985). Issues in the identification and placement of behaviorally disordered students. *Behavioral Disorders, 10*(3), 219 - 228.

Woodworth, R. S., & Thorndike, E. L. (1901). The influence of improvement in one mental function upon the efficiency of other functions. (I). *Psychological Review, 8*(3), 247 - 261.

Woolfolk, A. (2018). *Educational Psychology(14th)*. Pearon Education.

Woolfolk, A. E. (2004). *Educational Psychology* (9th ed.). Boston, MA: Pearson.

Woolfolk, A. E. (2018). *Educational Psychology* (14th ed.). Boston, MA: Pearson.

Zimmerman, B. J. (2002). Becoming a self-regulated learner: An overview. *Theory into Practice, 41*(2), 64 - 70.

Zins, J. E., Bloodworth, M. R., Weissberg, R. P., & Walberg, H. (2004). The scientific base linking social and emotional learning to school success. In J. E. Zins, R. P. Weissberg, M. C. Wang, & H. J. Walberg (Eds.), *Building academic success on social and emotional learning: What does the research say?*. New York, NY: Teachers College Press.

图书在版编目（CIP）数据

教育心理学：原理与应用/刘儒德编著．--2 版．北京：中国人民大学出版社，2025.8. --（新编 21 世纪心理学系列教材）．-- ISBN 978-7-300-34011-1

Ⅰ．G44

中国国家版本馆 CIP 数据核字第 20253YP195 号

新编 21 世纪心理学系列教材

教育心理学：原理与应用（第 2 版）

刘儒德　编著

Jiaoyu Xinlixue：Yuanli yu Yingyong

出版发行	中国人民大学出版社		
社　　址	北京中关村大街 31 号	**邮政编码**	100080
电　　话	010－62511242（总编室）		010－62511770（质管部）
	010－82501766（邮购部）		010－62514148（门市部）
	010－62511173（发行公司）		010－62515275（盗版举报）
网　　址	http://www.crup.com.cn		
经　　销	新华书店		
印　　刷	唐山玺诚印务有限公司	**版　　次**	2019 年 9 月第 1 版
开　　本	787 mm×1092 mm　1/16		2025 年 8 月第 2 版
印　　张	25 插页 1	**印　　次**	2025 年 8 月第 1 次印刷
字　　数	567 000	**定　　价**	59.00 元

关联课程教材推荐

书号	书名	作者	定价（元）
978-7-300-33693-0	心理学基础（第 2 版）	白学军	59.00
978-7-300-32716-7	普通心理学（第 3 版）	张钦	69.00
978-7-300-32539-2	实验心理学（第 3 版）	白学军 等	59.90
978-7-300-32948-2	发展心理学（第 5 版·数字教材版）	雷雳	59.00
978-7-300-30451-9	认知心理学（第 3 版）	丁锦红 等	58.00
978-7-300-25882-9	生理心理学（第 2 版）	隋南 等	49.90
978-7-300-30715-2	社会心理学（第 4 版·数字教材版）	乐国安　管健	68.00
978-7-300-25588-0	变态心理学（第 3 版）	王建平　张宁 等	59.80
978-7-300-32062-5	人格心理学导论（第 2 版）	许燕	59.00
978-7-300-32143-1	健康心理学	林丹华	59.00
978-7-300-32565-1	管理心理学（第 2 版）	孙健敏　穆桂斌	65.00
978-7-300-26721-0	心理与教育论文写作：方法、规则与实践技巧（第 2 版）	侯杰泰 等	38.00
978-7-300-34066-1	心理学研究方法：从选题到论文发表（第 2 版）	王轶楠	59.00
978-7-300-21583-9	伍尔福克教育心理学（第 12 版）	安妮塔·伍尔福克	139.00
978-7-300-29643-2	教育心理学：指导有效教学的主要理念（第 5 版）	简妮·爱丽丝·奥姆罗德 等	109.00
978-7-300-31183-8	学习心理学（第 8 版）	简妮·爱丽丝·奥姆罗德	118.00

配套教学资源支持

尊敬的老师：

衷心感谢您选择使用人大版教材！相关配套教学资源，请您到人大社网站（http：//www.crup.com.cn）下载，或是随时与我们联系，我们将向您免费提供。

欢迎您随时反馈教材使用过程中的疑问、修订建议，并提供您个人制作的课件。您的课件一经入选，我们将有偿使用。让我们与教材共成长！

联系人信息：

地址：北京海淀区中关村大街 31 号 802 室　　翟然 收　　邮编：100080

电子邮件：lgcbfs@crup.com.cn　　电话：010－62511967　　QQ：492788991

如有相关教材的选题计划，也欢迎您与我们联系，我们将竭诚为您服务！

选题联系人：张宏学　电子邮件：zhanghx@crup.com.cn　电话：010－62512127

人大社网站：http：//www.crup.com.cn

心理学专业教师 QQ 群：259019599

欢迎您登录人大社网站浏览，了解图书信息，共享教学资源

期待您加入专业教师 QQ 群，开展学术讨论，交流教学心得